W0034470

HEYNE
BÜCHER

Tensing Norgay auf dem Gipfel
des Mount Everest, bei seinem ersten Aufstieg
mit Edmund Hillary, 29. Mai 1953.

DAVID BREASHEARS

Bis zum Äußersten

Der Mount Everest und andere
Herausforderungen

Mit einem Vorwort von
Jon Krakauer

*Aus dem Amerikanischen
von Bernhard Schmid*

WILHELM HEYNE VERLAG
MÜNCHEN

HEYNE SACHBUCH
19/740

Titel der amerikanischen Originalausgabe:
HIGH EXPOSURE
Erschienen bei Simon & Schuster, New York

IMAX® ist ein eingetragenes Warenzeichen
der Imax Corporation.

Taschenbucherstausgabe 01/2001
Copyright © 1999 by David Breashears
Copyright © 1999 der deutschsprachigen Ausgabe
by Diana Verlag AG, München und Zürich
http://www.heyne.de
Printed in Germany 2001
Umschlagillustrationen: Vorderseite:
Stone/Brett Baunton, München
Rückseite: v. l. n. r.: David Breashears,
Sammlung Breashears, S. Peter Lewis
Umschlaggestaltung: Hauptmann und Kampa
Werbeagentur, CH-Zug
Lithographie: RMO, München
Satz: Filmsatz Schröter, München
Druck und Verarbeitung: Ebner Ulm

ISBN 3-453-18092-5

Für meine Mutter
und meine Gefährten am Everest 1996
Robert, Ed, Araceli, Sumiyo,
Wongchu, Jangbu, Paula, Liz, Audrey und Brad
einzigartig und nicht unterzukriegen,
wie sie sind

Ein wenig Gelehrsamkeit ist eine gefährliche Sache.
Schöpfet tief oder kostet die pierische Quelle gar nicht.
Züge oben ab, berauschen das Gehirn;
Ein tiefer Zug macht wieder nüchtern.

Alexander Pope, 1711

INHALT

VORWORT

FÜR DIE ÖFFENTLICHKEIT ist David Breashears in erster Linie ein außergewöhnlich couragierter Filmemacher: der Mann, der die spektakulären IMAX®-Aufnahmen vom Gipfel des Mount Everest mitgebracht hat. Andere verbinden seinen Namen hauptsächlich mit *Red Flag Over Tibet*, dem beunruhigenden Dokumentarfilm über die Heimat des Buddhismus unter chinesischer Besatzung, den er für die PBS-Serie *Frontline* gedreht und der ihm einen »Emmy« eingebracht hat. Eine Hand voll von Hollywood-Insidern rühmt ihn überdies als den Kamera-Guerillero, der mit einer heimlich nach Tibet geschmuggelten 35-mm-Arriflex die Szenen gefilmt hat, die dem großen Hollywoodepos *Sieben Jahre in Tibet* das entscheidende Maß an Authentizität verliehen.

Der Ruf, den Breashears sich mit seiner Arbeit beim Film geschaffen hat, ist gewiss verdient. Aber für eine kleine und maßlos idealistische Gemeinschaft von Kletterern, die in den 70er Jahren in Colorado zu Hause war (einer Gemeinschaft, der er ebenso wie ich angehörte), hat seine bemerkenswerteste Leistung nichts mit Filmemachen zu tun. Einige von uns waren und sind bis heute der Ansicht, dass der Augenblick, der Breashears definierte, die Eröffnung einer kaum bekannten Kletterroute namens Perilous Journey an einem Felsen in den Ausläufern der Rocky Mountains bei Boulder in Colorado gewesen ist. Der großformatige Everest-Film, der »Emmy«, seine vier Expeditionen auf den 8848 Meter hohen Gipfel des Everest – das alles verblasst im Vergleich mit seiner Erstbesteigung jenes unbekannten Felsblocks, der bis zum Gipfel gerade mal dreißig Meter misst. Will man David Breashears verstehen, will man wirklich dahinter kommen, was ihn antreibt, dann muss man mehr über Perilous Journey erfahren.

Die bewaldeten Hügel im Süden und Westen von Boulder, Colorado, strotzen nur so vor schroffen Felszacken, die seit langem schon Kletterer aus der ganzen Welt anziehen. Im Juli 1975 verrannte sich Breashears – damals ein besessener Kletterer von neunzehn Jahren auf der Suche nach einer angemessenen Herausforderung – in die Idee, als Erster eine neue Route auf einen dieser Felsen zu gehen. Die Route, die er sah, beschreibt eine Linie über eine strukturlose Sandsteinplatte, die dem beiläufigen Betrachter viel zu steil und glatt zum Durchsteigen scheint. Nach sorgfältigem Studium der geologischen Eigenheiten der Wand kam Breashears jedoch zu der Überzeugung, dass die vertikale Fläche über genügend Makel verfügte, um eine Begehung zumindest theoretisch zu ermöglichen: Feldspatkristalle, münzgroße Knubbel und winzige Warzen aus Konglomerat. Die Route war offensichtlich, falls überhaupt zu begehen, über die Maßen, ja bis an die Grenzen des damals physisch Machbaren schwierig. Es war außerdem klar, dass das Fehlen jeglicher tieferer Risse selbst das Legen kleinster Klemmkeile ausschloss, mit denen sich der Weg über den schwierigsten Teil hätte sichern lassen. Verlor er an den winzigen Angriffspunkten für Finger oder Zehen den Halt, würde er in die Reihe schartiger Blöcke am Fuß der Wand stürzen.

Ganz zufällig ist die breite Leiste, die den Gipfel der Perilous Journey markiert, auch über einen Routineaufstieg durch eine rissige Wand gleich nebenan zu erreichen. Es wäre also für Breashears ein Leichtes gewesen, sich vor dem Begehungsversuch vom Gipfel her über die Wand abzuseilen, die Griffe durch ein Seil gesichert einzustudieren und mit dem Bohrer eine Reihe von Spreizkeilhaken zu setzen, die die Besteigung

12

völlig ungefährlich gemacht hätten. Aber den ungeschriebenen ethischen Grundsätzen der Klettersubkultur zufolge war die Praxis des Vorbohrens am Seil ein ebenso schändlicher Betrug wie die Entschlüsselung der Geheimnisse einer solchen Route vom Fixseil aus. Der Sinn einer Route wie Perilous Journey bestand ja gerade darin, zu sehen, aus welchem Holz man geschnitzt war, nicht nur in Hinsicht auf die physische Herausforderung, sondern auch auf Urteilsvermögen und Mut. Dass es keinen Spielraum für Fehler gab, erhöhte den Ruhm, bereitete aber keine Kopfschmerzen. Gern stellten wir uns in unserem egozentrischen jugendlichen Eifer vor, dass gerade die wirklich ernsten Risiken das Klettern von den niederen Beschäftigungen (Breitensportarten oder Arbeit) unterschied. Kein Kletterer in Boulder glaubte leidenschaftlicher an dieses gnadenlose Stammesethos als David Breashears.

Am Tag der Entscheidung bahnte er sich (wie er hier auf Seite 83–85 erzählt) im Morgengrauen einen Weg durchs Unterholz an den Fuß der Wand. Mit von der Partie war Steve Mammen, ein Freund, der sich bereit erklärt hatte, als Sicherungsmann mitzugehen. Der Morgen roch nach Pinien und Wacholder. Weit und breit war kein Mensch zu sehen. Breashears schnürte die schmerzhaft engen Kletterschuhe, seilte sich über den Hüftgurt an und stippte die Finger in den Magnesiabeutel. Dann trat er an die Wand und legte die Hände an den ziegelroten Sandstein. Fast sofort nach dem Start wurde der Aufstieg höllisch schwer. Die Fingerspitzen an linsengroße Griffe gekrallt, balancierte Breashears sich kraftvoll nach oben. Langsam, mit Sorgfalt und Vorsicht den Schwerpunkt von einem winzigen Halt zum nächsten verlagernd, dechiffrierte er Zentimeter für Zentimeter die Verteidigungsmechanismen dieser Wand. Obwohl die physische Belastung von Fingern und Unterarmen schier überwältigend war, bewahrte er sowohl Haltung als auch die geradezu meditative Konzentration; nichts verriet die gewaltige Anstrengung, die nötig war, um sich am Fels überhaupt festzuhalten, ganz zu schweigen davon, nach oben zu kommen.

Sieben Meter über dem Boden, in der Mitte eines bauchigen Überhangs, erreichte Breashears den ersten richtigen Halt: einen nicht sehr tiefen Winkelriss, der weit genug war, um ihn mit beiden Händen zu greifen. Dieser Halt bot ihm außerdem die erste Möglichkeit, eine Sicherung zu platzieren. Es gelang ihm, einen Klemmkeil im Riss zu verkeilen, an den ein Karabiner kam und in diesen das Seil. Für den Fall, dass er stürzte, würde der Klemmkeil fast todsicher aus dem Fels gepflückt wie eine Beere vom Strauch, aber wie Breashears sich erinnert, war es »merkwürdig beruhigend, das Seil durch diese einzelne und sinnlose Sicherung rutschen zu sehen«.

Sofort nach dem Riss wurde es wieder schwierig, und das blieb es auch auf weiteren sieben Metern, kaum dass ihm eine Verschnaufpause gegönnt war. Dann stieß er, ganz unerwartet, auf eine kantige Leiste, deren Stärke etwa dem Rücken eines dünnen Buches entsprach. Als er sich an dieser relativ sicheren Stelle hochzog, hatte er Grund zur Annahme, er hätte die schlimmsten Prüfungen des Aufstiegs geschafft. Die Leiste ragte kaum mehr als drei Finger breit aus der Wand, die sich jedoch über der Leiste etwas zurücklehnte, sodass sie nicht mehr ganz vertikal war. Auf der Leiste stehend, die Brust fest gegen den Fels gedrückt, konnte er sogar beide Hände hängen lassen und gönnte so seinen Armen die nach zwanzig Minuten pausenloser schwerer Belastung so dringend benötigte Rast. Es kam noch besser: Über seinem Kopf hatte der Sandstein eine Reihe von Löchern wie ein Schweizer Käse, die mit bis zu anderthalb Zentimeter Durchmesser groß genug schienen, um sich greifen zu lassen. Perilous Journey schien ein Fait accompli.

Als Breashears jedoch nach oben griff und die unterste der Pockennarben ertastete, musste er zu seiner Bestürzung feststellen, dass diese weit glatter und längst nicht so tief war,

14

wie es von unten den Anschein gehabt hatte. Er griff höher und höher, aber nicht eine der Mulden bot seinen Händen genügend Halt, um ihr sein Leben anzuvertrauen. Er befand sich vier Stockwerke hoch über dem Boden.

Der Ernst der Lage verdoppelte seine Konzentration. Eine gründlichere Untersuchung der Wand über ihm erbrachte schließlich eine Pustel von der Größe eines Geleebonbons, um die sich zwei Fingerspitzen legen ließen. Mit einem kitzligen Diagonalgriff mit der rechten Hand hoch über die linke Schulter bekam er das Geleebonbon zu fassen, zog den Körper nach oben und streckte sich dann so weit nach links, wie es nur ging. Er schmierte die Sohlen seiner Kletterschuhe in einen so gut wie strukturlosen Flecken Sandstein, verlagerte das Gewicht auf den linken Fuß und bekam so eine kleine Kelle zu fassen, die etwas tiefer als die anderen Narben war und an der Unterkante einen winzigen Grat hatte, in den sich die schwielige Kuppe eines Fingers verkrallen ließ. Einen knappen halben Meter über diesem kläglichen Griff befand sich eine brauchbare Leiste. Sein Leben den Kuppen zweier Finger der linken Hand anvertrauend, spannte er sich mit allem, was er in sich hatte, stieß mit der Rechten nach der Leiste über ihm und legte die Pranke mit sicherem Griff um deren beruhigende Konturen. Ein Blick nach oben zeigte ihm, dass der Rest der Route über Riefen verfügte, die tief genug waren, um Halt zu bieten. Wenige Minuten später hatte er triumphierend den Gipfel der Perilous Journey erreicht.

Es war ein visionärer Aufstieg, eine der kühnsten Leistungen in den Annalen der nordamerikanischen Kletterei, und die stilistische Ausführung war tadellos. Es gab noch eine Hand voll anderer Routen von vergleichbarer Schwierigkeit, aber selten, falls überhaupt, hatte ein Kletterer so extreme Schwierigkeiten unter lebensgefährlichen Umständen in Kauf genommen. Und dennoch überraschte es niemanden, dass danach nicht ein einziger Journalist Breashears' Interview wollte. Nicht eine Zeitung erwähnte Perilous Journey. Er erhielt weder einen Lohn noch eine formale Anerkennung irgendeiner Art. Aber die Nachricht seiner Leistung verbreitete sich allmählich per Buschtelegraf in der Kletterszene. Von Yosemite über die Tetons bis in die New Yorker Shawangunks stellte man in den Klettercamps seinen Aufstieg pantomimisch, Griff für Griff, nach. Er hatte etwas erreicht, woran ihm weit mehr lag als an Reichtum oder Ruhm: Bewunderung und Respekt in seinen Kreisen.

Ich habe mit diesem Vorwort keinesfalls die Absicht, Breashears zu kanonisieren. Ich habe genügend Zeit mit ihm verbracht, um zu wissen, wie ungeduldig, getrieben, wie unglaublich rastlos er ist. Ich bin Zeuge seines Jähzorns geworden, ja habe ihn selbst zu spüren bekommen. Aber er hat etwas, was man am besten mit »Charakter« beschreibt. Und ich bewundere diesen Zug noch mehr als seine Leistungen auf dem Gebiet des Bergsteigens oder des Films. Auch wenn es zwischen uns öffentlich wie privat zu Meinungsverschiedenheiten gekommen ist – ich war stets beeindruckt von seiner Bereitschaft, nach seinen Überzeugungen zu handeln, selbst wenn sein Zorn gegen mich gerichtet war.

Zwei Jahrzehnte nach meiner ersten Begegnung mit David Breashears auf einer Felsspitze hoch über Boulder hat uns der Zufall an den Hängen des Everest wieder zusammengeführt, und das in einer, wie sich herausstellte, sehr, sehr schlimmen Saison. Als es zur Katastrophe kam, gefährdete er, ohne zu zögern, das wichtigste Filmprojekt seiner Laufbahn, um denen von uns zu Hilfe zu kommen, die in Bergnot geraten waren.

Es überraschte mich keineswegs, dass der Erstbegeher von Perilous Journey 1996 einer der Helden des Unglücks am Everest war.

Jon Krakauer
Boulder, Colorado, Februar 1999

16

Prolog

EVEREST 1996

Heftige Winde über dem Südwestgrat des Mount Everest.

ALS BERGSTEIGER verspüre ich von jeher eher den Drang zum Gipfel als das Bedürfnis, dem Tal zu entfliehen. Ich war zwölf Jahre alt, als ich das berühmte Foto von Tensing Norgay auf dem Gipfel des Mount Everest sah. Von diesem Augenblick an setzte ich die Besteigung des Everest mit der menschlichen Fähigkeit zur Hoffnung gleich. Und tatsächlich gibt es nichts Belebenderes, nichts Läuterndes, als auf diesem Gipfel fast 9000 Meter über dem Meeresspiegel zu stehen und auf die Welt hinabzusehen. Vor Mai 1996 hatte ich den Everest zweimal bestiegen, und das jedes Mal mit demselben einzigartigen Gefühl von Wiedergeburt, das einem dieser Berg gibt.

Aber der Everest hat auch etwas Endgültigeres zu bieten, und das ist der Tod. Am Morgen des 10. Mai beschloss das Team meiner *Everest* IMAX Filming Expedition den Aufstieg, um bei der Bergung der Überlebenden eines eisigen Unglücks zu helfen, das acht Menschen das Leben gekostet hatte. Im Lauf der nächsten Tage stieg unser Team auf den Everest, im Kampf gegen die bittere Kälte und nicht weniger bittere Wahrheiten sowie den tiefen Kummer um unsere Freunde, die im Tode erstarrt auf ewig dort liegen werden. Auf einem vereisten Berg ist kein Platz für ein Grab.

In der Woche nach der grausigsten Katastrophe, zu der es am Everest je gekommen war, brachen andere Expeditionen ihre Belagerung ab und reisten nach Hause. Warum blieben wir und stiegen ein weiteres Mal auf diesen Berg? Wenn ich es recht bedenke, steckte dahinter eine Seelenverwandtschaft nicht nur mit den Toten, sondern mit dem Berg. Ich sah ihn gar nicht gern in so einer Misere und unter dem scharfen Blick der Medien aus aller Welt; ich wollte ihn von dieser Tragödie erlösen. Es war mir unmöglich, einfach abzureisen, nicht nach all meinen Jahren an diesem Berg, nicht bei so gutem Wetter mit einer so enormen Ausrüstung und Fähigkeiten wie den unseren, nicht ohne wenigstens einen letzten Versuch gestartet zu haben. Nennen Sie es den Stolz des Spezialisten, aber ich hatte das Gefühl, es war an uns, diese unselige Episode zu einem guten Abschluss zu bringen. Ich wollte beweisen, dass der Everest – in all seiner Größe – nicht für ein Todesurteil, sondern eine Bekräftigung des Lebens steht.

So beobachteten wir den Berg mit Unterstützung eines Londoner Wetterdienstes und warteten auf einen Wetterumschwung am Gipfel. Der Jetstream, der im Frühjahr um den Everest tobt, pfiff um die Spitze, und kein von Menschenhand gefertigtes Instrument kann vorhersagen, wann er vom Gipfel ablässt und über das Tibetische Hochland nach Norden zieht. Tagelang änderte sich kaum etwas. Ich war bestürzt, aber nicht überrascht; ich habe schon erlebt, wie der Jetstream den Everest fünfzig Tage hintereinander in die Mangel genommen hat. Trotzdem durchsuchte ich die Meldungen nach einem Anlass für den kleinsten Hoffnungsschimmer, irgend etwas, was eine Besserung signalisierte. Nichts.

Schließlich kamen wir zu der Erkenntnis, es sei an der Zeit, unser Basislager in 5364 Meter Höhe zu verlassen – besser, sich dem Berg in den Stiefeln zu stellen, als in unseren Zelten herum zu sitzen und über ihn zu brüten. Auf den Hängen würden wir dann schon sehen, was er für uns in petto hatte, und uns vom Berg sagen lassen, wann wir aufsteigen sollten – wenn überhaupt. Also mühte sich das gesamte IMAX-Filmteam in die Ausrüstung und stieg, Lager für Lager, auf.

Unter dem unheilvollen Drohen des Windes, der uns mit

20

130 Kilometern und mehr in der Stunde umheulte, stiegen wir zu den oberen Lagern auf. Beim Bergsteigen ist es nicht der Wind um einen herum, der einem Angst macht, sondern der Wind, der einen erwartet. Ein Gutteil unserer Beklommenheit war natürlich psychischer Natur. Immerhin waren dort oben erst einige Wochen zuvor gestandene Everest-Veteranen gestorben.

In der Dämmerung des 22. Mai, dem Tag, an dem wir uns wieder in Camp IV auf einer Höhe von 7924 Metern am Südsattel einrichteten, legte sich der Wind. Es war ein ebenso seltener wie willkommener Augenblick, als wir unsere Zelte aufschlugen; wir konnten tatsächlich aufrecht stehen und uns noch in derselben Nacht auf den Weg zum Gipfel machen, und das mit weit weniger Angst als zuvor.

Die Sonne ging unter und die Wände unserer Zelte verfinsterten sich. Obwohl wir völlig erschöpft waren, kam keiner von uns zur Ruhe. Wir waren den ganzen Abend damit beschäftigt, unsere Kletter- und Filmausrüstung vorzubereiten und Eis für Trinkwasser zu schmelzen. Im Lager am Südsattel hält man sich nicht unnötig auf. Es liegt viel zu hoch, ist viel zu öde und die Luft ist einfach zu dünn. Es gibt nicht den geringsten Grund, dort oben zu sein, außer um auf den Gipfel des Everest zu gehen. Wir hatten uns zwei Jahre auf diesen Gipfelversuch vorbereitet, Körper und Geist trainiert, Checklisten aufgestellt, die riesige IMAX-Kamera für unsere Bedürfnisse umgebaut, winterfest und leichter gemacht und jetzt war alles zum Greifen nah.

Jetzt hatte uns das Wetter die Chance gegeben, die wir brauchten.

Um 22 Uhr 35 öffnete ich den Reißverschluss meines Zeltes.

Egal wie oft ich diese Reise gemacht habe, sie beginnt immer gleich. Es ist stockdunkel draußen. Das bisschen Wärme, das sich im Zelt angesammelt hat, verflüchtigt sich in der eisigen Nacht; Sicherheit und Geborgenheit, die ich eben noch verspürt habe, sind mit der Wärme dahin. Auf allen vieren krabbele ich in eines der unwirtlichsten Milieus unserer Erde, in die Herausforderung schlechthin – die letzten 900 Höhenmeter zum Gipfel des Everest.

Die Sterne waren in jener Nacht zu sehen, aber kein Mond. Es war finster und kalt, es herrschten minus 35 Grad; es war völlig ruhig. Als ich nach oben sah, konnte ich die Konturen des Everest gerade noch ausmachen, eine schiefe, finstere, aus den Sternen geschnittene Pyramide.

Ich setzte mich auf einen kleinen Fels, um meine Steigeisen – scharfe Metallzacken für die Stiefelsohlen – anzulegen; sie krallten sich sofort in Schnee und Eis. Mit bloßen Händen vergewisserte ich mich einmal, dann noch einmal, dass die Clips an Fersen und Zehen sich durch das dünne Neopren meiner Überschuhe bissen, die ich als zusätzliche Isolierung über den Kletterstiefeln trug. Ich hatte nicht vorgehabt, hier oben Überschuhe zu tragen. Nach der Katastrophe jedoch fühlte ich mich über die Maßen schutzlos und sterblich. Ich habe mich immer auf die Kraft des Geistes verlassen, um meinen Körper anzutreiben, und mein Körper hat mir immer genügend Leistung zur Verfügung gestellt. Die Todesfälle bei jener katastrophalen Besteigung jedoch erinnerten mich daran, dass ich mittlerweile vierzig Jahre alt war. Da hatte ich mir die Überschuhe von meinem Freund Jon Krakauer ausgeliehen. Er hatte den Sturm am 10. Mai überlebt.

Ich ging zwischen den Nylonkuppeln der Extremwetterzelte hindurch und rief heiser, es sei Zeit zu gehen. In den Zelten herrschte bereits Leben, Bewegungen im Inneren wölbten die Zeltwände; das Ratschen von Reißverschlüssen drang durch die Nacht. Sherpas und Mitglieder des Teams sammelten ihre Ausrüstung zusammen und ich ging im Geiste noch einmal meine eigene Checkliste durch: zwei volle Sauerstoffflaschen, ein zweites Paar Handschuhe, Eispickel und – das wichtigste – mein Kompass, auf dem die Richtung voreingestellt war, sodass ich selbst im Falle eines Sturms wieder ins Lager fand. Nicht ein müßiges Wort, nur nervöse Spannung und Konzentration auf die Aufgabe lagen in der Luft.

Der Südsattel ist eine breite Steinwüste, unwirtlich, gnadenlos, flach. Ich wusste, dass gerade diese Strukturlosigkeit des Geländes für die Bergsteiger in der Nacht vom 10. Mai zur tödlichen Falle geworden war; sie hatten ohne Kompass im Whiteout des Schneesturms keinerlei Hinweise auf die Richtung gehabt. Verirrt, auf der verzweifelten Suche nach dem Hochlager, waren hier elf Bergsteiger zusammengebrochen, direkt am Rande der nach Tibet gerichteten Kangshung-Flanke des Everest, an der es jäh 2400 Meter abwärts geht. Hier war, nur wenige hundert Meter von der Sicherheit des Lagers entfernt, die Japanerin Yasuko Namba erfroren; hier hatten Erfrierungen den Texaner Beck Weathers zum Krüppel gemacht.

Im ungelenken Watschelgang überquerte ich den Südsattel hin zum ersten eisigen Hang, meine Steigeisen fuhren kratzend über faustgroße Steine und glashartes Eis. Ich war mir bewusst, dass ich wie jeder andere im Team auch an Sauerstoffmangel und Wasserentzug litt, völlig übernächtigt und unterernährt war. Und trotzdem befahl ich meinem Körper zu schuften wie nur selten zuvor in meinem Leben. Unter solchen Bedingungen wird einem alles doppelt so schwer. Aber ich setzte eine Stunde lang mechanisch einen Fuß vor den anderen, bis ich meinen Rhythmus fand. Alles, was ich hörte, war das Rasseln meines schweren Atems unter der Sauerstoffmaske, jeder Atemzug im Einklang mit meinem Tritt.

Nur dass dem Ganzen diesmal die dazugehörige Zielstrebigkeit fehlte, das belebende Moment; ich hatte nichts als das schreckliche Gefühl, über ein Schlachtfeld zu laufen, je höher ich kam. Ich war schon früher dabei gewesen, wenn man Leichen vom Everest barg, aber nichts in meiner Ausbildung hatte mich darauf vorbereitet, da oben über einen offenen Friedhof zu gehen. Und diesmal lagen Freunde auf diesem Friedhof.

Es gibt dort, vom Vorgeschobenen Basislager bis unter den Gipfel, andere Leichen – Leichen von Leuten, die ich nie kennen gelernt habe. So lag einige hundert Meter unterhalb des Lagers, das sich in einer Höhe von 6400 Metern befindet, in eine blaue Plane gewickelt, ein Bergsteiger neben der Route. Und bevor der Wind ihre sterblichen Überreste schließlich über die Kangshung-Flanke geweht hatte, war jahrelang jede Everest-Expedition an Hannelore Schmatz vorbeigekommen, ein verdorrtes Wegzeichen über dem Südsattel, das braune Haar wie eine Fahne im Wind.

Ebenfalls in der Nähe des Südsattels lag ein Tscheche und weiter oben eine Bulgarin. Vor Jahren schon hatte ich vom Gletscher darunter die gefrorenen Leichen zweier Nepalesen geholt.

Die Route über den Nordsattel auf der tibetischen Seite war ebenfalls von Bergsteigern gesäumt, die nie wieder heruntergekommen waren. 1986 hatte ich mitgeholfen, einen befreundeten Sherpa, der unter eine Lawine geraten war, hinab und zur Verbrennung ins Kloster Rongbuk zu schaffen. Und einer meiner Dokumentarfilme schilderte die Suche nach dem berühmtesten jener Toten, der britischen Legende George Mallory, der 1924 in der Nähe des Gipfels verschwunden war.*

Wo immer sie liegen, diese Toten sind stumme Zeugen der geradezu unheimlich anmutenden Leichtigkeit, mit der ein Tag am Everest zum Verhängnis werden kann.

Trotz Schnee und Eis ist der Everest trocken wie eine Wüste; Wind und Sonne haben einen menschlichen Leichnam rasch mumifiziert. Schließlich ähnelt er der alten Eis-

---

* George Mallorys Leiche wurde am 1. Mai 1999 von einem Suchtrupp unter der Führung des amerikanischen Bergsteigers Eric Simmsen auf 8240 Meter Höhe identifiziert. (Anm. d. Red.)

24

mumie, die man vor einigen Jahren auf einem Südtiroler Bergpass gefunden hat. Mit so etwas hatte ich bereits zu tun gehabt, ich war gestählt gegenüber der brutalen Erkenntnis, wie gnadenlos fein die Linie zwischen Leben und Tod ist in der dünnen, eisigen Luft dieses unversöhnlichen Bergs.

In dieser Nacht jedoch war das anders; die, die uns da erwarteten, waren Leute, die ich gekannt und respektiert hatte. Wir wussten anhand seiner letzten Funksprüche sehr genau, wo Rob Hall, einer der bekanntesten Everest-Führer, ums Leben gekommen war. Durch andere Berichte hatten wir eine ziemlich klare Vorstellung davon, wo Scott Fischer lag. Doug Hansen war in Robs Nähe gestorben und wir glaubten, auch ihn finden zu können. Andy Harris jedoch wird noch immer vermisst. Unser Team hatte seit der Tragödie fast zwei Wochen Zeit gehabt, sich seinen Ängsten, seinem Kummer, dem Zorn zu stellen. Trotzdem sind es zwei Paar Schuhe, mit seinen Dämonen am Fuße des Berges zu ringen und seine Kameraden dann tot im Schnee liegen zu sehen.

Stunden vergingen, in denen ich entschlossen höher und höher stieg, ohne mir wegen der Dunkelheit jenseits des Lichtkreises meiner Stirnlampe bewusst zu werden, dass ich an Höhe gewann. Wie immer auf Gipfelhängen kam ich mir allein vor, losgelöst, geradezu wie in Trance. Blickte ich mich jedoch um, sah ich die Lichtspeere der Stirnlampen meiner Kameraden und es war beruhigend zu wissen, dass sie da waren und ihren einsamen Weg zusammen mit mir gingen.

Sporadisch wirbelten Böen Pulverschnee auf und ich blieb einen Augenblick stehen, den Kopf nach Osten geneigt, um dem eisigen Gestöber zu entgehen. Kurz vor Morgengrauen, in 8200 Meter Höhe, unterhalb der Rinne zum Südostgrat, schreckte mich ein blauer Gegenstand rechts von mir auf. Durch den Sauerstoffmangel war ich einen Augenblick lang verwirrt. Aus Anatoli Boukreevs Bericht wusste ich, dass Scott Fischer sich hier in der Nähe befand. Die großen Anstrengungen der Nacht jedoch hatten den Gedanken verdrängt. Jetzt bemühte sich mein abgestumpfter Verstand, zu begreifen: Wie konnte jemand, der so kräftig und findig war wie Scott, hier oben enden? Es kam mir vor wie ein Traum; es konnte nicht sein.

Ich ging nicht hinüber. An diesem Tag musste ich mich schonen und die beste Verteidigung war Distanz. Im Licht meiner Stirnlampe sah ich, dass er rücklings auf einer schmalen verschneiten Leiste lag, ein Bein gestreckt, das andere angezogen, einen Arm fest gegen die Brust gedrückt. Seine Haltung war ungünstig und etwas verdreht. Ich konnte mir gut vorstellen, wie Scott sich bis zum Ende gewehrt hatte, wie ihm seine Kraft, sein Lebenswille durch die Finger geronnen war, bis er sich schließlich zurückgelegt hatte und der Tod ihn beschlich. Anatoli hatte seinem Freund bei seinem Rettungsversuch am 11. Mai einen Rucksack über den Kopf geschnürt. Ich war ihm dankbar dafür. Ich wollte die Reste von Scotts freundlichem, hübschem Gesicht gar nicht sehen.

Ich wandte mich ab und stieg in 8400 Meter Höhe in den Südostgrat ein. Späht man über den messerscharfen Grat die senkrechte Kangshung-Flanke drei Kilometer tief nach Tibet hinab, bietet sich einem ein unvergesslicher Blick. Es schien gerade so, als könnte ich von diesem Standort aus den halben Kontinent überschauen. Sonnenstrahlen beschienen zuerst die höchsten Gipfel des Himalaja, einen nach dem anderen, wie leuchtende Kerzen über pechschwarzen Tälern. Im Osten stand, in Purpur getaucht, der Kangchenjunga, der dritthöchste Gipfel der Welt. Und viel näher noch schimmerte der fünfthöchste – der Makalu – in Pink und Orange.

Drei anstrengende Stunden später erreichten wir den Südgipfel und damit den Quergang hinüber zum Hillary Stepp, einem Felspfeiler von etwa dreizehn Metern in einer Höhe von 8740 Metern. Die Route ist hier wild und exponiert und führt als letzte Barriere vor dem Gipfel über einen von

26

Schneewächten überzogenen schmalen Grat. Ich hatte vorgehabt, diese dramatische Querung zu filmen, als Kernstück unseres Films. Noch vor der Traverse lag, zwischen einer windumwehten Schneewächte und einer Felswand, eine rotgekleidete Gestalt. Sie lag auf der Seite, von den Schultern aufwärts von der Wächte bedeckt. Ihr linker Arm ruhte auf der Hüfte und die Hand daran war bloß.

Es war Rob Hall, nicht zu verkennen, selbst aus der Distanz. Er trug einen roten Anorak von Wilderness Experience, wie ich selbst einmal einen gehabt hatte. Die Latzhose, eine rote Patagonia, hatte ein besonderes Schachbrettmuster, das mir vor zwei Wochen aufgefallen war, als ich an ihm und seiner zahlenden Seilschaft vorbei nach unten gestiegen war. Er lag mit dem Gesicht nach Osten, den Rücken zum Wind.

Mein erster Gedanke war: Typisch Rob, sein Zufluchtsort schien bestens organisiert. Es war klar, dass er einen entschlossenen Versuch gemacht hatte, zu überleben. Er hatte die Steigeisen abgenommen, um zu verhindern, dass über sie Kälte an die Stiefel kam. Seine Sauerstoffflaschen waren sorgfältig um ihn herum angeordnet. Zwei Eispickel standen senkrecht in den Schnee gerammt. Einer davon, das wusste ich, gehörte Rob, der andere – wie wir später erfuhren – seinem Assistenten Andy Harris.

Das Letzte, was man bei einem Sturm machen darf, ist, seinen Eispickel auf die Erde zu legen. Es fällt Schnee darauf, oder er rutscht davon, oder man vergisst einfach, wo man ihn hingelegt hat. Senkrecht und griffbereit wie die beiden hier, zeigten die Pickel, dass Rob und Andy – oder wenigstens einer von ihnen – während der letzten Stunden ihres verzweifelten Biwaks klaren Kopf bewahrt haben.

Ich kniete neben Rob im Schnee nieder. Ich konnte sein Gesicht nicht sehen und fühlte mich ihm so irgendwie fern. Dann sah ich mir seine bloße Hand an, der die Elemente noch nichts angehabt hatten. Wie konnte ein gestandener Bergsteiger wie Rob nur seinen Handschuh ausziehen? Ein

Handschuh ist die Rüstung des Bergsteigers. Wie war Robs wohl verschwunden?

Ich blickte auf meine eigenen Hände in ihren dicken Fäustlingen und stellte traurige Überlegungen an. So viel von Robs Leben war ein Spiegelbild meines eigenen. Wir waren etwa im selben Alter, verfügten über einen ähnlichen Level an Erfahrung, Fertigkeiten, Ehrgeiz und Selbstvertrauen. Beide sahen wir uns dazu getrieben, in den Bergen zu leben. Ein Leben am Everest. Aber jetzt war er tot.

Während ich seine bloße Hand musterte, verstand ich plötzlich die Angst, die Rob ausgestanden haben musste, das schreckliche Wissen, so steif gefroren und schwach zu sein, dass er die Kontrolle über das eigene Leben verloren hatte. Er war am Leben gewesen und unverletzt, aber Wind und Kälte jener schrecklichen Nacht hatten für Sauerstoffmangel, Unterkühlung und Erfrierungen gesorgt; so hatte er denn dagelegen, in der Falle dieses abgelegenen Außenpostens, völlig außerstande, sich zu retten. Einen schlimmeren Albtraum konnte ich mir nicht vorstellen.

In meinen Kummer mischte sich, wie ich gestehen muss, ein gewisser Zorn auf Rob, den ich den ganzen Weg vom Basislager heraufgeschleppt hatte. Ich wusste einfach, dass die Fehler vom 10. Mai zu vermeiden gewesen wären, dass vermutlich reine Hybris Rob und seiner Seilschaft zum Verhängnis geworden war. Rob hatte von allen Bergführern am lautesten mit seinem Können geprahlt und den Berg praktisch als sein Zuhause gesehen. Er hatte manchmal geradezu so getan, als hätte er Anteilscheine daran, eine Haltung, die ich beunruhigend fand. Der Everest ist so manches für viele Menschen, aber keinem von ihnen gehört er.

Seine Kundschaft war zum Bergsteigen hierher gekommen, nicht um ernsthafte Risiken einzugehen. Robs Können hätte ihre Garantie gegen Gefahren sein sollen und Rob hatte sie im Stich gelassen. Es hatte eine hässliche Vorwarnung auf die Katastrophe gegeben. Wir hatten vor ihrem Vorstoß zum Gipfel fünfundfünfzig Leute die Fixseile zu Lager III hinaufschwärmen sehen. Es war der Tag, an dem ich mich entschlossen hatte, unsere Expedition wieder hinunterzuführen, um darauf zu warten, dass das Wetter aufklarte und sich die Menge verlief, bevor wir unseren eigenen Gipfelversuch starteten. Ich war wütend über den Kummer und das Chaos, für das diese tragischen Todesfälle gesorgt hatten.

Ich blickte Rob an und seine nackte offene Hand, die sich nie mehr einen Handschuh überziehen, nie mehr einen Eispickel halten würde. Ich griff mir eine Hand voll Schnee und ließ sie wie Asche verwehen. Als ich so neben Rob saß, sah ich mich selbst so daliegen: *Hätte ich es genauso gemacht?*

Plötzlich tauchten die Sherpas auf, die mit meiner Kameraausrüstung den Grat heraufkamen. *Ich muss weiter*, sagte ich schweigend zu Rob. Hier konnte ich nicht filmen. Sein Tod hatte diesen Flecken für mich zur geweihten Erde gemacht; er hatte schließlich doch noch ein Stückchen Everest bekommen, das ihm auf immer gehörte.

Ich stand auf und legte meinen Rucksack um. Dann machten wir uns an die letzte Steigung des Bergs.

1

THE KID

Paps und ich nach dem Angeln,
Cheyenne, Wyoming 1961.

DER EVEREST lockte mich seit dem Augenblick, in dem ich das Foto von Tensing Norgay sah. Wir lebten damals in Griechenland und meine Familie war noch eine Familie. Es war zugleich die schönste und schlimmste Zeit meines Lebens. Es braucht schon die überbordende Fantasie eines Zwölfjährigen, um sein Schicksal in einem Foto von einem Berg mit einem wildfremden Menschen darauf zu sehen, aber genau das tat ich an jenem Vormittag.

Griechenland war nur meine jüngste Heimat. Mein Vater war Offizier, genauer gesagt Major bei der US-Army. Damit war ich vom ersten Augenblick an ein Barrasbalg. Als ich meinen High-School-Abschluss machte, hatte ich unter anderem bereits in Georgia, Griechenland und Colorado gelebt. Ich habe eine blasse frühe Erinnerung an einen Nachmittag in Fort Benning, Georgia: Winzige weiße Wolken fallen aus dem glänzenden Heck eines zweischwänzigen Truppentransporters und meine Mutter und ich versuchen zu erraten, welcher von den Fallschirmen wohl meinen Vater trägt. Ich hatte meine Mutter sehr lieb. Sie war Schottin, stolz und zäh. Aber Vater war damals mein Held. Er sprang aus Flugzeugen. Er trug eine Uniform und tödliche Waffen. Er bildete Männer für den Kampf aus und bereitete sie auf die Schlacht vor. Darüber hinaus war er ein Naturbursche vom alten Schlag, der auf die Jagd ging und angelte und – bei Gott! – einen Pick-up fuhr. Kurzum, er war das perfekte Vorbild, wie aus dem Ei gepellt in seiner Uniform – bis es Zeit wurde, hinter das Olivgrün und die goldenen Majorsabzeichen zu sehen.

In meiner Familie bin ich der dritte Sohn und zwei Jahre älter als meine Schwester. Für meinen Vater zählte nur, dass ich der Kümmerling seines Wurfs war – Major Breashears' magerer kleiner Sohn, eine Comicfigur, der schmalbrüstige Schwächling aus der Bodybuilderreklame. Mir fehlte die Anmut des Athleten; wenn auf dem Spielplatz Mannschaften zusammengestellt wurden, war ich immer als Letzter dran. Ich machte mir einen Namen in der Schule, weil ich gescheit und später gar etwas aufmüpfig war. Tatsache jedoch ist, ich hatte bis siebzehn praktisch keinen Muskel am Körper.

Mein Vater glaubte buchstäblich an die Philosophie, dass man entweder schwamm oder ertrank. Als ich fünf war und wir in Cheyenne, Wyoming, lebten, war ich noch zu klein, um im Schwimmbecken der Francis E. Warren Air Force Base stehen zu können. So warf Paps mich eines Tages einfach hinein und befahl mir zu schwimmen. Immer wieder ruderte ich spuckend an den Beckenrand, wo er stand, sich bückte und mich wieder hineinstieß. Nachdem ich einige Mundvoll Chlorwasser geschluckt hatte, entschloss ich mich, auf die andere Seite des Pools zu rudern, wo ich mich an die Rinne klammerte.

»David!«, brüllte er. »David! Du schwimmst auf der Stelle wieder zurück.«

Aber ich hielt mich ums liebe Leben fest. Es war das erste, aber definitiv nicht das letzte Mal, dass ich ihm nicht nahe kommen wollte.

Ich war also ein schüchternes kleines Kerlchen, als ich in Cheyenne in die Grundschule kam. Ich brauchte geraume Zeit, um in der Schule zurechtzukommen. Unter anderem, weil ich einfach nicht gern drinnen war. Nein, die tollsten Augenblicke meiner Kindheit hatte ich draußen, beim Zelten in der Nähe von Jackson Hole, das weiter im Norden von Wyoming lag. Der erste richtige Berg, den ich in meinem Leben sah, war der Grand Teton vor dem Himmel Wyomings. Ich staunte, wie hoch und zackig der Gipfel war. Er

34

wirkte wie eine uneinnehmbare Burg – und dennoch sagte uns einer der Ranger dort, Bergsteiger hätten sein Rätsel gelöst, ja während wir sprachen, erkletterten ihn ein paar mit Haken und Seil. Ich erinnere mich noch, mit zusammengekniffenen Augen in die Sonne über dem Berg gespäht zu haben, um diese Fabelwesen auszumachen, aber natürlich war niemand zu sehen. Mir blieb nur das Staunen darüber, wie fantastisch das war: einen Berg zu erklettern.

Ansonsten angelte und spielte ich mit meinen Brüdern in den Seen und Bächen um Jackson Hole. Das hätte Spaß machen können, aber an Spaß lag meinem Vater nichts, ihm ging es nur darum, dass man etwas *richtig* anging. Er dachte eben wie ein Soldat: der kleinste Schnitzer, und womöglich war einer oder mehrere aus dem Zug tot. Wenn einer von uns die Angel nicht richtig auswarf oder sich sonst auch nur den geringsten Fehler zuschulden kommen ließ, ahndete er das wie eine Befehlsverweigerung: der Gürtel für meine Brüder und ein gewaltiges Donnerwetter oder eine zusammengerollte Zeitung für mich. Ich erinnere mich noch, gedacht zu haben, dass er mich und meine Schwester am liebsten hatte, weil er uns den schweinsledernen Gürtel ersparte.

Als ich zehn war, wurde Paps nach Griechenland versetzt, wo er als Militärberater tätig war. Wir schrieben das Jahr 1966, der Kalte Krieg war nach Vietnam übergeschwappt und auch Griechenland hatte seine politischen Unruhen. Für uns jedoch war dieses zerklüftete Land ein großartiges Abenteuer und es war eine Zeit voller Entdeckungen und unbändiger Energie. Meine Freunde und ich durften allein zum Zelten gehen, die antiken Ruinen erforschen, oder wir kletterten in ausgebombten deutschen Festungen aus dem Zweiten Weltkrieg herum. Auf der anderen Seite der Bucht, an der wir wohnten, erhob sich der schneebedeckte Olymp, und ich weiß noch, wie ich mich danach sehnte, hinaufzusteigen und nach Spuren von mythischen Göttern und antiken Kriegern zu suchen.

35

Kurz nachdem wir in Griechenland angekommen waren, kam es zu dem Militärputsch, den Costa-Gavras in seinem berühmten Film Z geschildert hat. Es gab Panzer auf den Straßen und Soldaten mit Maschinengewehren. Der Flugzeugträger USS America von der 6. Flotte lief im Hafen von Saloniki ein, um die amerikanischen Staatsangehörigen zu schützen und falls nötig zu evakuieren. Er war das größte Schiff im Hafen. Die Kapitänsbarkasse legte ausgerechnet an dem Pier an, an dem mein Freund Van van Way und ich am Wochenende zum Angeln gingen. Rasch hatten wir die Matrosen zu einer Führung durch den Flugzeugträger und einer Fahrt mit der Kapitänsbarkasse überredet. Immerhin war ich der Sohn eines Majors.

Ich begann damals, allein aus dem Haus zu gehen. Wir wohnten in den dicht bevölkerten Hügeln Salonikis, einer alten Stadt voll gewundener kopfsteingepflasterter Straßen, enger Gassen und kleiner Tore. Es war ein von Menschenhand geschaffenes Labyrinth, für einen Jungen das ideale Terrain, um immer neue Routen aufzuspüren und dann wieder nach Hause zu finden. Bei jedem Ausflug wagte ich mich weiter hinaus, legte weitere Entfernungen zurück, übte mich darin, mir stets den Rückweg zur Wohnung einzuprägen und auch nicht einen Orientierungspunkt zu übersehen. Die Herausforderung war umso größer, als ich nicht Griechisch konnte und kaum einer der Einheimischen Englisch sprach. Ich sah eine Ruine auf einem fernen Hügel und versuchte mich dorthin durchzuschlagen, immer mit dem Gedanken daran, dass eine sichere Rückkehr nach Hause allein von meinem Gedächtnis abhing. Ich wusste damals noch nicht, dass dies der Anfang meines Bergtrainings war.

Daneben erhielt ich weiter die Lektionen, die mir mein Vater auf seine ganz eigene krude Art gab. Eines Samstags machte er Steinschleudern aus Holzgabeln und Fahrradschläuchen, je eine für mich und Van.

»Was immer ihr damit anstellt, David«, warnte er mich,

»ihr zerbrecht mir kein Glas.« Er kannte die Versuchungen kleiner Jungs.

Ich ging damals auf eine Privatschule für amerikanische Kinder namens Pinewood, und Tag für Tag mühte unser Bus sich eine steile gewundene Straße hinauf zu der mitten in einem Wald gelegenen Schule. Van und ich sprangen sofort in einen städtischen Bus, fuhren hinaus in die Hügel um unsere Schule und wanderten zu einem verlassenen Haus, das irgendwo versteckt im Wald lag. Wir versuchten mit den Steinschleudern die Fenster kaputtzuschießen, aber die Gummis waren einfach zu steif, um sie wirklich zu dehnen, und so entschlossen wir uns, die Fenster mit einer direkteren Methode anzugehen, und warfen sie ein.

Wir waren so in unseren Angriff vertieft, dass wir den stämmigen Griechen nicht sahen, der auf uns zukam. Urplötzlich stand er neben uns, packte uns mit eisernem Griff an den Ohren und schleppte uns in den Wald. Van fing auf der Stelle an, zu heulen und zu betteln. Der Mann, der uns erwischt hatte, nahm schließlich mit vier anderen rund um uns Aufstellung. Ich wollte nur, dass Van aufhörte. Unsere Angst zu zeigen, brachte uns da auch nicht heraus. Fast schien es, als würden sie umso wütender, je lauter er schrie.

Sie unterhielten sich über unsere Köpfe hinweg auf Griechisch, um zu beraten, was zu tun war, dann schleppten sie uns zu unserer Schule und verlangten vom Pförtner, dass er unsere Eltern anrief. Ich hatte sofort Todesangst, und das nicht mehr vor den Griechen, sondern vor Paps. Ich fürchtete, mir eben meine erste Tracht Prügel mit dem Schweinsledergürtel verdient zu haben.

Vans Vater holte uns vor der Pforte der Schule ab. Zu Hause saß ich dann im Arbeitszimmer meines Vaters und erzählte ihm alles mit bebender Stimme. Schweigend saß er da, bis ich fertig war. Dann stand er auf, stemmte die Hände auf den Schreibtisch, das Gesicht direkt vor dem meinen, und

37

sagte: »David, du führst mich jetzt da rauf und zeigst mir den Mann.«

Mein Vater war im Nahkampf ausgebildet, und wie es hieß, zeigte er seine Fertigkeiten hin und wieder in einer Bar. Man hatte ihn einmal bei einer Kneipenkeilerei in Deutschland bewusstlos geschlagen, aber meist ging er als Sieger hervor. Er stand im Ruf, ein beinharter Knochen mit eisernem Willen zu sein.

Wir fuhren wieder hinauf in die Hügel. Der Grieche, der uns beim Einwerfen der Fenster erwischt hatte, kam uns aus dem Wald entgegen; ihm gehörte das verlassene Haus. Es war klar, dass er dachte, der Amerikaner würde seinem Sohn eine Lektion erteilen. Als mein Vater aus dem Pick-up stieg, wandte er sich mir zu und sagte ganz ruhig: »Warte hier.« Die beiden verschwanden im Wald. Kurz darauf kam mein Vater wieder. Allein.

Ich hatte rasch kapiert: Kein Grieche schubste den Sohn eines Majors herum. Das hatte nichts mit väterlichem Schutz zu tun, sondern mit primitivem Stolz, und es machte mir Angst.

Das Verhalten meines Vaters wurde immer brutaler. Auf der Rückfahrt von einem Tagesausflug zur Einschätzung der griechischen Verteidigungseinrichtungen an der bulgarischen Grenze versuchte er auf dem Weg durch ein Dorf einen Hund zu überfahren. Es war eine groteske Szene: mein Vater und ich in seinem schleudernden Pick-up, ein Kampf zwischen Paps und dem Hund. Als er umkehrte, um es noch einmal zu versuchen, war ich zutiefst beschämt. Wenn ich heute so zurückdenke, so markierte dies den Anfang vom Ende unserer Familie.

Seine Gewalttätigkeit kochte eines Abends über, als wir ihn und meine Mutter wütend in der Küche streiten hörten. Es dauerte nicht lange und meine Mutter schrie um Hilfe. Mit Baseballschlägern stürzten meine Brüder den Flur entlang in die Küche, um ihr zu Hilfe zu kommen, aber mein Vater schleuderte die beiden einfach zurück in den Flur.

38

Schließlich rief einer der Nachbarn die Polizei. Paps warf auch sie hinaus.

In diesem Augenblick entschloss ich mich, den Vogel Strauß zu spielen, und weigerte mich einfach, zur Kenntnis zu nehmen, was da passierte; es zur Kenntnis zu nehmen, wäre dem Eingeständnis gleichgekommen, dass meine Welt im Zerfallen begriffen war. Aber ich weiß auch, dass ich damals im Grunde meiner Seele eine tiefere Entscheidung traf – niemals das zu werden, was ich da sah.

Die unberechenbaren Gewaltausbrüche meines Vaters hielten mehrere Tage und Nächte lang an und wirklich gefährlich wurde es, als mein ältester Bruder die Pistole meines Vaters fand und die Familie zu verteidigen beschloss. Glücklicherweise endete alles eines Abends ohne Gewalt. Mein Vater versammelte uns im Wohnzimmer auf dem Sofa, wies auf meine Mutter, die in einem Sessel saß, und sagte seelenruhig: »Ist mir egal, was du sagst, Ruth. Unsere Kinder werden entscheiden, ob ich gehe oder bleibe!«

Ich bekam kein Wort heraus. Ich wollte um alles in der Welt, dass er ging, aber wie schickt man den eigenen Vater aus dem Haus? Meine Brüder saßen schweigend da, ich schluchzte. Meine Schwester stand auf und setzte sich auf Mutters Schoß. Mein Vater stand nur da, musterte uns, wartete auf eine Antwort. Schließlich stürmte er zur Haustür hinaus und schlug sie hinter sich zu. Keiner von uns rührte sich; reglos saßen wir da und starrten auf die geschlossene Tür. Eine ungeheure Erleichterung überkam mich und ich hörte zu heulen auf. *Ob er tatsächlich so einfach verschwand?* fragte ich mich. Sollte es wirklich so einfach sein?

Einige Augenblicke später wurde die Tür wieder aufgerissen und er stand fuchsteufelswild da. »Augenblick mal!«, schrie er. »Das ist mein Haus. Ich brauche mich doch nicht aus meinem eigenen Haus werfen zu lassen!«

Danach wird die Szene ausgeblendet wie der Schluss eines traurigen Films. Ich weiß nicht mehr, was wir gemacht haben; ich weiß nicht mehr, was mein Vater gemacht hat. Ich habe es schlicht und ergreifend verdrängt. Ich weiß, dass er noch einige Wochen das Haus mit uns teilte.

All die Jahre über hing der Schatten meines Vaters über mir wie ein Fluch und führte bei mir zu einer tiefen, nachhaltigen Angst. Immer wieder trieben bittere Erinnerungen an die Oberfläche. Ich hatte zutiefst verstörende Träume, in denen ich auf Händen und Füßen aus einer schrecklichen Finsternis heraus einem Lichtschimmer in der Ferne entgegenkroch.

Bis auf den heutigen Tag haben wir, meine Brüder, meine Schwester, meine Mutter und ich, noch nicht über das Chaos gesprochen, für das er in unserem Leben gesorgt hat.

Während dieser düsteren Zeit entdeckte ich das Buch *Mountains* mit dem Foto des Sherpa Tensing Norgay auf dem Gipfel des Everest. Ich war wie gebannt. Tensings Pose auf diesem unwirtlichen vereisten Felshang, dem höchsten Gipfel der Erde – für mich stand es für Ehrgefühl, Hoffnung und Transzendenz. Es vermittelte mir auf ganz unmittelbare Weise ein Versprechen, dass es da oben, auf diesem abweisenden Berg, einen Weg hin zu schlichter und reiner Würde gab.

Egal, wie schwierig das Leben in meiner Familie war, der Everest bot mir irgendwie Hoffnung. Ich war fasziniert von Berichten über die frühen Versuche, den Berg von Tibet und Nepal aus zu bezwingen. Ich lernte die Details der ersten erfolgreichen Besteigung im Jahre 1953 auswendig. Andere Jungs stellten sich vor, Baseballstars wie Namath oder Seaver zu sein; ich war in meinen Träumen Norgay.

Es dauerte nicht lange, dann steckte meine Mutter uns Kinder in unseren Pontiac Bonneville und fuhr los. Wir schliefen in jener Nacht im Auto – es war dort sicherer – und bald darauf stiegen wir in eine Maschine zurück in die USA. Mein Vater flog nach Arkansas, wo seine Mutter lebte, weil er dachte, da wären wir hingegangen. Aber meine Mutter

40

machte mit uns einen Umweg über Kanada, wo wir Zuflucht bei Freunden aus Griechenland fanden. Sie lebten in dem herrlichen Farmland am St. Clair.

Meine Mutter war erschöpft, geschockt und musste sich dringend ausruhen. Nach zwei Monaten am Fluss ging es ihr wieder besser und wir kehrten zurück in die vertraute Landschaft Cheyennes. Alte Freunde von unserem ersten Aufenthalt dort, wie Oberst Roy Wasson und seine Frau Liz, nahmen uns auf und wir lebten einige Monate aus dem Koffer in ihrem Keller, während meine Mutter auf Jobsuche ging.

Geld war unser größtes Problem. Mein Vater hatte alle unsere Möbel behalten, überhaupt alles, was wir hatten, sogar *Mountains*, mein Buch. Meine Mutter bekam nie Geld von ihm. Nur selten schickte er einen Scheck für uns Kinder. Dazu kam, dass man ihn als Militärberater nach Übersee geschickt hatte, sodass er gerichtlich nicht zu belangen war. Die traurige Wahrheit ist, dass wir kaum von ihm hörten. Man hätte meinen können, für ihn hätten wir in dem Augenblick, in dem er in Griechenland aus der Wohnung gestürmt war, aufgehört zu existieren.

Meine Mutter fand schließlich Arbeit. Obwohl sie einige Jahre nicht berufstätig gewesen war, verfügte sie über die nötige Qualifikation als Bürokraft. In nur zwei Wochen hatte sie die Prüfung für den öffentlichen Dienst bestanden und fand eine gute Stelle im Ministerium in Cheyenne. Langsam fanden wir in ein normales Leben zurück.

Für mich bedeutete das wieder einmal eine neue Schule. Rasch war ich wieder mit Danny Oaks vertraut, meinem alten Freund aus der Grundschule, der ebenfalls ein Kind geschiedener Eltern und damit ein Seelenverwandter war. Jeder Mann erinnert sich selbstverständlich an seine erste Frau, aber viel eher erinnert er sich an den ersten richtigen Kameraden seiner Kindheit und an die gemeinsamen Abenteuer. Danny und ich bastelten Modellflugzeuge, schraubten an Gokarts herum und machten mit dem Luftgewehr Jagd auf Taschenratten. Am liebsten jedoch bauten wir Bomben.

Dannys Keller diente uns als Labor und da Feuerwerkskörper in Wyoming praktisch frei verkäuflich waren, riss auch der Nachschub an Schwarzpulver nicht ab. Wir begannen mit Kleinkram, wie etwa mit Krachern beladenen Plastikschiffchen auf dem Sloan's Lake. Dann gingen wir allmählich zu ernsteren Geschichten über. In jenen Tagen ließen sich Unterwasserlunten noch über Comichefte bestellen, was uns in die Lage versetzte, 120-mm-Rohrbomben zu bauen. Nachdem wir das Pulver ungezählter Kracher in die Rohre gestopft hatten, schraubten wir sie langsam zu – dass Seife auf den Gewinden die Reibung reduzierte, wussten wir – und schafften sie dann ins Sprenggebiet.

Meine Mutter hatte ein Haus gegenüber dem Rodeoplatz gemietet, auf dem alljährlich zu den Frontier Days ein regionales Rodeo mit dem Beinamen »The Daddy of 'em all« stattfand. Wir zwickten ein Loch in den Zaun und testeten dann dort, wo während der Sommermonate Broncos und Brahmanbullen ihre Reiter auf die Probe stellten, unsere sorgfältig gebauten Kreationen. Nachdem wir die Bomben in der Erde vergraben hatten, legten wir zwanzig Meter Kabel an eine 9-Volt-Batterie, mit der wir die Sprengung auslösten. Wir gingen dabei sehr vorsichtig, ja fast wissenschaftlich vor und waren nie darauf aus, etwas zu zerstören; uns ging es nur um die gigantischen Krater im weichen lehmigen Boden.

Auch für meine andere große Leidenschaft kam mir der Rodeoplatz gelegen: winterliches Zelten und Überlebenstraining. Wenn arktische Wetterfronten den Rodeoplatz unter Schnee begruben, buddelte ich Tunnels in die hohen Wächten und übte mich im Graben von Schneehöhlen, bis meine vereisten Jeans so hart und steif wie eine Rüstung schienen.

Jeden Herbst, während ich auf den scharfen Wind und die beißende Kälte des Winters in Wyoming wartete, las ich

Geschichten über die legendären Waldläufer des amerikanischen Westens. Sie waren in hohem Maße autark und nicht selten Außenseiter, die sich aus freien Stücken absonderten. Sie hatten ein ausgeprägtes Gespür für das Wetter, wussten, wo Gefahr lauerte und wie man ihr aus dem Weg ging. Sie waren nicht auf Nervenkitzel aus. Sie stürzten sich nicht Wasserfälle hinab. Sie befuhren in ihren primitiven Einbäumen keine Stromschnellen, wenn es nicht unbedingt nötig war. Ihnen ging es ums Überleben.

Dannys Pfadfindern trat ich hauptsächlich bei, weil man mit ihnen die Wildnis erforschen und auf Felsen klettern konnte. Davon konnte ich einfach nicht genug kriegen. Und wenn es einmal keine Gruppen-Expeditionen gab, beknieten Danny und ich seine Mutter so lange, bis sie uns die vierzig Kilometer hinaus nach Vedauwoo zum Medicine-Bow-Nationalpark fuhr, wo wir ganze Wochenenden Wald und Berge erforschten. Es gab Wild in rauen Mengen, aber auch Raubtiere. Danny und ich hielten einmal eine ganze lange Nacht abwechselnd Wache, nachdem ein Berglöwe an unserem Einmannzelt vorbeigehuscht war.

In einem Alter, wo wir die Anleitung am nötigsten gehabt hätten, musste jeder von uns seinen eigenen Weg durch die Wildnis gehen. Mit dem zeitlichen Abstand sehe ich heute, dass unsere Campingausflüge, ja selbst unsere Bombenexperimente dazu dienten, uns eine eigene Realität zu schaffen. Wir erlebten genau die Abenteuer, von denen wir uns vorstellten, dass sie uns mit einem Vater Freude gemacht hätten.

Ich trieb ein altes Kletterseil aus Hanf auf. Natürlich hatte keiner von uns auch nur die blasseste Ahnung vom Bergsteigen. Alles, was wir an Anleitung hatten, waren die Bilder in den Büchern der Stadtbücherei. Eines Sonntags schlug ich Cheyennes Lokalzeitung auf und fand das Foto eines Mannes, der sich im Dülfersitz, einer klassischen alpinen Abseilmethode – das Seil zwischen den Beinen und diagonal von

Schulter zur Hüfte –, von einem Fels abseilte. Wir machten uns auf der Stelle daran, die Prozedur an den Felsspornen rund um Vedauwoo selbst auszuprobieren. Als Lohn für unsere Bemühungen kamen wir mit Verbrennungen an Hals und Händen nach Hause. Wir konnten zwar die Fotos nachstellen, aber wir hatten keine Ahnung, wie man das Seil sicher um den Körper legte oder gar Sicherheitsvorkehrungen traf. Ich kann von Glück reden, dass meine Karriere als Bergsteiger nicht bereits an jenem Tag in Vedauwoo endete.

Sich abseilen war eine Sache, aufsteigen eine andere. Da Danny sich mehr fürs Fliegenfischen und die Entenjagd interessierte als fürs Klettern, machte ich meinen ersten richtigen Aufstieg allein und ungesichert. Ich ließ Danny im Lager und ging einen fünfzig Meter hohen Turm aus willkürlich aufgeschichteten Granitblöcken an. Es war mehr wie Kriechen als Klettern, aber ein Ausrutscher wäre tödlich gewesen. Acht Meter unter dem Gipfel ragte der Fels nahezu senkrecht auf und ich musste feststellen, dass der nächste Griff außerhalb meiner Reichweite war. Den Bauch platt an der Wand, tastete ich mit den Zehenspitzen nach einem Vorsprung von der Größe einer Münze. Ich griff nach oben – und erstarrte. Mir wurde klar, dass ich womöglich nicht wieder herunterkam, wenn sich mein Zeh erst einmal von seinem Tritt gelöst hatte. Schon damals kapierte ich, dass das Nachklettern einer riskanten Route gefährlich, wenn nicht gar unmöglich sein konnte.

Ich wägte Risiko und Chance gegeneinander ab und traf meine Entscheidung. Wie schon in den griechischen Labyrinthen prägte ich mir den Rückweg genau ein – und wagte den Schritt. In dem Augenblick, in dem mein Zeh sich vom Fels löste, erfasste mich eine kribbelnde Welle – eine Woge der Angst, der berauschende Taumel des Unbekannten, und vor allem die belebende Freude der Selbstentdeckung.

44

Vom Gipfel aus winkte ich zu Danny hinab, als wäre ich Tensing auf dem Gipfel des Everest. Es war das erste Mal in meinem Leben, dass ich etwas getan hatte, was mir außergewöhnlich schien.

Gegen Ende des zweiten High-School-Jahres überredete ich meine Mutter, mich die National Outdoor Leadership School in Lander, Wyoming, besuchen zu lassen. Der Kurs war zu teuer für unsere Verhältnisse und so schrieb ich Paul Petzoldt, dem legendären Begründer der Schule, der mir darauf ein Stipendium verlieh, das Teile der Kosten deckte. Mama setzte mich mit meinem nigelnagelneuen Außengestell-Rucksack von Kelty aus dem L.L.-Bean-Katalog in Cheyenne in den Bus. Selbstsicher stieg ich in Lander aus dem Bus, stolz auf meine Klettererfahrung und den neuen Rucksack. Aber ich hatte auch ein wenig Angst.

NOLS war eine bemerkenswerte Erfahrung. Bei einer Querung der Wind River Mountains lernten wir Feuermachen und Kochen bei Regen, wie man mit einem Kompass umgeht und eine topographische Karte liest. Ich machte meine ersten Erfahrungen mit einem richtigen Eispickel und lernte Schneeklettern und die Notbremse zu ziehen, eine lebenswichtige Technik, mit der man eine Rutschpartie über einen verschneiten Hang stoppen kann. Und schließlich lernte ich, mich richtig abzuseilen und mir die Verbrennungen zu ersparen.

Auf den steilen Bergpfaden wurden wir von Tag zu Tag leistungsfähiger. Einmal verletzte sich ein Kamerad am Knöchel und musste auf einer Trage transportiert werden. Man hielt mich für zu schwach, um mitzuhelfen, sie über die hohen Pässe zu schleppen. Das tat weh. Aber zum Ende des sechswöchigen Lehrgangs sah ich mich auserwählt, unsere Patrouille zu führen. Ohne die Anleitung eines Führers, ohne Nahrungsmittel außer etwas Mehl und dem Fisch, den wir fangen konnten, musste unser Team eine Route von über dreißig Kilometern bis zum Anfang des Weges skizzieren. Wir schafften es.

Ich reiste nur ungern ab – vor allem weil meine Familie in der Zwischenzeit schon wieder einmal umgezogen war, diesmal nach Denver. Einmal mehr war ich der Fremde an einer neuen Schule. Aber immerhin führte Mamas neuer Job als Annoncenakquisiteurin mich in die Berge. Ward Woolman, einer ihrer neuen Arbeitskollegen, war Freizeitkletterer und als Mama ihm von meiner Leidenschaft erzählte, forderte er mich auf, mit ihm und seinen Freunden an einem kleinen Felsen in der Nähe von Golden klettern zu gehen. Es war ein kalter, windiger Tag und der Geruch von Hopfen aus der nahe gelegenen Coors-Brauerei lag in der Luft. Ich trug wollene Knickerbocker und alte österreichische Kletterschuhe von Kronhoffer; vermutlich wirkte ich wie ein verwaister Bergbauernbub mit Seil. Aber ich wollte um alles in der Welt diesen Erwachsenen imponieren, damit sie mich irgendwann vielleicht wieder mitnahmen. Wir verbrachten den Tag damit, angeseilt kurze, steile Routen zu klettern, und zum ersten Mal sah ich, dass ich Fähigkeiten hatte, die Erwachsene nicht hatten, und dass mir das Respekt einbrachte. Ich begann ernsthaft zu trainieren.

Jeden Tag nach der Schule, während andere Jungs zum Footballtraining gingen oder ihre Runden schwammen, ging ich zum Fassadenklettern – zum Buildering. Abgeleitet von dem Begriff Bouldering, also der Kunst, ohne Seil kurze, aber schwierige Routen an relativ niedrigen Felsen zu klettern, ist Buildering das Training des Kletterers in der Stadt. Die Backsteinwände unseres dreigeschossigen Wohnblocks boten Trainingsrouten. Die Maurer hatten die Steine recht willkürlich gesetzt, sodass es hunderte von gerade einmal einen halben Zentimeter tiefen Trittmöglichkeiten gab. Täglich kletterte ich die Mauern hinauf und arbeitete so an der Kraft in den Fingern, an meiner Disziplin und an der Präzision meiner Fußarbeit. Als ich die Backsteinwand beherrschte, suchte ich Denver nach anderen Herausforderungen ab und entdeckte so ganz offen zugängliche Trainingsplätze gleich neben den Gehsteigen der Stadt. Eine meiner Lieblingsstellen waren die Natursteinwände des Observatoriums in der Nähe von Denvers botanischem Garten. Die natürlichen Ausbuchtungen und Risse an den großen Sandsteinblöcken sowie die Wölbung der zehn Meter hohen Mauern sorgten dafür, dass man sich wie an einem richtigen Felsen vorkam.

In der Zwischenzeit besuchte ich die Thomas Jefferson High School, an der alles ganz anders war als an meiner Schule in Wyoming; alles war größer, lauter, schneller. Ich war so daran gewöhnt, der Außenseiter zu sein, dass ich mir erst gar nicht die Mühe machte, mich einzufügen. Für den Mannschaftssport war ich physisch und psychisch nicht geeignet. Ich konnte mich keinem Trainer unterordnen – oder überhaupt irgendeiner anderen männlichen Autoritätsperson. Ich war nur mir selbst und hin und wieder Mama Rechenschaft schuldig. Wenn ich in der Schule Einsen haben wollte, dann bekam ich sie auch. Aber ich hatte nicht das Bedürfnis, nur deshalb gut zu sein, weil es von mir verlangt wurde.

Es war die schrille Zeit der Who, Led Zeppelin und Deep Purple. Pink Floyd waren bei uns an der High-School ganz groß, alle waren wir Forscher auf der »Dark Side of the Moon«. Einige rauchten Marihuana, andere nahmen LSD. Aber die Drogen wurden zunehmend härter und bösartiger und ich ging ihnen aus dem Weg.

Ich hatte eine andere Sucht. Ich verbrachte meine Zeit mit Bouldern, Fassadenklettern und Literatur übers Bergsteigen. Ich wollte wissen, welches Material mir noch fehlte, um meine Fertigkeiten an einem richtigen Berg ausprobieren zu können. Ich hatte mein praktisch nutzloses Hanfseil durch eine Gold Line ersetzt: fünfundvierzig Meter steif gezwirbeltes Nylon, das sich angeblich dehnte, um einen Sturz des Kletterers abzufangen. Darüber hinaus hatte ich mir einige Karabiner – durch Schnappverschluss gesicherte Haken zur

Verbindung des Seils mit den Haken im Fels – geleistet, dazu einige Haken – Metallstifte, die man als Anker in den Berg schlägt, um einen Sturz zu stoppen. Dann studierte ich Führer, um eine Route zu finden, die den angemessenen Schwierigkeitsgrad für meine erste richtige Klettertour hatte.

Die Mutter meines Freundes Hank Barbier fuhr uns beide zum Dome, einem Granitbrocken am Eingang des Boulder Canyon. Unser Ziel war eine Route namens The Bulge mit einem Schwierigkeitsgrad von immerhin 5.7 auf einer Skala, die seinerzeit bis 5.11 ging. Der Führer versicherte, die Route sei einfach bis auf eine überhängende Stelle in der Mitte der ersten Seillänge. Von dem Bewässerungsrohr aus, auf dem wir den Fluss überquerten, sah der knapp siebzig Meter hohe Felsbuckel, der da vor uns aufragte, allerdings alles andere als einfach aus. Ich hatte gedacht, meine Ausbildung im Abseilen und Sichern beim NOLS-Kurs genüge, um The Bulge anzugehen, aber als ich Kletterer auf einer anderen Route Haken einschlagen sah, kapierte ich, dass unsere funkelnagelneue Ausrüstung nur zeigte, wie ahnungslos wir zwei waren. Mir wurde klar, dass meine brandneue Gold Line womöglich nicht zum Sichern, sondern lediglich zur Dekoration für Vorsteiger taugt.

Wir beide wollten natürlich ans heiße Seilende, das heißt den Vorstieg übernehmen. Aber wir hatten auch beide Angst. Der erste Vorstieg ist ein höchst beklemmender Augenblick. Schließlich kamen wir überein, dass ich die erste Seillänge vorsteigen sollte.

Der Wind pfiff den Canyon herauf, als wir loslegten. Damals waren Klettergurte wie auch Kletterschuhe noch ein Luxus und so knotete ich mir das Seil mit einem Palstek um die Taille, während meine Füße in Kronhoffern aus den 50er Jahren steckten. Mein Freund, der wacker die Fotos von gestandenen Sicherungsleuten nachstellte, gab Schlinge für Schlinge Seil aus, als ich im flachen Winkel einen Riss hinaufkroch.

48

Bald hatte ich den gefürchteten Überhang erreicht. Zu meinem Glück hatte dort bereits einer einen Haken in einen der Risse geschlagen und nicht wieder entfernt. Ich klinkte einen meiner Karabiner ein, hängte mein Seil ein und stieg diagonal gut zwei Meter höher, bis ich unbeholfen in dem Überhang hing; ich saß fest, ich konnte weder hinauf noch hinab; noch nicht einmal meine Füße konnte ich sehen. So hing ich einige verzweifelte Minuten vom Wind gebeutelt da und suchte, mir meiner prekären Situation völlig bewusst, aber nicht willens aufzugeben, den Fels nach Hinweisen für eine Lösung des Rätsels ab.

Mit einem Mal war ich in der Luft. Der Haken hielt zwar, aber Hank hatte zu viel Seil ausgegeben und so stürzte ich gut acht Meter ab und knallte weiter unten gegen die Wand. Ohne Anseilgurt, um die Wucht des Aufpralls zu verteilen, schnitt sich das Seil in meine Taille und hätte mir fast die unteren Rippen geknackt. So hing ich dann da, viel zu beschämt, um Schmerz zu spüren, und bekam keine Luft, bis Hank mich schließlich auf den Boden runterließ. Er war zutiefst erschüttert. Es ist oft schlimmer, jemanden abstürzen zu sehen, als selbst zu fallen. Er fragte, ob wir aufhören und nach Hause gehen sollten. Mir war danach, aber ich sagte nein. Ich wusste, ich musste da wieder rauf oder ich riskierte, meinen Schneid zu verlieren. Ich bin sicher, es sah nicht gut aus, aber beim zweiten Versuch schaffte ich den Überhang und so blieb meine Leidenschaft fürs Klettern intakt.

Ich begann in den Felsformationen rund um Boulder herumzukraxeln und lernte dabei David Waggoner kennen, den einzigen anderen Jungen an meiner High-School außer mir, der klettern ging. Wie Danny Oaks war auch David bei einer alleinerziehenden Mutter aufgewachsen. Wir waren in derselben Klasse und sogar am selben Tag geboren. Als ich alt genug für den Führerschein wurde, borgte ich mir den Wagen meiner Mutter aus und sagte ihr, David und ich führen rüber zum Observatorium, um ein paar Stunden zu trai-

49

nieren. Dann hängte ich den Kilometerzähler aus und wir rasten die fünfundsechzig Kilometer nach Boulder im Nordwesten.

Während unsere Klassenkameraden zu Footballspielen oder auf den Schulball gingen oder vorab schon Scheine fürs College machten, sammelten David und ich Erfahrungen an zunehmend schwierigeren Kletterrouten hoch über Boulder oder im Eldorado Springs Canyon. Wir hatten nichts anderes im Kopf als unser Training. Meiner Ansicht nach verlangten unsere Abenteuer, so esoterisch sie auch sein mochten, mehr Charakter und Kontrolle, als auf dem Footballplatz mit Helmen gegeneinander zu rennen. Die tiefste Befriedigung seines Lebens zieht man wohl aus Augenblicken, in denen unser unmittelbares Schicksal von nichts anderem als von unseren Fertigkeiten, unserem Können abhängt.

Gelegentlich begegneten wir Kletterveteranen, die zuverlässigere Kernmantelseile hatten und überhaupt ein ganzes Sortiment modernsten Materials. Sie hatten auch selbst Routen eröffnet, von denen wir nur träumen konnten. Am Fuße des Cob Rock erhaschten wir denn eines Tages unseren ersten Blick auf einen echten Kletterpionier: Pat Ament. Wir begegneten Legenden wie dem Mathematikprofessor John Gill, der Techniken aus dem Bodenturnen auf die Kletterei anzuwenden begann. Ich hatte von ihm gelesen. Er war über eins achtzig, machte Klimmzüge mit einem Finger und hatte in den USA Dutzende der schwierigsten Kurzrouten eröffnet, und das während des Urlaubs mit der Familie, im Alleingang und ohne Seil. Ich war beeindruckt von seiner Bescheidenheit und seiner Disziplin; viele seiner Aufstiege wurden weder aufgezeichnet noch wiederholt.

Einen weiteren großen Einfluss auf die Entwicklung meines Stils hatte 1972 der Kletterkatalog von Chouinard, ein schmales Heft mit dem Gemälde einer chinesischen Landschaft auf dem Titelblatt. Der Autor, ein allseits verehrter

50

amerikanischer Fels- und Eiskletterer namens Yvon Chouinard, rief zum »clean Climbing« auf und forderte, dass der Kletterer jegliche Art von Haken verwarf, die den Fels beschädigten oder sonst wie veränderten. Stattdessen befürwortete er die Verwendung von Klemmkeilen verschiedener Form und Größe, die ohne Schaden für den Berg in Rissen zu verankern und vom Nachsteiger wieder zu entfernen sind. Er erinnerte seine Leser an das Edikt John Muirs, dem Dichter und Naturfreund aus dem 19. Jahrhundert: »Dass mir ja nichts als dein Schatten bleibt.«

Diese Ethik der Reinheit und Selbstdisziplin hatte eine tiefgreifende Wirkung auf die Kletterszene und auch auf mich selbst. Es war eine weitere Lebenslektion, die ich in den Bergen lernte, während sie ein anderer Teenager womöglich vom Vater bekam. Das machte die Kletterei zu einer bittersüßen Angelegenheit für mich: Ich lernte, mich mit Respekt an der Natur zu erfreuen, ohne dass mein Vater dabei war.

Mein denkwürdigster Aufstieg war damals eine Mehrseillängentour im Eldorado Springs Canyon, die auf den Namen Great Zot getauft war. Ein reines Abenteuer, ein jugendlicher Vorstoß ins Unbekannte. David und ich hatten uns noch nie an einer derart langen Route versucht oder gar auf dem Gipfel eines Sandsteinpfeilers gestanden wie dem TI, kurz für Tower One. Der Aufstieg war zeitraubender und tückischer, als wir das mit unserer Erfahrung hätten einplanen können. Es war stockdunkel, als David schließlich neben mir 180 Meter über dem Fluss auf dem Gipfel stand, und wir hatten weder Lampen noch eine rechte Vorstellung davon, wie wir wieder hinunterkommen sollten. Wir kamen noch nicht einmal auf den Gedanken, um Hilfe zu rufen. Das ist das Letzte, was ein Kletterer will. Abgesehen davon hätte uns keiner gehört. Und so machten wir uns also an den Abstieg über eine, wie wir hofften, gut zu kletternde Rinne, seilten uns über kurze Wände ab, tappten auf Zehenspitzen blind eine dürftige Leiste entlang, hielten uns an kleinen Bäumen und Sträuchern fest, in der Hauptsache von Tastsinn und Schwerkraft geführt. Ganz plötzlich hob sich ein prachtvoller Vollmond aus der Ebene und leuchtete uns den Weg wie die Mittagssonne. Der Blick zurück auf den Gipfel, der leuchtend im Mondlicht lag, war ein herrlicher Anblick. Als wir über den Steg zurück die Kiespiste erreichten und diese dann den riesigen leeren Canyon hinabgingen, war ich erfüllt von dem Gefühl, etwas geleistet zu haben.

Zwei Jahre vergingen. Die Schule besuchte ich praktisch nur pro forma. Meine Noten waren durchschnittlich. Ich ging nicht auf die Schulbälle. Ich machte mir noch nicht mal die Mühe, mich fürs Jahrbuch fotografieren zu lassen. Das Klettern beanspruchte mich ganz und gar. Es war für mich keine Frage der Mode, sie war ein Lebensentwurf – Realität in eine senkrechte Felslandschaft geätzt, exotisch und mysteriös. Dort oben brauchte man spezielle Fertigkeiten, um zu überleben. Die Kletterei hatte ihre eigene Sprache, ihre eigene Literatur und Regeln, die zu Belohnung oder Bestrafung führten. Beim Klettern hatte man die Folgen seiner Handlungsweise zu tragen – etwas, was mein Vater nie getan hatte.

Ich war nicht nur ein Kletterer – ich war ein Kletterfex. Nach der Schule nahm ich den Bus zur Stadtbibliothek in Denver, um dort Bücher übers Bergsteigen auszugraben, die ich dann während des Unterrichts, im Bus oder abends vor dem Einschlafen las. Eines meiner liebsten war ein obskures Buch von Heinrich Harrer mit dem Titel *Die Weiße Spinne*. Es war ein Bericht über die Erstdurchsteigung der tückischen, völlig vereisten Eiger-Nordwand, einer der tollkühnsten Besteigungen überhaupt. Ein weiterer großer Einfluss war Hermann Buhls *Allein am Nanga Parbat*. Buhl, ebenfalls Österreicher, war einer der großen Himalaja-Bergsteiger und berühmt für seinen einsamen Gipfelgang bei der Erstbesteigung des Nanga Parbat (8126 Meter). Eine besondere Inspiration bot Reinhold Messners *Siebter Grad. Freies Klettern*.

52

Das in den 70er Jahren erschienene Buch erregte meine Aufmerksamkeit wegen Messners Betonung des Übergangs von einem Fertigkeitslevel zum nächsten – von der Beherrschung der Felswand zur Beherrschung des Eises, von kurzen Routen zu langen. Darüber hinaus war er kompromisslos in Bezug auf den Nutzen des physischen Trainings, etwas, was der Großteil amerikanischer Bergsteiger gerade erst ernst zu nehmen begann. Außerdem war man nahe dran, ihn als Wahnsinnigen abzustempeln wegen seiner erstaunlichen Fertigkeiten und kühnen Alleingänge, ohne dass er jemals leichtsinnig gewesen wäre. Er war der Erste, der den Mount Everest allein und ohne zusätzlichen Sauerstoff bestieg.

Ich begann den Everest zu studieren und saugte alles auf, was über die ersten Gipfelversuche bis hin zur Saga seiner Belagerung durch die ersten großen Expeditionen in den 70er Jahren in Erfahrung zu bringen war. Tom Hornbeins *The West Ridge* mit all seinen überwältigenden Fotos und dem plastischen Bericht über die Erstbesteigung des Everest über den Westgrat 1963 ist ein Meisterwerk. Und nach wie vor brachte das Foto von Tensing Norgay mein Blut in Wallung. Womöglich beeindruckte mich die Besteigung Tensings und Hillarys mehr denn je.

Bücher über das Bergsteigen führten zu Büchern über Forscher und Entdeckungen. Man nennt den Everest den Dritten Pol und so sah ich mir den Kampf des Menschen um die anderen beiden Pole näher an. Im Rückblick sehe ich, dass ich auf der Suche nach einem Moralkodex war. Es interessierte mich immens, wie der Mensch sich in Extremsituationen verhielt und was in der Wildnis, wo die Gesetze der Zivilisation nicht mehr galten, richtig war und was falsch. Ich wollte wissen: Wie hatten andere auf Belastung und Chaos eines fehlgeschlagenen Abenteuers reagiert?

Wie gebannt las ich Captain Scotts Bericht über seine verhängnisvolle Reise zum Südpol in den Jahren 1911 und 1912. Scotts britische Expedition hoffte, zum Ruhme Englands, vor dem Team des Norwegers Roald Amundsen als Erster zum Südpol zu kommen. Als sie jedoch den Pol, nach einem mehrmonatigen Fußmarsch bei Minustemperaturen erreichten, hatte Amundsens Team schon fünfunddreißig Tage zuvor dort die norwegische Flagge aufgepflanzt. Auf dem Rückweg kamen sie alle um, drei von ihnen nur achtzehn Kilometer vor ihrem nächsten Depot. Scott schrieb bis zum letzten Augenblick und sein Tagebuch sprach zu mir wie ein Geist. Zutiefst bewegt war ich vom Selbstopfer eines Captain Oates, der wusste, dass er mit seinen Erfrierungen für das Team nur eine Last war. »Ich gehe nur mal für eine Weile nach draußen«, sagte er seinen Kameraden. Dann ging er hinaus ins Eis.

Mehr noch als Scott und seine Legende bewunderte ich einen anderen Polarforscher, und zwar Ernest Shackleton. Er war von einem Antarktisabenteuer zurückgekehrt, ohne auch nur einen einzigen Mann verloren zu haben. In *South* schildert er, wie ihr Schiff im Packeis zerdrückt wurde und es ihm gelang, seine Mannschaft sicher auf Elephant Island zu führen, von wo aus er in einem kleinen offenen Boot eine Reise von 1300 Kilometern antrat, und das durch eines der schlimmsten Meere der Welt. Drei Monate später kehrte er, wie er es versprochen hatte, nach Elephant Island zurück.

Ich ergänzte meine Lektüre durch Bücher über Rudolf Nurejew. Seine Anmut, sein Ethos und seine überwältigenden Fertigkeiten beeindruckten mich zutiefst. Ich begann damals das Bergsteigen nicht mehr nur als Sport, sondern als Ausdrucksform zu betrachten. Die Qualität des Aufstiegs wurde mir nicht weniger wichtig als der Aufstieg an sich. Wenn man zu klettern beginnt, ist es ganz natürlich, mit viel Schweiß, Krafteinsatz und Gepolter auf den Gipfel zu gehen. Aber mochte ich auch noch jung sein, ich war kein Anfänger mehr. Ich wollte meine Kletterei zu etwas anderem machen, nämlich zu einem Ausdruck von Anmut und Kompetenz.

54

Besonders unansehnlich fand ich es, sich auf Zielgriffe zu werfen. Im Kletterjargon bezeichnet man so etwas als dynamischen Zug oder kurz als Dynamo. So mancher hatte Dynamos zu seinem Markenzeichen gemacht – die plötzliche Explosion nach oben, der klatschende Schlag nach dem Halt. Ich sah selten, dass das mit Anmut ausgeführt worden wäre. Für mich glich es einem Verzweiflungsakt ohne Sinn und Kontrolle, ganz und gar ungeeignet für die Routen, die mir vorschwebten. Außerdem machten mir diese Leute etwas zu sehr auf Schau. Ich war viel zu schüchtern, um offen die Methoden anderer zu beurteilen, aber ich für meinen Teil übte für meine Technik statische Züge, das durchdachte Fassen des nächsten Halts, und das immer und immer wieder. Belohnt wurde ich dafür früher als erwartet.

1974 fuhren David und ich gegen Ende des Frühlings zum Eldorado Springs Canyon hinauf. An der High-School ging es hart auf den Abschluss zu. Einige Klassenkameraden wollten aufs College, andere suchten sich bereits Jobs, wieder andere heirateten gar schon. Vietnam war vorbei, sodass die Einberufung keinem mehr Sorgen machte. Meine Zukunft war ein unbeschriebenes Blatt.

Auf unserer Wanderung über den gewundenen Pfad unter den Überhängen der Redgarden Wall blieben David und ich plötzlich stehen, um zwei Kletterern beim Freikletterversuch an einer alten Techno-Route namens Kloberdanz zuzusehen. In den 50er und 60er Jahren hatte man viele der steilsten und schwierigsten Routen mit Hilfsmitteln bestiegen, das heißt, man schlug Haken in Felsrisse und befestigte daran kurze Trittleitern aus Nylon, auf denen man stehen konnte. In den 70er Jahren ging der Trend dahin, diese klassischen Routen ohne Hilfsmittel »frei« zu klettern, also nur mit Händen und Füßen am Fels. Das Seil diente dabei nicht als Hilfsmittel, sondern lediglich als Sicherung bei einem Sturz. Eine dieser Herausforderungen war Kloberdanz.

Die Schlüsselstelle, das heißt der schwierigste Abschnitt

der Route, war ein Überhang, ein Dach von gut drei Metern, das bereits zahlreiche Freikletterversuche zunichte gemacht hatte. Selbstverständlich machte genau diese Tatsache Kloberdanz zur Herausforderung der Saison. Nur einer, Steve Wunsch, hatte sie nach einigen Tagen mit einer Reihe von dynamischen Aktionen geschafft. Niemandem gelang eine Wiederholung dieser Leistung, nicht einmal Wunsch selbst.

An jenem Nachmittag nun versuchte Roger Briggs, ein außergewöhnlicher Leichtathlet und Kletterer, sich am Kloberdanz und baumelte zwölf Meter über dem Weg. Roger und sein Bruder Bill gehörten in jenen Tagen zu Colorados Kletter-Elite, und dementsprechend kamen sie an Eldorado Springs nicht vorbei.

Immer wieder rutschte Roger an der Dachkante ab und fiel in das Seil.

Als ich so nach oben blickte, sah mir das Ganze gar nicht so schwierig aus. Ich sagte das Roger und zu meiner Überraschung sagte er: »Wieso versuchst du's nicht mal?«

David war etwas nervös, als ich mich anseilte. Seiner Überzeugung nach war ich nicht ganz bei Trost. Ich jedoch stieg konzentriert in die Wand. Beim ersten Versuch bediente ich mich Rogers Technik und warf mich mit einem Dynamo nach der Kante des Dachs. Ich bekam sie zwar zu fassen, aber sie war ungünstigerweise etwas abschüssig und so drehte es mir die Finger vom Griff, als mein Körper übers Dach hinausschwang. Ich fiel ins Seil und sah, dass Roger und sein Partner das durchaus lustig fanden. *Wer ist denn der dürre Knirps?* schienen sie zu sagen.

Ich dagegen dachte: *Wieso es auf ihre Art versuchen?* Beim zweiten Versuch drehte ich den Ansatz um, hakte die Ferse in einem kleinen Vorsprung ein und brachte den Körper, anstatt zu schwingen, horizontal zur Wand. Keiner dachte, dass ich es schaffen würde, aber ich bekam die Kante mit beiden Händen zu fassen und einen Augenblick später zog ich mich auf das Dach. Für mich war das ein Schlüs-

56

selmoment. Als ich jene Wände das erste Mal besucht hatte, brachte ich kaum einen Klimmzug zustande. Jetzt hatte ich mir nichts, dir nichts den diesjährigen Drachen der Kletterszene erlegt.

Roger salutierte mir und seine Clique gab mir später den Spitznamen The Kloberdanz Kid und ließ das Kloberdanz schließlich weg. Jener Augenblick und der Spitzname hoben mich weg von der Erde hinauf in ihr hehres Reich. Endlich gehörte ich dazu. Ich war nicht länger der dürre Kleine von Major Breashears. Ich war ganz einfach The Kid.

2

PERILOUS JOURNEY

Erstbesteigung von Krystal Klyr – Schwierigkeitsgrad 5.11 – an der Mickey Mouse Wall im Juli 1975. Perilous Journey führt rechter Hand durch die nackte Wand.

THE KID ging nicht aufs College. Die meisten meiner Klassenkameraden gingen, viele von ihnen an der University of Colorado in Boulder. Um ehrlich zu sein, ich sah nicht, was die akademische Welt mir zu bieten hatte. Meiner Ansicht nach war ich im Begriff, mich selbst zu erschaffen. Wie Gatsby meinte ich ganz allein die Trommeln meines Schicksals zu hören und das Produkt meiner eigenen Fantasie werden zu können.

Und meine Fantasie konzentrierte sich ganz und gar auf die Berge. In ihnen sah ich die Möglichkeit eines Lebens, das meine Talente und Ideale ganz und gar band, ein Leben, das meinen Hoffnungen entsprach und dem Weg meiner Helden folgte. Ich las über all die großen Bergsteiger: Buhl natürlich, und dann Messner und den berühmten Franzosen Maurice Herzog, der 1950 die erste Expedition auf den zehnthöchsten Gipfel der Welt führte und in *Annapurna* darüber so anschaulich schrieb. Jedem von ihnen hatten die Berge einen Weg gewiesen, jetzt hatten sie einen für mich. Das Streben nach Außerordentlichem und nach Selbsterkenntnis, das diese Männer getrieben hatte, sollte mir den Weg weisen.

An einem Herbsttag des Jahres 1974 packte ich dieselbe Feldkiste, mit der ich Jahre zuvor aus Griechenland gekommen war. In diese Holzkiste kam mein ganzer Besitz: Klamotten, mein Kletterzeug und meine Bergbücher, darunter das neueste, das meine Mutter mir zum High-School-Abschluss geschenkt hatte. Es war ein gewichtiger Folioband mit dem Titel *Himalaya*, voll mit wunderbaren Fotos und vielen Fakten über dieses gewaltige Gebirge, das ich eines Tages zu erobern gedachte.

David Waggoner fuhr mich nach Boulder und beschimpfte mich die ganzen fünfundsechzig Kilometer, weil ich so dumm war, auszuziehen und Miete zu zahlen, statt zu Hause umsonst zu wohnen. Er hatte nicht ganz unrecht. Ich hatte nur 300 Dollar in der Tasche, aber nicht den geringsten Zweifel daran, das Richtige zu tun. Ich blieb bei Freunden in Boulder, bis ich eine billige WG gefunden hatte, und ging jeden Tag zum Klettern in die Felswände des Eldorado Springs Canyon.

Der Canyon lag gleich vor dem Ort Eldorado Springs, einer Ansammlung baufälliger Häuser und heruntergekommener Blockhütten für Flitterwöchner. Dort lag an einer ungeteerten, mit Schlaglöchern übersäten Straße, die an kläffenden Hunden und Rostlauben vorbeiführte, eine Welt voll Sandsteintürmen, von denen einige siebzig Stockwerke hoch in den Himmel Colorados ragten. Noch bevor die Sonne aufging und sie erwärmte, schienen die schartigen, finsteren Überhänge die Schatten all derer zu verbergen, die ihre Wände durchstiegen hatten. Kleine weiße Handabdrücke von der Magnesia der Kletterer sprenkelten das Gestein, Zeugnisse von Angst und Anstrengung, die die Hände schwitzig machten, bevor man sie mit einem Griff in den Beutel trocknete.

Bei meiner ersten Wanderung in den Canyon kam ich mir wie ein früher Indianer beim Lesen von Petroglyphen vor und lauschte den Geschichten, die der Fels zu erzählen hatte. Die Felsen erweckten mit ihren kaum sichtbaren Routen, die sich die vertikalen Wände hinaufschlängelten, wirklich den Anschein einer vorgeschichtlichen Welt. Jede Wand hatte ihren Namen. Einfache Namen wie Redgarden Wall oder Naked Edge. Oder schrullige wie etwa Blind Faith, C'est la vie. Eagle's Bier befindet sich neben Beagle's Ear. Schizophrenia führt zu Neurosis, die ihrerseits parallel zu Psychosis liegt.

Die Routen im Geiste nachkletternd, stand ich auf dem Grund des Canyon. Langsam ging mir auf, was mich am Eldorado so faszinierte – es war das Licht. Lange beobachtete ich an jenem Morgen die Wände mit ihren mächtigen Flächen und den Mustern ständig wechselnden Lichts. Während ich so hinaufsah, enthüllte die Sonne die Pracht der oberen Wände mit all ihren Farben, von weichem Dunkel bis hin zu satten Rot- und Brauntönen, durch die sich das Neonleuchten von Flechten zog. Es war die Architektur – Grate, Gipfel, Täler –, die dem Fels Rätselhaftigkeit und Charakter verlieh. Ich konnte es kaum erwarten, loszuklettern und die Geheimnisse dieser stummen Felsen zu entschlüsseln.

Am Fuße dieser großartigen Wände hatte sich ein Klan versammelt, eine verschworene Subkultur mit eigenem Kodex, eigenen Sitten, Persönlichkeiten, Tabus, eigener Sprache und Literatur. Ich war deshalb so fest entschlossen, nach Boulder zu ziehen, weil ich mich nach Kloberdanz von diesem Klan akzeptiert fühlte. Am Fuß der Redgarden Wall hatte ich einmal einige Kletterer, die ich nicht kannte, Geschichten darüber austauschen hören, was ein unbekannter junger Kletterer, The Kid, am Kloberdanz geleistet hatte. An jenem ersten Morgen hatte ich zum ersten Mal in meinem Leben das Gefühl, dass ich hier in diesem Canyon unter Leuten sein konnte, die mich und meine Leidenschaft verstanden. Ich war schon als Einheimischer angekommen.

Ich trug, was alle Kletterer in den 70er Jahren trugen: weiße Malerhosen, ein Rugbytrikot, beides weit genug, um damit klettern zu können, und langes Haar. Kletterer waren leicht zu erkennen. Sie waren die Typen, die ständig die Hände in der Luft hatten, die Finger um imaginäre Griffe am Felsen gelegt. Damals gab es noch keine Aerobic-Kurse, keine Nautilus-Studios oder StairMasters und so sahen die Kletterer entschieden anders aus als die Leute vom Ort. Sie schienen eher wie Bodenturner der Nachhippiezeit, die Art von Außenseitern und Bilderstürmern, mit denen sich die Trainer im Mannschaftssport nicht lange herumschlugen. Mir schienen sie wie Asketen. Ihre Venen zogen sich wie Wülste über die stählernen Muskeln und auf ihren Fingerknöcheln heilten ständig schorfige Wunden.

Wie jedem anderen in der Szene von Eldorado war auch mir klar, dass ich einen Job finden musste, um meine Leidenschaft zu finanzieren: Fürs Klettern wurde man nicht bezahlt. Kletterer hielten sich mit Zimmermanns- und Malerarbeiten oder saisonalen Jobs auf den Ölfeldern über Wasser. Die Glücklicheren unter ihnen zogen einen Ausbilderjob bei NOLS an Land oder halfen im Winter als Skilehrer in Aspen oder Jackson Hole aus.

Ich für meinen Teil mischte Mörtel für Gehsteige, Zufahrten oder Kellerfundamente bei einer Baufirma. Ich machte gern Knochenarbeit im Freien und es war der erste von zahlreichen Gelegenheitsjobs, die ich die nächsten paar Jahre hatte. Ich kletterte, bis mir das Geld ausging, und nahm dann einen neuen Job an. Im Eldorado Springs Canyon lebten wir alle von der Hand in den Mund. Im ersten Sommer gewöhnte ich mich daran, von Hüttenkäse und Honig zu leben, Erdnussbutter direkt aus dem Glas, zum Abendessen gab's Bohnen und Reis. Es war ein karges Leben, daran gab es keinen Zweifel, aber das störte mich nicht. Es erlaubte mir zu klettern.

Mein Pensum beinhaltete fast täglich eine Mehrseillängenroute, während ich daneben mehrmals die Woche zum Bouldern ging. Bouldern bildete die Grundlage meines Trainings und ich ging dafür in der Regel an den Flagstaff Mountain wegen der unförmigen Felsblöcke und kleinen Wände. Im Gegensatz zum Bergsteigen, wo ein Kraftaufwand über längere Zeit nötig ist, um vom Boden an den obersten Punkt einer Route zu kommen, erlaubte es mir das Bouldern, gewisse Aktionen zu üben, immer und immer wieder: die Finger um einen kleinen Felsknubbel zu legen, die Beine zu spreizen, um weit stehende Tritte zu nehmen, Finger oder Faust

64

in einen Riss zu klemmen, ja zu drücken, um meinen Körper zu halten, während ich mich nach der nächsten Folge von Griffen umsah. Bouldern war für mich die Pflicht, Klettern die Kür.

Beim Bouldern war es zudem leichter, andere Kletterer näher kennen zu lernen. Wir hatten Stellen, die uns lieber waren als andere, und so schufen wir verschiedene Trainingsparcours, auf denen man immer wieder dieselben Leute sah. In jenem ersten Sommer lernte ich dort beim Bouldern am Flagstaff Jon Krakauer kennen. Damals war er natürlich noch kein Bestsellerautor, sondern nur einer aus Boulders Klettergemeinde, der alle Mühe hatte, sich über Wasser zu halten, um seine Kletterei zu finanzieren. Krakauer war gelernter Tischler und als ich ihn kennen lernte, trug er nur Kletterschuhe und Shorts. Gebaut war er wie ein Catcher: stämmig und mit muskulöseren Beinen, als es für die meisten Sportkletterer typisch war. Ich erinnere mich noch, wie ich Jon bei der Lösung eines Problems an einem Felsblock über mir beobachtete: Er war selbstbewusst, hartnäckig und aggressiv.

Wenn er nicht kletterte, war er ruhig und entspannt. Er sprach nicht viel, aber wenn er etwas sagte, bekam man einen Eindruck von seiner Zielstrebigkeit und Intelligenz. Ich war seither nie überrascht, wenn ich von seinen Leistungen als Bergsteiger oder Schriftsteller las. Er lebte nach einem ganz eigenen strengen Plan. Er übte sich im Klettern wie im Schreiben und versuchte in beidem, außergewöhnlich zu sein. Wenige Bergsteiger haben Jons literarische Anerkennung erreicht.

Mein Kletterpartner und Seelenverwandter war in jenem Sommer Steve Mammen. Wir passten gut zusammen, sowohl physisch als auch psychisch. Beide mochten wir die akrobatischen und technischen Schwierigkeiten der Felsen im Eldorado Springs Canyon und mit großer Begeisterung gingen wir für endlose Stunden an den Flagstaff zum Bouldern. Wichtiger noch – wir hatten dieselbe Kletterphilosophie: so geschickt und anmutig wie möglich. Steve war im Bouldern bei weitem besser als ich.

Wir beurteilten uns und andere mehr nach dem Stil des Aufstiegs als nach dem Schwierigkeitsgrad. Felskletterrouten werden nach einem System eingeteilt. Die meisten der Routen, die wir kletterten, waren als 5.10 eingestuft. Die 5 steht dabei für die fünfte Klasse, das heißt für Freiklettern, bei dem der Kletterer – durch Seil und Gerät gesichert – sonst keine technischen Hilfsmittel, also nur Hände und Füße einsetzt. Die zweite Zahl definiert den Schwierigkeitsgrad der Route auf einer Skala von 0 bis 11. (1974 wurden die schwierigsten Routen mit 5.11 bewertet; heute geht die Skala bis 5.14.)

Damals wie heute gab es kein offizielles Gremium zur Bewertung einer Route. Die Einstufung kam durch allgemeinen Konsens der Kletterer zustande. Es ist nicht ganz einfach, dem Laien zu erklären, was genau eine 5.10er Route ausmacht, aber wenn wir sie klettern, wissen wir sofort, dass es eine 5.10 ist. Es ist keine Hexerei, sich von einem Level zum nächsten zu arbeiten, und der Kletterer entscheidet selbst, wann er so weit ist, eine Stufe höher zu gehen. Es ist letztlich ein Willensakt. Ein Kletterer, der sich auf 5.9er Routen sicher fühlt, wird sich eines Tages entschließen, eine 5.10er zu gehen, so wie ein fortgeschrittener Skifahrer sich irgendwann das erste Mal eine schwarze Piste hinabstürzt. Er klettert oder fällt entsprechend seinen Fertigkeiten und seiner Entschlossenheit. Das ist es, was ich am Klettern so mag.

Natürlich lernten Steve und ich im Lauf jenes Sommers immer mehr Mitglieder der Szene im Eldorado Springs Canyon kennen und so versuchten wir es ab und an mit anderen Partnern. Jim Erickson, eine Schlüsselfigur in einer der radikalsten Kletterschulen, spielte eine wichtige Rolle bei der Verfeinerung meiner Kletterphilosophie. Sein Kodex ist am besten in einem seiner eigenen Motti zusammengefasst: *You fall, you fail.* Mit anderen Worten, man hatte keine

66

Möglichkeit, sich von seinem Sturz zu erholen und den Aufstieg fortzusetzen – und falls doch, so durfte man die Route nicht punkten. Ein kleines Häuflein Puristen folgte seinem kompromisslos strengen Ethos der Selbstdisziplin am Fels. Er weigerte sich außerdem, Magnesia zu benutzen, weil es den Stein verfärbt und einen Vorteil verschafft.

Jim hatte das schüchterne Grinsen eines Jungen vom Land, aber wenn er vom Klettern sprach, kräuselte sich seine Stirn. Er hatte am College Musiktheorie studiert und arbeitete jenen Sommer bei Wrist Rocket, einer Steinschleuderfabrik. Er wohnte zusammen mit seiner Freundin Nancy, einer Violinistin mit glattem schwarzem Haar und Sommersprossen, in Boulders Studentenviertel The Hill. Ihre Einrichtung war aus Möbeln dritter Hand zusammengewürfelt und in den Ecken häufte sich Klettergerät. Ich ging zu ihnen zum Abendessen, das für gewöhnlich aus Reis, Bohnen und Mozart bestand.

Und endlosen Gesprächen über das Klettern. Jim kam unweigerlich auf seine *You fall, you fail*-Theorie und ich musste zugeben, dass da eine strenge Logik dahinter stand. Der Grundgedanke war, den Berg bei diesem Wettstreit zum gleichwertigen Partner zu machen, indem man sich nur eine einzige Chance pro Route gab. Er sagte, man könne ja auch genauso gut tot sein, wenn man ohne Seil fiel. Der Kletterer sei verpflichtet, die möglichen Konsequenzen anzuerkennen, ergo müsse er die Route verlassen. Zumindest müsse er sich abseilen und von vorn anfangen.

Der Gedanke, so zu klettern, als sei kein Seil da, als hinge von jedem Augenblick, jeder Bewegung das Leben ab, übte eine gewaltige Anziehungskraft auf mich aus. Es war ein gnadenloser Kodex der Höchstleistung und ich zog daraus den Schluss, alles darunter mache das Klettern zu einer sinnlosen Übung.

Unsere Diskussionen beim Abendessen zogen sich stundenlang hin, wenn es um die Einzelheiten unserer persönlichen Kletterphilosophien ging: die Bedeutung eines Sturzes, das Für und Wider des Geräts, mit dem wir uns sicherten, Fels- und Bohrhaken, die den Fels beschädigen, oder Klemmkeile, die fest und umweltfreundlich in Risse und Spalten zu schieben sind. Erickson, ich und für gewöhnlich einige andere Kletterer wie Steve Wunsch, Art Higbee und dessen Freundin Carolyn Gomez diskutierten bis spät in die Nacht.

Higbee hatte ein dünnes Ziegenbärtchen, Surferpony und dicke Muskeln, ein Erbe der Zeit, in der er seinen Bundesstaat in der Ringerauswahl vertreten hatte. Er hatte sein Philosophiestudium an der University of Colorado abgebrochen und fuhr Baumaschinen. Higbees Kletterstil war bullig und aggressiv. Und das galt auch für seine Art zu diskutieren. Bei unseren Diskussionen vertrat er feste Anschauungen, und um ein Argument anzubringen, ging er sofort auf einen los. Higbee pflichtete Jim leidenschaftlich bei, was den Gedanken von Fallen und Ausfallen anbelangte, selbst wenn das bedeutete, dass wir bestimmte Routen nicht klettern konnten. »Wenn dem so ist«, sagte Higbee eines Abends zu mir, »dann ist es besser, die Routen nicht zu klettern, um sie Kletterern mit mehr Talent zu überlassen.« Nur selten verstießen wir gegen unser selbst auferlegtes Edikt.

Wunsch hielt nicht weniger leidenschaftlich dagegen. Er war hoch gewachsen und hager, hatte die kräftigen Beine eines Tänzers und war in der Wand geradezu gewissenhaft. Aber er war der Ansicht, wenn bei einer bestimmten Route eine Belagerung nötig war, mit Stürzen und Neuversuchen, so hatte auch das als Kletterethik seine Logik. So, argumentierte er, entschlüssele er die Geheimnisse einer Route. Nach einem Sturz aufzuhören, schien Steve der Entdeckung seines wahren Potenzials als Kletterer entgegenzustehen.

Und so debattierten wir die Philosophie des Möglichen und Unmöglichen bis tief in die Nacht. Schließlich gingen wir nach Hause und trafen uns Tage oder Wochen später an

68

einer der Wände im Canyon wieder, an einer Felsplatte – wie Spinnen im Sonnenschein.

Mit jedem Aufstieg machte ich in meiner Kletterlehre Fortschritte. Ich beobachtete meine Kameraden am Fels und arbeitete hart daran, ihre Techniken und Trainingsmethoden einzustudieren. Ich hatte ja schon Nurejew studiert, aber je länger ich Erickson, Wunsch, Higbee und die anderen beobachtete, desto eher schien Klettern mir mit dem Turnen verwandt als mit dem Tanz. Turnen ist streng reglementiert und wiederholt sich ständig. Beim Tanz wird interpretiert. Jeder Kletterer bringt seine eigene Interpretation in die Route, in den Fels ein. Wie Tänzer benutzen wir die gleichen Schritte, aber der Tanz an sich ist ganz individuell.

Wunsch, der sich beim Klettern wirklich wie ein Tänzer bewegte, lehrte mich die Bedeutung von Beinarbeit und Beweglichkeit. Er erklärte mir, dass sich die Technik des Tänzers direkt auf den Fels übertragen lässt. Wenn man die Hüfte über der Fußposition nahe an den Fels bringt, hat das enorme Vorteile hinsichtlich Balance und Ausdauer. Indem man sich auf die Kraft seiner Beine und Füße verlässt, so sagte er, schont man die Kraft in den Fingern für die verzweifelten Augenblicke, in denen man sie dringend braucht.

Das Leben hing buchstäblich an den Fingerspitzen und ich brauchte kräftige Arme und Finger. Am Flagstaff verbrachte ich Stunde um Stunde an der Monkey Traverse, einer langen Wand, die sich leicht nach unten neigte und an der ich, wie Messner, hin und her kletterte, viele hundert Meter, bis ich keine Krämpfe mehr in den Unterarmen bekam.

Gegen Ende des Sommers kam ich zu dem Schluss, es sei an der Zeit, die Latte eine Kerbe höher zu legen und mich an Psycho zu versuchen. Psycho ist ein Überhang, der vom Kletterer verlangt, eine aus der senkrechten Wand überhängende Stelle von gut drei Metern zu überwinden und sich dann zum Ausstieg nach oben über eine Kante zu ziehen. Wie Kloberdanz hatte man die Route bis dahin mit Dynamos bewältigt, die Kletterer warfen sich von der Wand nach den guten Griffen an der Kante. Ich wollte sie mit statischen Zügen schaffen.

Ich durchstieg die Steilwand unter dem Dach, während Steve Mammen mich vom Boden aus sicherte und nur so viel Seil ausgab, wie ich brauchte. Falls ich abrutschte, brauchte er nur das Seil um seine Hüften zu straffen, um mich aufzufangen. Dreißig Meter über dem Boden erreichte ich die Schlüsselstelle. Ich klinkte mein Seil in einen Hängerhaken im Dach und zog mich dann, mit Händen und Füßen, wie eine Eidechse auf die Unterseite des Dachs.

Langsam streckte ich einen Arm aus in dem Versuch, mit den Fingern eine dünne Felsschuppe von der Größe eines Spatels zu erreichen. Ich krallte die Finger auf der Oberseite der Kante ein und griff dann mit dem anderen Arm nach. Mit einem Mal brach die Schuppe in meiner Hand und ich fiel entsetzt ins Seil. Dort, wo die Schuppe gewesen war, war jetzt eine hässliche Wunde im Fels.

Nach all den ernsten Gesprächen mit meinen Kletterkameraden über Clean Climbing und Respekt für den Fels hatte ich eben für immer eine von vielen geschätzte Trainingsroute verunstaltet. Traurig ging mir auf, dass Psycho damit für immer erledigt war. Ohne diesen Schlüsselgriff, so fürchtete ich, wäre diese Route für niemanden zu wiederholen.

Mein Partner ließ mich auf den Boden hinab. Nachdem ich mein Seil gelöst hatte, suchte ich den Rest des Nachmittags auf dem Hang unter Psycho nach der Schuppe. Es war die berühmte Suche nach der Nadel im Heuhaufen, aber ich fand sie. Sie war mit einer Schicht weißer Magnesia überzogen, die anderen Steine am Fuß der Route nicht, das fiel auf.

Ich kehrte einige Tage darauf mit der Schuppe und einer Tube Superkleber an den Fels zurück. Ich weiß, es hört sich verrückt an, aber Sie müssen verstehen, dass ich das Gefühl hatte, einen Schrein entweiht zu haben und den kostbaren Fels um jeden Preis wiederherstellen zu müssen. Nachdem ich auf das Dach geklettert war und den Schaden abgeschätzt

70

hatte, sah ich die Vergeblichkeit meines Versuchs. Es würde mir nie gelingen, diese kleine Scherbe wieder an den großen Fels zu kleben.

Ich habe die Route seither nie wieder versucht. Monate später jedoch hörte ich zu meiner ungeheuren Erleichterung, dass jemand einen Weg gefunden hatte, Psycho frei zu klettern, und das ohne den Griff.

Wenn meine Psycho-Episode an Anthony Perkins erinnerte, dann deshalb weil unsere Gemeinde im Eldorado Canyon wirklich ein Haufen Fanatiker war. Wie sollte es auch anders sein? Immerhin bewegten wir uns aus freien Stücken in einem Niemandsland zwischen der Welt des festen Bodens und der des bodenlosen Abgrunds. Stellen Sie sich vor, auf der Kante einer Münze zu stehen und zwischen Ihren Beinen hindurch 200 Meter in die Tiefe zu sehen. Freunde außerhalb des Canyons sagten, wir setzten bei unserer Kletterei unser Leben aufs Spiel, aber wir sahen das anders. Wir waren nicht auf billigen Kitzel aus. Draufgänger machten es an den Felsen nicht lange. Wir waren zutiefst davon überzeugt, dass unser Wissen, unsere Fertigkeiten die Gefahren reduzierten.

Das heißt nicht, dass wir nie abstürzten. Jedem von uns passierte das irgendwann. Jeder von uns hatte seine Geschichten auf Lager. Geschichten über Stürze waren ein wichtiger Teil unserer mündlichen Tradition, Stoff für Lagerfeuer und Vollmondnächte. Es waren teils Geistergeschichten, aber sie hatten auch ihre Moral und dienten als Anschauungsmaterial.

Die großen Stürze waren Stoff für Legenden. Der vielleicht berühmteste Absturz war gleichzeitig einer der ersten, die dokumentiert worden sind, nämlich die Katastrophe um die Erstbesteigung des Matterhorns 1865. Unter Führung von Edward Whymper, eines fünfundzwanzigjährigen britischen Illustrators und Bergsteigers, hatte die Siebenerseilschaft kurz nach Mittag triumphierend den Gipfel erreicht. Beim Abstieg jedoch rutschte einer der Bergsteiger aus. Da die ganze Gruppe in einer einzigen Kette angeseilt war, riss der Abstürzende mit seinem Gewicht drei seiner Kameraden mit von der Wand. Alle vier kamen um. Whymper und die beiden anderen blieben nur deshalb verschont, weil das Hanfseil während des Unglücks riss.

Es ist dies eine Tragödie aus den Kindertagen des Bergsteigens und der Verlust von vier Menschenleben bei dem sinnlosen Versuch, auf einen Berg zu kommen, entsetzte die ganze Welt. In Zermatt wurde eine Untersuchung in die Wege geleitet und es heißt, Königin Victoria hätte ernsthaft daran gedacht, ihren britischen Untertanen das Bergsteigen als Sport zu verbieten. Wir alle kannten auch die Geschichte von John Harlin, dem Goldjungen des amerikanischen Alpinismus, der bei der Durchsteigung der Eiger-Nordwand ums Leben kam, als das Fixseil, an dem er abstieg, durch einen Vorsprung angekratzt, unter der Last seines Gewichts riss und er 1000 Meter tief in die Hänge unter der Wand fiel. Wir tauschten Geschichten über Jim Madsen aus, einem alten Yosemite-Hasen, der sich vom Gipfel des El Capitan abseilte, um einige Freunde zu retten. In seiner Eile, zu ihnen zu kommen, schien er es jedoch versäumt zu haben, das Ende seines Seils zu verknoten, sodass er sich über das Ende hinaus abgeseilt hatte und in den Tod gestürzt war.

Jeder kannte jemanden, der einen Sturz bis auf den Boden hinter sich hatte, was wir mit dem uns eigenen Galgenhumor »kratern« nannten. Einige Bekannte von mir hatten die Überreste von Freunden auflesen müssen, was keine schöne Aufgabe war. Am El Capitan stieg einmal ein Kletterduo über die Zodiac Wall ab, als sich eine ihrer Verankerungen löste. Ein Kletterer unter ihnen hörte ein Wischen und nahm an, jemand hätte seinen Nachziehsack fallen lassen. Er fuhr gerade rechtzeitig herum, um zu seinem Entsetzen zwei Männer in die Tiefe schießen zu sehen.

Nicht alle Geschichten enden in der Katastrophe. Es gibt da auch die eines Kletterers, der hier nicht genannt werden soll,

72

der mitten in der Wand nach unten blickte und sah, dass sein Schnürsenkel offen war. In der Annahme, gesichert zu sein, bückte er sich, um den Schuh zu binden, als ihm klar wurde, dass er vergessen hatte, sich in den Haken einzuklinken. Er kippte weg und segelte dem Nichts entgegen. Glücklicherweise überlebte er und konnte seine Geschichte erzählen: Sein Seil fing ihn nach einem Sturz von über 70 Metern auf.

Auf seine unnachahmliche Weise vergrößerte Hollywood den Sagenschatz um den Todessturz ins Überdimensionale. *Im Auftrag des Drachen*, 1975 mit Clint Eastwood gedreht, jagte uns einen heillosen Schrecken ein. Die Kletterszenen mochten nur so strotzen vor Unwahrscheinlichkeiten, aber die Sturzszenen erschütterten uns bis ins Mark. Im Rückblick scheint es merkwürdig, dass eine Gruppe fanatischer Bergsteiger sich von gestellten Leinwandstunts ins Bockshorn jagen lassen sollte. Ich nehme an, es war das Gefühl, auf eine brutal realistische Weise das eigene Leben vorüberziehen zu sehen.

Ich wusste das eine oder andere über Stürze, was die Herren Regisseure in Hollywood offensichtlich nicht wussten. Zunächst einmal habe ich nie einen Abstürzenden schreien hören. Hin und wieder kommt es zu einer letzten Warnung für den Sicherungsmann. Für gewöhnlich ist es genau das, was man erwartet: »Ich falle!« oder »Pass auf!« Aber nicht einer meiner Bekannten ist jemals Zeuge jenes lang anhaltenden Entsetzensschrei geworden, den man zu hören bekommt, wenn im Film einer fällt. Meiner Erfahrung nach ist ein Sturz ein stiller Unfall, mal abgesehen vom Geklapper losen Geräts und vielleicht dem eigenartigen Knarren eines sich dehnenden Seils.

Es gibt zwei Arten von Stürzen. Der erste Sturz – wie etwa mein kurzer Fall am Psycho – kommt völlig unerwartet. Eine Schuppe bricht, die Fußspitze rutscht ab und schon geht's dahin. Ich habe Phasenaufnahmen von Stürzen gesehen, in denen es aussieht, als hänge der Kletternde noch am Fels,

Arme und Beine, ja selbst die Finger sehen so aus, und doch befindet er sich schon anderthalb Meter weg von der Wand im freien Fall.

Von Zeitlupenaufnahmen aus Hollywood einmal abgesehen herrschen beim Sturz die Gesetze der Physik. Gegenstände beginnen ihren freien Fall mit einer Geschwindigkeit von etwa 9,75 Metern pro Sekunde. Die meisten Stürze gehen über neun Meter nicht hinaus. Das heißt, sie sind innerhalb einer Sekunde vorbei, und dem Kletterer bleibt kaum Zeit zum Blinzeln, geschweige denn Zeit zum Schreien.

Dann gibt es noch eine zweite Art Sturz.

Das ist der Sturz, der sich aufbaut, unerträglich, schrecklich, bei dem man plötzlich merkt, dass man zu erschöpft ist, um sich noch länger festhalten zu können, und abstürzen wird. Diese Art Sturz passierte mir eines Sommernachmittags auf einer namenlosen Route. Ich hatte auf einer meiner Fahrten durch den Boulder Canyon eine potenzielle Route ausgemacht und beschlossen, sie mit einem Freund zu probieren. Wir überquerten den Boulder Creek, ich seilte mich an, schlüpfte in die eng sitzenden Kletterschuhe, stieg in den Riss eines überhängenden Pfeilers und verkeilte abwechselnd Fäuste und Füße in dem sich nach hinten verengenden Spalt. Zuerst war es ganz einfach.

Der Aufstieg war unwichtig, eine Fingerübung. Aber ein gutes Stück weiter oben wurde es plötzlich ernst. Der Fels begann mich auszusperren. Ich hatte einen Ring Klemmkeile verschiedener Größe dabei. Der Gedanke dahinter ist der, dass, sollte der eine nicht in den Riss passen, es eben ein anderer tut. Und wenn nicht in diesen Riss, dann in einen etwas höher. Aber »etwas höher« wurde zu noch etwas höher und so weiter und ich fand immer noch keine Stelle, in der ich zur Sicherung einen Klemmkeil hätte legen können. Keiner von denen, die ich dabei hatte, schien zu passen.

Befindet man sich fünf Meter über dem letzten Sicherungspunkt, dem letzten Klemmkeil, dem letzten Haken,

74

den man in den Fels gesetzt hat, dann lässt es sich gut und gern zehn Meter fallen, vielleicht dreizehn, berücksichtigt man die Dehnung des Seils. Man kommt auch bei tiefen Stürzen in der Regel mit leichteren Abschürfungen davon, vorausgesetzt, man schlägt nicht auf dem Boden oder auf einem Absatz auf. Ohne Sicherung jedoch ist das Seil so gut wie nutzlos. Ich befand mich nun zehn Meter über dem letzten Sicherungspunkt. Mit anderen Worten, mein Seil diente praktisch nur noch der Zierde. Da mein Partner noch unten stand, würde ich wenigstens keinen mit in die Tiefe reißen.

Die Route wurde noch steiler und schwieriger. Es ist relativ einfach, umzudrehen und wieder hinunterzuklettern, wenn der Fels senkrecht ist, oder jedenfalls fast. Bis ich mir meiner Lage vollends bewusst war, wurde der Fels überhängend. Mein Rücken hing bereits über dem Bach, den wir eine Stunde zuvor überquert hatten. An diesem Punkt stand eine Umkehr nicht mehr zur Wahl.

So steckte ich zwischen Baum und Borke: Ich konnte weder auf- noch absteigen. Am Fels ließ sich keine Sicherung anbringen und aus meinen Fingern schwand langsam die Kraft. Mir stand ein Sturz von mehr als zwanzig Metern bevor, bis zum Ende des Seils also, und es bestand durchaus die Möglichkeit, dass ich unten aufschlug.

Ich spürte, wie meine übersäuerten Unterarme von der Anstrengung anschwollen. Krämpfe stellten sich ein. Meine Arme fühlten sich an, als hätten sie Feuer gefangen. In den Beinen ging es noch, das heißt, sie hatten noch nicht zu zittern begonnen, waren noch nicht zur »Nähmaschine« geworden, wie das bei uns so treffend heißt. Es sollten die Arme sein, die mich verraten würden.

Während mein Atem schneller zu werden begann, die einzelnen Züge rasch und flach wurden, hielt ich mich mit einer Hand fest, um den anderen Arm auszuschütteln, damit er für vielleicht fünfzehn Sekunden Ruhe bekam. Dann wechselte ich die Hand und schüttelte die andere aus. Das wie-

75

derholte ich einige Male, mit jedem Arm zehn Sekunden, dann fünf. Schließlich kam ich an den Punkt, wo ich keine Hand mehr vom Fels nehmen konnte. Keiner meiner Arme hätte mein Gewicht noch alleine gehalten.

Ich würde abstürzen. Ich versuchte gegen den ersten Ansturm beklemmender Angst anzugehen. Ich konzentrierte mich auf die Atmung, zwang mich, locker und tief zu atmen, aber ich war nun einmal erschöpft.

Vor einem Sturz geht der Bergsteiger eine merkwürdige Dringlichkeitsliste durch: Nicht hinabschauen! Nach oben schauen! Such den Fels nach den fehlenden Teilen des Puzzles ab. Such den Griff, den du die ersten zwölf Mal nicht gesehen hast. Dann stellt sich unweigerlich das Bewusstsein für die Sinnlosigkeit ein und der Kletterer blickt schließlich nach unten, um zu sehen, wo er wohl aufschlagen wird.

Und genau das tat ich. Ich sah einen schreibtischgroßen Vorsprung ungefähr neun Meter unter mir. Wenn ich an dem vorbeikam, dann überlebte ich einen Sturz über fünfzehn Meter vielleicht, wenn mich das Seil fing. Sollte ich aufschlagen, dann brach ich mir wahrscheinlich die Beine oder das Kreuz.

Einige Kletterer hätten sich womöglich dafür entschieden, sich noch ein letztes Mal nach oben zu werfen in der Hoffnung auf einen Glücksgriff. Ich entschied mich, meinen Fall zu proben. Nicht dass ich dem Absatz bewusst hätte ausweichen können. Trotzdem verließ ich mich darauf, ihn zu verpassen. Und dann stürzte ich ab.

Der Augenblick des Sturzes wirkt befreiend. Urplötzlich ist das Ringen vorbei. Es gibt nichts mehr zu überlegen, nichts mehr, woran sich festhalten lässt, nur die eigenartige Freiheit des Falls. Man hat keine Kontrolle mehr, man ist der Gnade von Händen ausgeliefert, die man nicht sieht. Und so war es auch bei mir.

Ich fiel rücklings weg und schlug einen Purzelbaum in der Sommerluft. Mit einem dumpfen Bums und einem Stöhnen

76

landete ich auf dem Absatz. Ich hätte schlimme Verletzungen davontragen sollen, aber zwei Dinge retteten mich: Ich landete mit dem flachen Rücken auf dem Absatz, was die Wucht des Aufpralls verteilte, und ich schlug nicht mit dem Kopf auf.

Ich lag eine Weile da, benommen, verstört, und bekam keine Luft. Dann machte ich Inventur. Als einige Bewegungsversuche ergaben, dass nichts gebrochen war, setzte ich mich auf und begann meine Ausrüstung zusammenzuklauben. Schließlich holte ich mein Seil ein, fand ein Stelle, um es zu sichern, krabbelte über die Kante und mein Kamerad ließ mich hinab.

Ich war so angeschlagen, dass es zwei Wochen dauerte, bis ich wieder klettern konnte, und bis heute, fünfundzwanzig Jahre danach, gibt es Tage, an denen mich mein Rücken an jenen grässlichen Nachmittag im Boulder Canyon erinnert.

Anfang Winter 1975 hatte ich eine größere Reise zu einigen Wüstenklettertouren im Joshua Tree National Park im Süden Kaliforniens geplant. Die meisten erfahrenen Kletterer gingen in jenem Sommer nach Yosemite, aber für die mächtigen Granitwände dort war ich noch nicht reif. Für mich waren in diesem Stadium die kleineren Granitrouten in der Wüste ein guter erster Schritt weg vom Sandstein im Eldorado Springs Canyon. Ich konnte es kaum erwarten.

Zwei Wochen vor der Reise starb mein Vater.

Von meiner Mutter hatte ich erfahren, dass er Kehlkopfkrebs hatte. Aber seit ich mit dem Rest der Familie aus Griechenland weggegangen war, hatte ich ihn in sechs Jahren nur ein einziges Mal gesehen, und das für fünf Minuten, als ich vierzehn Jahre alt war. Er hatte uns in Cheyenne aufgespürt und war ohne Ankündigung gekommen, um der gerichtlichen Vorladung wegen nicht geleisteter Unterhaltszahlungen zu entgehen. Ich war in meiner Klasse, als man mich ins Rektorat rief. Da saß mein Vater, der letzte Mensch auf der Welt, den ich sehen wollte. Es war klar, dass er irgendwie Kontakt zu seinen Kindern suchte oder wenigstens zu mir.

Ich habe noch immer keine Erinnerung daran, was in jenen fünf Minuten geschah. Ich weiß nur noch, dass ich zum Telefon gelaufen bin, um meiner Mutter Bescheid zu sagen, dass er in der Stadt war. Als ich zurückkam, war er bereits nicht mehr da. So rasch und geheimnisvoll, wie er in meinem Leben aufgetaucht war, so verschwand mein Vater auch wieder – diesmal für immer.

Selbst in dem Augenblick, in dem ich hörte, er sei gestorben, war er mir völlig fremd. Und dennoch berührte mich sein Tod. Was immer er gewesen sein mochte, er war mein Vater. Aber so wie ich vorgab, das Chaos bei uns zu Hause hätte mit mir nichts zu tun, so tat ich jetzt so, als hätte der Tod meines Vater mit mir nichts zu tun.

Mein Mutter verbot keinem von uns, ihn am Sterbebett im Krankenhaus zu besuchen oder auf seine Beerdigung zu gehen. Aber sie selbst ging nicht hin und so ging auch ich aus Loyalität nicht. Einer meiner älteren Brüder ging zum Begräbnis. Ich blieb nicht etwa zu Hause, weil ich den Mann verachtet hätte. Ich hatte einfach keine Trauer in mir. Bis auf den heutigen Tag verbinde ich mit ihm nur zwei Gefühle: Angst und Mitleid. Er hat uns schikaniert und terrorisiert, aber mit der Zeit tat er mir schließlich leid. Alle Tyrannen sind Feiglinge und auch mein Vater, der große Krieger, war unter dem Strich nur ein schrecklicher Feigling.

Jetzt wo er tot war, verspürte ich weder Freude noch Kummer oder Erleichterung. Nichts. Wir sprachen kaum wieder von ihm. Ich weiß noch nicht einmal, wo er begraben ist.

Ich vergaß seinen Tod und machte mich mit Freunden auf den Weg nach Kalifornien. In einem alten Volvo-Kombi fuhren wir durch Nevada, an Schildern vorbei, die vor Hitze und Dehydrierung warnten. Unglücklicherweise war die Reise ein Schuss in den Ofen. Im Joshua Tree National Park war es zu kalt zum Klettern und so drängten wir uns wieder in den Kombi und fuhren weiter nach Westen an den Pazifik. An der Steilküste bei La Jolla kamen wir schließlich zum Bouldern, wenn auch nicht viel.

Im September kehrte ich nach Boulder zurück. Ich hätte die Möglichkeit gehabt, aufs College zu gehen; die Rente, die das Militär nach dem Tod meines Vaters zahlte, hätte für das Schulgeld gereicht. Aber ich klammerte mich an den Gedanken, es aus eigener Kraft zu etwas bringen zu müssen. Damals war es mir nicht klar, aber mittlerweile habe ich verstanden, dass es nach dem Tod meines Vaters für mich von entscheidender Bedeutung war, mir selbst zu beweisen, dass ich mehr als sein Bild von mir war. Und die beste Art, das zu beweisen, so dachte ich damals, war, eine eigene Route zu schaffen, die die Zeit überdauerte und die man mit meinem Namen verband.

Ich fasste eine alte Techno-Route im Eldorado Springs Canyon namens Jules Verne ins Auge, eine der vielen Routen mit ausladendem Dach. Jules Verne frei zu klettern, das war die damals in unserer Gruppe angesagte Trophäe. Wir diskutierten sie eines Abends auf einer Gartenparty bei Roger Briggs. Steve Wunsch sagte mir, er hätte Jules Verne bereits ein paar Mal frei zu klettern versucht. Er war dabei nicht unfreundlich, hielt aber mit seiner Ansicht nicht hinterm Berg. Er sagte, er sei bereits oben gewesen, um die Route zu entschlüsseln, und hätte Sicherungsmittel hinterlassen. Er sagte mir nicht etwa, ich *dürfe* es nicht versuchen, aber Steve war ein Freund und so richtete ich meine Energien auf ein anderes Projekt.

Und so kam ich denn auf die Mickey Mouse Wall. Sie liegt weit höher und im Süden vom Eldorado Springs Canyon und hat ihren Namen von zwei runden Felsplatten, die vor dem

79

Horizont wie Mickymaus-Ohren aussahen. Nur wenige gingen dort hinauf, weil dazu eine lange, anstrengende Wanderung nötig war, und so wusste ich, ich hätte die Wand ganz für mich.

Art Higbee und ich beschlossen, die Mickey Mouse Wall unter die Lupe zu nehmen. Wir wanderten einen Schienenstrang hinauf, der Züge über die Rockies gen Westen trug. Wir hatten wirklich einen prima Blick auf Rocky Flats, eine staatliche Einrichtung, in der man Plutoniumzünder für Atomwaffen herstellte. Im Eiltempo folgten wir den Schienen durch einen langen Tunnel und hatten unser Ziel bald erreicht: die mächtigen senkrechten Platten, die Mickymaus-Ohren. Die Formation ist wie ein Diskus, der mit der Kante herausragt. An der Südkante hat die Wand eine Höhe von knapp 120 Metern. Wir stiegen den steilen Hang am Fuß hinauf und erreichten die westliche Schulter der Formation.

Vor mir hatte ich zum ersten Mal eine unvollendete Erickson-Route, eine Schöpfung namens Dead Bird Crack. Gleich daneben lag eine namens Duncan Donuts, die der renommierte Kletterer Duncan Ferguson eröffnet hatte. Eine von Fergusons Spezialitäten war der lange Abstand zwischen zwei Sicherungspunkten. Er kletterte hoch über den letzten Fixpunkt hinaus, bis ihm das Seil ausging, und riskierte damit einen tiefen Sturz.

Beim Studium von Duncan Donuts mit seinen sparsamen Möglichkeiten, einen Klemmkeil zu legen, machte ich mir ein Bild von Ericksons außergewöhnlicher mentaler Disziplin.

Higbee und ich versuchten uns am Dead Bird Crack – ohne Erfolg. Wir schafften Duncan Donuts und machten für den Tag Schluss. Ich stand am Fuß des Felsens und rollte ein Seil auf, als das Licht sich änderte. Und da meinte ich eine Route in der Mitte der glatten Wand zu sehen.

Ich hatte mich nun schon seit einigen Jahren mit Felsen befasst und lernte seine Nuancen zu lesen. Nach einer Weile beginnt man den Charakter einer Wand allein durch Be-

80

obachtung zu verstehen. Man sieht an ihrer Struktur, ob die Wahrscheinlichkeit besteht, dass es an ihr Griffe gibt oder nicht. Bestimmte Felsarten bieten scharfe, schmale Leisten, andere nur kleine Knubbel und Mulden. Die meisten glatten Granitwände sind nur über Finger- und Handrisse zu klettern. Vertikales Gelände zu lesen ist eine heikle Kunst, aber man erlernt sie mit der Zeit.

Diese spezielle Wand war nicht einmal dreißig Meter hoch. Dem bloßen Auge schien sie jedoch völlig glatt: kein Riss, dem man hätte folgen können, kein dramatischer Überhang. Sie war einfach ein glattes Stück Fels. Sie schien sich einem zu entziehen.

Als ich so dastand, wurde mir klar, dass der glatte Abschnitt doch nicht ganz ohne Griffe war. Die Frage war nur: Waren es genug für eine Route? Sie war wie eine Leinwand vor Beginn eines Films: Leer und doch verheißungsvoll spielt sie mit der Erwartung des Publikums. Das war der Anfang einer Route, die ich eines Tages Perilous Journey nennen sollte.

Ich machte mich nicht gleich am selben Tag an die Journey. Ich kam während der folgenden Monate noch einige Male zurück an die Mickey Mouse Wall. Von verschiedenen Standpunkten am unteren Hang aus begann ich zu verschiedenen Tageszeiten, bei unterschiedlichem Licht, die Route zu sehen. Zuerst musste ich sie mir vorstellen, Zug für Zug, Griff für Griff. Heutzutage würden sich die meisten Kletterer einfach mit dem Fixseil abseilen, mit dem Akkubohrer Haken anbringen und sich die potenzielle Route im Voraus ansehen. Damals gingen wir eine Route ausschließlich von unten an und Bohrhaken waren tabu.

Es dauerte fast ein Jahr, bis ich das Gefühl hatte, so weit zu sein. Ich kletterte andere Routen, boulderte, trainierte. Als der Winter uns von den Felsen trieb, fing ich an kleinen gefrorenen Wasserfällen mit dem Eisklettern an. Doch während dieser Zeit nahm Perilous Journey für mich Gestalt an.

Sie war für mich nicht nur eine Reihe von Felsen, sie war meine Tabula rasa, die nur darauf wartete, von mir beschrieben zu werden.

Selbstverständlich hatte ich keine Ansprüche auf die Route, es sei denn, ich kletterte sie als Erster. Aber das Schöne an meinem Projekt war ja gerade die Anonymität: Meine Perilous Journey stand bei keinem auf der Abschussliste. Es wusste praktisch niemand von ihr und selbst wenn jemand da hinaufgewandert wäre, er würde auf den ersten Blick nichts sehen, was zu verfolgen sich lohnte.

Der Name Perilous Journey stammte von einem Tourenführer aus dem Yosemite Park, der seinen Schützlingen im Bus zu sagen pflegte: »Und hier ist El Capitan, und hier das berühmte Camp IV, hier bereiten sich die Kletterer auf ihre gefährlichen Reisen, ihre ›perilous journeys‹, vor.« Mit der Kletterfexen eigenen Ironie hatten Pat Ament und ich einmal eine völlig läppische Kletterpartie Perilous Journey genannt. Jetzt requirierte ich den Namen für mein ernstes Projekt.

Bei den Vorbereitungen zu meiner »Gefährlichen Reise« wusste ich bereits, dass es keine Stelle gab, an der es möglich wäre, einen Klemmkeil zu legen. Die Wand war glatt. Das bedeutete, ich müsste eine beträchtliche Strecke ohne Fixpunkte, das heißt ohne Sicherung klettern, womöglich bis ganz hinauf. Würde ich abstürzen, wäre das ein Fall bis zum Fuß der Wand.

Das störte mich nicht wirklich, ja es war gerade das, was mich anzog. Ich genoss es, hoch über meinen letzten Sicherungspunkt hinauszuklettern – es machte das Klettern ernsthafter und verlangte mehr Disziplin. Ich hatte schon immer ein Gefühl fast seligen Losgelöstseins auf Routen, bei denen ein Fehler die schlimmsten Folgen hat. In solchen Augenblicken der Gefahr verengen sich die Sinne bis zur völligen Konzentration. Es herrscht die Sprache des Überlebens, alles andere ist Schweigen. Alle physische und psychische Energie ist gezügelt, geschont und sorgfältig verteilt.

Schließlich war es Zeit für den Aufstieg. Steve Mammen und ich wählten den Tag und machten uns direkt vor Morgengrauen auf die lange Wanderung hinauf zur Wand. Ich war zu diesem Zeitpunkt sehr fit, weil ich mir voll bewusst war, was Perilous Journey mir abverlangen würde. Ich hatte mein Boulder-Training in den drei Tagen vorher zurückgeschraubt, um meinen Muskeln und Fingern Ruhe zu gönnen. Beim Bouldern am rauen Sandstein wirkt der Fels wie Schleifpapier, die Fingerspitzen sind hinterher empfindlich und schwitzen schnell.

Für unseren zeitigen Aufbruch an jenem Julimorgen gab es einen guten Grund. Die Mickey Mouse Wall blickt direkt nach Süden, was bedeutet, dass sie bis etwa acht Uhr im Schatten liegt. Die Temperaturen sind um diese Zeit optimal. Außerdem schiebt sich die Sonne nach acht über den oberen Rand und man schaut beim Blick nach oben direkt ins Licht. Ich hatte schon einmal einen Aufstieg wegen solcher ungünstigen Lichtverhältnisse abbrechen müssen, also bezogen wir sie bei unserer Planung mit ein.

Vor dem Einstieg in eine Route habe ich ein bestimmtes Ritual: Sorgfältig und fest schnüre ich meine Kletterschuhe, gehe mit dem Anseilgurt dreimal um die Hüfte, hänge mir den Magnesia-Beutel ins Kreuz und seile mich an; schließlich gestatte ich mir noch einen letzten Überblick über die Route und gehe sie mental noch einmal durch. Meiner Schätzung nach lag die Schlüsselstelle in einer Höhe von zwölf Metern, von wo ab die Wand sich leicht zu neigen begann. Ich tauchte die Hände in den Magnesia-Beutel, klopfte die Finger ab und stieg ein.

Die Griffe waren winzig, einige zudem abschüssig und rund, andere scharfkantig. Die Wand war mit Quarzkristallen durchsetzt, die ebenso einladend wie trügerisch, weil spröde waren. Sie konnten jeden Augenblick brechen. Im Großen und Ganzen hielt ich mich an meinen Plan und benutzte genau die Griffe und Zugfolgen, die ich mir monatelang vom Boden aus eingeprägt hatte. Es wäre nervenaufreibend gewesen, hätte ich mich nicht eisern im Griff gehabt. Aber ich wusste, ich musste mich ganz auf den Augenblick konzentrieren. Es galt selbst die leiseste Gefühlsaufwallung zu kontrollieren. Dort oben kam nicht der Hochmut vor dem Fall, sondern die Angst.

Wie sich herausstellte, gab es auf der ganzen Route nur eine Stelle, an der ein Keil zu legen möglich war. Obwohl mir auf der Stelle klar war, dass er mich nicht halten würde, wenn ich weiter als einen Meter fiel, verkeilte ich trotzdem einen kleinen Klemmkeil, klinkte mein Seil ein und kletterte weiter. Es war merkwürdig beruhigend, das Seil durch diese einzelne und sinnlose Sicherung rutschen zu sehen.

Die Realität von Perilous Journey war beachtlich nah an meinem Bild von ihr. Genau wie ich es aus den winzigen Schatten geschlossen hatte, führte jeder Griff zu einem weiteren, und das in vertretbarer Folge. Ich hatte mir so meine Gedanken über die schmale Leiste auf mittlerer Höhe gemacht, ob sie wohl mehr Schatten sei als Substanz. Als ich dort ankam, stellte ich fest, dass sie gerade genügte, um mich etwas auszuruhen. Darüber hinaus gab es zwölf Meter über mir einen kleinen Überhang, über dem die Wand etwas nachzugeben begann, was den Aufstieg leichter machte.

In der Nähe des Gipfels zog ich mich aus dem Schatten ins Sonnenlicht und es passierte etwas Eigenartiges: Ich fühlte mich aus meiner Finsternis gehoben. Es war ein tiefes Gefühl, das letztlich wieder verging, aber für einen kurzen Augenblick hatte sich das Chaos in meiner Seele gelegt. In den folgenden Jahren sollte ich dasselbe Maß an spiritueller Erleichterung und Selbstbewusstheit in anderen Augenblicken auf den Gipfeln dieser Erde erleben, in Oasen des Lichts.

Steve stieg die Route tadellos nach, kein Sturz, kein Ausrutscher, eine ideale Erstbesteigung. Wir hatten damals keine Ahnung von der Bedeutung unserer Leistung. Gegen Mittag waren wir wieder im Eldorado Springs Canyon, wo wir sorg-

84

fältig darauf achteten, unseren Aufstieg nicht an die große Glocke zu hängen. Unserer Einstufung nach war die Route 5.9+ von möglichen 5.11. Später erklärten andere Kletterer, die sich hinaufwagten, Perilous Journey für eine 5.11X (X für extrem ernst), weil sie keine Möglichkeiten zur Sicherung bot. Und tatsächlich sind sie bis heute, ein Vierteljahrhundert später, nur wenige vorgestiegen.

Ich glaube immer noch nicht, dass der Aufstieg so außergewöhnlich war. Kaum einer machte sich die Mühe, tatsächlich hinaufzugehen, um selbst nachzusehen. Wäre Perilous Journey vom Canyon aus für alle Kletterer problemlos zu erreichen, hätte die Route nicht den Ruf, den sie heute hat. Trotzdem wurde sie zu einer kleinen Legende, weil sie den Kletterern idealer Ausdruck der *You fall, you fail*-Ethik war.

Ironischerweise markierte Perilous Journey den Anfang vom Ende meiner ausschließlichen Leidenschaft fürs Sportklettern. Nie wieder sollte ich mich mit derartiger Hingabe für eine Felsroute interessieren. Ich ging weiter bouldern, und das nicht zu knapp, und eröffnete auch weiterhin eigene Routen. Aber Perilous Journey verkörperte alles, was Felsklettern für mich bis dahin bedeutete, und mir wurde klar, es war Zeit, einen Schritt weiter zu gehen. Meine Vorstellungskraft begann sich auf größere und höhere Berge zu konzentrieren.

3

WURM

*Erstbegehung des Breashears Crack am Cynical Pinnacle –
Schwierigkeitsgrad 5.12 – im August 1975.*

EINES BITTERKALTEN TAGES Anfang Januar fuhr ich in den Norden, um mich in der Wildnis von Wyoming nach Arbeit auf den Ölfeldern umzusehen. Ich hatte auf der Heimfahrt vom Klettern Mamas Plymouth Duster lädiert und brauchte unbedingt Geld. Wyoming war in unserem Klan eine beliebte Gegend, um auf Jobsuche zu gehen. Die Arbeit auf den Ölfeldern war eine bevorzugte Tätigkeit unter Felskletterern, weil dort gutes Geld zu verdienen war.

Ich fuhr mit dem Greyhound von Denver nach Gillette, der nördlichsten und kältesten unter den Öl-Boom-Städten Wyomings. Die Ölfelder lagen in Schluchten oder im Hügelland. Von den höchsten Erhebungen aus konnte man bis in die Black Hills in North und South Dakota sehen.

Vom Geld abgesehen hatte ich noch andere Gründe, nach Wyoming zu gehen. Jeder hat eine Lieblingslandschaft. Bei mir sind es Hochebenen mit ihren weiten Räumen und dem weichen Licht. Beim Heulen des Winds, so trostlos es ist, habe ich mich schon immer zu Hause gefühlt. Wyoming mit seiner Weite und der riesigen Fläche seines blaugrauen Himmels faszinierte mich ebenso wie später Tibet.

Das eigentliche Ziel jedoch war das Geld. Ich hatte ein paar Kröten die Stunde als Page im Marriott in Denver verdient, aber wegen der Reparaturkosten für den Wagen kam ich damit nicht aus. Jobs beim Pipelinebau in Alaska waren rar geworden, aber dafür boomte Wyoming. Ein erfahrener Arbeiter konnte auf den Ölfeldern zwischen 15 und 20 Dollar pro Stunde verdienen.

Was ich wirklich suchte, war ein Job bei der Refraktions-seismik. Ich hatte munkeln hören, Ölgesellschaften seien auf der Suche nach Kletterern, weil wir uns in den Bergen zurechtfanden und in der Lage waren, mit Kompass und Karte umzugehen. Man erzählte sich, dass die Gesellschaften einen per Hubschrauber mit Proviant und Ausrüstung in eine entlegene Gegend flogen. Dort verlegte man dann tagelang Zündkabel, an denen Sprengladungen angebracht waren, die schließlich gezündet wurden; die Aufzeichnung der Druckwellen führte zu einer Art unterirdischer Schnappschüsse, die Rückschlüsse auf Ölvorkommen zuließen. Das war der Job, der mir vorschwebte: dafür bezahlt zu werden, in der Wildnis allein zu sein.

Es war gegen Mitternacht, als mein Greyhound in Gillette einfuhr, einer Stadt voller Tante-Emma-Läden und schäbiger Bars. Ein blinkendes Neonschild an einem Motel zeigte die Temperatur an: minus 40 Grad. Im Motel gab es eine Mr.-Coffee-Maschine, allerdings nur für zahlende Gäste. Ein Motel kam aber für mich nicht infrage. Ich wusste nicht, wohin, und hatte nicht mehr als 25 Dollar in der Tasche, die bis zu meiner ersten Lohntüte reichen mussten. Und da stand ich also, halb erfroren, und starrte Mr. Coffee an. Es war einer jener Augenblicke im Leben, in denen man so restlos fertig ist, dass man nur noch der Nase nachgehen kann.

Vom Wind getrieben wanderte ich die leere Straße entlang und geriet auf einen finsteren Holzplatz gleich neben den Bahngleisen. Ich fand eine Lücke zwischen zwei Paletten Sperrholz, die gerade groß genug war für mich. Indem ich eine der losen Platten über die Lücke zog, hatte ich mir eine Art primitives Basislager für meinen Alleingang gemacht. Wie sich herausstellte, sollte dieses eisige Kabuff für die nächsten Wintermonate mein Zuhause sein.

Ich kroch schleunigst in meinen Daunenschlafsack, wartete darauf, dass ich zu bibbern aufhörte. Die ganze Nacht über grollte die Erde unter der Last der mit Kohle und Öl be-

ladenen Güterzüge. Als ich so auf ihre schrillen Pfiffe lauschte, schlief ich für vielleicht eine Stunde ein.

Das Morgengrauen in Gillette oder irgendeiner anderen
Goldgräberstadt hat nichts Romantisches. Die Ebene ist über-
sät von verwahrlosten Wohnwagen, um die sich der Dreck
sammelt. Über den Parkplätzen, von denen man bereits zu
den abgelegenen Ölfeldern aufbrach, flackerte das Neon-
licht der Motels. Sattelschlepper rumpelten über die Main
Street. Um die Cafés scharten sich die Laster der Ölfirmen
und Pick-ups von Indianern aus den Reservaten.

Mein erster Tag in Gillette wäre beinahe mein letzter gewesen. In dieser Stadt fand man keinen Job, indem man An-
zeigen las, man musste ihn schon selber aufspüren. Ich zog
von Café zu Café und bekam überall dasselbe zu hören: Für
erfahrene Kräfte gab es genug Arbeit, aber nicht für einen
jungen Kletterfex, der gerade mal Berufserfahrung als Page
hatte. Ölarbeiter, Bohrleute und Lastwagenfahrer musterten
mich nur kurz und wandten sich dann wieder ihren Spie-
geleiern und Würstchen zu. Ich ließ mich von ihrer Ver-
achtung nicht entmutigen, hatte ich diese Art von Ableh-
nung doch schon einmal bei der Kletter-Elite erfahren. Ich
blieb stur.

Durch die Kletterei war ich dünn wie ein Hering und machte so für diese robusten Kerle nicht viel her. Vor Antritt meiner Fahrt hatte ich mir in Denver die obligatorischen Lee-
Jeans, ein kariertes Woolrich-Hemd und ein Paar schwere,
wasserfeste Winterstiefel gekauft. Ich trug also genau das,
was man auf Ölfeldern trug, aber mich verriet die frische
Falte in meinen Jeans. Wenn es in Analogie zum *Drugstore
Cowboy* so etwas wie einen *Drugstore Rigger* gab, dann war
ich das. Ehrlich gesagt, ich hätte mich selbst nicht eingestellt.

Gegen Mittag verlegte ich meine Suche von den billigen
Futterschuppen in die Stockman's Bar, eine der Schwemmen
am Ort. Topfpflanzen suchte man hier vergebens und die
Musik war nicht von den Bee Gees. Es war die Sorte Bar, in

der die Kundschaft auf Queues gestützt herumsteht und alle Sonny zu heißen scheinen. Bei Stockman's verkehrten nur Ölarbeiter und während der nächsten Tage und Wochen wurde der Laden für mich zum zweiten Zuhause. Ich konnte mich dort unter die Leute von den Ölfeldern mischen und stundenlang an einem einzigen Bier festhalten. Ich lernte den Schuppen nur zu gut kennen, aber er war nun mal besser als mein Sperrholzloch.

Stockman's hatte vier Pooltische, ein paar abgewetzte Sitzecken und Hocker an der Bar. Das Schutzhelm- und Cowboyhut-Publikum war eine sonderbare Mischung. Stiefel und Latzhosen der Männer strömten den Geruch von Rohöl aus. Aus irgendeinem Grund, wahrscheinlich weil sie schon immer da gewesen waren, waren die meisten der Eisenbahner Sioux-Indianer – große, hartgesottene Kerls, und sie hielten zusammen. Der Rest der Kundschaft bestand aus Einzelgängern, von arbeitslosen Bullenreitern und Cowboys aus Montana bis hin zu Vietnam-Veteranen im Tarnanzug.

Ich trat durch die Tür in ein ewiges Dämmerlicht. Es war noch nicht einmal Mittag und die Männer arbeiteten schon hart an Schnäpsen und Bier. Ein Typ hing schon über der Bar. Ich lernte rasch, dass es keine Rolle spielte, wie viel Uhr es war. Hier drinnen blieb das Licht trüb, alles war durchdrungen von Zigarettenqualm und dem Gestank abgestandenen Biers. Schließlich lernte ich doch noch Tag und Nacht zu unterscheiden: Man prügelte sich erst nach Einbruch der Dunkelheit.

Ich begann bei den weniger Furcht einflößenden Männern. *Entschuldigung, Sir, Sie wissen nicht vielleicht, ob man auf den Bohrtürmen noch einen braucht?* Ohne Erfahrung, rangierte ich in der örtlichen Hackordnung noch unter plattgefahrenem Viehzeug. Schließlich beschloss ich aus reiner Verzweiflung einfach zu lügen. Ich hatte den ganzen Tag über Brocken ihres Jargons aufgeschnappt. Hauptsache, ich bekam einen Fuß in die Tür.

92

Ich sah einen Mann, der mir von der Haltung her nach einem Vormann aussah; er suchte weder die Gesellschaft der anderen, noch war er ein Trunkenbold von der High-School. Ich beschloss, es zu wagen.

»Ich suche Arbeit«, sagte ich und rutschte neben ihm auf die Bank.

Er musterte mich eingehend. »Was denn für welche?«

Ich hatte gehört, dass es auf Bohrtürmen ein so genanntes Krähennest gab. »Na ja«, sagte ich, »im Krähennest.«

»Schon mal oben gewesen?«

»Na klar.«

Dreister ging es nicht und er wusste es. Der Zweimetermann mit schmuddeligem rotem Bart stand auf und funkelte mich an.

»Verlogener kleiner Mistkerl«, sagte er. »Wenn deine Mami hier wär, würd ich dir den Kopf abreißen und ihn ihr in den Hals stopfen.«

Mit jeder Sekunde wurde er wütender und meine Angst wuchs entsprechend. Inmitten seiner Schimpfkanonade kam mir ein schrecklicher Gedanke: Dieser Mann steht auf Gewalt. Er hätte mich liebend gern halb totgeprügelt, nur aus Spaß an der Freude. Und einen Monat nach diesem scheußlichen Augenblick sollte ich mit ansehen, wie er genau das mit einem anderen jungen Kerl auf dem Parkplatz machte.

Ich sah zu, dass ich da rauskam, dankbar, dass er erst beim zweiten Wild Turkey gewesen war. Noch als ich mich wieder in mein Loch gezwängt hatte, war ich ganz benommen davon, wie knapp ich an einer Abreibung vorbeigeschrammt war. Was hatte ihn so aufgebracht? Aber dann musste ich an die Bohrtürme und die mörderische Arbeit denken, die dort zu tun war. Eine schweißtreibende, schmierige Schinderei bei eisigen Temperaturen, und Katastrophen lauerten immer und überall. Und dann ist auf Bohrtürmen wie in den Bergen Erfahrung einfach durch nichts zu ersetzen. Sie kann buchstäblich den Unterschied zwischen Leben und Tod bedeuten. Ich atmete sanft in der Kälte und versuchte meinen Gegner in diesem harten, aber versöhnlichen Licht zu sehen.

Am zweiten Morgen hörte ich von einer Arbeitsvermittlung namens Pool Drilling etwa eine halbe Meile außerhalb der Stadt. Ich lief zu Fuß hin und hing fast den ganzen Vormittag dort herum, nur um zu sehen, dass man bei Aushilfsjobs regelrechte Penner mir vorzog. Ich kam mir langsam, aber sicher vor wie Marlon Brando in *Faust im Nacken*, als ihm die Bosse keine Arbeit geben wollten, weil er gesungen hatte. Einige der Männer waren verkatert und nicht wenige wiesen noch die Spuren der Prügel auf, die sie in der Nacht zuvor bezogen hatten. Trotzdem hielt man sie für brauchbarer als mich. Es war ein demütigender Gedanke: Nichts von meiner Kunstfertigkeit oder Erfahrung während der Perilous Journey war hier auch nur einen Pfifferling wert.

Am dritten Tag kreuzte ich schon um sechs Uhr morgens auf. Irgendwann fuhr ein Ford F-250 Twin Cab vor. Der Fahrer kurbelte die Scheibe runter und starrte mich einen langen, harten Augenblick an. Schließlich sagte er: »Okay, du da!« Ich kletterte auf die Sitzbank hinter drei anderen Männern, die schon im Laster waren.

Meine praktische Ausbildung begann auf der Stelle. Es waren fast hundert Kilometer bis zum Bohrloch und keiner der Kerle sprach während der ganzen Fahrt auch nur ein Wort mit mir. Sie unterhielten sich noch nicht mal untereinander. Sie hörten nur auf das Country-Musik-Gejaule im Radio. Eingelullt durch die Wärme, erschöpft nach drei Nächten im eisigen Wind und dem Gepfeife der Lokomotiven, nickte ich nach einer Weile ein. Plötzlich kam der Laster mit kreischenden Bremsen zum Stehen, jemand trommelte gegen die Decke und der Fahrer drückte auf die Hupe. Ich war sicher, wir hatten zumindest einen Hirsch, eine Gabelantilope oder was weiß ich überfahren. Wie sich herausstellte, spielte man mir nur einen Streich. Nicht, dass sie ihn für sonderlich komisch

94

hielten. Sie wollten mich einfach nur aufwecken. Als ich wieder einnickte, spielten sie mir ihren Streich gleich noch mal. Sie hatten keinen Grund, mich zu wecken, sie wollten einfach nicht, dass ich schlief.

Auf diese Art und Weise brachten sie einem an den Bohrtürmen das Nötige bei. Die englische Sprache spielte bei ihrer Lehrmethode kaum eine Rolle. Sie glich eher dem Abrichten eines Tieres, man arbeitete mit Stößen, Gesten und dem einen oder anderen harten Blick. Ich nahm die Lektionen in mich auf. *Lass dich in Gegenwart dieser Männer nicht einen Augenblick gehen. Sei stets auf der Hut. Halt den Mund. Schau zu. Hör zu. Mach deine Arbeit und halt deinen Mund.* Die Benimmregeln waren ganz einfach.

Wir bogen vom Highway ab auf eine unbefestigte Straße mit tiefen Furchen, auf der es meilenweit weiterging. Ich hatte mich damit abgefunden, nicht auf einem Druckposten auf einem der großen Bohrtürme zu landen, einer jener imposanten Stahlinseln mitten in der Prärie, von wo aus man nachts in der Ferne das Blinken von Lichtern sieht, während der Bohrer sich anderthalb Kilometer oder noch tiefer in die Erde bewegt. Stattdessen sollte ich mir meine Sporen auf einem bescheidenen Wartungsturm verdienen.

Schließlich erreichten wir einen fahrbaren Bohrturm, der noch flach auf der Ladefläche eines Tiefladers lag. Einige Männer erwarteten uns. Als ich aus dem Truck krabbelte, sah ich in meiner nigelnagelneuen gefütterten Montur wie ein totales Landei aus. Man begrüßte sich nicht, nahm einander nicht zur Kenntnis, keiner schüttelte irgendwem die Hand. Die Männer, mit denen ich gekommen war, machten sich sofort an die Arbeit und ließen mich stehen. Ich hatte keinen Schimmer, was man von mir erwartete.

Aus der misslaunigen Miene, die er jedes Mal aufsetzte, wenn er mich sah, schloss ich schließlich, wer der Boss war. Ich ging hinüber.

»Du gehst rauf ins Krähennest«, sagte er mir.

95

Was immer das zu bedeuten hatte, mir sollte es recht sein. Dummerweise hielt ich ihm die Hand hin und sagte: »Hi, ich bin David.« Genauso gut hätte ich mich einem New Yorker Polizisten vorstellen können. Ich wollte ihm schon sagen, wie dankbar ich für den Job war, aber sein Ausdruck wechselte von misslaunig zu gereizt und signalisierte mir: Halt lieber den Mund. Meine Hand nahm er nicht.

»Nein, bist du nicht«, antwortete er. »Du bist der Wurm.«

»Wie bitte?«

Mit einer Wiederholung gab er sich erst gar nicht ab. Er spuckte den Saft seines Red-Man-Priems in den Dreck.

Und so wurde ich der Wurm, wie man in der Branche allgemein Neulinge nennt. Wurm wurde mein Vorname, meine Job- und meine Rangbezeichnung. Ich hätte es ihnen übel nehmen können, aber merkwürdigerweise fand ich sogar schließlich Gefallen daran. Es hatte nichts Freundliches, es drückte keine Verwandtschaft aus, wie das bei The Kid der Fall gewesen war. Für mich jedoch stellte es den Beginn einer weiteren faszinierenden Lehre dar, eine neue Art, die Welt zu sehen. Dass ich dabei ganz unten anfing und mich hochdienen musste, hatte für mich Hand und Fuß. Die Methode hatte beim Felsklettern funktioniert und sie sollte sich schließlich auch beim Bergsteigen, ja selbst beim Filmemachen auszahlen.

Wartungsbohranlagen sind im Prinzip riesige Rohrputzer. Es ist Drecksarbeit, die schnell gehen muss und enorme Konzentration verlangt, für die aber – zumal auf meinem Posten am Ende der Hackordnung – keine Vorkenntnisse nötig sind.

Alles in allem läuft es so: Der eigentliche Bohrturm stößt bis in die Öl führende Formation vor, dann lässt man eine Tauchkolbenpumpe auf die Bohrlochsohle hinab und pumpt das Rohöl herauf. Diese Pumpen sind die Dinger, die man im Vorbeifahren von der Straße aus rhythmisch mit ihrem Pferdekopf nicken sieht. Man könnte sie fast als Perpetuum mobile bezeichnen, da ihre Motoren mit dem Erdgas betrieben werden, das durch den Pumpenkolben über das Steigrohr nach oben gepresst wird. Über kurz oder lang leiern die Teile aus, oder ein Sandpfropfen verhindert den Fluss, dann bedarf die Anlage der Wartung.

Die Arbeit hört sich einfach an. Man setzt den Wartungsturm, ein fünfzehn Meter hohes Gittergerüst aus Stahl, auf der Ladefläche des Wartungslasters zusammen. Man öffnet die Quelle, zieht gut zwei Kilometer Metallstangen heraus, ersetzt die Pumpe, lässt die neue wieder hinab auf die Sohle und macht wieder zu. Dann geht es weiter zur nächsten Quelle. In einer Gegend, in der es boomte, wie rund um Gillette, gab es jedoch mehr Wartungstürme als Quellen, die der Wartung bedurften. Unabhängige Unternehmer standen im Wettbewerb um den raschen Auftrag. Für die Leute, die diese Anlagen bedienten, bedeutete das, dass man es um der Zeitersparnis willen nicht so genau nahm. Was im Grunde nichts weiter war als das Durchpusten einer Toilette im großen Stil, wurde dadurch zur höchst riskanten Arbeit. Und da es bei der ganzen Geschichte mit Sicherheit keinen gefährlicheren Job als den im Krähennest gab, schickte man dort das Kanonenfutter hinauf – nämlich mich.

Das Krähennest war die Arbeitsbühne auf der Spitze des Turms. Der Bohrturm wurde von der Ladefläche des Lasters direkt über die Quelle gestellt. Um zu verhindern, dass dieses windige Stahlgerüst ins Wanken kam oder gar umkippte, wenn man kilometerweise Gestänge und Rohre herauszog, war der Turm eigentlich aus vier Richtungen durch Drahtseile zu sichern, und zwar von seiner Spitze aus zu Verankerungen in der Prärie.

Darüber hinaus sollte ein fünftes, als Geronimo Line bezeichnetes Drahtseil noch weiter draußen in der Prärie verankert sein. Es führte vom Krähennest weg, in dem eine kleine Rolle mit zwei Handgriffen hing. Falls es zu einem Feuer oder einer Explosion kam oder der Turm zu kippen drohte,

97

konnte der Mann im Krähennest aussteigen, indem er sich das Handrad schnappte, hinaussprang und über die Geronimo Line in Sicherheit fuhr.

So jedenfalls lautete die Theorie. In der Praxis machte das Team sich selten die Mühe, die vier Drahtseile anzubringen, geschweige denn die Geronimo Line. Dazu war einfach keine Zeit.

Der Wurm vom Dienst konnte eine Leiter hinauf ins Krähennest klettern, oder er ließ sich – wie ich bei meinem ersten Aufstieg – mit einem Fuß auf einem Gusseisenblock vom Drehtisch bis in die Spitze schießen. Das Krähennest hatte ein Geländer und ein Loch in der Mitte, das genau über der Quelle lag. Es war meine Aufgabe, über das Loch gebeugt die Rohre und Stangen zu bändigen, die entweder heraufgeholt oder hinabgelassen wurden. Das sah ganz zumutbar aus, als man mir es in Zeitlupe demonstrierte. Aber nachdem man mich erst einmal mir selbst überlassen und das Team richtig losgelegt hatte, wurde der Job schnell, glitschig und gemein.

Der Gusseisenblock bewegte sich pausenlos auf und ab. Wäre man mit der Hand an seinem Drahtseil hängen geblieben, hätte er einem glatt die Finger, wenn nicht gleich den ganzen Arm abgerissen. Ein ausgefranster Ledergurt bewahrte einen davor, fünfzehn Meter in die Tiefe geschleudert zu werden, jedenfalls hoffte man das. Jeder Fehler, den ich nur machen konnte, hätte wenigstens noch ein Dutzend weiterer grässlicher Folgen gehabt. So konnte mir zum Beispiel ein Metallrohr von zwölf Meter Länge aus der Hand gleiten, das aus dieser Höhe gut anderthalb Meter in die gefrorene Erde gefahren wäre. Ich war also nicht nur für meine Sicherheit verantwortlich, sondern auch für die meiner Kollegen unter mir.

Natürlich hatte ich schon von den Gefahren bei der Arbeit auf den Ölfeldern gehört. Sie bildeten einen wesentlichen Bestandteil der Romantik des Jobs. Ich war meiner Ansicht nach durch meine Jahre in der Steilwand mit der Gefahr vertraut. Ich kannte ihre Sprache, wenigstens glaubte ich das. Kletterer teilen Gefahren gern in zwei große Kategorien: objektive und subjektive Gefahren. Objektive Gefahren sind solche, die sich für gewöhnlich der Kontrolle des Kletternden entziehen, etwa Stürme, Lawinen oder Steinschlag. Subjektive Gefahren sind solche, die man zu überwinden hat: Angst, Schwäche, Überheblichkeit.

Auf einem Wartungsturm jedoch fällt der Großteil der Gefahren schlicht in die Kategorie »Zeit ist Geld«. Von früh bis spät arbeitete die ganze Mannschaft so, als hätte alles schon vor einer Stunde fertig sein sollen. Mein persönlicher Ehrgeiz richtete sich darauf, Geld zu verdienen und dabei nicht unter die Räder zu kommen. Und zu verhindern, dass mir eine tödliche Waffe von meinem Turm fiel: ein Rohr, eine Stange, Werkzeug, was immer. Da ich wie ein Bergsteiger dachte, machte ich mir weniger Sorgen ums Sterben als darum, durch ein eigensinniges Maschinenteil Zehen oder Finger zu verlieren. Ich sah genug Männer mit Stummeln an den Händen und blieb gewarnt.

Am Ende meines ersten Tages fuhr ich im Fond des Lasters zurück nach Gillette. Da der Vorarbeiter mich nicht gefeuert hatte, ging ich tags darauf wieder hin. Ich arbeitete, weil man mich brauchte. Wenn man einen Mann nicht mehr brauchte, dann warf man ihn raus. So einfach war das. Im Lauf des nächsten Monats arbeitete ich bei fünf oder sechs verschiedenen Crews. Die Gesichter, Farben und Dialekte der Männer änderten sich hin und wieder, aber im Grunde waren alle Teams gleich. Morgens tauschten die Männer gutturale Laute aus und zum Frühstück gab's Camels und thermoskannen weise Kaffee.

Ihre Entscheidung machte das Krähennest zu meiner festen Position. Manchmal war es sogar eine Freude, so allein da oben zu sein, etwas abseits vom schlimmsten Maschinenlärm und den mürrischen und überarbeiteten Männern. Wenn

99

die Arbeit für einen Augenblick nachließ, konnte ich mich entspannen und Karnickel, Antilopen, Hirsche und Kojoten am Rand der Prärie herumstreifen sehen. Ich hatte sogar einen Blick auf den Devils Tower, den ich immer schon gern hinaufgeklettert wäre, einer der wenigen wirklichen Wahrzeichen des nördlichen Wyoming.

Ich wurde recht geschickt im Krähennest. Ich war beweglich, ich hatte das für den Kletterer gerade richtige Verhältnis von Kraft und Gewicht und ich hatte keine Höhenangst. Und einige der Unannehmlichkeiten des Jobs waren sogar ganz lehrreich. So benutzte ich trotz der schlimmen Kälte nur dünne Handschuhe, weil Röhren und Gestänge mit dicken Handschuhen einfach nicht zu handhaben waren. Ich lernte mit sehr kalten Metallgegenständen zu hantieren, ohne dass mir die Hände klamm wurden – eine wertvolle Lektion für den Berg.

Wenn von Kanada her die Sturmfronten herunterpfiffen und Streben und Drahtseile mit Raureif und Eis überzogen, dann begann mein Turm zu ächzen und ich sah zu, dass ich so schnell wie möglich die rutschige Leiter hinunterkam. Manchmal beendete das Wetter den Arbeitstag. Aber nicht weniger oft schickte uns der Vorarbeiter gleich wieder an die Arbeit, ohne sich um den Sturm zu scheren. Die Crew fluchte, aber der Vorarbeiter behielt das letzte Wort. Ich kletterte wieder hinauf und redete mir ein, im Herzen eines Schneesturms zu arbeiten sei eine gute Lektion.

Für das Team hatte ein Anfänger wie ich den geringsten Wert – falls ich unter die Räder geraten oder vor Angst davonlaufen sollte, wartete bei der Arbeitsvermittlung stets schon der nächste Wurm.

So richtig ging mir mein niedriger Rang jedoch erst auf, als wir eines Abends von der Straße abkamen. Am Nachmittag war wieder einmal ein Nordsturm, ein Alberta Clipper, über unsere Anlage hinweggefegt. Der Vormann ließ uns Schluss machen und wir machten uns auf den Rückweg in die Stadt. Ich hockte wie immer im Fond. Vorn saß ein Bullenreiter mit einer Rodeoschnalle am Gürtel und neben ihm am Steuer der Vorarbeiter.

Als der Sturm schlimmer wurde, ging der Vorarbeiter in den Kriechgang, um im Schneetreiben nach der nächsten Straßenmarkierung zu spähen. Es dunkelte. Aus dem Schneesturm wurde ein Blizzard. In Wyoming fegen die Sturmböen horizontal über die Prärien und die fünfzehn Zentimeter Schnee, die der Wetterbericht im Fernsehen meldet, werden auf den Highways durchaus zu Wächten von einem Meter und mehr.

Bei dem Versuch, einer solchen Wehe auszuweichen, rutschte dem Vormann der Laster in den Graben. Wir stiegen aus, um zu schieben, was sich aber als sinnlos herausstellte. Die Böen hatten eine Geschwindigkeit von hundert Kilometern in der Stunde und wir hatten zwar einen Erste-Hilfe-Kasten und ein CB-Funkgerät dabei, aber uns fehlten Schneebrillen und eine Taschenlampe. Wir stiegen wieder in den Laster und machten Inventur. Der Vorarbeiter hatte einen Satz Ketten auf der Ladefläche. Wenn einer von uns die über die Hinterreifen brächte, so sagte er, dann ersparte uns das womöglich eine Nacht in der Prärie.

Keine Frage, wer da wieder in den Sturm hinausgehen würde: der Wurm. Weder meldete ich mich freiwillig, noch fragten sie lang. Ich stieg einfach aus. Ich tat mein Bestes mit Schaufel und Ketten, aber ohne Taschenlampe musste ich im Stockdunkeln graben und konnte die Reifen nur ertasten. Außerdem traute ich mich bei diesem Wetter nicht, mich mehr als eine Armlänge vom Laster zu entfernen, um nicht auf ewig in der Nacht Wyomings zu verschwinden. Alle fünf Minuten kroch ich zurück ins Fahrerhaus, um meine gefrorenen Hände aufzuwärmen.

Schließlich bekam ich eine Kette über einen der Reifen. Der Vorarbeiter versuchte den Wagen aus dem Graben zu schaukeln, aber er fuhr uns nur noch tiefer rein und ruinierte dabei auch noch das Getriebe. Wir saßen fest. Über Funk rief er Gillette.

Gillette sagte uns, wir sollten uns nicht von der Stelle rühren und warm halten, am Morgen käme dann ein Abschleppwagen vorbei. Glücklicherweise hatten wir genug Treibstoff, um die ganze Nacht den Motor laufen zu lassen. Also verkrochen wir uns in unsere Jacken, stellten den Country & Western-Sender ein, der aus Rapid City heraufjaulte, und sahen etwa alle zwanzig Minuten auf unsere Uhren.

Es war eine lange Nacht, aber für mich war der warme Laster ein Luxusquartier. In Gillette hätte ich die Nacht zwischen zwei Paletten gezwängt auf dem Holzplatz verbracht. Trotzdem waren das Schneetreiben draußen und die schweigenden Männer neben mir im Fahrerhaus unheimlich.

Nach Tagesanbruch kam schließlich ein Abschleppwagen und zog uns die 130 Kilometer zurück nach Gillette. Dort gab es zum ersten Mal eine widerwillige Anerkennung für meine vergeblichen Bemühungen im Schnee. Wenigstens hatte ich es versucht.

Ich hatte mich damit abgefunden, unter diesen Männern der Fremde zu sein. Ihre Distanziertheit war nicht persönlich gemeint, sie blieben sich auch untereinander fremd. Nie habe ich auf einem Flecken Erde so viele geisterhafte Gestalten versammelt gesehen. In dieser Ecke Wyomings gehört das Gefühl der Fremdheit zur Landschaft.

Ich durfte die Gefahren um mich herum weder am Turm noch nach der Arbeit nicht einen Moment aus den Augen verlieren. Als der Winter sich hinzog, entwickelte ich eine Routine: Von Tagesanbruch bis in die Dunkelheit arbeitete ich an den Wartungstürmen, dann ging es zurück in die Stadt, wo ich in einem der Cafés etwas Warmes aß und dann für den Rest des Abends in Stockman's Bar ging.

In Stockman's Bar meisterte ich die Kunst, sich stundenlang an einem Bier festzuhalten. So hatte ich es wenigstens warm, bevor ich mich in mein Bett auf dem Holzplatz ver-grub. Im Stockman's begegnete ich einem Geist, der mich verfolgte und den ich verstehen wollte. Ich hatte ihn schon draußen auf den Ölfeldern gesehen, wo Männer mit gerade-zu pathologischer Wut Maschinen und Kollegen traktier-ten. Aber erst in Stockman's Bar begann ich meinen Vater so recht zu verstehen.

Gewaltforscher fänden in Stockman's das ideale Labor. Das Territorialverhalten war hier stark ausgeprägt – bis hin zu den Barhockern, die für bestimmte vor sich hin brütende Riesen reserviert waren. In Stockman's wurde jede Menge gelacht. Das Problem war nur, dass die Heiterkeit im Hand-umdrehen in Feindseligkeit und Wahnsinn umschlagen konn-te. Die überarbeiteten und betrunkenen Männer trugen ih-ren Zorn sozusagen in der Reisetasche mit sich herum. Es ging auch nicht um Sex. An all meinen Abenden dort habe ich in Stockman's nur zwei Frauen gesehen, eine mit einem Pony wie Tammy Wynette, die andere mit einer Dolly-Par-ton-Frisur. Bei Stockman's gab's auch keinen Fernseher, nur eine Musikbox.

Die Gewalt war willkürlich und eruptiv. Es war praktisch unmöglich zu sagen, wie eine Keilerei begann. Es gab keine Fairness und keine Regeln, wie man es in Filmen sieht. Die Kerle droschen einfach aufeinander ein.

Gelegentlich war so ein Tanz rasch zu Ende, wie etwa an dem Abend, an dem ich sah, wie ein Sioux einem Kerl eine Billardkugel gegen die Schläfe schlug und dann neben dem zusammengesackten Körper weiter seine Bälle versenkte.

Meist jedoch arteten die Keilereien zu größerem Blutver-gießen aus. Wie wilde Tiere gingen die Männer aufeinander los, rauften sich grunzend, bissen, kratzten und rissen einan-der die Hemden vom Leib. Sie bedienten sich jeder Waffe, die gerade zur Hand war: Stühle, Bierkrüge, Flaschen, ja selbst Schutzhelme. Einmal blitzte ein Messer auf und schon hatte es einer im Kreuz.

Rasch lernte ich die richtige Etikette, um meinen Augen das Veilchen und meiner Nase die Versetzung zu ersparen: Kümmer dich um deine eigenen Angelegenheiten, vermeide jeden Blickkontakt und werde unter keinen Umständen laut. Aber selbst ein solch passives Verhalten rettete einen in Stockman's nicht immer. Eines Abends schüttete mir ein Goliath in Latzhose und mit verfilztem Bart seine Flasche Bier über den Kopf. Nicht dass er einen Grund gehabt hätte. Er wollte sich schlagen und ich war nun mal da. Er war gut dreißig Kilo schwerer und gemeiner als ich. So wie das mit der Vorsicht und der Mutter der Porzellankiste nun einmal ist, verdrückte ich mich auf die Toilette, um mir den Kopf abzutrocknen, damit er sich einen anderen suchte, der sich zerlegen ließ.

Zwei Dinge konnten einem bei Stockman's wirklich Angst machen. Das eine war, dass diese Männer die Gewalt als so selbstverständlich hinnahmen. Sie war eine Lebensart: Sie wussten, sie konnten die übelste Tracht Prügel einstecken und hinterher dennoch aufstehen und am Morgen trotz ausgeschlagener Zähne zur Arbeit gehen. Bei Stockman's äußerte sich das in einer stoischen Gleichgültigkeit gegenüber dem Schmerz.

Das andere war die Sinnlosigkeit des Ganzen, denn es ging nicht darum, sich zu verteidigen. Mir wurde langsam, aber sicher klar, dass diese Männer jegliche Kontrolle über ihr Leben und sogar ihre Identität verloren hatten. Ich hatte den Eindruck, dass ihre einzige Möglichkeit, sich von den Spiegelbildern rund um sie herum zu unterscheiden, darin bestand, sie einfach zu zerstören.

Und in dieser Charakterschwäche erkannte ich immer deutlicher meinen Vater. Ich hatte umso mehr Mitleid mit ihm. Aber für Mitleid hatte ich wenig Zeit, ich musste mich um mich selbst kümmern. Ich hatte mitbekommen, dass in der allgemeinen Dynamik der Bar durchaus so etwas wie ein – wenn auch heikles – System von Kameradschaft wirkte. Es war keine Freundschaft, der Gedanke dahinter war vielmehr, sich gegenseitig den Rücken zu decken, wenn es mal Ärger gab. Nicht dass einer darauf zählte, dass sein Kumpel ihm bei einer Keilerei half. Aber wenn es wirklich mal wüst drunter und drüber ging, dann hatte man wenigstens noch einen in der Bar, mit dem sich ein Team bilden ließ. Ich brauchte jemanden, der mir wenigstens in die Gasse folgte, falls ich doch einmal in eine Schlägerei geraten sollte.

Sich Rückendeckung zu verschaffen, war keine leichte Aufgabe. Bei Stockman's ging man nicht einfach her, spendierte jemandem ein Bier und sagte: »Also diese Broncos, was sagt man dazu?« Eine derartige Eröffnung allein hätte womöglich zu einer Tracht Prügel geführt. Trotzdem musste ich einfach ein Bündnis schmieden. Und ich hatte auch schon jemanden im Auge.

Er war ein Puertoricaner mit lockigem schwarzem Haar, dünnem Schnurrbärtchen und einer offenen umgänglichen Art. Er hieß Mike Rosa. Er war von einer sonderbaren Furchtlosigkeit, die sich von der aller anderen unterschied. Es hatte nichts mit seiner Größe oder seinem Status auf den Ölfeldern zu tun. Er hatte einfach keine Angst vor diesen Leuten und das hatte, zusammen mit seiner ungewohnten Freundlichkeit, meine Neugier geweckt.

Mike war Stammgast. Man konnte ihn zu jeder Tages- und Nachtzeit bei Stockman's sehen, ein lustiger Vogel, stets zu einem Schwatz aufgelegt. Er schien nie zu arbeiten, geriet nie in Keilereien. Und mir fiel auf, dass er weniger trank als ich. Ja, eigentlich befolgte er keines der ungeschriebenen Gesetze der Bar. Aber irgendetwas an ihm sorgte dafür, dass man ihn in Ruhe ließ.

Ich brauchte einige Tage, um mich an Mikes joviale Kumpelhaftigkeit zu gewöhnen, aber schließlich konnte ich mich ihm einfach nicht entziehen. Nach einer einmonatigen Dosis klinisch stummer Gefährten war es schwer, jemandem zu widerstehen, der einen tatsächlich nach dem Namen fragte und ihn auch noch behielt. Wie unglaublich naiv ich doch war. Nur um einiger Augenblicke menschlichen Kontakts willen verstieß ich gegen Stockman's erstes Gesetz: Sei stets auf der Hut.

Ich begann also mit Mike herumzuhängen. Wir aßen zusammen zu Abend und unterhielten uns. Ich hatte immer dasselbe sparsame Mahl: einen Hamburger und ein Glas Wasser. Mike fand das komisch. Er hielt meine Unterkunft auf dem Holzplatz für komisch. Überhaupt hielt er so gut wie alles für komisch und er hatte eine Menge Humor. Er sagte mir, er sei in Vietnam gewesen, aber das glaubte ich nicht. Er war allzu schnell mit seiner Behauptung und zu vage, was seinen Dienst dort anging. Aber ich hatte nicht die Absicht, ihn festzunageln.

Er fragte mich nach meinem Leben und hörte aufmerksam zu. Es dauerte nicht lange und er fragte mich, ob ich wüsste, wo hier Marihuana oder vielleicht Speed zu bekommen wäre. Ich hatte keine Ahnung, aber allein dass er mich fragte, schien mir ein Beweis seines Vertrauens. Hier, so hoffte ich, hatte ich meine Rückendeckung.

An meinen freien Tagen ging ich in den örtlichen CVJM, um mich zu waschen und zu trainieren. Mike kam mit, ohne zu fragen. Ich hatte mich in der Zwischenzeit mit einigen der Sioux von der Eisenbahn angefreundet, was mir einen neuen Wohnsitz einbrachte. Sie sagten mir, es gäbe da auf dem Rangierbahnhof einen unbenutzten und ungeheizten Waggon, der – welch ein Luxus – mit Holzbänken ausgestattet war. Sie ließen ihn eigens für mich offen unter der Bedingung, den Kanonenofen nicht anzumachen oder sonst irgendwie Aufmerksamkeit zu erregen.

Es ging also bergauf. Ich verdiente fünf Dollar und fünf Cent die Stunde, bei Überstunden drei Dollar mehr. Seit ich in Gillette war, hatte ich bereits fast 800 Dollar auf mein Konto in Boulder überwiesen – immer noch nicht genug für den Schaden an Mutters Wagen. Mike fragte mich, ob ich auf den Ölfeldern bleiben wollte. Bleib doch dabei, sagte er, und in einem Jahr würde ich vielleicht auf einem der großen Bohrtürme das große Geld verdienen. Die Aussicht hatte einen gewissen primitiven Reiz. Ich lernte hier den Wert des Geldes kennen. Und ich hatte mit einundzwanzig Jahren noch immer keinen ordentlichen Beruf. Mir gefiel das einsame gewalttätige Leben dieser Männer nicht, aber andererseits galt das ja auch für sie selbst. Darum ging es schließlich in ihren Countrysongs: seelenlose Arbeit, Todsünden und ein gebrochenes Herz.

Eines Abends machte die Polizei bei Stockman's Razzia. Mike platzte mit ihnen herein: Er war ein Bulle, ein verdeckter Ermittler von der Drogenfahndung. Auf die Dealer an der Bar musste er noch nicht mal mit dem Finger zeigen; er hatte sie schon auf der Wache identifiziert. Einigen der Stammgäste legte man Handschellen an und führte sie ab. Mike lächelte noch einmal lässig in den Raum, dann ging er hinaus.

Ich war wie vom Donner gerührt. In einer Welt, in der Vertrauen tabu war, hatte ich Mike vertraut. Während der nächsten paar Wochen ging sein Verrat mir nach und ich begann meine Menschenkenntnis infrage zu stellen.

Das war noch nicht mal das Schlimmste. Nach der Razzia wuchs das Misstrauen der verbleibenden Stammgäste mir gegenüber bedrohlich: *Was hat der die ganze Zeit mit Mike zu schaffen gehabt? War er auch ein Bulle?* Ich war über Nacht zum Paria geworden, unfähig, wie auch schon viele Philosophen vor mir, den Beweis für das Gegenteil zu führen, zumal vor einem Symposium wie dem bei Stockman's.

Mike sah ich nie wieder. In Gillette konnte er nicht bleiben, sonst hätte ihn einer umgebracht. Schließlich kam es auch dazu. Ein Jahr später bekam Mike in Rock Springs, einer anderen Boomtown in Wyoming, im Fond eines Streifenwagens eine Kugel zwischen die Augen. Eine Anklagejury hatte ihn vorgeladen, sie untersuchte Korruptionsvorwürfe und Drogenvergehen.

Ich hatte die Nase voll von Gillette. Der Frühling war im Anzug. Ich hatte hart gearbeitet, um fürs Klettern fit zu bleiben, auch wenn ich sehr wohl wusste, dass es keine Zukunft hatte, aber das Gleiche galt für Gillette. Ich streckte den Daumen raus und fuhr auf der Ladefläche eines Pick-up nach Hause zurück nach Colorado.

4

CAMERA OBSCURA

Der Half Dome mit der senkrechten Nordwestwand.

MEIN ERSTER JOB beim Film hatte weniger mit Filmen zu tun als mit der Flucht von den Ölfeldern und der Rückkehr zur Kletterei. Aus dem Wurm wurde ein Produktionsassistent, der zufrieden war, Kameras nebst Zubehör und Proviant auf die Ostschulter des Half Dome zu schleppen, einem gewaltigen Granitbrocken, der zusammen mit seinem Rivalen El Capitan die Landschaft des Yosemite National Park dominiert.

Bob Godfrey, ein britischer Kletterer und Schriftsteller, hatte mich angeheuert. Er lebte in Boulder und war ganz versessen darauf, unter dem Titel *Free Climb* einen Dokumentarfilm über die Besteigung des Half Dome zu drehen. Die Bezahlung war mit 50 Dollar am Tag exorbitant und so wurde ich rasch der willigste Produktionsassistent, der dem Team je untergekommen war. Ich war fasziniert vom Film und seinen Möglichkeiten in den Bergen. Meiner eigenen Erfahrung im Klettern nach zu urteilen, war dies geradezu ein Widerspruch. Für die Kletterer im Eldorado Springs Canyon waren Kameras teuer, empfindlich und hinderlich, also schlicht Unfug. Aber wir freuten uns immer, wenn Fotografen vorbeikamen, um uns zu knipsen. Ich hatte Bob kennen gelernt, als er an *Climb!*, seinem Buch über das Klettern in Colorado, arbeitete, aber keiner von uns hätte je daran gedacht, seinen eigenen Film zu drehen.

Trotzdem gab es bereits jene, die ein Handwerk – und später eine Kunst – daraus machten, die vertikale Welt der Kletterei auf Film zu dokumentieren. Dass wir einige dieser frühen Kletterer-Filmer wie Pat Ament, Tom Frost, Greg Lowe und später Bob Godfrey so schätzten, lag meiner Ansicht nach sowohl an unserem Respekt für ihr Können als auch an ihrer Hingabe an eine Vision.

Pat fiel mir als Erster auf. Sein Kletterführer *High Over Boulder* hatte seit meinem fünfzehnten Lebensjahr zu meinem Dasein, zu meiner Erfahrung gehört. Als wir uns schließlich kennen lernten, hatte er seinen Zenit als Kletterer bereits überschritten, war aber nichtsdestoweniger eine beachtliche Persönlichkeit. Er war so eine Art Renaissancemensch der Rocky Mountains: Kletterer, Schriftsteller, Musiker (er spielte Klavier), Sänger und Plattenkünstler, Turner, Meister im Zeitschach und Kampfsportler. Er sah aus wie eine moderne Version des verlorenen Sohns, ein bisschen Bob Dylan, ein Hauch William Blake. Hin und wieder tauchte Pat mit einer federgetriebenen Bolex auf, um uns bei einem Aufstieg in Aktion zu filmen.

Pat arbeitete selten mit Stativ oder Ton und sein Stil als Cutter hatte den etwas holprigen Touch von *cinéma vérité* aus einem Low-Budget-Mietstudio. Mochte es dem fertigen Werk auch an Schliff fehlen, es war betörend durch und durch. Wenn wir zu Vorführungen im Chemiegebäude der University of Colorado zusammenkamen, waren wir uns einig: Seine Filme gaben uns als Kletterer Identität und ein starkes Gefühl für unsere eigene kurze Geschichte. Was mich besonders beeindruckte, war die Kraft seiner Bilder. Jenes Foto von Norgay auf dem Everest hatte mich in die Wolken gehoben. Pats Filme, so primitiv sie sein mochten, sagten mir, dass unsere Erfahrung von so enormer Größe und Schönheit war, dass sie geradezu danach schrie, auf Film gebannt zu werden.

Erfahrung mit der Kamera hatte ich vor meiner Zeit als Produktionsassistent nur vor der Linse gehabt. Eines Tages kam Pat zu dem Schluss, dass er einige lokale Kletterer brauchte, um einem seiner Filme noch etwas Substanz zu verleihen, und so fragte er, ob er mich bei einem Aufstieg filmen könnte.

Er sagte, er hätte einen seiner Freunde, Tom Frost, angeheuert, ihm bei den Aufnahmen zur Hand zu gehen. Ich kannte Tom noch nicht, der ein gutes Stück älter war als ich, aber natürlich hatte ich von ihm gehört. Während der 50er und 60er Jahre war er einer der großen Pioniere des Kletterns im Yosemite Park gewesen und er war ein kundiger Fotograf.

Ausgesprochen geschmeichelt fuhr ich an jenem Morgen den Boulder Canyon hinauf, um mich auf mein Debüt beim Film vorzubereiten. Ich traf Pat und Tom am Fuß eines Felsturms namens Castle Rock. Tom war schlank und hatte kurzes Haar, das an den Schläfen grau zu werden begann. Sein Auftreten war bedächtig und ruhig, ganz wie ich es von einem Kletterer seines Kalibers erwartet hatte. Als ich ihn näher kennen lernte, wurde mir klar, dass er sich einfach weigerte, sich über irgendetwas Sorgen zu machen. Er war einfach nicht aus der Ruhe zu bringen. Er war umgekehrt, als er kurz unter dem Gipfel des Annapurna im Himalaja in Sturmböen gelaufen war. Er wusste, er hätte den Gipfel erreichen können, er war sich aber nicht sicher, ob er auch wieder herunterkommen konnte.

Pat drehte ohne Ton. Der Film, so erklärte er mir, würde nur aus Bildern bestehen. Pat reichte Tom die Kamera und auf Pats Zeichen hin kletterte ich ein Testpiece namens Country Club Crack mit einem Schwierigkeitsgrad von satten 5.11. Ich gebe zu, dass ich etwas eingebildet war: Nur um mit meinen Fertigkeiten zu protzen, hatte ich statt Kletterschuhen ramponierte alte Turnschuhe an. Ich kam den Riss ohne große Probleme hinauf. Hinterher drückten wir uns die Hand und gratulierten uns zu einem weiteren guten Film. Mein Honorar als Nachwuchsschauspieler betrug einen Hamburger in einer Studentenkneipe am Hill.

Und dann verdiente ich meine Brötchen bei Godfrey. Wie Ament war auch Bob Godfrey talentiert, hoch motiviert und sehr dickköpfig. Nachdem er seine Garage zu einem Studio umfunktioniert hatte, machte er sich an die Arbeit an *Free*

Climb, der das Selbstverständnis der Kletterer ebenso ändern sollte wie die Art, wie die Welt uns Kletterer sah.

Free Climb ging Bob in weit größerem Stil an, als irgendeiner von uns das bis dahin gesehen hatte. Er heuerte ein Filmteam an, schrieb eine Story und suchte sich zwei Stars aus, die nicht nur photogen waren, sondern sich auch auszudrücken wussten: meine Freunde Art Higbee und Jim Erickson. Ihren Freundinnen, Carolyn und Nancy, gab er Nebenrollen. Ihr Ziel, das Herz der Story also, bestand darin, eine Wand 6. Grades frei zu klettern – in unserem Fall die Nordwestwand des Half Dome im Yosemite Park.

Im amerikanischen Klettersystem werden Routen nicht nur nach dem Schwierigkeitsgrad bewertet (z. B. 5.9), sondern auch nach Länge und Engagement, das heißt nach der Zeit, in der man sie bewältigen sollte, und danach, wie ernst man die Sache nimmt. Eine Route 3. Grades ist zum Beispiel eine Mehrseillängenroute, die jedoch an einem Tag zu bewältigen ist. Für Routen 5. Grades benötigt man in der Regel zwei Tage. Sie erfordern ein Biwak für eine Nacht, was nichts anderes bedeutet, als auf einem Vorsprung zu schlafen, der kaum breiter als der eigene Körper ist, in eine Verankerung geklinkt, die man hinter sich in die Wand geschlagen hat. Ist ein solcher Vorsprung nicht gegeben, kann es durchaus vorkommen, dass man in einer Art Hängematte schlafen muss, die hunderte von Metern über dem Boden hängt. Von Routen 6. Grades spricht man bei Big Walls, die gewöhnlich über eine Höhe von 600 Metern hinausgehen, was drei Tage oder mehr in Anspruch nehmen kann. In den Vereinigten Staaten gibt es außerhalb Alaskas nur im Yosemite Park Wände, die groß genug sind für den 6. Grad, darunter der Half Dome. Zu diesem Zeitpunkt hatte noch nie einer den 6. Grad frei geklettert.

Wir fuhren also die Nacht durch zum Park und hielten nur an, um zu tanken und in den Casinos von Nevada ein paar Dollar zu verlieren. Hinter dem Tunnel, der in den Park führt, hielten wir an und schossen die klassische Touristenaufnahme des Tals. El Capitan und der Half Dome stehen wie zwei riesige Buchstützen an den entgegengesetzten Enden des Tals. El Cap ist – außerhalb von Alaska – der größte Granitbrocken der USA und da er nach Süden zeigt, taucht die Sonne seine Wände in hartes, blendendes Licht. Half Dome dagegen weist nach Nordwesten und liegt den größten Teil des Tages in variierenden Nuancen von Schwarz und Blau.

Während Bob und sein Kameramann sich auf Motivsuche machten, erklärte mir Jim Erickson, der schon in Yosemite geklettert war, die Bedeutung der verschiedenen Farben an der Wand für den Kletterer. El Caps Wände, so sagte er, können wie Sonnenreflektoren wirken. Schon im Frühsommer können die Temperaturen über 40 Grad hinausgehen, was bedeutet, dass dort schlicht nicht zu klettern ist. Die Nordwestwand des Half Dome bleibt dagegen im Schatten und kühl, was den Aufstieg während der wärmeren Monate viel leichter macht. Während der kälteren Jahreszeit macht sich kaum einer die Mühe, da raufzugehen und Ende Frühjahr hatten wir die Wand somit völlig für uns.

In jenen Tagen wachten die Kletterer aus dem Yosemite-Tal wie ein kriegerischer Bergklan über ihr Revier. Es herrschte eine grimmige Rivalität. Dabei spielte es keine Rolle, wie gut man sonst wo gewesen sein mochte, man musste seine Fertigkeiten in diesem Tal unter Beweis stellen, sonst wurde man nicht akzeptiert. Perilous Journey war hier bedeutungslos. Die Kletterer von Yosemite waren ganz entschieden der Ansicht, besser zu sein als der Rest der amerikanischen Kletterszene, teils weil sie ganz unverfroren ihre eigene Legende pflegten, teils wegen ihres schlicht atemberaubenden Terrains. Big Walls waren damals das große Grenzgebiet und die Bewohner des Tals hielten sich für die erwählten Hüter dieses Terrains.

Wir fielen wie eine Invasionstruppe in Yosemite ein. Unser gesamtes Team war ein Import aus Colorado. Godfreys

Hierarchie nach stand er ganz oben, während ich – mit Freuden – ganz unten war. Er hatte zwei Kameraleute, einen Tontechniker, Kabelleger und Kulis. Zu meiner Überraschung hatte Godfrey sich entschlossen, praktisch niemanden aus Kalifornien einzustellen. Im Wesentlichen kreuzten wir also dort schlicht und ergreifend mit der Absicht auf, den Kletterern aus Yosemite ihren Half Dome zu klauen, indem wir dessen Wände als Erste frei kletterten. Man rollte uns in jenem Frühjahr nicht gerade den roten Teppich ins Tal aus.

Tief im Wald, hinter einer Chevron-Tankstelle fast am Ende des Tals, gab es einen Campingplatz, den der National Park Service unterhielt. Er hatte den Namen Camp IV und diente dem harten Kern der dortigen Kletterszene als Hauptquartier. Es sah dort aus wie in Robin Hoods Versteck im Sherwood Forest. Beutel mit Nahrungsmitteln hingen im Geäst der Bäume, außer Reichweite der Bären, und die Ansammlung provisorischer Unterkünfte wies darauf hin, dass viele der Kletterer das ganze Jahr über auf Campingplätzen wohnten. Trotz des bescheidenen Eindrucks wurde in Camp IV ernsthaft trainiert. Die großen Granitbrocken waren voller Magnesiaspuren. Man hatte Stangen für Klimmzüge und überhängende Trittleitern an Felsen und Bäumen installiert. Vor sich hin rostende Gewichte lagen herum und Ketten spannten sich zwischen den Bäumen, auf denen barfüßige Kletterer ihre Balance verbesserten, wie Drahtseilakrobaten, die für den Zirkus trainierten.

Die Park Rangers überließen es den Kletterern, in Camp IV selbst für Ordnung zu sorgen. Sie haben diese kulante Haltung seitdem womöglich revidiert. 1976 lebten einige dieser Bergvagabunden ganz anständig vom Wrack eines Flugzeugs, einer Lockheed Lodestar, die hoch über der Talsohle in einen gefrorenen See gestürzt war. Es sieht ganz so aus, als wäre die Maschine bis unters Dach voll mit Marihuana gewesen und als hätten die Glücksritter aus Camp IV mitten im Winter eine höchst profitable Bergungsaktion auf die Beine gestellt. Ich jedenfalls erblasste vor Neid, als ich einige Yosemite-Kletterer mit dem Erlös ihrer Bemühungen sah: einem neuen VW-Bus oder einem italienischen Rennmotorrad für tausende von Dollar. (Die Geschichte diente später als Basis für den Roman *Angels of Light*, nach dem der Film *Cliffhanger* entstand.)

Vom Parkplatz aus machten wir uns mit einer halben Tonne Proviant und Ausrüstung auf den Weg. Nach acht Kilometern hatten wir unseren Lagerplatz hoch auf der Schulter des Half Dome erreicht. In den Bäumen neben einer kleinen Lichtung schlugen wir unsere Zelte auf. Von diesem Lager aus konnten wir zu Fuß absteigen, bis wir die Basis der Wand 760 Meter über der Talsohle erreichten. Oder wir krabbelten einfach die »Touristenroute« hinauf auf den weitläufigen runden Gipfel und seilten uns auf die Route darunter ab.

Es war mein erster Besuch am Half Dome. Schon aus der Ferne wirkte er majestätisch. Als ich dann direkt davorstand und meine Hände an den grauen Stein legte, war die Wand atemberaubend. Der mächtige Nordschild aus Granit sieht aus, als hätte man ihn mit einem einzigen gewaltigen Schlag freigelegt.

Tags darauf begannen wir zu drehen. Während Erickson und Higbee ihr Kletterzeug in Ordnung brachten, begann Godfreys Kamerateam die Geräte zusammenzubauen. Sie hatten sich entschlossen, die Route über die Nordwestwand zu klettern, die wegen der vielen Begehungsversuche zur Standardroute geworden war. Berühmte Berge haben oft solche »Trampelpfade«.

Die Route an der Nordwestwand des Half Dome folgte einer Reihe von Rissen, die sich linker Hand in den steileren Bereich darüber schlängelte. Nach einem kurzen Pendelquergang in der Mitte wurde die Route absolut vertikal. Kurz vor dem Gipfel kam dann auch noch ein Überhang, den jemand »Visor« (Sonnenblende) getauft hat. Hier arbeiteten sich die Kletterer traditionell über eine als Zigzags bekannte Reihe von Rissen weiter, die jedoch nur technisch geklettert wurden, also mit Nylontrittleitern, die in Haken oder Klemmkeile im Riss geklinkt waren.

Higbee und Erickson jedoch würden die Route frei klettern, also ohne Hilfsmittel. Bei Abstürzen schützte sie ein durch den einen oder anderen Klemmkeil oder Haken gehaltenes Seil. Ansonsten waren sie ganz auf ihre Finger und Zehen angewiesen. Sie konnten sich weder am Seil hochziehen noch auf den Sicherungsmitteln stehen. Es ging hier um Freiklettern und keine der größeren Wände Amerikas war zuvor in diesem Stil bestiegen worden.

Es gibt eine lange Reihe bemerkenswerter »Impuristen« auf unserem Gebiet. 1970 etwa hatte Cesare Maestri, ein italienischer Bergsteiger, sich einen schwierigen Turm in Patagonien namens Cerro Torre »hochgenagelt«, indem er mit Schlagbohrer und Benzingenerator hunderte von Löchern in den Fels trieb. Ebenfalls 1970 hatte ein Kletterer namens Warren Harding fast einen Monat an El Caps Wall of Early Morning Light zugebracht, um hunderte von Löchern zu bohren und diese mit kleinen Haken zu versehen. Ich bin nicht aus Gründen des Umweltschutzes gegen das Anbringen von Bohrhaken, aber wenn sie als Hilfsmittel zum Klettern selbst dienen, dann nehmen sie der Kletterei einen wichtigen Faktor, nämlich die Ungewissheit. Diese Ungewissheit hat mich stets motiviert. Seit der Zeit, in der ich mir meinen Heimweg durch das Labyrinth griechischer Gässchen suchte, habe ich im Unbekannten meinen besten Lehrer gesehen.

Reinhold Messner, der erste Bergsteiger, der den Everest im Alleingang und ohne zusätzlichen Sauerstoff bestieg, hat die moderne Abhängigkeit von Bohrhaken und Technik einmal den »Mord am Unmöglichen« genannt. Erickson und Higbee teilten seine Philosophie ebenso wie ich selbst.

Mir ging es bei dieser Mission um nichts weiter, als Erickson und Higbee bei der Arbeit zuzusehen. Mir wurde jedoch rasch klar, dass das nicht ging, wenn ich pausenlos Ausrüstung den Pfad von der Talsohle herauf bis zu unserem Camp auf der Half-Dome-Schulter schleppte. Irgendwie musste ich mich an das Kamerateam hängen, um wenige Meter neben dem Geschehen am Seil zu sein.

Godfrey hatte mit Tom Frost und Greg Lowe zwei der besten Bergsteiger-Kameraleute engagiert, die es gab. Zu meinem Glück kannte ich beide aus Colorado. Greg war eine außergewöhnliche Mischung aus Athlet, Erfinder und Geschäftsmann. Wie Tom war er ruhig, umsichtig, bedächtig. Er hatte Ende der 60er Jahre den ersten Innengestell-Rucksack entwickelt, der später zum Standard der ganzen Branche und zum Prototyp dessen wurde, was heute beim Militär eingesetzt wird. Er war damals Präsident von Lowe Alpine Systems, einem Hersteller für Bergsteigerausrüstung. Nebenher war er Kameramann und Fotograf.

Das Kamerateam sollte auf drei Ebenen arbeiten: unter, neben und über den beiden Kletterern. Das Filmteam blieb mit Erickson und Higbee auf gleicher Höhe, indem es Seile benutzte, die man zuvor neben der Kletterroute fixiert hatte. Morgens jumarte das Kamerateam die Seile hoch. Mit Trittleitern, die an den Jumaren – handtellergroßen Steigklemmen, die am Seil nach oben rutschen, aber nicht nach unten – befestigt waren, ließ sich das Fixseil rasch und sicher hochklettern.

Innerhalb weniger Tage drehten wir bereits in weit über hundert Meter Höhe. Je höher wir kamen, desto mehr Zeit beanspruchte das Jumaren. Das Kamerateam hing des Öfteren stundenlang an den Fixseilen und wartete auf das richtige Licht oder dass sich etwas tat.

Ich achtete sorgsam darauf, immer dort zu sein, wo Tom und Greg Hilfe brauchten. Ich schleppte Berge von Kameraausrüstung oder gallonenweise Wasser in den zweckentfremdeten Clorox-Containern, in denen Kletterer ihr Wasser aufbewahrten, zu ihnen hinauf. Sie hatten einmal Bleiche enthalten und waren jetzt mit Klebeband markiert. Schließlich begannen sie damit, mich in dem wichtigen Handwerk der Kameraassistenz zu unterweisen.

Wie der Wurm auf einem Bohrturm verrichtet der Kameraassistent die niedrigsten Arbeiten beim Film. Er baut das Stativ auf, setzt die Kamera darauf und wechselt die Objektive. Die erste technische Aufgabe jedoch, die Tom mir beibrachte, war das Wechseln des Films. Ist eine Rolle Film abgedreht oder belichtet, muss sie aus dem Magazin genommen und durch eine neue ersetzt werden. Erfahrene Assistenten erledigen das in einem lichtundurchlässigen, Wechselsack genannten schwarzen Beutel, aber Tom ließ mich zuerst mit einer belichteten Spule Film bei Licht üben, damit ich auch sah, was ich tat. Er zeigte mir, wie man eine neue Spule einfädelte, wie lang die Schlaufe zu sein und dass man sich zu vergewissern hatte, dass nach dem Einlegen das Magazin auch richtig geschlossen war. Nachdem er es mir einmal gezeigt hatte, warf er mir die Büchse Film zu und sagte: »Jetzt du.«

Als Kameraassistent erwartete man von mir, dass ich hinter dem Kameramann an den Fixseilen nach oben jumarte, um dann in seiner Nähe zu bleiben; ich versorgte ihn mit vollen Magazinen, reichte ihm Wechselobjektive oder half ihm die Seile zu richten. Im Grunde lernte ich Pflege und Laden von Kameras und ich war tief beeindruckt von dem Respekt, den sie ihrer Ausrüstung ebenso entgegenbrachten wie dem Medium selbst. Das war mit der akribischen Sorgfalt verwandt, die ich während meiner Kletterausbildung gelernt hatte. Ich prüfte jetzt nicht nur meine eigenen Knoten und meine persönliche Ausrüstung zweimal, sondern checkte auch meine Handgriffe mit der Kamera und deren Zubehör zwei-, dreimal durch.

Selbst wenn sie mich nicht direkt unterwiesen, wurde ich mir über jede ihrer Bewegungen klar. So haben zum Beispiel Kletterer hoch oben am Fels eine übertriebene Art, einander Dinge zu reichen, mit einer gewissen Pause, als würde man fragen: »Hast du's auch wirklich?«, bevor man loslässt. Beim

120

Filmen von Kletterszenen unter vertikalen Bedingungen, bei denen ein ganzes Team stundenlang mit Steigklemmen nach oben muss, um gewisse Aufnahmen zu drehen, steigen nicht nur die Kosten, sondern auch die Risiken beträchtlich. Der einfachste Ausrutscher schon könnte dazu führen, dass ein Magazin mit belichtetem Film 500 Meter in die Tiefe fällt und ein ganzer Tag Arbeit ruiniert wird.

Ich stieg mit einem Beutel auf der Brust neben Tom oder Greg hoch und lud das Magazin gleich oben am Seil. Während die beiden Kletterer ihren Tanz in den Rissen des Half Dome veranstalteten, erledigte ich mit den Zehenspitzen am Fels meine Lehrlingspflichten und hantierte im Dunkelsack mit Magazinen und Filmen. Tom und Greg führten derweil um optimaler Perspektiven oder Kamerawinkel willen ebenso unbequeme wie akrobatische Verrenkungen durch. Wir drehten hier einen Film und das Bild war nicht weniger wichtig als der Aufstieg an sich.

Je länger ich Tom und Greg bei der Arbeit zusah, desto mehr begannen mich die Geheimnisse der Kamera zu interessieren. Handwerklich gut gemachte Objekte oder Maschinen hatten mich von jeher interessiert und Kameras dürften wohl zu den erlesensten Erfindungen des Menschen gehören. Eine gute Filmkamera kostet zehntausende von Dollar. Für ein einziges Zoomobjektiv legt man womöglich den Preis eines Kleinwagens hin.

Ich begann die Kamera nicht nur als Werkzeug zu sehen, sondern ihre Bedienung als Disziplin. Ihr Einsatz ist eine Wissenschaft für sich, aber auch eine Kunst. Wie das Klettern hat die Kameraarbeit eine innere Logik und verlangt Verantwortung. Vor allem jedoch ist sie eine wirkungsvolle Form künstlerischen Ausdrucks und mir wurde klar, dass jeder Kameramann seine einzigartige persönliche Vision in sein Handwerk mit einbringt.

Ich hätte um alles in der Welt gern durch den Sucher geguckt, aber ich stand zu tief in der Hierarchie, um zu fragen.

Endlich, wir hatten schon einige Tage gedreht, forderte Tom mich dazu auf. Ich legte das Auge an den Sucher und auf der Stelle verwandelte sich die Landschaft um mich. Es war eine Offenbarung. Ich sah in diesem Augenblick, dass ein Kameramann die Welt neu definieren konnte, indem er in eine Szene sowohl die Realität der Landschaft als auch jede Definition, die seine Fantasie für sie haben mochte, hineinlegte. Ein bestimmter Winkel, eine spezielle Nuance oder Farbe des Lichts, und schon sagte die Landschaft dem Zuschauer etwas anderes. Als mein Blick durch den Sucher mich das alles verstehen ließ, wusste ich, ich konnte mit einer Kamera sowohl die sichtbare Welt erforschen als auch meine Fantasie. Ich richtete mich auf und ließ den Blick noch einmal über den Horizont gleiten: Meine Erfahrung mit dem Berg bekam mit einem Mal eine neue Dimension.

Als Erickson und Higbee sich auf den Mittelpunkt der Route zuarbeiteten, wies Godfrey das Kamerateam an, von der Wand wegzugehen. Wir zogen die Fixseile ein und schleppten die Ausrüstung zurück zu unserem Lager auf der Bergschulter. Von hier aus hatten wir einen perfekten Blick quer über die Wand auf die Kletterer. Wir konnten so auf ebener Erde stehen und die Aktion mit dem Teleobjektiv einfangen. Als die beiden etwa hundert Meter unter dem Gipfel waren, änderten wir die Strategie erneut. Jetzt seilten wir uns vom Gipfel zu den Kletterern ab. Wir hingen in unseren Gurten anderthalb Kilometer über der Talsohle. Erickson und Higbee wirkten wie gestrandet auf der riesigen Wand weit über hundert Meter unter uns.

Als ich ihnen so zusah, wurde mir klar, dass mir etwas von meiner Begeisterung fürs Klettern abhanden gekommen war. Es wurde mir ganz schwindlig bei diesem Sprung von einer Realität in die nächste. Es war so weit gekommen, dass ich das Filmhandwerk faszinierender fand als die Kletterer-Schauspieler und ihre Leistung. Wir alle kannten die Grundzüge der Handlung, aber wir hatten weder Drehbuch noch Storyboard (die Zeichnungen, mit denen man eine Szene skizziert). Es war an Tom und Greg, kleine Vignetten zu schaffen, die die Geschichte vorantrieben. Mit Vergnügen hörte ich ihren improvisierten Anweisungen zu: »Ich brauche den Weitwinkel, um den Kletterer hier mitsamt dem Sicherungsmann dreißig Meter unter ihm zu zeigen. Jetzt brauche ich eine Großaufnahme vom Gesicht des Vorsteigers, man soll sehen, was in ihm vorgeht. Hier muss ich weit zurück und aufmachen, um zu zeigen, wie tief es bis zum Flüsschen da unten hinuntergeht. Jetzt brauche ich Zwischenschnitte von den Fingern des Kletterers, dann Schnitt auf das vor Anstrengung verzerrte Gesicht.«

Schließlich erreichten Erickson und Higbee einen Big Sandy genannten Vorsprung, nicht ganz hundert Meter unter dem Gipfel gelegen. Es ist eine jener sonderbaren Stellen, die in den Bergen einfach so aus dem Nichts zu wachsen scheinen, ein flacher Vorsprung, gerade so breit, dass man sich darauf parallel zur Wand hinlegen kann. Er ist zwölf Meter lang und mit feinem Kies bedeckt. Erickson und Higbee meinten, eine größere Matratze hätten sie in ganz Yosemite nicht gesehen.

Direkt über Big Sandy begannen die Zigzags, die Reihe von Rissen, die von Visor, der Sonnenblende, dem mächtigen Überhang, gekrönt waren. Erickson und Higbee ließen also die hier sonst üblichen Trittleitern weg und kämpften sich frei kletternd die Zigzags hinauf. Wir hingen daneben und filmten, während Higbee Finger und Fußspitzen in die schmalen Risse klemmte, aber an der Schlüsselstelle wiederholt fiel. Auch Erickson versuchte es einige Male und stürzte, aber so nah am Ziel waren die beiden doch bereit, ihre *You fall, you fail*-Ethik zu revidieren. Higbee hatte schon immer gesagt, man fange mit dem Absoluten an und schwäche es dann nach und nach ab. Schließlich zog er sich hoch und vor die Granitplatte. Sie waren 600 Meter frei geklettert. Jetzt lag der Gipfel nicht viel mehr als eine Seillänge über ihnen. Es sah ganz so aus, als wäre der Aufstieg geschafft und Godfreys Film im Kasten. Dann kletterten die beiden direkt in eine Sackgasse.

Immer und immer wieder wechselten Erickson und Higbee sich ab in dem Versuch, die Folge von kitzligen Griffen auszutüfteln, die nötig war, um die glatte Platte zu überwinden. Natürlich hätten sie auf Trittleitern und Hilfsmittel zurückgreifen können, aber das hätte den Geist des ganzen Unternehmens zerstört. Und so ging dem Freikletterversuch am Half Dome die Puste aus: ganz unromantisch, ohne Zähneknirschen oder Bedauern nach all den Tagen, die sie gerackert hatten, nur um dann bei ihrem Freikletterversuch des Half Dome einige Züge unter dem Gipfel zu stehen. Nachdem die beiden sich einig waren, dass keiner von ihnen über die glatte Oberfläche des Felsens kam, gaben sie den Versuch für dieses Mal auf. Wir warfen ihnen ein Seil zu, packten zusammen und fuhren nach Hause.

Ein Jahr darauf kehrte ich nach Yosemite zurück, um am Half Dome eine andere Route zu klettern. Mein Partner war Ron Kauk, ein Kletterer aus dem Yosemite-Tal. Er war bereits ein Dutzend Big Walls geklettert – auch zusammen mit John Bachar, einem der besten Sportkletterer seiner Generation. Für mich sollte es meine erste Durchsteigung einer Big Wall werden und ich wollte bei den Jungs aus dem Tal so viel aufschnappen, wie es nur ging. Ron war der ideale Gefährte. Ich hatte keinerlei Bedenken, mit Hilfsmitteln wie Trittleitern zu klettern. Zum einen weil unsere Route technisch wirklich anspruchsvoll war. Zum anderen wollte ich mir jede Art von Kletterfertigkeit aneignen, die es nur gab, also auch wie man eine große Wand mit Kletterhilfen anging.

Wir brachten mehrere Tage in dieser bedrohlich aufragenden blauen Wand zu. Linkerseits konnte ich die Route durch die Nordwestwand sehen, die Erickson und Higbee geklettert waren, rechterseits sorgten blauweiße Schrammen für

124

Zebrastreifen auf dem Granit. Am Ende einer jeden Seillänge wechselten wir den Vorstieg. Ron übernahm den ersten, ich den zweiten und so weiter und so fort. Die Tour hatte fünfundzwanzig Längen. Methodisch arbeiteten wir uns nach oben und mühten uns abwechselnd mit dem Nachziehsack ab.

An Big Walls nimmt man einen Materialsack mit, auch Nachziehsack oder Haul Bag genannt. In ihm sind notwendige Dinge wie Wasser, Proviant, Parkas, Hängematten und Schlafsäcke. Wir erreichten also mit unserem Materialsack Big Sandy, den Vorsprung, und wen treffen wir dort? Erickson und Higbee! Erneut lagen sie im Clinch mit der glatten Platte über den Zigzags, nur dass diesmal Godfreys Filmteam nicht dabei war, um sie abzulenken. Und erneut standen sie kurz vor der Aufgabe.

Sie empfingen uns mit einem Angebot.

Falls es Ron oder mir gelingen sollte, die letzten Züge über diese infame Platte auszuknobeln, dann spendierten sie uns einen Kasten Bier. Es war ein interessantes Angebot, weniger des Biers als der Gelegenheit wegen, die damit verbunden war: Sie boten uns an, ihren Gral mit uns zu teilen. Aber unsere Füße waren geschwollen, schließlich standen wir seit Tagen in den Trittleitern, und dann waren weder Ron noch ich psychisch auf eine derart schwierige Freiklettertour eingestellt. Wir lehnten dankend ab und kletterten die Route technisch zu Ende. Erickson und Higbee ließen wir vor der widerspenstigen Platte zurück. Sie haben sie bis heute nicht kleingekriegt.

Es dauerte zwei Jahre, während der Godfrey den Film schnitt, bevor wir die Früchte unserer Arbeit zu sehen bekamen. Bob hatte aus dem enttäuschenden Ende eine dramatische Grundsatzerklärung gemacht. *Free Climb* wurde von der Kritik hoch gelobt und bekam Preise auf Bergfilm-Festivals. Mit einer einzigen großen Geste hob der Film den Standard des Kletterfilms in ganz neue Höhen.

Im Frühjahr nach den Dreharbeiten zu *Free Climb* heuerte ich 1978 bei einem anderen Filmteam an. Wieder war Greg Lowe mit von der Partie. Thema war der Versuch eines Extremskifahrers, als erster den Grand Teton in Wyoming oberhalb von Jackson Hole abzufahren. Produzent war der Kletterer und Filmer Bob Carmichael, ein ehemaliger Footballspieler von der University of Colorado mit mächtigen Schultern und chirurgisch gerichteten Knien, der beim Film dieselbe Einstellung wie auf dem Footballplatz hatte. Greg Lowe war selbst Filmer und Produzent. Die Geschichte drehte sich um Steve Shea, Bergsteiger und Skifahrer, einen stämmigen kleinen Kerl mit blauen Augen und dichtem Bart. Er war mit dem Team der University of Denver Rennen gefahren und hatte mittlerweile in Aspen ein Skigeschäft aufgemacht.

Wir vier – Carmichael, Lowe, Shea und ich als Kameraassistent und Mädchen für alles – bildeten das gesamte Team. Von den Persönlichkeiten mal abgesehen hatte der Dreh geradezu unheimliche Ähnlichkeit mit der Dynamik an den Wartungstürmen der Ölfelder. Effizienz und Flexibilität waren gefragt. Als Erstes galt es in der Jim Smith Hut ein Basislager einzurichten. Auf dem Lower Saddle in gut 3300 Meter Höhe gelegen, war die Jim Smith Hut eine alte Wellblechbaracke aus Heeresbeständen, in der fünfzehn Mann schlafen konnten. Bergführer benutzten sie seit Jahren.

Es war Ende Mai nach einem langen, schneereichen Winter. Unsere Beine bohrten sich bis zu den Oberschenkeln in den Schnee. Weiter oben war er so hart, dass wir Stufen in die Oberfläche treten mussten. Die Hütte war ein einziges Chaos und voller Schneewächten. Es sah ganz so aus, als hätte sie seit dem letzten Herbst keiner benutzt. Und das sollte für die nächsten fünf Wochen unser Zuhause sein.

Regelmäßig fiel Neuschnee und noch über das Wochenende zum 4. Juli wehte ein eisiger Wind. Die lokalen Bergführer waren der Ansicht, es sei noch nicht sicher genug, Leute auf den Grand Teton zu führen, und so hatten wir den Berg ganz für uns.

Trotz des Hundewetters zogen wir jeden Tag los. Unsere Drehorte waren die steilen Hänge und tiefen Rinnen, über die Steve mit den Skiern abfuhr. Greg und Bob gingen den Drehplan durch: Welche Szenen wurden gebraucht? Wie wollte man sie drehen? Für welche Stelle im Film? Insbesondere Greg nahm mich unter die Fittiche und redete stundenlang über Film, Licht, Bildaufbau, Filter und die verschiedenen Kameraschwenks.

Wenn ich nicht mit dem Filmteam arbeitete, schleppte ich Lasten an die Drehorte oder ging in die Stadt, um Vorräte zu kaufen. Ich stand in der Dunkelheit auf, stieg 1500 Höhenmeter durch Schneefelder ab und fuhr fünfundzwanzig Kilometer nach Jackson. Dort füllte ich meinen Rucksack mit dreißig, vierzig Kilo Proviant, den ich dann die 1500 Meter zurück auf den Lower Saddle schleppte. Manchmal schaffte ich den Nachschub nicht auf einmal und musste den Berg noch mal hinab bis zum Ende des Pfads und schleppte einen zweiten Packen hinauf.

Dieses Auf und Ab war sehr lehrreich für mich. Ich bekam ein Gefühl für die verschiedenen Arten von Schnee und seine Bedingungen – wie man darin ging, wie man in den Bergen große Entfernungen zurücklegte. Ein großartiges körperliches Training war es obendrein.

Erst gegen Ende des Drehs bekam der Film seinen endgültigen Titel: *Fall Line*. Aufgrund der zerklüfteten Architektur des Grand Teton war Steve Shea gezwungen, größtenteils in schmalen, steilen Schneerinnen abzufahren, deren Wände aus blankem Fels waren. Steve musste also der Falllinie – jener imaginären Linie einer direkten Abfahrt ins Tal – folgen, ohne zu fallen. Ein Sturz hätte in diesem Fall fast mit Sicherheit den Tod bedeutet. Ein Sturzhelm passte nicht ins Bild des Extremskifahrers.

Wir wohnten bereits seit fünf Wochen in der Hütte und filmten praktisch jeden Tag. Der größte Teil des Films war im Kasten. An diesem Tag war Greg auf die andere Seite des Tals gegangen, um einen Schuss mit dem Teleobjektiv direkt in einen der Hohlwege zu bekommen, den Steve herabkommen würde. Der Himmel war klar und ich stand, vor der Kamera versteckt, hinter einem Fels. Von meinem Standort aus sah ich, wie Steve mit mächtigen Schwüngen zwischen den Wänden der Rinne hin und her sprang. Mit jedem Satz vollführte er eine Wende in die andere Richtung und ging das nächste Stück an.

Mit einem Mal verpatzte Steve eine Wende und stürzte kopfüber bergab, bis er 150 Meter weiter unten in der Rinne verschwand. Er trug einen glatten Nylonanzug und in dem Augenblick, in dem er die Skier verloren hatte, rutschte er los und konnte schlicht nicht mehr bremsen. Wie eine Flipperkugel prallte er von einem Fels zum anderen. Immer wieder schlug er an, rutschte weiter, überschlug sich wie eine Stoffpuppe, schlug wieder an und wurde dabei immer schneller, je weiter es den Berg hinabging, bis er schließlich liegen blieb. Als ich den Berg hinab auf ihn zurutschte, lag er reglos da.

Ich hatte schon erwartet, eine zerschundene Leiche vorzufinden, aber stattdessen begann Steve sich zu bewegen. Wie durch ein Wunder hatte er überlebt, schwer lädiert, aber wie sich später herausstellte, ohne einen einzigen Bruch. Seine Augen aber hatte es schlimm erwischt. Der aufwirbelnde Schnee hatte ihm eisige Pfropfen unter die Lider gepackt. Seine Augäpfel waren verletzt und er war vorübergehend blind und hatte starke Schmerzen. Ich drückte ihm sachte den Schnee unter den Lidern hervor und führte ihn ins Lager zurück. Bob steckte mir ein Bündel Scheine zu und trug mir auf, Steve hinunter nach Jackson zu schaffen, damit er ärztlich versorgt werden konnte. Ich sollte mit ihm essen oder saufen gehen, falls ihm danach war, und ihn dann, falls

128

irgendwie menschenmöglich, wieder hochschaffen. Er wolle zu Ende drehen.

Steve kam tatsächlich wieder zurück. Schließlich und endlich lief *Fall Line* dann in der Serie *American Sportsman* auf ABC Sports und wurde sogar für einen »Oscar« in der Kategorie Kurzfilm Live-Action nominiert. Ich bekam einen Scheck für sechs Wochen à 50 Dollar pro Tag.

Fall Line brachte mich auf der Straße zu den Bergriesen ein gutes Stück weiter. Es war, als sähe ich zu, wie sich die Story meines Lebens entwickelte. Ich kannte mich beim Sportklettern aus; ich wusste, wie man in den Bergen überlebte; ich hatte mit dem Eisklettern begonnen und lernte mich in gemischtem Terrain – Fels und Eis – zu bewegen. Die Grundlagen für einen Trip in den Himalaja waren damit geschaffen. Jetzt fehlte nur noch die Chance.

Als ich wieder in Colorado war, hörte ich von Tom Frost und Greg Lowe, dass sie eine Expedition nach Nepal planten. Die ABC-Serie *American Sportsman* produzierte einen Film über die Besteigung des Ama Dablam, eines gewaltigen Bergs unweit des Mount Everest. Ich flehte Tom und Greg an, mich mitzunehmen, aber sie sagten, die Entscheidung läge nicht bei ihnen. Aber sie steckten mir einige Telefonnummern zu.

Da ich nichts zu verlieren hatte, rief ich den Regisseur des Ama-Dablam-Films an. Er hieß Roger Brown und lebte in Aspen. Mein Angebot war schlicht: *Bitte, bitte, nimm mich mit.* Er erkundigte sich nach Referenzen und meine Antwort hörte sich sogar für mich selbst suspekt an. Für ihn war ich ein Niemand, ein Laufbursche, weiter nichts. Brown lehnte ab.

Verzweifelt bot ich ihm an, umsonst zu arbeiten. Als ihn das nicht überzeugte, schlug ich vor, meinen Flug selbst zu bezahlen. Ich dachte überhaupt nicht daran, dass mich die Reise 1000 Dollar und mehr kosten würde, womöglich alles, was ich auf der Welt nur besaß. Roger sagte, dazu müsse er erst John Wilcox, den Produktionschef von *American Sportsman*, in New York anrufen, der die Leitung des Projekts hatte, und sehen, was der davon hielt.

»Da braucht er nicht viel von halten«, sagte ich Brown am Ende des Gesprächs noch. »Wenn es nicht klappt, dann braucht er mich noch nicht mal zu feuern. Dann werde ich einfach Tourist.«

Tags darauf rief ich Brown wieder an.

»Okay«, sagte er. »In zwei Wochen geht's los.«

5

DER HIMALAJA

Der 6856 Meter hohe Ama Dablam ist einer der schönsten Gipfel des Himalaja in Nepal.

DEN DUFT ASIENS vergisst man nie. Es war noch früh am Morgen, als ich auf dem Flughafen von Katmandu über die Treppe an der Maschine hinab auf die Rollbahn trat, aber schon erhob sich das intensive Aroma des Landes und umfing mich zum Gruß. Die Gerüche bestürmten meine Fantasie und es schien mir geradeso, als söge ich mit jedem tiefen Atemzug das Wesen eines fernen Jahrhunderts ein. Diese namenlosen fremden Gerüche waren anders als alles, was ich je gekannt hatte, und doch fand ich sie nicht befremdlich. Auf eine merkwürdige Art und Weise fühlte ich mich ihnen vertraut.

Ich stand einen Augenblick auf der Rollbahn, bevor ich das Terminal betrat. Die Morgenluft war satt, fast greifbar, gleichzeitig lieblich und scharf. Während der kommenden Wochen unserer Expedition sollte ich lernen, was da so auf meinen Geruchssinn eindrang: Öl, das auf Kerosinöfen und Holzfeuern köchelte, der Duft des Rhododendrons auf dem Land, das Ausbrennen verstopfter Bewässerungsgräben durch die dortigen Bauern. Die Üppigkeit, die diese Gerüche der Luft verliehen, erzählte von einem alten, fruchtbaren Land.

Beim Anflug auf Katmandu war es zu einiger Aufregung gekommen. Es war die letzte Etappe einer langen Reise und ich war auf meinem Sitz eingenickt und wurde von dem Tumult geweckt. Die Hälfte der Passagiere war aufgestanden und drängte sich an die Fenster auf der Nordseite der Maschine; es wurde gedeutet, geschrien. »Das da ist er! Nein, nicht der, *der* da!«

Ich reckte den Hals, um etwas zu sehen, und natürlich suchten alle den Everest. In meinen ersten Blick auf ihn mischten sich Wiedererkennen und Enttäuschung. Ich hatte die majestätische Silhouette aus den Büchern erwartet, die sich mir seit meiner Kindheit eingeprägt hatte, aber die fernen Buckel waren zwischen den Wolken so gut wie gar nicht zu sehen. Ich hatte keine Schwierigkeiten, mich zu orientieren, als ich von links nach rechts den Horizont des Himalaja entlangsah, vom Dhaulagiri über den Annapurna zum Himalchuli. Der Everest selbst lag hinter dem Horizont.

Aber es war ja nicht der Everest, den ich auf dieser Reise suchte, sondern der Ama Dablam. Ich wusste, wenn man von diesem Winkel aus den Everest sah, dann sah man auch den Ama Dablam. Direkt vor ihm schmiegt er sich, etwas kleiner, an den höchsten Berg der Welt. Mit seinen bescheidenen 6856 Metern sollte der Ama Dablam meine Teststrecke, mein erster Gipfel im Himalaja sein.

Meine Enttäuschung legte sich, als wir die Wolkendecke durchbrachen. Der Flughafen von Katmandu war nichts weiter als eine einzige lange Landebahn, nicht größer als der typische Bezirksflugplatz in den USA. Es gab einige große Hangare, aber die waren für nepalesische Militärmaschinen und Hubschrauber reserviert. In dem kleinen Terminal hatte ich eine weitere Premiere: die Kostprobe einer Kultur, die sich auf menschliche Arbeitskraft statt auf Maschinen stützt. Gepäck und Kletterausrüstung wurden von Hand auf großen Wagen hereingezogen und kamen dann auf ein stählernes Gepäckregal, das schimmernd, von ungezählten Reisetaschen poliert, im trüben Licht stand. Wir beeilten uns herauszuklauben, was uns gehörte, stapelten alles auf Handwagen, und stürmten hinaus. Draußen drängten sich die Gepäckträger.

Ein ramponierter alter indischer Bus kroch mit deutlicher Schlagseite, schwarzen Qualm rülpsend, die Straße herauf auf uns zu. Während die Gepäckträger unsere Taschen durch die

134

Fenster in den Bus oder aufs Dach schoben, drängte ich mich mit dem Rest unseres Teams durch die Tür. Ich nahm in der Nähe des Fahrers Platz, um durch die großen Windschutzscheiben schauen zu können.

Die Fahrt zum Hotel war mein erstes Abenteuer in Asien. Unser Bus war nur einer von hunderten schwankender Fahrzeuge – Busse, Lastwagen und Autos – auf den Straßen von Katmandu, einer Stadt, die damals noch nicht im Jahr 1979 angekommen zu sein schien. Es gab eine moderne, von chinesischen Ingenieuren gebaute Ringstraße, die einen weiten Kreis durch das Ackerland rund um die Stadt beschrieb, dann jedoch urplötzlich in schmale Fahrspuren mündete. Auf Straßen und Gassen wimmelte der Verkehr. Der völlig willkürliche Fahrstil, bei dem ständig die Spuren gewechselt werden, geschieht auf eine seelenruhige Art, die jemanden aus dem Westen wahnsinnig machen kann. Obwohl es nach einem heillosen Chaos aussah, war die Methode gar nicht so ohne. Immerhin muss man vielem ausweichen: alten Männern mit Schubkarren, streunenden Kühen, Radfahrern, von Tieren gezogenen Wagen voll frisch gemähtem Gras. Um überhaupt vorwärtszukommen, muss man einfach auf die andere Spur wechseln im festen Vertrauen darauf, dass einem der Gegenverkehr ausweicht, was er im Allgemeinen auch tut.

Interessant ist dabei, dass die Hindus und Buddhisten in Katmandu nicht ihre Egos in ihren Fahrstil zu projizieren scheinen, wie man das in Amerika macht. Sie hupen zwar unaufhörlich, aber man sieht wohl kaum einen nepalesischen Fahrer aus dem Wagen springen und seinen Rivalen auf der Straße anschreien. Die Regeln dort mögen kompliziert und verwirrend sein, aber wenigstens scheint sie jeder zu kennen und sich daran zu halten. Hat man das eine Mal auszuweichen, ist man wahrscheinlich das nächste Mal selbst derjenige, der dem anderen die Vorfahrt nimmt. Es ist ein sehr östliches Geben und Nehmen.

Der Bus hielt vor dem Star Hotel in Thamel, einem malerischen alten Viertel unweit vom Zentrum der Stadt. Es gab damals ein oder zwei Trekkingshops, in denen man eine beschränkte Auswahl von gebrauchter Kletterausrüstung und Kleidung bekam. Es gab nur wenige Restaurants in Thamel, in denen eine Mahlzeit nach westlicher Art zu haben war, und eines davon war das von einer Neuseeländerin und einem nepalesischen Unternehmer gegründete K.C.'s. Hier versammelte sich alles, was so durch die dritte Welt zog, der harte Kern der Weltenbummler mit knappem Budget. Man begegnete hier Bergsteigern, Trekkern, Touristen und den unvermeidlichen Überbleibseln der Hippiezeit mit Bärten so weiß wie Raureif. Timberland, Lowe, Patagonia, all diese Marken waren noch nicht bis hierher vorgedrungen, aber die Leute waren trotzdem unschwer an ihrer Kleidung auseinander zu halten.

Die Weltenbummler waren im Allgemeinen auf dem Landweg über Asien, immer der Drogenstraße nach, in diese Sackgasse am Fuße des Himalaja gelangt und sahen mit ihren Ohrringen, Halsketten, Sandalen und dem schulterlangen Haar allesamt wie die Zen-Gammler der 6oer Jahre oder wie Drogensüchtige aus. Kletterer waren nicht gerade schick, trugen aber für gewöhnlich ein sauberes T-Shirt und ordentliche Shorts anstatt Batikhosen aus dem Pandschab oder knappen Westen über der bloßen Brust. Es war leicht zu erkennen, wer Hasch und wer den Himalaja suchte.

Während unseres einwöchigen Aufenthalts im Star Hotel trafen wir uns jeden Morgen auf dem Parkplatz vor dem Hotel, um unsere Ausrüstung zu holen und anschließend in den Straßen der Stadt zu drehen. Ich ging mit, um Magazine zu laden, oder dem Team das Gerät zu tragen. Jonathan Wright, ein Team-Mitglied aus Aspen, der sich uns in New York angeschlossen hatte, war ein Fotograf, der schon viele Male in Asien und Katmandu gewesen war. Ich bewunderte und beneidete ihn, zum einen weil er hinter der Kamera stehen würde, zum anderen weil er sich mit dem indischen und nepalesischen Buddhismus auskannte. Er war sehr geduldig und erklärte mir in endlosen Vorträgen, was hier wichtig war und wie man so lebte, am Fuße der höchsten Berge der Welt.

»Der Schlüssel ist, dass sich hier alles entweder sehr früh oder am späten Nachmittag abspielt, wenn das Licht sich ändert«, erklärte mir Jonathan. Er sorgte dafür, dass wir vor Sonnenaufgang aufstanden und bei Tagesanbruch, wenn das Licht am schönsten war, am Swayambhunath, dem Affentempel, waren, um die Gläubigen und die Pilger, die sich in den Staub warfen, zu sehen. Außerdem schickte er uns frühmorgens, wenn die Händler ihr Gemüse anpriesen, auf den Markt von Asan Tol.

1949 öffnete Nepal zum ersten Mal seine Grenzen. Seitdem bietet es den Pilgern spirituellen Reichtum, den Treckern das Auf und Ab seiner Pfade, den Bergsteigern seine Gipfel, den Touristen seine Gastfreundschaft. Der westlichen Fantasie erscheint Nepal seit langem als eine vom Land umschlossene Insel der Ruhe, die von einem weisen König und seiner schönen Königin regiert wird. Aber mit einem Pro-Kopf-Jahreseinkommen von etwa 200 Dollar ist Nepal eines der ärmsten Länder der Welt.

Hin und wieder zog ich allein los und fuhr auf einem gemieteten indischen Rad ohne Gangschaltung durch Katmandu.

Tom Frost stellte mich seinem alten Freund, dem Sherpa und Bergführer Ang Temba, vor. Tom war mit ihm 1969 auf dem Annapurna gewesen und Ang Temba sollte auch der *sirdar*, der Sherpa-Führer, auf unserer Expedition sein. Mir waren die Sherpas vom Fleck weg sympathisch wegen ihrer bescheidenen, schlichten Art. Auch sonst hatte ich das Glück, intelligente und sympathische Leute um mich zu haben, vor allem den britischen Bergsteiger Martin Boysen und Jonathan Wright, der schon mit Sherpas zu tun gehabt und ihre Kultur kennen und schätzen gelernt hatte. Sie erzählten mir das eine oder andere über die Geschichte der Sherpas, dass sie vor fast 450 Jahren aus Tibet über den Himalaja gekommen waren und sich im Khumbu, einer Gegend im Norden Nepals, in der auch der Everest steht, angesiedelt hatten. Mitgebracht hatten die Sherpas ihre Yaks, Lasttiere, die außerdem Milch, Butter und Leder lieferten, eine feste Verbundenheit zur Nyingma-Tradition des tibetischen Buddhismus und ihre Jahrhunderte alte Kenntnis des Himalaja.

Nachdem wir eine Woche in und um Katmandu gedreht hatten, flogen wir nach Lukla, einem Dorf im Khumbu am Fuße des Himalaja. Die Landebahn in Lukla war 1964 gebaut worden. Edmund Hillary und der Anthropologe Jim Fisher hatten sie aus einem Berghang hauen lassen, um Material und Versorgungsgüter für den Bau eines Krankenhauses in Khunde und einer Schule in Khumjung heranzuschaffen. Heute dienen Lukla und sein Flugplatz als Tor zum Sagarmatha National Park, innerhalb dessen Grenzen gleich eine ganze Reihe der höchsten Berge der Welt stehen, darunter der Everest oder Sagarmatha, wie man ihn in Nepal nennt. Nur etwa ein Dutzend Trekker passierten 1964 auf ihrem Weg ins Khumbu-Gebirge Lukla. Ende der 90er Jahre kamen bereits 15 000 oder mehr Trekker und Bergsteiger pro Jahr durch das Dorf.

Der 160 Kilometer lange Flug von Katmandu nach Lukla war meine erste Begegnung mit einer Twin Otter. Im Inneren dieser Maschine befindet sich auf jeder Seite des Rumpfs eine Reihe windiger Nylonsitze. Wir flogen in östlicher Richtung in Katmandu ab und dann in 4000 Meter Höhe parallel zur Himalaja-Kette den Pfad entlang, den Hillary und Tensing Norgay bei ihrer Everest-Besteigung 1953 zu Fuß gegangen waren. Tief unter uns lagen hunderte und aberhunderte von Terrassenfeldern, die gerade mit dem Frühling zu grünen begannen.

Am Dudh Kosi, dem Milchfluss, der seinen Namen dem milchigen Gletscherschlick verdankt, den er vom Fuß des

Everest mitbringt, ging es nach Norden. Je höher das Land wird, desto mehr finden sich statt der Terrassenfelder bewaldete Kämme und man kann fast sehen, wo Vorderindien sich unter die Kontinentalplatte schiebt, die den Himalaja trägt. Ich hatte bereits so gut wie alles gelesen, was es über den Everest und seine Region zu lesen gab, und es war merkwürdig, diese Bergkolosse zu sehen und zu wissen, dass das Ganze immer noch wuchs. Vorderindien drückt die Kontinentalplatte samt Himalaja nach oben, wenn auch freilich nur um einen oder zwei Millimeter im Jahr.

Wir befanden uns nun im SoluKhumbu, am Südende des Tals, das am Everest endet. Als wir nach Norden schwenkten, lehnte sich alles in den Mittelgang, um durch das Fenster des Piloten einen Blick auf den großen Berg zu erhaschen. Ich konnte den Everest von meinem Platz aus nicht sehen. In den Dörfern unter uns wehten die Gebetsfahnen von hohen Stangen, ein Zeichen dafür, dass wir die vorwiegend von Hindus bewohnte Region Nepals hinter uns hatten und über die Dörfer der buddhistischen Sherpas flogen.

Es dauerte nicht lange, bis der Pilot die Landeklappen ausfuhr und die Fluggeschwindigkeit zurücknahm. Die Nase der Maschine senkte sich und wir machten uns an einen steilen Sinkflug auf Lukla und seine Landebahn zu, die nur von einer Richtung aus anzufliegen war. Auf einer ehemaligen Weide in einer Höhe von 2743 Metern angelegt, lag die Landebahn genau im rechten Winkel zum Dorf und führte schnurgerade auf eine 1500 Meter hohe Bergwand zu. Durch die Windschutzscheibe der Maschine sah die Landebahn aus wie ein schmales Heftpflaster im Gras.

Die Landebahn stieg zum Hügel hin um etwa acht Grad an, weshalb der Pilot sie scharf anfliegen und die Maschine praktisch wieder hochziehen musste, um sie zu landen. Dummerweise bekam ich bei meinem Blick aus dem Fenster rechter Hand das Wrack eines Flugzeugs zu sehen, das die harte Landung in Lukla nicht überlebt hatte. Es war ein gewaltiger Lärm zu hören, als wir auf die Landebahn knallten: Wir hüpften hoch und setzten dann ein zweites Mal hart auf. Dann rollten wir die ungeteerte Landebahn entlang, einen Hügel hinauf auf eine flache Terrasse, die als Abfertigungsplatz im Freien diente. Die Motoren stöhnten noch einmal auf, als der Pilot die Maschine den Hang hinauftrieb; auf der Hügelkuppe nahm er sie herum, sodass sie, bereit für den nächsten Start, zum Stehen kam. Dann schaltete er die Motoren ab.

Nach dem Maschinenlärm und dem Kitzel der Landung saßen wir alle da, auf unsere windigen Sitze geklebt. Es dauerte einige Augenblicke, bevor die Stille sich wie eine weiche Decke über mich legte. Und sie war hier absolut. Tagelang hatten wir in Katmandu den Lärm der Stadt gehört. Zuvor waren wir in Delhi gewesen und davor in London und New York. Und nun die Stille dieser gewaltigen Berge.

Sherpas und Gepäckträger hatten sich versammelt. Es war die Antithese der hektischen Szene, die uns in Katmandu empfangen hatte. Als ich durch die kühle Luft auf die Sherpas zuging, hörte ich ihr Gemurmel. Ich wandte mich ab und starrte auf die Berge hinaus. Ich hatte das Gefühl, alte Freunde zu treffen.

Wir schlugen unsere Zelte in Lukla auf einem Kartoffelfeld auf. Wir gewöhnten uns langsam an die Höhe und warteten darauf, dass der Rest unserer Ausrüstung aus Katmandu kam. Bis dahin drehten wir noch nicht und gönnten uns eine Pause. Gegen das hintere Ende der Landebahn zu entdeckten wir einige große, mit Flechten überzogene Felsen, die wir für ausgedehnte Boulder-Sessions nutzten. Martin Boysen war in seiner Glanzzeit einer der besten Sportkletterer Englands gewesen. Ich war in guter Verfassung, genauso wie Jeff Lowe. Jeffs Bruder Greg ging keiner Herausforderung aus dem Weg, egal in welcher Verfassung er war.

Greg war ein begabter Sportler mit dem Körperbau eines Turners. Er war unglaublich stark, obwohl er nie zu trainieren schien. Ich beobachtete, wie er auf den größten dieser

140

Felsbrocken seelenruhig und ganz und gar unter Kontrolle die winzigsten Griffe fand. Er ging methodisch vor, bewegte sich logisch von einem Griff zum nächsten, ohne Ausrutscher und völlig emotionslos. Greg war in allem, was er machte, praktisch und effizient: seine Art, sich zu kleiden, seine Art, sich zu bewegen, seine Art, zu klettern.

Jeff war da ganz anders. Er war ein etwas ungelenker Schlaks, glich das beim Klettern jedoch durch Leidenschaft und Hartnäckigkeit aus. Er war eher der Bilderstürmer, ein Freigeist, der seinen Drive durch Albernheit und einen Witz kompensierte, der sich nicht allzu ernst nahm. Aber auf ihn war immer Verlass. In den 70ern war er einer der besten Eiskletterer gewesen.

Nach zwei Tagen Bouldern packten wir, um zum Ama Dablam aufzubrechen. Es war leicht, sich an den Service der Sherpas zu gewöhnen. Sie gingen voraus und wenn wir an den vereinbarten Platz kamen, hatten sie bereits eine Plane auf die Erde gelegt, kochten Wasser für Tee und brieten Omeletts und Kartoffeln fürs Mittagessen. Kein schlechtes Leben in einer Höhe von 3000 Metern.

Es ist eine lange, oft heiße und trockene Wanderung von 3000 auf 3600 Meter, den Namche Trail hinauf in das Dörfchen Namche Bazar. Der harte, staubige Marsch führt in Serpentinen durch einen Pinienwald. Wir hatten etwa zwei Drittel des Höhenunterschieds hinter uns und ich ging gerade neben Martin, als wir um die Kurve einer Serpentine kamen. Wir sahen eine Öffnung in den Bäumen vor uns. Wir blieben alle stehen, um auszuruhen, und sahen die Rinne des Imja Khola hinauf, da wies Martin auf einen Gipfel darüber. »David«, sagte er, »das da oben ist der Everest.«

Wir hatten nicht etwa den ganzen gewaltigen Brocken des Everest vor uns, da uns von unserem Winkel aus Nuptse und Lhotse den größten Teil der Sicht darauf nahmen. Aber dreißig Kilometer vor uns ragten über den Grat von Nuptse und Lhotse die letzten 600 Meter des Everest hinaus, an seiner

141

Spitze, wie immer im Frühling, eine Wolkenfahne wie ein Banner im Wind. Herrgott – der Everest.

Martin und ich gingen weiter. Es war ein schwieriger Marsch an jenem Tag hinauf nach Namche Bazar. Martin war vier Jahre zuvor dort gewesen und kannte das recht idyllische, wenn auch arme Namche, in dem es noch nicht einmal Strom gab, und einen angenehmen Platz zum Übernachten: ein Gästehaus namens Himalayan Footrest. Wir stiegen eine schmale, finstere Treppe hinauf und fanden ein winziges Speisezimmer, wo wir uns an Yaksteak und einigen Gläsern *chang*, einem Reisbier, gütlich taten.

Von Namche Bazar ist es eine Stunde Fußmarsch bis zum Nachbardorf Khumjung, aus dem Ang Temba kam. Von Khumjung aus hatte ich endlich einen direkten Blick auf den Ama Dablam, einen der schönsten Gipfel der Welt. Wir schlugen unser Lager auf einem Brachfeld gegenüber der Schule auf, die Hillary gebaut hatte, dann begannen wir mit den Dreharbeiten.

Ich war völlig fasziniert vom Anblick des Ama Dablam aus dieser kurzen Distanz. Der Gipfelaufbau des Berges sah aus wie ein Sporn oder ein Turm. Die Flanken bestehen aus steilen Granitpfeilern und absolut senkrechten Eiswänden, die sich hunderte von Metern in die Höhe ziehen. Die obere Südwestwand ist durch einen breiten, hängenden Gletscher geschützt. Der Ama Dablam verdankt sogar seinen Namen – »Mutters Amulettbüchse« – diesem hängenden Gletscher, diesem großen Eisblock an der Vorderseite des Bergs, der aussieht wie die *dablams* genannten schweren silbernen Halsketten, die die Sherpa-Frau trägt.

Die Flanken des Ama Dablam sind sehr steil und von meinem Standort in Khumjung aus sah er schier unbegehbar aus. Es ist ein Berg, der allein steht, was im Himalaja selten vorkommt. Die meisten Berge, wie etwa der Taweche dem Ama Dablam direkt gegenüber, haben abschüssige Grate, die dann rasch zum nächsten Gipfel hochgehen. Oder sie

142

sind Teil eines Massivs, einer Gipfelgruppe wie der Kangtega gleich südlich des Ama Dablam. Der Ama Dablam jedoch ist anders. Jeder Grat führt bis ins Tal, das der Berg einsam überragt.

Ich wusste, dass der Ama Dablam für viele Bergsteiger aus dem Westen nicht unbedingt als Trophäe galt. Er ist gerade mal 6856 Meter hoch, ich sollte also keinen Himalaja-Giganten besteigen – jedenfalls nicht bei diesem Besuch. Trotzdem war dieser Berg ideal, um zu sehen, wie ich mich in großer Höhe verhielt. Ich hatte mir viele Gedanken darüber gemacht: Ich war in den Rockies von Colorado nie über 4200 Meter hinausgekommen und wusste, dass selbst Bergsteiger in bester Verfassung auf diesen hohen Bergen versagen konnten. Es kann leicht passieren, dass alle körperliche Vorbereitung, alles Training durch eine genetische Laune zunichte gemacht wird, die verhindert, dass der Körper in den Wolken ordentlich funktioniert. Wir alle kannten die Symptome der Höhenkrankheit, aber keiner konnte voraussagen, wen sie befiel. Der Ama Dablam gab mir in meinem Fall wahrscheinlich die Antwort darauf.

Ich wäre nie so unverfroren gewesen, gleich den Angriff auf einen 8000er zu wagen. Ich wusste, dass ich noch nicht so weit war. Wir alle hatten großen Respekt vor diesen Bergen und man zog als Dreiundzwanzigjähriger in der Regel nicht einfach los und kletterte auf diese Riesen.

Als ich so in Khumjung im Lager saß und den Ama Dablam ansah, der sich in der Ferne aus dem Tal hob, war ich gleichzeitig zufrieden und inspiriert. Zufrieden darüber, den Himalaja so betreten zu haben, wie er meiner Ansicht nach betreten werden sollte, von unten her; inspiriert durch die bevorstehende Herausforderung an den steilen Hängen des Ama Dablam.

Von Khumjung aus unternahmen wir eine wunderbare Wanderung tiefer ins Tal, bei der es zunächst zum Imja Khola hinabging, bevor wir einen heißen, staubigen Weg 550 Höhen-

143

meter zum Kloster von Thyangboche hinaufstiegen. Der Ama Dablam war jetzt viel näher und sah zum Fürchten aus. Es war jedoch das Kloster, das meine Aufmerksamkeit fesselte. Jonathan Wright hatte mir gesagt, dass das Kloster Thyangboche 1912 auf einer Gletschermoräne in fast 4000 Meter Höhe erbaut, 1934 durch ein Erdbeben zerstört und dann wieder aufgebaut worden sei. Ich hatte mir bis dahin nie viele Gedanken über geweihte Orte gemacht, aber in dem Augenblick, in dem ich über die Schwelle des Gebetssaals des Klosters trat, verstand ich schlagartig, was Heiligkeit für den Gläubigen bedeutet.

Die Mönche hatten uns angeboten, uns für unsere Reise in diese Berge zu segnen. Auf zwei Seiten des Saals verteilt saßen reglos zwei Dutzend Mönche im braunen Gewand und mit rasiertem Haupt. Im trüben Licht einiger Dutzend winziger Butterlichter konnte ich die schwarzen Rußfahnen an die Wände über ihnen aufsteigen sehen. In den Lampen brannte Yakbutter, die als Opfergabe ihren Wert aus der Bedeutung zieht, die sie für die Menschen dort hat. Auch der Altar war mit Yakbutter beschmiert und ihr säuerlicher Geruch mischte sich mit dem der stockigen alten Wollteppiche und Gewänder und dem süßlichen Duft des Weihrauchs, der in Wolken über unseren Köpfen stand.

Es war kalt im Kloster. Einer der Mönche machte uns Zeichen, näher zu kommen, und dann setzten auch wir uns mit gekreuzten Beinen auf die Kissen, die am Boden aufgereiht waren. Ein junger Mönch brachte eine gewaltige Teekanne herein und die Mönche begannen unter der Leitung des Abtes, eines Lama, der auf einem Podium am Ende des Saales saß, mit ihrem Gesang. Es war meine erste Begegnung mit Yakbutter-Tee. Der junge Mönch nahm eine Holzschale, wischte sie mit einer Hand aus, während er sie auf der Handfläche der anderen drehte, dann setzte er sie auf dem Boden ab und schenkte ein. Mit einem Lächeln reichte er sie mir. Ich hatte noch nie etwas gerochen, was sich mit diesem Tee

144

vergleichen ließe, und er roch nicht gerade wie etwas, was ich trinken wollte. Später erklärte Jonathan mir, dass man den Tee aus gepresstem schwarzem Tee zubereitet, der schon von Haus aus etwas bitter ist, und dann gibt man noch Salz und einige Brocken Yakbutter dazu.

Trinkt man diesen Tee im Sommer, der Zeit, in der gemolken wird, dann kann die Butter ihm ein volles, frisches Aroma verleihen. Im Winter jedoch war die Butter vom vorigen Sommer längst ranzig und gab dem Tee einen für Uneingeweihte widerlichen Geschmack. Ich kann mir vorstellen, dass er nicht eigentlich als Getränk, sondern eher als Nahrungsmittel entstanden ist, weil Fett und Salz wesentliche Bestandteile der Ernährung sind, die der Sherpa in seiner Kost sonst nicht fand.

Ich hielt die Schale und schnupperte an dem Gebräu und war ganz und gar nicht geneigt, es zu trinken. Ich wusste aber, dass ich drei Schlucke nehmen und die Schale dreimal nachfüllen lassen musste, um nicht als unhöflich dazustehen. Ich schaffte meine drei rituellen Schlucke und lächelte den Mönch an, der mir die Schale mit erwartungsvollem Blick wieder füllte. Ich freute mich, dass er sich freute, aber nicht weniger freute es mich, dass nur drei Schlucke vonnöten waren.

Einige der Mönche begannen zu singen und starrten ruhig vor sich hin, während sie die Worte rhythmisch wiederholten. Der Gesang wurde leiser und schließlich kam ein leises Klagen von einer Seite des Raums. Ich spürte es zunächst mehr, als dass ich es hörte. In meiner Brust vibrierte der besondere Klang von Messinghörnern, deren Trichter gut zwei Meter vor den Mönchen auf dem Boden auflag. Hinzu kam das höhere Heulen von kleineren Instrumenten, die etwa die Größe von Oboen hatten. Das Ganze wurde vom steten rhythmischen Klirren einiger Handzimbeln und von Getrommel betont.

Urplötzlich verstummten die Instrumente und der Gesang hob wieder an, bis das Klingeln einer Glocke die Mönche zum Schweigen brachte und der Lama einen Augenblick allein sprach. Dann begannen sie wieder zu singen. Ich wusste weder, was sie sagten, noch hatte ich eine Ahnung von der Bedeutung der Musik, aber ich spürte ihre spirituelle Kraft. Einer der Mönche legte mir eine *kata*, einen gesegneten weißen Seidenschal, um die Schultern und, um meinen sicheren Aufenthalt zu gewährleisten, eine dünne geflochtene und verknotete Schnur um den Hals.

Tags darauf machten wir uns an dem Dörfchen Pangboche vorbei auf einen langen Marsch, die letzte Etappe unserer Reise zum Fuße des Ama Dablam. Wir besuchten kurz das Kloster des Dorfes, wo die Mönche einen Skalp und eine Hand hervorholten, von denen sie behaupteten, sie stammten von einem Yeti, dem legendären und gefürchteten Schneemenschen des Himalaja. Ich selbst bekam sie nicht zu sehen; nur die Filmer durften einen Blick auf diese ungewöhnlichen Reliquien werfen und sie filmen. Trotzdem fing der Zauber der Geschichte mich ein. Ich befand mich im Himalaja, einem Flecken Erde mit gewaltigen Bergen, bizarren Figuren und Schneemenschen.

Am späten Nachmittag erreichten wir eine wunderschöne, blumenübersäte Wiese. Hier sollte unser Basislager entstehen. In einer Höhe von über 4500 Metern hatten wir nun einen unverstellten Blick auf den Gipfel und die Route, die es zu nehmen galt. Unser Plan für den Aufstieg sah vor, dass die Bergsteiger unter uns beim Einrichten unserer drei Lager an der Route zum Gipfel Seile verankerten. Jeff und Martin würden das größtenteils erledigen. Auf einigen Abschnitten Tom. Ich war davon ausgeschlossen. Ich war hier nicht als Vorsteiger mit von der Partie. Ich war mit einem Sherpa namens Lhakpa Dorje zum Lastenschleppen verbannt. Außerdem hatte ich Filmmagazine zu laden und überhaupt dem Filmteam zur Hand zu gehen. Diese Wochen vermittelten mir eine bleibende Wertschätzung für die harte Arbeit, die die Sherpas für ausländische Expeditionen leisten.

146

Der Aufstieg selbst war erfrischend, weil der Fels gut war und die Route riskant. Ein Gutteil führte über einen Quergang eine Leiste entlang, dann ging es über Fixseile einen Pfeiler hinauf, dann über eine weitere Traverse hinüber zur nächsten Wand. Ich lernte, in großer Höhe mit meinen Kräften zu haushalten und mich nicht zu überanstrengen, indem ich relativ langsam, aber stetig vorwärts ging. Unser höchstes Lager, Camp III, errichteten wir in einer Höhe von 6300 Metern auf einem großen flachen Schneefeld, das etwa halb so groß wie ein Footballplatz war. Die letzten drei Wochen waren im Fluge vergangen und jetzt war auf einmal der Tag des Gipfelgangs da. Kaum hatte die Morgensonne unsere Zelte erreicht, brachen wir auf. Unter Alpinisten ist es so üblich, kurz vor Sonnenaufgang aufzubrechen, wenn der Berg noch gefroren und sicher ist, um das Tageslicht voll zu nutzen. Verfroren und träge von der dünnen Höhenluft, brachen wir an jenem Morgen später auf als gewöhnlich.

Ich trug leichte lederne Bergstiefel ohne Überschuhe, wie man sie eigentlich eher für geringere Höhen benutzt, nicht die schwereren isolierten Schalenschuhe, die man für gewöhnlich im Himalaja trägt. Es war ein kalter, böiger Morgen, der das Vorwärtskommen der Gruppe umso langsamer erscheinen ließ. Schon am Ende der ersten Seillänge wurden mir die Zehen taub und ich fürchtete, mir Erfrierungen zu holen. Ich seilte mich wieder ab, ging zurück ins Lager und zog die Stiefel aus, um mir die Füße zu wärmen. Als sie mir wieder in Ordnung schienen, ging ich zurück in die Wand und holte die langsame Gruppe mit Leichtigkeit wieder ein.

Von Anfang an war klar, dass es ein langer Tag werden würde. Schnee und Eis hatten einen Neigungswinkel von satten 55 Grad, sodass auf ordentliche Sicherung und Verankerung besonders zu achten war. Und dann waren wir natürlich nur so schnell wie der Langsamste im Team. Nach zwei Dritteln des Wegs gelangten wir an eine Engstelle mit einem Hängegletscher, dem *Dablam*, auf der einen und einem Grat auf der anderen Seite. Dieser schmale Hohlweg aus Eis hielt uns ziemlich auf, weil wir nacheinander durch mussten und dabei filmten. Schnee und Dunst umwirbelte uns und das Licht ließ bereits nach, als wir um fünf den Gipfel erreichten. Jeff, der Führer unseres Teams, entschied, dass zum Filmen keine Zeit bliebe, weil wir sowieso zu spät dran seien – eine Enttäuschung für uns alle nach einem so langen Tag.

Uns blieb nichts weiter zu tun, als unsere Ausrüstung aufzusammeln und uns abzuseilen. Für ein Gipfelteam waren wir mit insgesamt acht Mann eine große Gruppe. Wir stiegen auf demselben Weg ab, auf dem wir gekommen waren. Nur hatten wir oberhalb von Camp III keine Seile mehr verankert, sodass sich natürlich auch keinem Seil folgen ließ. Wir wussten, dass wir durch das Nadelöhr absteigen und uns dann rechts halten mussten, wo wir uns abseilen konnten. Schließlich würden wir dann schon wieder in der Nähe unseres Lagers landen. Greg und ich gingen voran und setzten im schwindenden Licht die Fixpunkte fürs Abseilen. Auf halbem Weg, genau an der Engstelle, ging uns das Licht aus. Die Sonne war untergegangen und es begann leicht zu schneien. Wir seilten uns in völliger Dunkelheit ab, ich sah kaum das Eis vor mir.

Jeff war der Einzige mit einer Stirnlampe und war damit sofort der Vorsteiger unserer Gruppe. Er ging jetzt als Erster, machte im Dunkeln das Gerät zum Abseilen klar, setzte die Eisschrauben für die Verankerungen, klinkte die Seile ein und sorgte dafür, dass das Ganze das Gewicht eines Kletterers trug. Wir alle machten so schnell, wie sich das noch sicher bewerkstelligen ließ, trotzdem begann Martin die Leute anzuschreien, sie sollten sich beim Abseilen beeilen.

Er hatte schon einmal schwere Erfrierungen davongetragen und seine Füße schmerzten bereits vor Kälte. Seine Stimme drang zu mir herauf, wann immer er den nächsten Bergsteiger antrieb, während ich auf jeder Leiste wartete, bis ich an der Reihe war. Dann sorgte Jeff für eine neue Verankerung und wir folgten ihm auf den nächsten Vorsprung. Die Nacht schien endlos; nicht nur hatten wir keinen Mond, wir hatten auch keine Sterne, um uns am Fels zu führen oder uns bei der Schätzung der Zeit zu helfen. Ich hatte nur das Seil in der Hand und das dunkle Eis neben mir.

Für die Arbeit am Berg muss man sich eine bestimmte Art von Geduld anerziehen. Es braucht nun einmal Geduld, auf seine Seilgefährten zu warten und sich nur mit den Aufgaben zu beschäftigen, die gerade wichtig sind. Ich wusste, dass ich mit meiner psychischen Energie haushalten musste. Es half mir nicht, mir allzu große Gedanken darüber zu machen, was es heißt, im Dunkeln abzusteigen. Angst war mein Feind, Konzentration auf Details mein Freund: das nächste Stück Wand, der korrekte Achterknoten in meinem Seil, mich in der Verankerung einzuklinken und dann wieder vom Seil zu lösen, um Platz für den Mann nach mir zu machen.

In jener schwarzen Nacht hatte ich das Gefühl, mit einer Art Übung in Blindenschrift beschäftigt zu sein. Mein Tastsinn am Fels wurde hypersensibel. Jede Kontur spielte eine Rolle, jede Eigenheit war ein Hinweis darauf, wie die Route weiterging. Jetzt, wo ich nichts sehen konnte, war die Kälte nicht mehr wichtig. Meine Welt beschränkte sich auf die sechs, sieben Meter, die ich im Strahl von Jeffs Stirnlampe sehen konnte, wenn er in der Nähe war. Ohne die Lampe musste ich mich völlig intuitiv bewegen. Dabei half jene spezielle Art von Verständnis, das sich einstellt, wenn alle Sinne hellwach sind.

Es war ein nervenaufreibender Abstieg, aber gegen zehn Uhr abends taumelten wir schließlich in unsere Zelte zurück und fielen ausgepumpt und dehydriert in unsere Schlafsäcke. Ich hatte eine harte Lektion gelernt: nie mehr ohne Stirnlampe loszuziehen.

Unser Abstieg in der Dunkelheit hatte durchaus einen Hauch von Romantik. Ich wusste selbst damals schon, dass mir diese Erfahrung künftig noch gute Dienste leisten würde. Ich hatte schon von Expeditionen gehört, in denen Bergsteiger im Dunkeln absteigen mussten, und das selbst einmal gemacht und die Angst davor überwunden zu haben, ist an sich bereits ein Triumph. Ich konnte mich nur darüber wundern, wie alles, was einen den Weg nach unten finden lässt, ein vertrauter Knubbel im Fels, die Eisplatte, an der man beim Aufstieg gerastet hatte, in dem Augenblick spurlos verschwinden kann, in dem die Sonne untergeht. Es war, als wären wir auf einem anonymen Gipfel gewesen, auf den wir nie geklettert waren.

Später sollte ich meine erste Besteigung eines großen Himalaja-Gipfels mit einem Abstieg durch die Dunkelheit assoziieren und mit einem anderen Abstieg aus meiner Vergangenheit verbinden, den vom Great Zot an jenem finsteren Abend in Colorado. Beide haben mich immer mit großem Stolz erfüllt und wahrscheinlich mehr als irgendetwas sonst für mein wachsendes Selbstvertrauen als Bergsteiger getan. Außerdem konnte ich feststellen, dass sowohl mein Körper als auch mein Geist in großen Höhen gut funktionieren. Nach anfänglichen Kopfschmerzen, die auf eine Überanstrengung aufgrund meiner jugendlichen Begeisterung zurückzuführen waren, funktionierte ich einwandfrei. Ich kam mit dem Gefühl ins Basislager zurück, dass mein Körper wie geschaffen war für die Herausforderung in dünner und eiskalter Luft.

Der größte Teil des Teams verließ den Ama Dablam, um einige Wildwasserfahrer aus der Crew beim Versuch der ersten Abfahrt mit dem Kajak über den Arun im östlichen Nepal zu filmen, ich aber reiste nach Hause. Als ich das Lager verließ, kam Roger Brown auf mich zugelaufen und gab mir einen großen schwarzen Fiberglaskoffer mit unserem Film.

»Wenn du sowieso nach Hause fliegst, kannst du den doch gleich bei John Wilcox in New York abgeben«, sagte er. Dann gab er mir noch einen weißen Umschlag. »Nur ein kleiner Bericht über unsere Reise für John«, fügte er hinzu. »Vergiss nicht, ihm den auch zu geben.«

Ich freute mich, dass man mir den wertvollen schwarzen Koffer anvertraute. Ich übergab John Wilcox in seinem Büro bei ABC Sports in der New Yorker Midtown Koffer und Brief. Wilcox öffnete den Brief, las ihn und sah mich dann fragend an. »Ihnen die Auslagen erstatten?«, fragte er höflich. »Sie sollten uns für das Privileg bezahlen, für ABC Sports arbeiten zu dürfen.«

Er erwischte mich kalt. Ich hatte nicht gewusst, dass Roger verlangte, dass man mir mein Ticket bezahlte. Ich stand einfach nur sprachlos da. Wilcox hieß seinen Assistenten mir einen Scheck für den Flug auszustellen. Er gab sogar noch 1500 Dollar Honorar für mich als freier Mitarbeiter dazu.

6

EVEREST

*Die 3350 Meter hohe Kangshung-Flanke des
Mount Everest in Tibet. Die Route folgt dem auffallenden
Pfeiler in der Mitte der Flanke.*

MEINE ERSTE CHANCE auf den Everest bot sich 1981. Ich besuchte einen alten Freund, der in einer ehemaligen Pony-Express-Station außerhalb von Eldorado Springs wohnte. Nachdem ich eines Abends vom Klettern nach Hause kam, fand ich eine Nachricht: John Wilcox, ABC-TV, anrufen – SOFORT.

Wilcox führte gerade Vertragsverhandlungen mit einer Gruppe amerikanischer Bergsteiger, die auf die Ostseite des Everest wollte. Er hatte der Serie *American Sportsman* von ABC-TV den Vorschlag unterbreitet, einen Film über die Expedition zu drehen. Die Bergsteiger wussten nicht so recht, ob es wirklich gut wäre, ein Filmteam um sich zu haben. Einige hielten es für unnötig, andere für eine potenzielle Gefahr. Obwohl die Expedition einen zugkräftigen Aufmacher hatte, nämlich den Versuch einer Erstbegehung der einzigen noch unbestiegenen Flanke des Everest, brauchte sie noch einen weiteren Sponsor. Schließlich entschied man sich für den Film, wenn auch unter einer wichtigen Bedingung: Das Team sollte aus bergerfahrenen Filmern bestehen und durfte nur mit Zustimmung des Expeditionsleiters über das Basislager hinaus.

Wilcox sagte, die Expedition bräche innerhalb weniger Wochen auf. Ob ich daran interessiert wäre, unter Kurt Diemberger als Kameraassistent und Tontechniker zu fungieren? Wilcox hatte mich damals auf eine Antwort wegen Ama Dablam warten lassen. Ich hatte große Lust, ihn diesmal hinzuhalten, und zwang mich zu sagen, ich müsse es mir noch überlegen. John lachte nur.

Die amerikanischen Bergsteiger lernte ich auf dem Flug von San Francisco nach Hongkong kennen. Ein kalifornischer Herzchirurg, Jim Morrissey, war der zweite Leiter; Chef der Bergsteiger war Dr. Lou Reichardt, ein Neurobiologe; Andy Harvard, ein Prozessanwalt, war als Filmkoordinator dabei. Alle waren sie bereits im Himalaja gewesen. Sie hatten das organisatorische Know-how und waren erstklassige Leute für das Projekt.

Einer davon war John Roskelly, ein angesehener Höhenspezialist aus Spokane. So wie Yosemite und Colorado ihre eigenen Bergsubkulturen hervorgebracht hatten, war der pazifische Nordwesten mit Mount Rainier und Mount Hood im Hinterhof für seine starken, unverwüstlichen Bergsteiger bekannt. Roskelly galt zu jener Zeit als fähigster Himalaja-Spezialist. Gleich hinter ihm kam George Lowe, ein Cousin von Jeff und Greg. Das Klettern musste ihnen im Blut liegen, denn George war wie seine Cousins ein außerordentlicher Alpinist. Er war von Beruf Physiker mit dem Spezialgebiet kosmische Strahlung, ein analytischer, vorsichtiger und ungemein komischer Mensch. Genau der Typ, den man sich im Gebirge als Partner wünscht.

Es waren noch eine Reihe weiterer fähiger Bergsteiger im Team: Sue Giller, eine Softwarespezialistin aus Colorado, Chris Jones, der eine Geschichte des nordamerikanischen Alpinismus geschrieben hat, und dann Kim Momb, ein Bergführer und Skifahrer mit dem Körperbau eines Boxers. Dick Blum, ein Unternehmer, der später die American Himalayan Foundation gründen sollte (seine Frau Dianne Feinstein war Bürgermeisterin von San Francisco und später Senatorin in Washington), war der Leiter der Expedition. Es war ein ungemein starkes Team.

Auf dem Flug begann ich eine bleibende Freundschaft mit Kurt Diemberger, einem damals fünfzigjährigen österreichischen Kameramann, der sich mit seinen frühen Begehungen als Vorläufer der Himalaja-Forschung etabliert hatte. Bei

156

unserer Expedition hatte er mehrere Funktionen: Kamera-mann, Historiker und Elder Statesman. Diemberger hatte den Everest bestiegen, den Makalu, den Broad Peak, den Dhau-lagiri, alles Gipfel jenseits der magischen 8000 Meter. Ich fühlte mich dem Mann auf besondere Weise verbunden, weil er mit Hermann Buhl, einem meiner Helden, zusammenge-wesen war, als der 1957 starb. Ich kannte die Geschichte in- und auswendig: Beim Abstieg von einem Erstbesteigungs-versuch des Chogolisa, einem 7653 Meter hohen Gipfel in der pakistanischen Karakorum-Kette, war Buhl im Nebel unangeseilt schnurstracks über einen Sims hinausgelaufen und in die Tiefe gestürzt. Kurts schreckliches Foto von Buhls über die Kante verschwindender Schneespur ist eine brutale Warnung vor einem Abstieg bei schlechter Sicht für alle Berg-steiger.

Unsere Expedition erhoffte sich eine Erstbegehung der praktisch unbekannten Ostwand des Everest, der Kangshung-Flanke, die auf tibetischer Seite liegt. Nur wenige Leute hat-ten sie je aus der Nähe gesehen, aber Dick Blum hatte sich bei der chinesischen Mountaineering Association, dem chi-nesischen Alpinistenverband, die erste Genehmigung für den Versuch einer Erstbesteigung gesichert, und Andrew Har-vard hatte im Jahr zuvor eine Sondierungsreise an die Flanke gemacht.

Der Everest ähnelt einer dreiseitigen Pyramide. Den meis-ten Menschen aus dem Westen ist die Südwestflanke ver-traut, die in Nepal steht. Auf ihr entlang verläuft die Route über den Südsattel, über die Edmund Hillary und Tensing Nor-gay den Everest 1953 zum ersten Mal bestiegen hatten. 1963 bestieg ihn eine von der National Geographic Society ge-sponserte Expedition auf nepalesischer Seite, die ebenfalls über den Südsattel ging und dabei eine neue Route über den alles andere als einladenden Westgrat eröffnete. 1996, viele Jahre später also, sollte der Südsattel dann zum Schauplatz der Katastrophe werden, die in Jon Krakauers Buch *In eisige*

Höhen sowie in meinem im IMAX-Format gedrehten Film *Everest* geschildert wird.

Bei der Öffentlichkeit weniger bekannt sind die Nordrouten auf den Everest. Zu Beginn des 20. Jahrhunderts zeichneten britische Geometer eine Asienkarte mit einer Grenzlinie, die sich über viele der höchsten Gipfel des Himalaja zog, wodurch der Everest halb in Nepal, halb in Tibet zu liegen kam. Seit damals wechseln sich in den Wirren asiatischer Politik Tibet und Nepal als verbotene Königreiche ab. Bis 1949 war Bergsteigern die Einreise nach Nepal verboten. Zwangsläufig erfolgte der Zugang zum Everest über Tibet. Nach 1951, also nach der Eingliederung Tibets in die Volksrepublik China, war auch dieser Zugang tabu. Zum Glück für die Bergsteiger hatte sich nun Nepal entschlossen, seine Tore zu öffnen, sodass die Welt den Everest über seine Südseite kennen lernen konnte.

George Mallory, der Alpinist, der angeblich auf die Frage, weshalb er auf den Everest gehe, geantwortet haben soll: »Weil er da ist«, machte wie andere Briten seine Begehungsversuche über die Nordflanke. Bevor er sich jedoch auf diese Route festlegte, hatte Mallory den Berg schon 1921 sondiert. Auf der Suche nach der besten Anmarsch- und Besteigungsroute hatte er zuerst die Kangshung-Flanke gesehen und sie ihrer steilen Schneeflächen und Hängegletscher wegen prompt als zu gefährlich verworfen. Sechzig Jahre später hofften wir, das Gegenteil zu beweisen.

Unser erster Zwischenstopp war Hongkong, wo sich Sir Edmund Hillary unserer Mannschaft anschloss. Blum hatte den allseits verehrten Everest-Veteranen eingeladen, sich unserer Expedition anzuschließen. Hillary war damals Anfang sechzig. Ich war beeindruckt von seiner Größe, seiner robusten Erscheinung und dem schelmischen Glitzern in seinem Blick.

Das geht jedem, der ihm begegnet, so. In dem Augenblick, in dem die Leute ihn erkennen, sehen sie sich von Ehrfurcht

158

ergriffen. Der Mann ist kein Prominenter vom schrillen Schlag eines Rockstars. Wer Sir Edmund die Hand drückt, weiß, dass er eine der authentischen Legenden des 20. Jahrhunderts vor sich hat.

Hillary war von Beruf Imker gewesen. Ich nehme an, den Briten wäre es lieber gewesen, ein waschechter Blaublüter hätte den Gipfel als Erster geschafft. Stattdessen bekamen sie einen ungehobelten Bürgerlichen aus Neuseeland. Umso besser für England. Hillary hatte die Größe, die in der Besteigung des Everest liegt, akzeptiert, und sie zu einem Triumph des menschlichen Geistes gemacht. Was mich an Hillary besonders beeindruckt und inspiriert hat, ist allerdings weniger das, was er am Fels geleistet hat, als das, was er im Folgenden tat. Er hat sich zeitlebens für die Menschen dieser Berge, vor allem für die Sherpas, eingesetzt. Für mich wird sein Erbe immer in den Schulen, Brücken und Kliniken bestehen, die er in Nepal errichtet hat.

Am ersten Morgen nach unserer Ankunft überquerten wir die chinesische Grenze mit einem Flug von Hongkong nach Chunking oder Chongqing, wie es jetzt heißt. Wir landeten auf demselben Flugplatz, von dem aus Generalmajor Claire Chennaults berühmte Flying Tigers im Zweiten Weltkrieg ihre Einsätze gegen Japan geflogen hatten. Bei einem Blick aus dem Fenster wurde ich Zeuge eines jener Zeitlöcher, in die man in Asien zuweilen fällt: Auf der Rollbahn übte die chinesische Luftwaffe Lande- und Durchstartmanöver in Maschinen, die aus dem Ersten Weltkrieg zu stammen schienen.

Wir flogen weiter nach Chengdu, einer wichtigen Industriestadt, von der aus jede Reise von China nach Tibet beginnt. Wir wohnten im Hotel Jinjiang, einem riesigen grauen Betonklotz. Anfang der 80er Jahre war China noch nicht auf Tourismus aus dem Westen eingestellt. Ich bin nicht unbedingt heikel, aber zuweilen war das Essen, das man uns dort vorsetzte, schon etwas außergewöhnlich. In der Entenschna-

159

belsuppe schwamm der Schnabel herum. Bestellte man Huhn, dann bekam man genau das: mit dem Hackbeil zerkleinert, mitsamt den Knochen. Die scharfen Knochensplitter spuckte man in das Sägemehl auf den Boden und am Abend wurde das Ganze zusammengefegt. In Chengdu entwickelte ich meinen Ekel vor den weißen Gummiklößchen, die man mit jeder Mahlzeit zu bekommen schien.

Wir besuchten einige Pflichtbankette des chinesischen Alpinistenverbands. Ich lernte *mao-tai* trinken, ein alkoholisches Getränk, das verdächtig nach Kerosin schmeckt. Schon beim dritten Bankett begann ich, die Zeremonie am Ende der Mahlzeit zu fürchten, wenn man die kleinen Tässchen mit diesem absolut abscheulichen Gebräu auftrug. Mit einem herzhaften *ganbei* trank man sich zu. Wie sich herausstellte, gab es einige heftige Antikommunisten in unserer Gruppe, die es als patriotische Pflicht betrachteten, sich von den Chinesen nicht unter den Tisch trinken zu lassen. Ihr Land steht tief in ihrer Schuld.

Wir durften das Hotel ohne Begleitung verlassen, um zu Fuß auf kurze Exkursionen zu gehen. Die mit Kohle befeuerten Fabriken machten mit ihrer undurchdringlichen Dunstglocke die ganze Stadt zu einem geheimnisvollen, finsteren Ort. Man sah auf den ersten Blick den Einfluss der Sowjets, der schon bei den hässlich-monotonen Plattenbauten der Stadt begann. Ging man einen der breiten Boulevards entlang, hätte man meinen können, in Moskau zu sein, nur dass die zwölf Meter hohen Statuen Mao darstellten statt Stalin.

In Chengdu schloss sich unserem Team ein weiterer Bergsteiger an, Wang Fu-chou, einer der drei Chinesen, die behaupteten, den Nordgrat des Everest schon 1960 als Erste bestiegen zu haben. Egal ob man den Everest nun von Nepal oder Tibet her angeht, bei jeder Expedition hat ein Offizieller des Staates, ein so genannter Verbindungsoffizier, dabei zu sein. Manchmal handelt es sich um Militärs, manchmal um Bürokraten, aber wir hatten tatsächlich einen Bergsteiger bekommen, und gleich einen vom Range Wang Fu-chous. Wie Diemberger und Hillary hatte er als Alpinist seinen Höhepunkt längst hinter sich und sah schon langsam wie ein Großvater aus. Wang hatte ein pockennarbiges Gesicht, einen Bürstenschnitt, Hängebacken und ein allzeit bereites Lachen, bei dem man sein schiefes Gebiss zu sehen bekam.

Es fehlten ihm Glieder von Fingern und Zehen, die er bei Erfrierungen verloren hatte. Kein Zweifel, er hatte am Everest seinen Preis bezahlt. Trotzdem gab es selbst zwanzig Jahre nach der Besteigung noch Zweifel daran, vor allem in britischen Kreisen, ob Wang Fu-chou und seine Seilgefährten tatsächlich wie behauptet den Gipfel erreicht hatten. Der chinesischen Version der Geschichte zufolge waren drei Bergsteiger, darunter Wang Fu-chou, knapp unter dem Gipfel in einer Höhe von 8778 Metern auf eine kurze Felswand gestoßen, ganz in der Nähe der Stelle, an der man Mallory zuletzt sah. Die Nacht war hereingebrochen und sie wechselten einander ab bei dem Versuch, einen Riss in der Stufe zu klettern. Aber keiner kam hinauf. Schließlich zog einer, seine Kraft aus der marxistischen Ideologie schöpfend, Stiefel und Socken aus und bezwang das Hindernis barfuß.

Wang Fu-chou und seine Kameraden erreichten den Gipfel angeblich mitten in der Nacht, als es natürlich für ein Foto zu dunkel war. Ohne einen greifbaren Beweis für ihre Leistung zu hinterlassen, stiegen sie wieder ab. So weit die chinesische Version.

Das alles war ein Jahr nach der chinesischen Invasion Tibets passiert und der Dalai Lama war bereits nach Indien geflohen. Die Besteigung des Everest in den 60er Jahren hielten viele nur für eine Behauptung, mit der China seine Macht über Tibet zementieren wollte. Tatsache ist, dass die Volksrepublik China gerade sehr aggressiv die Karten Asiens änderte und nichtchinesische Örtlichkeiten mit Namen in Mandarin versah. Es besteht kein Zweifel daran, dass der Everest 1960 eine Figur auf dem geopolitischen Schachbrett war. Ob man die Besteigung 1960 nun glaubt oder nicht (in Bergsteigerkreisen ist sie mittlerweile allgemein akzeptiert), 1975 bestiegen die Chinesen ihn auf jeden Fall, und diesmal brachten sie einen Satz Fotos und einen Film mit, um die Bezwingung zu beweisen. Sogar ein rotes Vermessungsstativ ließ man auf dem Gipfel verankert zurück.

Wang Fu-chou wurde in seinem Land sehr verehrt. Keiner in unserer Gruppe hatte die Absicht, ihn einer Lüge zu zeihen.

An einem Morgen im August, noch bevor die Monsunwolken sich aufbauen konnten, stiegen wir in eine russische Aleutian, eine viermotorige Turbo-Prop-Maschine, und flogen nach Lhasa. Die kurzen Sprünge unserer Anreise erinnerten mich an die Punkte auf der Karte in dem Film *In den Fesseln von Shangri-La* von 1937. Wir waren eine der ersten Gruppen amerikanischer Bergsteiger, die man in das Tibet nach der Kulturrevolution einreisen ließ. Das machte den Flug über die Ketten unbezwungener Gipfel umso romantischer. Ein herrliches smaragdgrünes Land zog sich da unter uns hin. Wir überflogen die Quellgebiete einiger der mächtigsten Flüsse der Welt – des Jangtsekiang, des Mekong und des Saluën. Die tiefen Täler, die sie sich gegraben hatten, waren von dichten Wäldern bedeckt. Wenn man genau hinsah, entdeckte man dazwischen kleine tibetische Dörfer.

Wir überflogen Kham, die Ostprovinz Tibets, die Heimat der sagenumwobenen Khampas, jenes kriegerischen Reitervolks, das in den 60er Jahren von der CIA unterstützt worden war.

Allmählich erreichten wir das riesige tibetische Hochplateau mit seiner durchschnittlichen Höhe von 4572 Metern über dem Meeresspiegel. Über einer von braunen Hügeln gesäumten Ebene sanken wir aus den Wolken. Der Himalaja war eine Reihe kleiner weißer Zähne am Horizont.

Die Landebahn lag meilenweit vor Lhasa am Tsangpo. Nach der Landung luden wir unsere Ausrüstung in die Bäuche ächzender Jiefang-Trucks um. Sie waren das Arbeitsfahrzeug schlechthin, ein sowjetisches Modell mit langer Schnauze. Es war ein Sieg des Nützlichkeitsprinzips, sich eine Flotte absolut gleicher Laster zu halten, um den Transport in diesem weiten Land zu vereinfachen. Blieb man liegen, so hatte man gute Chancen, dass ein anderer Fahrer das Teil hatte, das einem weiterhalf. Sie fuhren mit Benzin, da Diesel bei der extremen Kälte auf dem Plateau geliert.

Wieder begrüßten Vertreter des chinesischen Staates das Team. Man zwängte uns in einen Kleinbus und fuhr uns über eine massive, mit leeren MG-Nestern bestückten Betonbrücke, die an den Brückenköpfen bewacht war. Die Brücke war stark genug, um mit Panzern befahren zu werden, erste Anzeichen dafür, dass wir in einem besetzten Land waren.

Während wir in nordöstlicher Richtung den Kyichu entlangfuhren, versuchte ich mir die ersten Eindringlinge aus dem Westen auf dem Dach der Welt vorzustellen. Durch die große Windschutzscheibe des Busses war der Potala zu sehen, der traditionelle Winterpalast des Dalai Lama. Die Sonne schien auf sein goldenes Dach, sodass es noch aus einigen Kilometer Entfernung zu sehen war.

Man fuhr uns zu einer Militärkaserne nordwestlich der Stadt und quartierte uns im Gästehaus Nr. 3 ein. Tagsüber fuhr man mit uns nach Lhasa, um uns die Sehenswürdigkeiten zu zeigen. Im Potala gingen wir durch die Räume und fanden die Spuren der chinesischen Besatzung: zerschlagene Statuen, beschmierte Wände. Auf dem runden Stadtplatz besuchten wir den Barkor. Ein *kor* ist ein runder Meditations- oder Gebetsgang, der stets im Uhrzeigersinn begangen wird. Einige Kors führen um ganze Berge, ja selbst um das ganze Land. Der Barkor von Lhasa führt kreisförmig um den Jokhang-Tempel, das religiöse Herz des Landes. Den Barkor entlang waren Dutzende von Stände aufgebaut, an denen Nomaden, Bauern und Händler um die verschiedensten Waren feilschten. Auf diesem und anderen Kors spürte ich den Geist des alten Tibet – ein ruhiges Bestehen auf alten Traditionen der chinesischen Besatzung zum Trotz.

Weder die tibetischen Mönche noch die Einheimischen sprachen Englisch. Unsere Führer waren alle Chinesen, die uns nicht dolmetschen konnten, weil keiner von ihnen Tibetisch gelernt hatte. Damals gab es noch keine internationale Befreiungsbewegung für Tibet. Wenige Amerikaner wussten, was hier vorging. Wie auch immer, wir waren zum Bergsteigen hier, nicht um für Menschenrechte zu agitieren, selbst wenn wir die politischen Hintergründe verstanden hätten.

Lhasa hatte noch eine Überraschung für uns. Eine Treckinggruppe traf in unserer Kaserne ein und geführt wurde sie von keinem Geringeren als Tensing Norgay. Da hatte ich ihn nun vor mir: den Mann, der mein Interesse am Everest und dem Himalaja überhaupt erst geweckt hatte. Tensing sah würdevoll aus mit seiner britischen Chauffeursmütze. Überhaupt war er eine auffallende Erscheinung: Er war größer als die meisten Sherpas und hatte ein breites Gesicht mit dem für ihn typischen Lächeln. Ich wusste gar nicht, was ich tun sollte. Wie vom Donner gerührt stand ich zwischen Tensing und Hillary, um mich knipsen zu lassen. Ich versuchte das Foto, das ihn unsterblich gemacht hatte, mit dem Mann vor mir in Einklang zu bringen. Es war, als könne Tensing für mich nur auf dem Bild existieren.

In einem Konvoi von Lastern, einem Bus und einem winzigen Beijing-Jeep verließen wir Lhasa in Richtung Westen und fuhren auf einer ungeteerten Piste auf den Everest zu. Der Berg lag nur gut 600 Kilometer Luftlinie entfernt, trotzdem dauerte die Reise fast eine Woche. Monsunregen hatten die Straßen unterspült und alle naselang stießen wir auf einen Kontrollposten des Militärs. Außerdem waren wir noch dabei, uns zu akklimatisieren. Unterwegs stiegen wir in Gästehäusern und Hütten ab und ich war froh über die zusätzlichen Ruhetage und die Akklimatisierungszeit.

Shegar ist ein altes tibetisches Dorf, das sich an einen nackten braunen Berg schmiegt. Eine traditionelle Zwischenstation für alle frühen britischen Expeditionen zum Everest. Wir blieben zwei Tage. Morgens weckten uns und das Dorf Lautsprecher mit chinesischen Indoktrinationsparolen und blecherner Musik. Unseren Armbanduhren nach war es sechs Uhr morgens, aber die Sonne ging erst in zwei Stunden auf. Obwohl wir bereits zwei Zeitzonen westlich von der Hauptstadt waren, gibt es in ganz China offiziell nur eine einzige Zeitzone, die von Peking. Langsam begannen wir die abstumpfende Gleichheit des chinesischen Kommunismus zu verstehen.

Auf einem Hügel vor Shegar stand auf einem steilen Grat eine Festung, von der aus in Schlangenlinien eine Mauer auf den Gipfel führte. George Lowe, Kim Momb und ich beschlossen, sie in Augenschein zu nehmen. Abgesehen davon, dass es unsere Neugier befriedigte, würde eine Tageswanderung in die Hügel der Akklimatisierung dienen. In Tibet ist ein kleiner Berg wie jener ein Hügel, selbst wenn er 4500 Meter hoch ist.

Wir machten uns oberhalb der Stadt auf den Weg, der sich den Hang hinaufwand, und traten durch ein mächtiges Tor aus Stein. Wir erspähten ein verlassenes Kloster inmitten des Gerölls und stiegen, immer an der Ruine der Klosterfestung entlang, auf.

Man hätte meinen können, jemand hätte einen Teil einer mittelalterlichen Festung hier ans Ende der Welt geflogen und auf die Flanke dieses Bergs fallen lassen. Hier und da hatte die Mauer eine Höhe von fast zehn Metern und war mit Räumen und Nischen durchsetzt, von denen einige noch buddhistische Malereien an der Wand vorwiesen. Der Verfall war allgegenwärtig. Ich sah mich an die griechischen Ruinen erinnert, die ich als Junge erforscht hatte. Nur war die Zerstörung, die wir hier vor uns hatten, kaum zwanzig Jahre her und die klaffenden Löcher zeugten von chinesischer Artillerie. Jahre später sah ich Fotos von George Mallorys Expeditionen aus den Jahren 1921 bis 1924, auch spätere Aufnahmen, und alle zeigten Kloster und Festung intakt.

Einige hundert Meter den Grat hinauf übermannte uns das Konkurrenzdenken und wir waren dumm genug, schnurstracks eine Reihe von Platten hochzugehen. Diese waren mit losem Geröll bedeckt, das wie Kugellager unter Händen und Füßen war. Als ich einen Blick über die Schulter warf, wusste ich, ein einziger Ausrutscher, und ich schlug Purzelbäume durch die Ruinen. Es wäre nicht gerade ein sauberer Tod, wie etwa von einer Steilwand zu fallen. Da waren wir um den halben Planeten geflogen, um den Mount Everest zu besteigen, und nun brachten wir uns wegen eines albernen Wettlaufs in Gefahr. Wir erreichten einen Überhang auf dem Gipfel und waren in Sicherheit und plötzlich von einem Meer von Gebetsfähnchen umgeben.

Auf dem Gipfel des Bergs stand ein kleiner Bau. In dem Dach war ein gähnendes Loch und dahinter der kobaltblaue Himmel. Noch einen Augenblick zuvor waren wir durch ein Chaos von Ruinen geklettert. Mit einem Mal war alles heiter und ruhig.

Wir standen in einem Raum voller Gebetsfahnen auf schlanken Bambusstangen. Es waren hunderte von dünnen Rechtecken aus Baumwolle, auf denen Gebete aufgedruckt waren, auf dass der Wind sie beim Flattern gen Himmel trug. Ein kleiner Altar, auf dem man als Opfergabe Wacholder verbrannte, stand an der Wand. Ich blickte über das zerstörte Mauerwerk hinweg auf Shegar hinab. An das tibetische Viertel grenzten die hässlichen Rechtecke einer chinesischen Kaserne und Verwaltungsgebäude.

Den Tibetern war das Ausüben ihrer Religion verboten und es war klar, dass sie diesen kleinen Raum auf dem Gipfel besuchten, um dennoch ihre Gebete gen Himmel zu schicken.

Der Blick ist in alle Richtungen großartig. Von dieser Höhe aus kann man im Südwesten den Everest sehen und den Weg, den Mallory und die Briten über die Talsohle genommen haben dürften. Nach Norden hin hat man einen Blick auf das wilde Terrain des Tibetischen Hochlands. In den umliegenden Hügeln ist Schicht auf Schicht schokoladen- und ockerfarbener Erde mit schwarzen Felsadern durchsetzt. Wenn die Sonne sie durch die tiefhängenden Wolken bescheint, dann sieht es so aus, als leuchteten die Hügel aus eigener Kraft.

Die Kameraarbeit hatte meine Augen für Lichtverhältnisse sensibilisiert. Bei Sommerwetter ist das Licht in Tibet beständigen Veränderungen unterworfen. Die tiefhängenden Wolken wischen vorüber und verändern es in jedem Augenblick.

75 Kilometer vor uns ragte der Everest auf. Als ich den Himalaja so von der tibetischen Seite aus sah, verwirrten mich seine Formen. Die Silhouetten der großen Gipfel, die ich von Fotos her kannte, die im Nepal gemacht worden waren, erschienen mir seitenverkehrt und verzerrt. Von Nepal aus gesehen ragt der Everest aus der Gesellschaft der anderen Pyramiden heraus wie ein Wolkenkratzer in Manhattan. Von der tibetischen Seite aus steht der Everest isoliert, ja fast einsam da, wobei die lange horizontale Schulter nach Osten hin ausschert. George, Kim und ich blieben lange in dem geweihten Raum, um diese fremde Berglandschaft zu entschlüsseln.

Als es zu dämmern begann, machten wir uns auf den Rückweg hinab ins Dorf. Wir nahmen einen gewundenen Fußweg über die Rückseite des Hügels und bekamen so einen Blick aus der Vogelperspektive auf das Leben dort. Geräusche drangen zu uns herauf: das Bellen eines Hundes, das Klimpern von Yak-Glocken, das Rauschen des Bachs. Im Osten von uns sang eine Reihe von Dorfbewohnern beim Säubern eines Bewässerungsgrabens. Im Dorf selbst waren die Leute auf den Flachdächern ihrer Häuser bei der Arbeit. Ähnlich wie bei den Pueblo-Indianern in Nordamerika wird in Tibet das Dach als Raum genutzt. Es ist aus Lehm und von einer knapp meterhohen Mauer umgeben, um den Wind abzuhalten. Das Feuerholz stapelt man dort, Fleischstücke hängen in der trockenen Luft. Auch die Gerste drischt und worfelt man dort. An diesem Tag drang blauer Rauch aus den Löchern in den Dächern, das Aroma brennenden Yakdungs und süßen Wacholders drang mit heraus. Ich war ganz weg von den Gerüchen, den Geräuschen, dem Rhythmus des Lebens dort.

Von Shegar aus fuhren wir mit Lastwagen über den 5242 Meter hohen Pang-La-Pass. Die Chinesen hatten die unasphaltierte Piste 1960 für ihre Expedition zur Nordflanke angelegt. Auf dem höchsten Punkt des Passes hielten wir an. 60 Kilometer vor uns lag der Everest. Wir mussten Geduld haben und warten, um ihn hin und wieder durch die Schichten der Monsunwolken, die durch das Tal zogen, zu sehen. Er wirkte viel beeindruckender als von Nepal aus, weil man von hier auf die über 2000 vertikale Meter hohe Nordflanke blickte.

Aber unser Ausblick war auch beängstigend. Durch unsere Feldstecher bemerkten wir etwas, was uns augenblicklich ernüchterte. Während der Monsunmonate im Sommer, wenn der Niederschlag vom Süden kommend auf den Himalaja stößt, schneit es den Everest völlig ein. Und schwere Schneefälle bedeuten Lawinengefahr.

In Kharta, einer tibetischen Siedlung, war die Straße zu Ende. Von hier aus stand uns ein zehntägiger Fußmarsch zur Kangshung-Flanke bevor. Mallory und die Briten hatten das Dorf 1921 besucht. Wir waren in 60 Jahren erst das zweite Expeditionsteam aus dem Westen, das durch Kharta kam. Franzosen hatten die Kangshung-Flanke 1980 sondiert und zur Todesfalle erklärt.

Kharta, ein armes tibetisches Bauerndorf am Ende der Welt, war der Geburtsort Tensing Norgays. Als die Dörfler uns kommen sahen, dachten sie, der Zirkus sei da. Wir kampierten zwei Tage lang dort, sortierten unsere Ladung, mieteten Yaks und die ganze Zeit über waren die Leute aus dem Dorf dabei.

Am Morgen des 22. August schnallten wir unsere Rucksäcke an und machten uns mit unseren Yaks auf den Weg. Es war meine erste Erfahrung mit einer tibetischen Yak-Karawane und ich habe die Yaks schätzen gelernt: Sie sind boshaft und stets auf der Hut. Sie haben ein herrliches Fell und ihre langen, schwarzen, lohfarbenen oder braunen Schwänze, die fast bis auf den Boden reichen, wurden in den 50er Jahren nach Amerika exportiert und zu Zottelbärten für Weihnachtsmänner gebleicht.

Die männlichen Yaks werden kastriert und als Lasttiere benutzt, die weiblichen Tiere, die *naks*, dienen der Fortpflanzung und als Milchlieferanten.

Mit den Yaks mitzuhalten war nicht schwer. Jedes Tier trug zwei Ladungen zu je dreißig Kilo auf den beiden Seiten eines kleinen Holzsattels, dazu einen Ballen Heu, ihr Futter. Die Hirten passen gut auf ihre Tiere auf, lassen sie lange rasten und füttern sie in großen Höhen schon mal mit der Hand. Unterwegs rufen sie ihnen melodische Anweisungen zu, was sich zusammen mit dem Klingen der Glocken um den Hals der Tiere wie die Musik dieser Berge anhört.

Hin und wieder erschrickt ein Yak und tanzt aus der Reihe. Bei unserer Expedition fiel einer vom Weg, überschlug sich einige Male und landete dann auf den Beinen. Bei einer Expedition zum Nordgrat 1986 stürzte einer unserer Yaks in einen Felsspalt und starb. Wir zogen das Tier heraus, schlachteten es und hatten so einen Monat lang Fleisch.

Wir brauchten fünf Tage für den Weg, über einen Pass hinab ins Karma Valley und durch einen völlig unberührten Wald. Die Wacholderbäume dort hatten einen Durchmesser von über einem Meter und der Rhododendron stand voll im Saft. Die Bäche dort fließen in den Arun, der sich seinen Weg in den Süden durch Nepal geschnitten hat. Im Dunst und in der üppigen Vegetation wäre es ein Leichtes gewesen, sich zu verirren.

Ich lief gern neben Kurt Diemberger. Er war hochempfänglich für unsere Umgebung und kannte den Makalu und alle anderen Gipfel rundum. Er hatte einen abgetragenen Segeltuchrucksack von Millet und trug grauwollene Knickerbocker mit roten Kniestrümpfen. Kurt hatte sich vor derselben Frage gesehen wie Hillary: Was gibt es nach der Everest-Besteigung noch für Herausforderungen? Hillary hatte sein Leben den Sherpas gewidmet; Kurt hatte mit seiner Leica und seiner Arriflex als Extremwanderer, Fotograf und Filmer weitergemacht. Für die anderen Expeditionsteilnehmer waren er und Hillary die Elder Statesmen.

In gewissem Sinne war auch George Mallory mit von der Partie. Wir hatten sein Buch über die Aufklärungstour im Jahre 1921 dabei und nahmen ständig auf bestimmte Passagen darin Bezug. Eines Nachts lagerten wir an einer Stelle, an der er bereits damals gelagert hatte. Wir waren demselben Weg gefolgt wie er, hatten uns geradewegs nach Westen gewandt und stiegen aus dem Karma Valley zum Kangshung-Gletscher auf. Was wir im Tal an Höhe verloren hatten, gewannen wir jetzt wieder, denn schon ging es an Herden wilder tibetischer Blauschafe vorbei über die Baumgrenze hinaus.

Schließlich tauchte dann, wenn auch erst hin und wieder zwischen den Monsunwolken, die Kangshung-Flanke auf. Über 3000 Meter ragte die Wand über uns auf. Noch bevor wir sie erreichten, kam es unter den Bergsteigern zu hitzigen Diskussionen über den Schnee, der dort oben zur Falle werden konnte.

Wie Mallory einst sagte, schien die Kangshung-Flanke tatsächlich für Leute gemacht, »die weniger Grips haben als ich«. Im ganzen Himalaja kommt ihr nichts gleich. Die Wand wächst geradewegs aus dem Gletscher und ragt dann über drei Kilometer hoch auf. Sie ist nicht nur riesig, sondern auch mit kilometerbreiten Schnee- und Eisfeldern durchzogen, aus

170

denen auch nicht eine Felsspitze ragt. Oberhalb eines vorstehenden Felspfeilers am Fuß der Wand stünde der Alpinist vor einer weißen Wüste. Wir sahen weder ausgeprägte Grate noch Felsen, die ein Zelt vor einer Lawine hätten schützen können.

Bei all dem Monsunschnee, der sich auf den mächtigen Hängen türmte, glich das Ganze da oben einer vergessenen, aus der Eiszeit stammenden Welt. Ich war entsetzt. Ich kletterte nicht gern im Schnee. Schnee bewegt sich. Schnee lebt. Und darüber hinaus hatten wir es auch noch mit einer Ostflanke zu tun. Ostflanken sind berüchtigt für lausige Schneequalität: Morgens wärmt die erste Sonne den Schnee stundenlang auf; wenn er dann abends wieder gefriert, hat er eine miserable Konsistenz. Klettert man auf einer dünnen Schneeschicht über felsigem oder Eisuntergrund, dann kann man graben und eine Eisschraube oder einen Haken platzieren. Aber in hüfthohem Monsunschnee kann man nicht auf derlei Verankerungen zählen.

Hillary schien das alles nicht zu stören. Er hatte vor vielen Jahren am Mount Cook auf Neuseeland begonnen, auf dem miserable Schneebedingungen praktisch die Regel sind. Er behielt seine Meinung jedoch für sich. Er marschierte einfach weiter, plauderte dabei auf seine leutselige neuseeländische Art und wies hin und wieder auf eine Stelle hoch auf dem Grat über uns, die er auf seinem Weg zum Gipfel passiert hatte.

Wir waren dankbar, als wir beim Näherkommen in der weißen Wüste einen kleinen senkrechten Buckel aufragen sahen. Er hatte die Form einer Kuppel und wir bemerkten ihn zum einen wegen des Schattens, den er in der Nachmittagssonne warf, zum anderen weil die Lawinen ihn zu beiden Seiten passierten.

Elf Kilometer vor der Flanke, in einer Höhe von etwa 5200 Metern, schlugen wir unser Basislager auf. Auf einem ebenen Stück Bergwiese neben dem Gletscher befreiten wir die Yaks von ihrer Last, schlugen Schlaf-, Küchen- und Kantinenzelte auf und gingen noch einmal unsere Ausrüstung durch. Während der nächsten Wochen machte sich ein Kletterteam auf zu einem Erkundungsgang an die Flanke, um sich nach einem Platz für das Vorgeschobene Basislager umzusehen.

Wir hatten die Absicht, nach der Belagerungsstrategie, wie Alpinisten das nennen, vorzugehen. Sie basiert auf festen Lagern, Fixseilen und jeder Menge Leute. Ungewöhnlich für eine Everest-Expedition war, dass wir keine Sherpas dabei hatten, sodass die Bergsteiger ihre Last selbst hinaufzuschleppen hatten. Im Idealfall würden wir unsere Lager, eines höher als das andere, in Abständen zwischen 600 und 900 Höhenmetern aufschlagen. Die andere Strategie, damals an den Himalaja-Giganten noch unüblich, wäre der alpine Stil. Hier geht man für gewöhnlich zu zweit oder dritt so rasch wie möglich nach oben und schlägt, wenn überhaupt, so wenige Lager wie möglich auf. Wenn es je eine Begehung gegeben hatte, die der Belagerungstaktik bedurfte, dann war das die der Kangshung-Flanke. Eine Seilschaft von Hochgeschwindigkeitsalpinisten wäre in dieser Weite hoffnungslos untergegangen.

Eine Woche darauf schlugen wir unser Vorgeschobenes Basislager in einer Höhe von etwa 5400 Metern auf dem Gletscher auf, direkt unter der Wand des Pfeilers, über den es hinauf zum so genannten Helm geht. Dort war Camp III geplant. Man stelle sich ein ungeheures Schiff vor, das, aus dem Inneren des Berges kommend, seinen Bug durch die Flanke rammt und dann stecken bleibt. Dieser gewaltige Bug war unser Pfeiler. Mit seinen gut 1300 Metern war er höher als der El Capitan im Yosemite-Tal. In der Nähe der Spitze standen Fels- und Eiswände über den Pfeiler hinaus. Obenauf ruhte, in 6700 Meter Höhe, der Helm. Von dort aus erstreckte sich eine strukturlose weiße Flanke weitere 2100 Meter bis zum Gipfel hinauf. Diese ungeheure Fläche hofften wir zu durchqueren, um auf den Südgrat zu gelangen, um dann auf Hillarys und Tensings Route auf den Gipfel zu gehen. Der Pfeiler versprach, was die Kletterei betraf, der steilste und schwierigste Abschnitt zu werden. Ironischerweise war es gerade seine Steilheit, die uns den besten Halt versprach: Er war einfach zu steil, als dass sich darauf Schnee hätten halten können, der uns womöglich begrub.

Der erste Aufstieg vom Vorgeschobenen Basislager aus war eher eine steile Wanderung. Die Fixseile boten uns einen Handlauf für den Fall eines Sturms. Auf den steileren Platten darüber brauchten wir die Fixseile viel dringender. Etwa 500 Meter über dem Lager kamen wir in Mischterrain aus Schnee und Eis, das uns in eine Eisrinne führte, in der es immer wieder zu Steinschlag kam.

Am oberen Ende dieses Hohlwegs, der der fallenden Steine wegen den Spitznamen Bowling Alley, Bowlingbahn, bekam, schlugen wir das nächste Lager auf. Da wir die Pins auf dieser Bahn waren, taufte es jemand Pinsetter Camp. Es bestand aus nichts weiter als zwei Plattformen, die wir aus dem Eis schlugen, um darauf ein paar Zelte aufzuschlagen. Von hier an jedoch wurde es mit der Kletterei ernst. Wir mussten geradewegs die steile Rinne hinauf – und das jeden Morgen so rasch und früh wie möglich, solange das lose Geröll noch an der Wand festgefroren war. In 6300 Meter Höhe begann dann die Kletterei in der Senkrechten und im Überhang. Mehr als 400 Meter höher saß der Helm, auf den das nächste Lager kommen sollte.

Es war der wildeste Flecken Erde, den ich je gesehen habe. Eines Nachts war ich vor dem Zelt, als über mir unter ungeheurem Getöse eine große Fels- und Eislawine die Nordostflanke des Lhotse herabkam. Zusammen mit dem Eis wälzten sich riesige Felsbrocken herab, die unter einem Funkenschauer gegen die Wand krachten, was sich in der Dunkelheit wie ein Meteorsturm ausnahm. Zwar krachte die Lawine anderthalb Kilometer von mir entfernt ins Tal, aber es ging trotzdem an die Nieren. Ich habe gelesen, dass man sich als Soldat an den Krach des Artilleriefeuers in der Schlacht gewöhnt. Was mich angeht, so wollte ich mich einfach nie an das Donnern der Lawinen gewöhnen, die Tag und Nacht abgingen. Wir hatten nun jede Woche einen großen Schneesturm. Die meisten Lawinen gehen innerhalb von vierundzwanzig Stunden nach dem Schneefall ab und am Morgen nach dem Neuschnee, wenn die gleißende Morgensonne direkt auf die Ostflanke knallte, ging es erst richtig los. Es war beängstigend und ehrfurchtgebietend zugleich.

Die berühmte Wolkenfahne des Everest erstreckt sich über die Kangshung-Flanke. Pünktlich wie nach der Uhr taucht sie jeden Morgen auf und streckt sich dann Richtung Osten. Ich hatte diese Hauben zwei Jahre zuvor beim Anmarsch auf den Ama Dablam beobachtet und wie viele andere gedacht, es handele sich um vom Gipfel gewehten Schnee. Dem ist nicht so. Wenn die Sonne auf die Kangshung-Flanke des Everest trifft, wärmt sie das ganze Amphitheater auf. Wie Dampf aus einem riesigen Kessel steigt die warme Luft nach oben und trifft auf die kühlen Westwinde, die über den Gipfel wehen. Die Feuchtigkeit kondensiert und es bildet sich eine Wolke, eben jene Fahne, die der Wind dann nach Osten zieht. Man kann die Windstärke an der Länge der Fahne messen. Alte Hasen schätzen mit einem Blick auf den Gipfel sogar die Windgeschwindigkeit. An manchen Tagen zog die Fahne sich meilenweit hoch über unseren Köpfen dahin, ein dünner weißer Wimpel über dem Basislager.

Der Wind war jedoch in jenem Jahr nicht unser Problem. Es war einfach eine feuchte Jahreszeit und Schnee und Stürme hielten uns auf. Wir verbrachten nicht weniger Zeit damit, Schnee von unseren einknickenden Zelten zu schaufeln als damit, durch knapp einen Meter Neuschnee nach oben zu gehen. Am Tag nach einem schweren Sturm sah die Kangshung-Flanke aus wie ein Kuchen mit zu viel Glasur, die dann auch prompt abging.

174

In meiner Stellung als Kameraassistent und Tonmann ging ich den beiden Kameraleuten Kurt Diemberger und Mike Reynolds zur Hand. Kurt sollte den Aufstieg filmen, Mike im Basislager drehen. Ich lud Magazine im Wechselsack, nahm den Ton auf und trug Akkus, Objektive, Film, das Dreibein und was sonst so gebraucht wurde. Kurt hatte den Anmarsch der Expedition zum Vorgeschobenen Basislager gefilmt. Aber als dann die technische Kletterei begann, bei der man sich anseilen musste, änderte sich alles schlagartig.

Wie wir vereinbart hatten, bestimmte der Expeditionsleiter den Zugang der Filmcrew zum Berg. Da die Alpinisten alle Hände voll mit der gefährlichen Besteigung des Pfeilers zu tun hatten, war der Zugang zur Route natürlich auf die nötigsten Leute beschränkt.

Dass das Kamerateam nicht am Berg war, hatte nicht nur enorme Folgen auf die Art der Aufnahmen, sondern auch auf meine eigene Einstellung gegenüber der Begehung. Da man mich nicht zum Vorsteigen brauchte und im oberen Lager kein Platz für mich war, ja da ich noch nicht einmal meine Meinung zum Aufstieg selbst vorbringen durfte, konzentrierte ich mich ganz auf das, was ich beeinflussen konnte: meine eigene Fortbildung unter diesen extremen Bedingungen und den Erfolg unseres Films.

Am 22. September löste sich am Berg die größte Lawine, die ich in meinem ganzen Leben gesehen habe. Ich war im Basislager, als wir sie an der Kangshung-Flanke aufblühen sahen wie eine gewaltige weiße Blume. Zu unserem Entsetzen wurde sie immer größer und breiter und ging über tausende von Metern bis ins Tal ab. Die Lawine schob eine Druckwand vor sich her, und noch während wir zusahen, kam eine Wolke aus Pulverschnee über den Gletscher auf das Basislager zu, zerrte an den Zelten und verdunkelte die Mittagssonne. Ich konnte die Ungeheuerlichkeit dieser Lawine kaum glauben. Wir waren sicher, dass das Vorgeschobene

Basislager zerstört und die Alpinisten tot oder wenigstens verletzt waren. Jemand hängte sich ans Funkgerät und gab eine Meldung durch. Die Zelte waren platt, aber wie durch ein Wunder war auch nicht einer verletzt. Kurt war im Vorgeschobenen Lager gewesen und hatte etwas von der Lawine auf Film.

Nach dieser Lawine kamen zwei unserer besten Alpinisten, John Roskelly und Kim Momb, zu dem Schluss, die Flanke sei zu gefährlich, sie reisten ab. Das war ein harter Schlag für die Moral der Mannschaft. Edmund Hillary hatte einen Anfall von Höhenkrankheit gehabt und die Expedition bereits früher verlassen. Dick Blum war in die USA zurückgekehrt, um sich um seine Geschäfte zu kümmern, und Morrissey leitete nun die Expedition.

Überraschend gab Kurt mir die Kamera und sagte, ich sollte doch die Durchsteigung des Pfeilers filmen. Seit ich den Furcht erregenden Vorbau über dem Vorgeschobenen Basislager das erste Mal gesehen hatte, spürte ich Kurts Vorsicht. Kurt war einer der großen Himalaja-Filmer. Er war ein anerkannter Bergfotograf und seine Arbeit als Kameramann hatte sich daraus ergeben. Seine lange Lehre fußte auf größtem Respekt für das Handwerk. Dazu gehörte es, dass man etwas von der Pike auf lernte. Man riss den Wegbereitern nicht einfach die Fackel aus der Hand. Man wartete, dass die sie einem übergaben.

Am 25. September nahm Kurt mich beiseite. »Ich habe den Everest schon bestiegen«, sagte er mit seinem dicken österreichischen Akzent. »Warum probierst du's nicht mal?« Er reichte mir die Kamera.

Ich machte mir nichts vor. Man schickte mich da nicht wegen meiner Meriten als Filmer hinauf. Ich hatte mein Lebtag nicht mehr als ein paar Rollen Film verknipst. Ich war ihre letzte Rettung. Aber gerade das sagte mir irgendwie zu:

der zu sein, zu dem man in eben diesem Augenblick kam. Es war ein Vertrauen, dem es gerecht zu werden galt. Während der folgenden Wochen, in denen ich kilometerweit über dem Gletscher am Seil hing, betete ich zu den Göttern der Berge und der Filmindustrie, dass ich mich mit der Kamera nicht zum Narren machte. Es waren nicht nur Kurts Erwartungen, die ich nicht enttäuschen wollte. Auch ich stellte Ansprüche an mich. Wenn man die Filmdosen öffnete und meine Aufnahmen entwickelte, wären dann Bilder dabei, die es wert waren, der Welt gezeigt zu werden?

Fünf Jahre lang hatte ich es mir zur Aufgabe gemacht, Filmern auf die Finger zu sehen und Fragen zu stellen. Mein Blick aus der Kameraperspektive hatte sich geschärft. Außerdem meinte ich einen angeborenen Sinn für den Bildaufbau zu haben. Aber es gab dabei noch alles mögliche zu bedenken, vom Gewicht der Kamera über die Auswahl der Einstellungen bis hin zum Umgang mit der Kamera schlechthin.

Kurt gab mir eine allgemeine Vorstellung davon, welche Aufnahmen gebraucht wurden, und darüber hinaus hatte ich auch selbst die eine oder andere Idee. Am nächsten Morgen machte ich mich auf den Weg zu meinem Debüt mit der Frage des Autors im Sinn: Wie erzähle ich eine Geschichte mit der Kamera?

Die beiden entscheidenden Faktoren waren Zeit und Gewicht. Ich würde nicht in der Lage sein, alles zu filmen, und das, was ich filmte, würde im Schneideraum in New York an höchsten professionellen Standards gemessen.

Im Pinsetter Camp hatte man keinen Platz für mich, also schlief ich im Vorgeschobenen Basislager und kletterte die Fixseile 800 Höhenmeter nach oben – ein Aufstieg von etwa zwei Stunden –, um die Kletternden oberhalb von Pinsetter zu filmen. Ich musste noch mal 120 Meter höher, um ans obere Ende des Seils zu kommen, wo die »Action« war. Für gewöhnlich war es eine Seilschaft von zwei Alpinisten, die die

Route höher und höher, immer neue Seile verankernd, dem Helm entgegentrieb. George Lowe stieg die schwierigsten Abschnitte im Fels vor, sodass das Team der Stirnwand schließlich den Namen Lowe-Pfeiler gab.

Während der folgenden Tage stand ich einige Stunden früher auf als die anderen, kletterte als Erster die Seile hoch, um für die Bergsteiger bereit zu sein. Ich spielte Haschen mit ihnen und war doch ganz allein. Die Alpinisten hatten ihr eigenes Programm; keiner wartete darauf, von mir da oben auf Zelluloid gebannt zu werden. Am Ende eines Tages seilte ich mich dann ab und kehrte wieder ins Vorgeschobene Basislager zurück. Einige Tage später ging ich morgens wieder nach oben und machte das Ganze noch mal, auf, ab, immer das gleiche Ritual und immer allein. In gewisser Weise hatte mich meine Zeit am Grand Teton darauf vorbereitet und schließlich fand ich einen Rhythmus in meiner Einsamkeit.

In den Bergen dämmert der Morgen auf den Gipfeln geraume Zeit früher als in den Tälern. Wie spät es war, sah ich an den Augenblicken, in denen die Sonne auf bestimmte Merkmale in der Landschaft traf. Als Erstes begann der Gipfel des Everest zu leuchten. Worauf links von ihm der obere Rand der ungeheuren Flanke des Lhotse Feuer zu fangen begann. Der Granit der Nordostflanke des Makalu loderte rosig und gelb auf in all seiner Pracht. Einer nach dem anderen bekamen auch die geringeren Gipfel ihren Anteil am Licht. Und während all dieser Zeit blieben die Täler so schwarz wie Tusche. Die Bergsteiger im Pinsetter Camp über mir lagen noch in den Schlafsäcken, unter mir lag eingefroren und still das Vorgeschobene Basislager.

In diesen Augenblicken war ich der Einzige an den Seilen, der Einzige, der mit tiefen Zügen Luft in die Lunge sog. Um diese Zeit tritt in den Bergen eine Windstille ein. Eine totale Stille legt sich über alles. Winzige Wassertröpfchen hängen gefroren am Mantel des Seils.

Langsam ergoss sich das Licht über die Wände. Und innerhalb weniger Augenblicke kam, wo immer die Sonne auftraf, Leben in den Berg, was ihn gefährlich machte.

Die ersten Hinweise darauf sind die Eiszapfen. Sie beginnen zu schwitzen, ein Tropfen löst sich und läuft bis an die Spitze hinab. Eine Schneewächte glitzert nicht nur, sie bewegt sich und kippt auf eine Eiswand. Ein winziger Schneeball rollt eine Handbreit bergab. Das ist das ungute Flüstern, das ich Morgen für Morgen zu hören bekam. Nicht mehr lange, und das Getöse begann.

Während unserer vierten Woche am Berg näherten wir uns dem Scheitel des Pfeilers. Hin und wieder klebte morgens ein unheimlicher Dunst an der Wand; rund um uns hingen Drachenfänge aus Eis. Auch das Seil verschwand im Dunst. Aus der Ferne war das Grollen abgehender Lawinen zu hören.

Bei unseren Dreharbeiten am Half Dome hatten wir ein zweites Seil parallel zur Route fixiert. Hier teilten wir uns ein und dasselbe Seil; das schränkte meine Möglichkeiten als Filmer beträchtlich ein. Ich kam nicht weit genug weg von den Kletternden, um zu zeigen, wo genau am Vorbau sie sich befanden, sodass die riesige Wand sich einfach nicht ins rechte Verhältnis rücken ließ. Ich tat, was ich konnte.

Ende September schließlich durchstieg George Lowe als Erster die letzten Überhänge und erreichte den Helm. Man zog genügend Ausrüstung nach oben und schlug ein Lager auf. So wie es im Schnee auf dem Scheitel des Felsbugs lag, bestand für das Camp auf dem Helm wenigstens keine Lawinengefahr.

Mit der Besteigung des Helms war der Abschnitt, der technisch zu klettern war, geschafft. Die Bergsteiger brauchten nur noch weiter oben zwei Lager einzurichten, dann stand dem Gipfelgang nichts mehr im Weg.

179

Sue Giller und George Lowe gingen in der Hoffnung, besseren Schnee zu finden, als Erste über den Helm hinaus. Sie fanden grauenhafte Bedingungen vor. Wir hätten warten können und hoffen, dass das Wetter aufklarte, aber die Saison ging schon zu Ende. Bei unserem Glück in diesem Jahr käme auch noch der Winter früher als sonst und mit ihm die Stürme, die der Jetstream mitbrachte. Und um die Wahrheit zu sagen, es war nicht mehr viel da vom anfänglichen Schwung. Die Expedition hatte unter den gefährlichen Schneebedingungen gelitten, dem scheußlichen Wetter, der Warterei. Die Alpinisten hatten eine großartige Leistung gebracht, aber wir alle wussten, dass wir am Ende waren. Es war eine geschlagene Mannschaft, die da den Berg verließ mit dem feierlichen Versprechen, die Route irgendwann doch noch zu Ende zu gehen. Wir hatten einfach kein Glück gehabt dieses Jahr.

Somit endete meine erste Erfahrung mit einer großen Expedition mit einem Misserfolg. Als wir wieder in New York waren, zeigte John Wilcox sich enttäuscht darüber, dass die Expedition nur auf eine Höhe von 7000 Meter gekommen war. Das entwickelte Filmmaterial jedoch machte das wieder wett. Wie sich herausstellte, hatten wir eine Menge großartiger Aufnahmen und schließlich bietet nicht selten auch das Scheitern keine schlechtere Geschichte als der Erfolg. Ich saß mit Ted Winterburn, einem Cutter bei ABC, im Schneideraum und bekam gleich einen laufenden Kommentar zu jeder einzelnen meiner Einstellungen. Er sagte: »Für jemanden, der zum ersten Mal eine Kamera in die Hand gedrückt kriegt, haben Sie sich wacker gehalten. Aber das hier hätten Sie besser anders gemacht.« Eine faire Beurteilung, wie ich fand. So hatte ich zum Beispiel einige Minuten lang Kim Momb am frei hängenden Fixseil gefilmt, wie er sich im Raum dreht, ein schlanker 8-Meter-Eiszapfen direkt hinter ihm. Ted sagte: »David, wenn Sie sich nur mal umgedreht und über den Gletscher tief unten gehalten hätten, dann bekämen wir nicht nur das zu sehen, was Sie gesehen haben, sondern das, was der Bergsteiger sah.« Er brachte mir bei, mich von der Geschichte zu distanzieren.

Trotz des Scheiterns der Expedition zeichnete man Kurt Diemberger, Mike Reynolds und mich für die beste Kameraarbeit mit einem »Emmy« aus. Es sah ganz so aus, als könnte ich mir meine Brötchen mit einem Leben in den Bergen verdienen.

7

BRUDERSCHAFT
DES SEILS

Einstieg bei 5486 Metern am Kwangde.

DIE NORDFLANKE des Kwangde war meine erste und letzte Besteigung im Himalaja, die ich ohne Filmkamera unternahm. Das war 1982. In gewisser Hinsicht war dieser unauffällige Felsbuckel im Schatten so viel höherer und berühmterer Gipfel die schönste Tour meines Lebens. Ich hatte mit meinem Freund Jeff Lowe den idealen Partner dabei und wir hatten uns die ideale Aufgabe ausgesucht, eine selten schwierige Eisklettertour Anfang Dezember.

Jeff war auf die Idee gekommen, uns im Winter am Kwangde zu versuchen, und zwar nur zu zweit. Ich hatte den Berg auf meiner Expedition zum Ama Dablam 1979 gar nicht bemerkt. Er ist mit seinen 6010 Metern keiner der großen Gipfel, aber die Nordwand bietet fast 1400 vertikale Meter Fels und Eis. Sie ist im Sommer nicht zu besteigen, weil das Wasser in kleinen Rinnsalen über die Wand läuft. Im Winter jedoch gefrieren diese Rinnsale, sodass Jeff auf die Idee einer Erstbegehung im Winter gekommen war. Für mich schien diese Idee die fehlende Lektion meiner Lehre im Himalaja zu sein. Kwangde war eine Herausforderung, eine technisch komplizierte Eis- und Felstour über eine Route, die noch keiner geklettert war. Wir wollten sie im Alpenstil angehen, mit anderen Worten: ohne die bei der Belagerungsstrategie übliche Kette von Lagern. Wir wollten sie einfach durchsteigen, ein Versuch, Sieg oder Niederlage. Bei einer Wand dieser Größe – sie ist doppelt so hoch wie der Half Dome – waren vor der Erreichung des Gipfels wenigstens vier Biwaks vonnöten, und das entweder hängend im Sitzgurt oder auf schmalsten Leisten, die wir aus dem Eis kratzen müssten; dazu kam noch ein Biwak beim Abstieg. Die Tour sollte Zeugnis unserer Vorstellung vom Bergsteigen sein.

Am Kwangde würde ich eine ganze Reihe derselben Rätsel und technischen Herausforderungen finden, wie sie auch das Felsklettern bot, sodass er mir nicht ganz unvertraut war. Aber Eisklettern setzt darüber hinaus ganz eigene Fertigkeiten sowie eine eigene Technik voraus. Zunächst einmal setzt man anstatt Finger und Zehen messerscharfe Werkzeuge ein: Pickel, Beile und Hämmer, die mit schlanken, gebogenen Spitzen versehen sind. Für die Füße hat man moderne Steigeisen mit Zacken rundum und an den Zehen; anstatt mit Riemen wie die herkömmlichen Steigeisen befestigt man diese mit Clips. Eine weitere Erfindung von Lowe Alpine Systems.

Ich hatte auch einen strategischen Grund für diesen Aufstieg. Der Everest wollte mir nicht mehr aus dem Kopf. Bei der Planung der Tour war mir klar geworden, dass ich mit dieser Erstbegehung, falls sie uns gelang, das nötige Selbstvertrauen und die Erfahrung hätte, mich am höchsten Berg der Welt zu versuchen.

Der Kwangde liegt vier Tagesmärsche vom Flugplatz in Lukla entfernt. Also wanderten wir auf steilen Pfaden hinauf nach Khumjung, denselben Weg, den ich nehmen sollte, als ich später die Route über den Südsattel des Everest anging. Wir verbrachten mehrere Tage in Khumjung, kletterten an den Gipfeln rund um das Dorf und akklimatisierten uns. Nach einer Woche machten wir uns auf zu einem vierstündigen Marsch nach Hongu. Für das Dutzend Bewohner des kleinen Dorfs waren wir Exoten. Hongu lag an keiner Route und es verirrte sich selten ein Besucher dorthin. Die Armut und der schlechte Gesundheitszustand dieser Dörfler standen in scharfem Kontrast zu wohlhabenderen Dörfern wie Namche Bazar und Khumjung, die beide materiell vom Kontakt mit den Trekkern aus dem Westen und den Alpinisten, die es an den Everest zog, profitierten.

186

Wir schlugen unser Lager auf einem brachliegenden Kartoffelfeld vor dem Dorf auf. Unser Sirdar und Freund, der Sherpa Nima Tensing, quartierte sich bei der Familie ein, der das Feld gehörte. Auf Drängen der Familie gingen Jeff und ich zu ihnen zum Essen in ihr winziges Steinhäuschen während der paar Tage, die wir in dem Dorf waren. Dort beleuchtete Nimas Kerosinlampe einen verhutzelten blinden Sherpa, der behauptete, achtundneunzig Jahre alt und damit der älteste Mann im Khumbu-Gebirge zu sein. Er und seine Gattin, eine freundliche Frau, erzählten uns, es hätten während der letzten zwanzig Jahre gerade mal ein halbes Dutzend Leute aus dem Westen das Dorf besucht.

Holzfällerpfade führten an den Wandfuß des Kwangde. Sie schlängelten sich durch einen dichten, völlig von üppigem Rhododendron überwucherten Wald. Der erste Blick auf die große Wand machte mir Angst. Riesige Platten schwarzen Granits wuchsen direkt aus dem Boden; finster und von der Sonne unberührt, ragten sie über 1200 Meter hoch auf. Wir nahmen die Wand gründlich in Augenschein und machten eine fortlaufende Linie von Eisrinnen aus, die sich über die senkrechten Felsgürtel der Wand zog. Dann lauschten wir auf das schrille Summen, das beim Fallen von Eis und Felsen entsteht, konnten aber nichts hören. Die schattige Wand war sicher: gefroren und totenstill.

Es war eine riesige Fläche, deren Fuß gut einen Kilometer breit war. Drei große Eisfinger zogen sich parallel fast 500 Meter die Wand hinauf, dazwischen jeweils etwa 60 Meter Fels. Auf einem dieser kaum zehn Meter breiten Eisbänder würden wir während der nächsten paar Tage nach oben steigen. Wir beschlossen mit dem Band ganz links zu beginnen, das die direkteste Route zum Gipfel zu bieten schien. Wir sahen, dass es weiter oben wahrscheinlich auf gemischtem Gelände mit Fels, Schnee und Eis weitergehen würde.

Vom Wandfuß aus ging es knapp 500 Meter senkrecht nach oben, einen schier unmöglich langen Tag bis zum ersten Biwak. Erst dort ließ sich eine Hängematte aufhängen. Wir machten uns also auf den Weg das Eisband hinauf, das sich mit anmutigem Schwung und einer leichten Kurve die Wand hinaufzog. Wir wechselten uns mit dem Vorstieg ab. Jeder hatte knapp zwanzig Kilo auf dem Rücken. Obwohl die Rucksäcke uns das Klettern erschwerten, wollten wir sie lieber nicht auf Yosemite-Art hinter uns herziehen, weil das extra Zeit in Anspruch genommen hätte und Rucksäcke immer irgendwo hängen bleiben, wenn man sie eine Fels- und Eiswand hochzieht.

Das außergewöhnlich dünne Eis macht sowohl die Schönheit als auch die Schwierigkeit dieser Wand aus, weil es beträchtliche Kraft und Ausdauer verlangt. Es ist nicht ungewöhnlich, nur noch an einem einzigen Eisgerät und den Spitzen der Steigeisen zu hängen, während man ganz behutsam eine Eisschraube zur Sicherung setzt. Wenn man einen Eisfall von einem Meter Stärke hinaufsteigt, kann man mit dem Eisbeil drauflosharken, um ein Loch für eine Eisschraube vorzubereiten. An sehr dünnem Eis gilt für den Kletterer jedoch Sorgfalt und Präzision. Immer wieder kratzte ich während unserer Besteigung des Kwangde behutsam Nischen heraus, um die Spitze meiner Haue einzuhängen, bewegte mich langsam, ging kein Risiko ein, damit das Eis nicht zerbrach. Hob ich meine Ferse auch nur einen Fingerbreit, so verdrehte ich die Spitzen meiner Vorderzacken womöglich weit genug, um mit dem Fuß vom Eis zu rutschen. Ich brauchte den Stiel meines Eispickels nur minimal zu drehen, so konnte es schon passieren, dass die Spitze mich nicht mehr hielt.

Wir stiegen im Schatten auf. Wie erwartet wurde unser erster Tag in der Wand sehr, sehr lang. Die Sonne verschwand schon hinter den fernen Gipfeln, als wir unseren Biwakplatz erreichten. Wir hackten eine winzige Leiste ins Eis und hängten unsere Hängematten ein. Heutzutage gibt es leichte tragbare Leisten, die sich an senkrechten Wänden befestigen lassen und es einem erlauben, sich flach auszustrecken; einen

188

derartigen Luxus hatten wir nicht. In einer Hängematte zu schlafen, war etwa so, als hinge man in einem an den Ecken zusammengerafften Bettlaken in der Wand. Es geht auf die Schultern, man kann sich nur schlecht drehen, man kommt schlecht hinein und wieder heraus; außerdem presst es die isolierende Füllung im Schlafsack zusammen, sodass es nachts empfindlich kalt werden kann.

Kurz nachdem ich mich an jenem Abend in meine Hängematte gezwängt hatte, reichte Jeff mir einen Liter heißen Zitronensaft, den er auf unserem kleinen Gaskocher aufgewärmt hatte. Ich hielt ihn gegen die Brust und absorbierte seine Wärme, bis er weit genug abgekühlt war, um ihn zu trinken. Meine Kehle war völlig ausgedörrt. Ich hatte den ganzen Tag nichts getrunken. Ich stürzte die Limonade in großen Schlucken in mich hinein. Und dann aßen wir in unseren Hängematten, zwei einsame Gestalten in einer riesigen Wand hängend, wir unterhielten uns über den Tag, witzelten über den Augenblick, in dem wir pinkeln müssten.

Ich schlief ein mit dem Geräusch des Windes im Ohr, der um den Gipfelgrat hoch über uns pfiff, während die kleinen Eiskiesel, die der Wind losriss, gegen meine Hängematte prasselten.

Am zweiten Tag blickten wir den endlos langen Streifen Eis hinauf, der vor uns lag. Es war offensichtlich, dass der nächste Sicherungspunkt nicht mit einer Seillänge zu schaffen war: Das Eis war zu dünn und der Fels rundherum zu kompakt; er bot wenige Risse, in denen ein ordentlicher Haken für den Sicherungsmann zu platzieren gewesen wäre. Wir hatten keine Alternative und taten etwas, das ich noch nie gemacht hatte: Wir knoteten unsere beiden Seile zusammen, um die Distanz von 110 Metern bis zu unserem nächsten Sicherungspunkt zu überwinden.

Ich war mit dem Vorstieg dran. Ich kletterte erst ein Stück höher, dann diagonal über die Flanke, vom Schnee weg aufs Eis. Nach 60 Metern nicht übermäßig schwieriger Kletterei schlug ich einen ordentlichen Haken in die Wand und hängte das Seil in einen Karabiner ein. Ich konnte so weitere 50 Meter nach oben klettern, bevor sich der Knoten, der die beiden Seile verband, im Karabiner verfing. Über mir war das Eis viel dünner und fast vertikal. Ich stieg also höher, bis ich zu keuchen und die Anstrengung in Armen und Waden zu spüren begann. Ich ging einige Meter quer, wo es mir dann gelang, einen weiteren Haken einzuschlagen. 15 Meter darüber wurden mir mein Rucksack und die 110 Meter Seil, die ich nachschleppte, zur Last. Ich schlug meine Eispickel ein und ruhte mich aus. Ein Blick zurück verriet mir, wie hoch ich über meiner letzten Sicherung war: Ich starrte auf einen Sturz von dreißig Metern hinab. Als ich zwischen den Stiefeln hindurchblickte, sah ich etwa 100 Meter unter mir Jeff.

Die Kletterei entbehrt nicht einer gewissen Ironie: Lässt man zu, dass man bei einem Aufstieg aus Angst vor einem Sturz die Kontrolle verliert, dann stürzt man als direkte Folge dieser Angst auch tatsächlich ab. Und es ist gar nicht so einfach, mit seiner Willenskraft gegen die Kapitulation vor dieser Angst anzugehen.

Fast sagte ich die Worte laut vor mich hin: *Genau deshalb bin ich hier*. Die Wahrheit war, dass ich die Situation, die Anforderungen, die sie an mich stellte, genoss: die außergewöhnliche Herausforderung, mit zwei aneinander geknoteten Seilen vorzusteigen. Ich schwelgte in diesem Ausgesetztsein, diesem Mangel an Schutz. Als ich so da oben stand und zwischen meinen Stiefeln nichts als einen Kilometer Himalaja-Luft sah, hatte ich absolutes Vertrauen auf meine Fähigkeit, die Kontrolle über die Situation nicht zu verlieren.

Meine Klettertechnik paarte sich perfekt mit der Konzentration, die nötig ist, jede Angst auszumerzen, und es stellte sich eine gewisse Gelassenheit ein. Ich hing nur an meinem Partner und an einer Kletterethik, nach der mein Schicksal ausschließlich in meiner eigenen Hand lag. Es gab nur noch einen Menschen auf der Welt, der diesen Augenblick genauso hätte genießen können wie ich, und den sah ich zwischen meinen Stiefeln hindurch in der Wand.

Seit fünf Jahren schon war Jeff mein Mentor im Eisklettern. In diesem Augenblick wurde mir klar, dass keiner den anderen im Stich lassen würde. Jetzt zahlten sich all die Jahre am Fels im Eldorado Springs Canyon und im Eis über Telluride aus. Beide hatten wir auf den Kwangde gewartet, auf genau diese Art von Tour.

Es passte in meine damalige Stimmung, dass ich bei diesem Aufstieg eines meiner liebsten Bergfotos schoss. Ich war gerade dabei, eine Plattform aus dem Eis unter meiner Hängematte zu schlagen, die an der nahezu vertikalen Wand des Kwangde mit zwei Karabinern, einer Eisschraube und einem Haken verankert war. Es war ein hartes Stück Arbeit nach einem anstrengenden Tag, an dem ich mich mit Jeff im Vorstieg abgewechselt hatte. Ich wandte mich ab, um einen Augenblick auszuruhen, und als ich über die Gipfel rundum hinausblickte, war ich wie vom Donner gerührt von dem Anblick, der sich mir bot. Die Sonne war über fast allen Gipfeln untergegangen; weder am Ama Dablam noch an einem der anderen Berge unter 7500 Metern gab es noch Licht. Aber an den wirklichen Giganten hingen noch die letzten Sonnenstrahlen. Am Horizont sah ich Everest, Nuptse, Lhotse und Makalu leuchten, und über ihnen hing die silberne Scheibe eines Vollmonds im marineblauen Himmel. So hatte ich sie noch niemals gesehen.

Ich hatte eine kleine 35-mm-Rollei mit einer ausfahrbaren 40er Linse dabei, die mit Kodachrome 64 geladen war. Für einen so lichtschwachen Film war es nicht mehr hell genug, sodass ich eine lange Belichtungszeit nehmen musste, auch auf die Gefahr hin, die Aufnahme zu verwackeln. Ich kniete mich also auf meine gerade mal zwei Spannen breite Leiste, lehnte die Schulter gegen die Granitwand, atmete tief ein, hielt den Atem an und drückte ab. Alles in allem machte ich sechs, sieben Bilder, bevor der Everest endgültig im Dunkeln

191

lag, nur um sicherzugehen, dass ich diesen magischen Augenblick auch wirklich eingefangen hatte.

An unserem letzten Tag wollten wir in einem Anlauf den Gipfel angehen, aber die Felsplatten waren zu steil, die Eisfälle lösten sich auf und es gab auch nicht einen Riss in der Wand. Wir waren gezwungen, seitwärts über einen langen, ansteigenden Quergang über ungefestigten, losen Schnee zu klettern. An manchen Stellen war es, als versuche man sich an Zuckerwatte festzuhalten. Es war der gefährlichste Teil unseres Aufstiegs, weil ein Quergang im Unglücksfall mit einer besonders bösen Art von Sturz verbunden ist: einem langen Pendelschwung über die Wand, bei dem man an Fels und Eis aufschlägt.

Die Sonne war bereits untergegangen, als ich mich von der Wand auf die Leiste zog, die uns auf den Gipfel bringen würde. Tagelang waren wir an der sonnenlosen Nordseite vom Wind geschützt gewesen, jetzt fuhr mir plötzlich mit 80 Stundenkilometern eine beißende Bö ins Gesicht. Schlimmer noch war, dass bei schwindendem Licht auf dieser exponierten Leiste kein Platz für ein Biwak zu sehen war. Wir hatten nur die Hängematten dabei, die nichts weiter waren als wasserdichte Nylonfähnchen. Jeff und ich schrien uns gegenseitig Vorschläge zu. Bei der Windstärke blieb uns nichts anderes übrig, als in der Nacht weiterzuklettern und uns nach einem relativ geschützten Platz umzusehen, wo es sich ausruhen ließ. Endlich landete der Strahl meiner Stirnlampe auf einem gewaltigen Stück alten Schnees, der fest am Grat saß. In der Dunkelheit und bei dem Wind kam es mir wie ein Zuhause vor. Wir gruben uns einen Platz von der Größe eines Doppelsarges ins Eis, groß genug für zwei Mann. Nach einer Stunde Arbeit krochen wir hinein und zogen unsere Rucksäcke vor die Öffnung: Sie schützten uns wenigstens teilweise vor den eisigen Böen.

Als wir am Morgen unter Gliederschmerzen und völlig steif nach all den Tagen der Kletterei in den kalten blauen

Mein Vater William Breashears
und meine Mutter Ruth, 1947.

Familie Breashears in Cheyenne,
Wyoming, 1961. V.l.n.r.: Lisa, ich,
Bill, Stephen und Paps.

Pfadfinderlager, 1969.

Mit fünfzehn auf dem Weg zum NOLS-Kursus mit meinem nagelneuen Rucksack, 1971. 4

Felsklettern in Colorado, Herbst 1971. 5

Bouldern am Flagstaff Mountain, Sommer 1975. 7

6

8

Im Eldorado Springs Canyon in
der ersten Seillänge von Naked Edge,
Schwierigkeitsgrad 5.11, 1975.

Rechts: An der Schlüsselstelle der
ersten Seillänge von Naked Edge. 9 ▷

Am Dach von Psycho (5.11)
mit Steve Mammen, 1975. 10 ▽

Links: An Fixseilen an der Nordwest-wand des Half Dome, 450 Meter über dem Boden.

Unten links: Warten auf besseres Wetter a Half Dome, Yosemite Valley, 1976.

11 △ 12 ▽

Linke Seite oben rechts: An Fixseilen in der Stirnwand des Ama Dablam.

Mitte: Mit Jumaren die vereiste Stirnwand hinauf, direkt unter Lager III, 1979.

Rechts: Abseilen am Yellow Tower, am Tag nach unserem Abstieg im Dunkeln.

Unten: Der Blick am frühen Abend von Lager II am Ama Dablam.

17

18

Oben links: Kang-shung-Flanke, Basis-lager, 1981.

Oben rechts: Kameraunterricht von Kurt Diemberger im Basislager mit der Kangshung-Flanke im Hintergrund.

Rechts: Die riesige Lawine, die über die Kangshung-Flanke abging und das Vorge-schobene Basislager einebnete.

19

21◁ 22△

Oben links: Filmen auf dem Grat, hinter mir der Pfeiler.

Mitte: Kim Momb an frei hängenden Fixseilen am Gipfel des Pfeilers in 6400 Meter Höhe.

Rechts: Ein Teamgefährte beim Queren der Fixseile, über dem Kangshung-Gletscher, 1981.

Unten: Im Nebel der Bowling Alley.

23

24

25

Oben links: Die Nord-flanke des Kwangde.

Oben rechts: Steiles, dünnes Eis.

Rechts: Jeff Lowe beim Erklettern einer Schräge.

26

Schatten aus unserem Unterschlupf krochen, schien die Sonne auf uns. Die Wärme und das Licht waren ein absolutes Gedicht. Ein halbe Stunde hastigen Gekraxels, und wir standen auf dem Gipfel des Kwangde.

Der Abstieg ist nie so einfach, wie sich das anhört. Für uns bedeutete er Abseilen über fünfzehn Seillängen, und das über eine neue Route, bis wir wieder am Wandfuß waren. Dann kam ein langer Fußmarsch über ein Terrain voll großer Felsbrocken durch hüfttiefen Schnee, und um das Maß voll zu machen, folgte noch ein Kampf durch einen dichten Wacholderwald. So vergingen weitere zwei Tage, bis wir wieder in unseren Zelten in Hongu waren. Als wir ins Dorf kamen, schrie alles vor Freude. Kinder kamen gelaufen, Hunde bellten. Unser *sirdar*, Nima Tensing, lief auf uns zu und umarmte uns. Wir hatten keine Ahnung, was der Wirbel zu bedeuten hatte.

Als sich alles beruhigt hatte, erklärte Nima, man habe uns für tot gehalten. Wir hatten versprochen, in einer Woche wieder zurück zu sein, und dann waren wir zehn Tage weggewesen. Sie waren während unserer Abwesenheit an den Fuß der Nordflanke gelaufen, hatten dies und jenes gefunden, was wir während des Aufstiegs weggeworfen hatten, und waren davon ausgegangen, uns sei was passiert.

Nima und seine Frau Pema Chamgee waren schon als Köche beim Ama Dablam dabei gewesen. Pema Chamgee stürzte auf mich zu, fasste mich bei den Händen und wies in den Himmel.

»David gehen Spitze?«

»Ja«, sagte ich.

Zufrieden wandte sie sich ab und eilte in ihre Steinhütte, um uns süßen Tee zu machen.

Die Begehung des Kwangde zusammen mit Jeff war mein schönstes alpines Erlebnis im Himalaja. Es war ein sauberer, schnörkelloser Aufstieg, nichts als zwei Männer auf einem Berg. Und durch einen glücklichen Zufall brachte ich in meiner Kamera auch noch eine Belohnung mit nach Hause: Eines meiner Fotos vom Mondaufgang über dem Everest war sehr schön gelungen. Das Foto wurde im Lauf der Jahre viele Male abgedruckt, so etwa auf dem Cover des *American Alpine Journal*, einem Buch von *National Geographic* und auch in anderen Büchern. Wann immer ich es sehe, fallen mir jene großartige Tour und die großartige Kameradschaft ein, die mich mit Jeff Lowe verband.

Schon wenige Monate nach dem Kwangde kehrte ich freudestrahlend in den Himalaja zurück, diesmal mit einer Panasonic Recam, einer Videokamera der ABC-Serie *American Sportsman*. John Wilcox hatte mich als Kameraspezialisten für extreme Höhen angeheuert: Ich gehörte zu einem Team, das die ersten Filmaufnahmen vom Gipfel des Everest senden sollte. Unsere Absicht war, die Bilder per Hochfrequenzanlage hinab zum Mount Everest View Hotel zu senden, wo man sie auf Video aufzeichnen wollte, um sie dann nach Katmandu zu fliegen. Von dort sollten sie dann über eine Satellitenverbindung nach New York gehen. Eine direkte Satellitenverbindung vom Gipfel des Everest aus in die USA wollten wir erst gar nicht versuchen, da die meisten Expeditionen den Gipfel um zwei, drei Uhr nachmittags erreichten, wenn es in den Staaten zwei, drei Uhr nachts ist. Kein Mensch wäre um diese Zeit wach, um sich diese Liveübertragung anzusehen.

Wir hatten vorgehabt, eine Route von Tibet aus über den Westgrat des Everest zu nehmen. Auf tibetischer Seite könnten wir unsere Ausrüstung mit Lastwagen direkt ins Basislager fahren. Die chinesische Regierung wollte jedoch ABC-TV keine Genehmigung geben. So waren wir drei Wochen vor unserer Abreise noch immer auf der hektischen Suche nach einer Expedition, der wir uns anschließen konnten. Damals erteilte Nepal für den Everest nur eine Genehmigung pro

Route und Saison. Der Deutsche Gerhardt Lenzer hatte eine gehabt, sie aber einer amerikanischen Expedition verkauft, die uns schließlich gestattete, uns dem Team anzuschließen. Unsere Expedition war die einzige, die im Frühjahr 1983 für die Route über den Südsattel auf dem Plan stand.

Aufgrund der behördlichen Verzögerungen traf unser Team tröpfchenweise in Katmandu ein. Rick Ridgeway und Peter Pilafian, die anderen Mitglieder des Teams von ABC-TV, kamen schon vor mir dort an und gingen den Anmarsch zum Basislager mit der deutsch-amerikanischen Mannschaft an. Ich landete etwa eine Woche später und traf mich dort mit Dick Bass, einem anderen Nachzügler. Es war der Anfang einer langen und engen Freundschaft.

Dick Bass war ein einnehmender Gesprächspartner und geborener Geschichtenerzähler. Er hatte ein offenes, Selbstvertrauen ausstrahlendes Gesicht, über dem der Haaransatz schon etwas zurückging, aber der dreiundfünfzigjährige Körper war in bester Verfassung. Er und sein Freund Frank Wells, der im folgenden Jahr Präsident von Disney wurde (und 1994 bei einem tragischen Hubschrauberunglück ums Leben kam), gehörten zum Team. Dick gehörte eine Wintersportanlage in Utah und er war einer der Ersten gewesen, die im Vail Valley, Colorado, investiert hatten, weil die Berge, der Wind und der Schnee für ihn alles waren. Sowohl er als auch Frank waren begeisterte Skifahrer und hatten sich jüngst beträchtliche Erfahrungen im Bergsteigen angeeignet. Sie hatten sich bereits 1982 am Everest versucht, und zwar an der Nordflanke, waren aber nicht sehr weit gekommen. Jetzt wollten sie es an der Südflanke versuchen.

Auf unserer Wanderung von Lukla zum Basislager erzählte mir Dick von seinen vielen anderen Touren: vom Denali in Alaska, dem Aconcagua in Südamerika, dem Kilimandscharo in Afrika und dem Elbrus im Kaukasus. Er hatte fünf der sieben Gipfel bestiegen, die höchsten Berge auf jedem Kontinent, und war auf der Nordseite des Everest bis auf

7600 Meter gekommen, sodass er wusste, dass er mit der Höhe zurechtkam.

Wir folgten bei unserem Aufstieg derselben Route, die auch Tensing Norgay und Ed Hillary genommen hatten. Unser Team würde entlang der Route über eine Zeit von fünf oder sechs Wochen vier Lager aufschlagen. Wie Hillary und Tensing würden auch wir uns an die Höhe gewöhnen, indem wir zum jeweils höheren Lager aufsteigen und periodisch, um zu schlafen und auszuruhen, wieder in die tieferen Lager absteigen würden. Das Basislager lag auf einer Höhe von etwa 5400 Metern. Gleich darüber lag der Khumbu-Eisbruch, darüber dann, auf einer Höhe von fast 6000 Metern, Camp I.

Es gibt unter Bergsteigern kaum einen Ort, der bekannter ist als der Khumbu-Gletscherbruch. Er ist das Tor, der Schlüssel, das erste und schwierigste Hindernis bei der Besteigung des Everest von der Südseite her. Es ist die einzige Route ins Western Cwm, dieses lange Tal, das an den Everest führt. Der Gletscherbruch bietet einen schmalen Korridor zu den höheren Hängen des Everest, nur ist dieser Korridor eine Zeitlupenkaskade aus Eis. Es handelt sich genau genommen um einen 120 Meter dicken Fluss aus Eis, der sich langsam bergab, um die Ecke und dann hinaus ins Khumbu-Tal schiebt.

Er ist so überwältigend schön, dass man manchmal gar nicht glauben möchte, wie zahlreich und vielfältig seine Gefahren sind. Ohne Vorwarnung verändern riesige Eisbrocken von der Größe kleiner Wohnblöcke die Lage und brechen zusammen. Die gewundene Route, die wir durch diesen gefrorenen Irrgarten nehmen würden, war so kompliziert, dass wir für 600 Meter Wegstrecke 1900 Meter Seil brauchten.

Das Geheimnis einer sicheren Querung des Gletscherbruchs besteht darin, nicht zum falschen Zeitpunkt am falschen Ort zu sein. Es gilt, das Terrain zu interpretieren, jeden Schritt zu beurteilen und dann so rasch wie möglich oder so langsam wie nötig durchzugehen. Als Kameramann hatte ich den Luxus der freien Beweglichkeit verloren. Ich musste hier und da eine Stunde oder länger verweilen und nicht jede Einstellung, die ich drehen wollte, ließ sich von einem sicheren Standort aus machen.

Höher oben im Western Cwm, in 6400 Meter Höhe, liegt Camp II, das auch als Vorgeschobenes Basislager bezeichnet wird. Camp III liegt mit seinen 7300 Metern auf halber Höhe die Lhotse-Flanke hinauf. Camp IV, das letzte Lager vor dem Angriff auf den 8848 Meter hohen Gipfel, liegt 7900 Meter hoch in der so genannten Todeszone. Es gibt über 7600 Meter so wenig Sauerstoff, dass der menschliche Körper sich unmöglich mehr anpassen kann. Jeden Augenblick in dieser Höhe leidet der Körper unter akutem Sauerstoffmangel.

Als einer, der erst später zur Expedition hinzugestoßen war, rechnete ich nicht damit, selbst auf den Gipfel zu gehen. Aber die Mannschaft war optimistisch, was ihre Aussichten anging. Larry Nielsen wollte der erste Amerikaner sein, der den Everest ohne Sauerstoffmaske bestieg. Larry war körperlich nicht beeindruckend, aber er verfügte über enormes Stehvermögen und viel Energie. Frank und Dick freuten sich schon, überhaupt auf dem Berg zu sein. Sie hatten sich mit dem Kletterteam abgesprochen, beim Gipfelversuch die letzten zu sein. Wenn man bedachte, dass sie die Expedition finanzierten, war das eine großzügige Geste.

Wir kamen zügig durch den Gletscherbruch ins Vorgeschobene Basislager und weiter nach Lager III. Einige Male kehrten wir ins Basislager zurück, um zu rasten und uns zu regenerieren. Wir akklimatisierten uns nach und nach, während wir Lasten in die höheren Lager schleppten. Gegen Anfang Mai war das Team zum Gipfelversuch bereit.

Als ich zum Südsattel hinaufstieg, war jeder Schritt ein neuer persönlicher Höhenrekord. Ich wollte da hinauf. Ich wollte eine Chance, auf den Gipfel zu gelangen. Aber als Angehöriger des Filmteams stand für mich der Gipfel nicht auf dem Programm. Meine Aufgabe bestand darin, die Ankunft der Kletternden auf dem Südsattel auf Video zu bannen und das Ganze dann am Morgen darauf mit der Hochfrequenz-anlage auf den Weg zu schicken.

In Lager IV teilte ich ein Zelt mit dem Sherpa Ang Rita. Mit seinen einseinundsiebzig war er größer als der Durch-schnitt der Sherpas und er lief ständig mit einer gedanken-verloren wirkenden Miene herum. Ich mochte ihn vom Fleck weg gut leiden. Er fand sich mit dem engen Quartier ab, das wir mit der Hochfrequenzanlage, Lithiumbatterien, Kabeln und Kameras teilten. Eine davon war eine kompakte Pana-sonic-Videokamera, die auf dem Gipfel zum Einsatz kom-men sollte. Getestet hatten wir sie schon weiter unten am Berg.

Schließlich erreichten wir den Südsattel und Camp IV. Ich versuchte eine Aufnahme zum Mount Everest View Hotel hinabzuschicken, aber der Grat des Nuptse blockierte die Übertragung. Ich war unruhig und voller Erwartung. Ger-ry Roach, dem der erste Gipfelversuch zufallen sollte, hatte mich gebeten, doch beim Gipfelteam dabei zu sein. Er hatte nur einen Blick auf die Hochfrequenzanlage zu werfen brau-chen, die seine Mannschaft schleppen sollte, und schon war ihm die Lust vergangen; er sagte mir, dass das meine Auf-gabe sei. Außerdem wollte er, dass ich weiter oben beim Vo-rausspuren half. So bekam ich meine Chance auf den Eve-rest.

Ich war an jenem Abend, als ich meine Videoausrüstung zusammenpackte, entsprechend nervös. Ein Gipfelgang auf den Everest ist einer der wichtigsten Tage in der Laufbahn eines jeden Bergsteigers. Als ich so am Südsattel saß, hatte ich keine Ahnung, ob ich das Zeug dazu hatte.

Bergsteiger planten den Gipfel damals anders als heute. Keiner verließ das Zelt, bevor es nicht helllichter Tag war, also so gegen fünf. Heute gehen die Alpinisten noch vor Mitternacht los. So stellt man sicher, dass das Team um Mittag den Gipfel erreicht, um den häufigen Wetterproblemen am Spätnachmittag aus dem Weg zu gehen. Wir traten also um fünf Uhr früh aus den Zelten und gingen geradewegs die Rinne zum Südostgrat hinauf. Ich ging hinter dem Führer der Gruppe, Gerry Roach, der neben Ang Rita aufstieg; Peter Jamieson, ein weiteres Mitglied des Gipfelteams, und Larry Nielsen bildeten das Schlusslicht. Auf dem Weg zum Gipfel kommt man an einen Punkt, an dem man zwischen einer kleinen Rinne weg von der Richtung des Aufstiegs hinauf auf den Südostgrat oder dem direkten Weg wählen kann. Wir kamen unbeabsichtigt auf eine neue Direktvariante die Rinne hinauf; das bedeutete unglücklicherweise zeitraubendes Stapfen durch hüfthohen Schnee.

Als wir schließlich auf dem Südostgrat waren, in einer Höhe von fast 8500 Metern, war es schon früher Nachmittag und wir waren noch weit vom Südgipfel entfernt. Dunst hüllte uns ein, der Himmel verdunkelte sich und es begann leicht zu schneien. Das gefiel mir gar nicht. Ich wusste, wenn wir im Sturm absteigen müssten, dann fänden wir nie und nimmer den Weg in die Rinne zurück. Mit der verschneiten Spur würde auch der Rückweg verschwinden.

Ich rief über Funk den Expeditionsleiter Phil Erschler im Vorgeschobenen Basislager und sagte ihm, dass ich umkehren würde.

»Ich habe beim Wetter ein ungutes Gefühl«, sagte ich. Er sagte mir, es sei meine Entscheidung.

Allein stieg ich die knapp fünfzig Meter zurück zum Eingang der Rinne hinab, wo ich eine Alustange vom Rucksack nahm und tief in den Schnee trieb. Ich befestigte daran eine rote Lawinenschnur, die mir als Handschnur und Wegweiser dienen sollte. In der Überzeugung, damit den wichtigen Eingang in die Rinne ordentlich markiert zu haben, war mir für die Rückkehr bei Schneesturm nicht mehr so bange. Ich drehte um und stieg wieder hinauf auf den Grat.

Es dauerte nicht lange und ich überholte Larry Nielsen, der in seinem Bemühen, den Everest ohne Sauerstoffflasche zu besteigen, kaum vorwärtszukommen schien. Ich holte den Rest der Gruppe in der Nähe des Südgipfels bei fast 8500 Metern ein. Wir setzten uns alle hin, während ich ins Vorgeschobene Basislager funkte, um zu melden, ich sei wieder beim Team. Durch die dünnen Wolken unten am Westgrat konnte ich den Pumori sehen und weit drüben bis zum weißen Massiv des Cho Oyu, dem sechsthöchsten Gipfel der Welt. Ang Rita hatte seine Sauerstoffflaschen nebst Maske schon Stunden zuvor an der Route zurückgelassen; er behauptete, sie seien das Gewicht nicht wert, aber er kam nur langsam voran. Peter Jamieson war nicht schneller als Ang Rita.

Gerry Roach und ich jedoch hielten uns ganz wacker und so übernahmen wir die Führung über den Hillary Stepp, einen gut zwölf Meter hohen Pfeiler aus exponiertem Fels und Eis. Nach den steilen Eisfällen des Kwangde schien die Kraxelei hier eher harmlos, man setzte einfach einen Fuß vor den anderen und die Kälte störte mich kaum. Als wir den Hillary Stepp überwunden hatten, war der Himmel wieder klar. Es wehte nur ein schwacher Wind. Im Klettern begann ich zu denken, *Ich besteige den Everest*, und ich hatte so ein Gefühl, in meinem Leben würde sich danach alles ändern. Sechzehn Jahre war es her, dass ich das Bild von Tensing Norgay entdeckt hatte, und jetzt stand ich kurz vor meiner eigenen Schneetaufe auf dem Everest.

Gerry Roach und ich erreichten als Erste den Gipfel: Wir fielen einander in die Arme und klopften uns auf die Schultern. Dann grub ich, wie bei jedem Gipfelgang am Everest seither, in meinem Rucksack und setzte meine Kameraausrüstung zusammen. Ich hatte Teile der Hochfrequenzanlage dabei, Ang Rita den Rest, und als er schließlich auf dem Gipfel ankam, machten wir uns daran, alles zusammenzubauen. Wir hatten Kabel für den Kamerastrom, Kabel für den

Strom des Hochfrequenzsenders, Kabel, die die Kamera mit dem Sender verbanden.

Schließlich hatten wir alles aufgebaut. Als ich von meinem Sucher aufsah, konnte ich nur staunen über den Anblick, der sich mir bot. Ang Rita und ich befanden uns auf dem höchsten Punkt, nichts über uns als der grenzenlose satte blaue Himmel. Es war vier Uhr nachmittags und die Sonne stand tief. Das Licht war dramatisch und sorgte für Schatten, eine schöne Zeit, um auf einem Berggipfel zu sein. Die Hänge leuchteten warm. Einen Augenblick lang schien der Gipfel ganz ruhig und Teil eines privaten Panoramas zu sein. Ich fühlte einen Frieden wie bei einer Heimkehr nach langer Abwesenheit.

Peter kam erschöpft an und setzte sich. Mein Rachen war wund von Kälte, Wind und Wassermangel, es rasselte bei jedem Atemzug. Als ich etwas sagte, kam nur ein leises Krächzen heraus. »Siehst du es?«, sagte ich zu Ang Rita und wies auf das ferne Mount Everest View Hotel. »Richte den Sender darauf. Wenn du ihn bewegst, verlieren sie das Signal.«

Er saß absolut reglos da und hielt den Sender auf das Ziel gerichtet, während ich eine unglaubliche Aufnahme in den Kasten bekam. Gerade als ich einen Panoramaschwenk über das tibetische Hochplateau machte, tauchte Larry Nielsen auf. Mit den großartigen Schneewächten, die über die Kangshung-Flanke stehen, als Hintergrund, kämpfte er sich auf den Gipfel hinauf. Larrys Schritte gaben einen Begriff von der Stärke des menschlichen Geistes: Jeder Schritt hätte eigentlich sein letzter sein sollen. Aber wenn der Geist es will, hat der Körper zu folgen. Larrys Energiereserven waren längst erschöpft; der Brennstoff, der ihn dennoch weitergehen ließ, war nichts weiter als seine Weigerung, sich geschlagen zu geben. Ich filmte seine letzten dreißig Schritte auf die Spitze und seine triumphierende Umarmung mit Gerry Roach. Ich wusste, dass er zu weit über die eigenen Grenzen gegangen war, bewunderte aber seine Entschlossenheit.

Noch bevor er den Gipfel erreichte, hatte die Tonübertragung den Geist aufgegeben, weil sie durch normale Alkali-Batterien gespeist wurde, und die waren gefroren. Ich war enttäuscht, aber das Ergebnis war umso dramatischer, weil so jeder Ton per Walkie-Talkie ins Tal ging. Ich schob Larry das Sprechfunkgerät unter die Nase, nachdem er wieder zu Atem gekommen war. Er brachte nur einen kurzen Satz heraus: »Ich danke euch allen, jetzt brauch ich bloß wieder runterzukommen.«

Seine Worte machten wir etwas Sorgen. Man sah Larry an, dass der Gipfel des Everest seine Ziellinie gewesen war, und wir alle wussten, wie lang der Rückweg war. Keiner von uns wollte länger da oben bleiben als nötig, aber bevor wir den Gipfel verließen, machte ich noch einige Schnappschüsse des Gipfelteams.

Wir machten uns um halb fünf wieder an den Abstieg, wir hatten also noch zweieinhalb Stunden Licht. Am Hillary Stepp bewölkte sich der Himmel und direkt unter dem Südgipfel begann es etwas zu schneien. Wir gingen jetzt alle ohne Maske. Peter wollte rasten, aber wir überredeten ihn weiterzugehen.

Larry stolperte mittlerweile fast nur noch und hatte eindeutig große Mühe mit dem Abstieg. Ich fragte, ob er in Ordnung sei, und er sagte: »Ich sehe nichts mehr.« Ich hatte keine Erklärung dafür, außer dass es etwas mit dem Sauerstoffmangel zu tun hatte. Mir wurde auf der Stelle der Ernst unserer Situation klar: Der Rest des Teams würde Larry hinunterschaffen müssen, sonst bliebe er hier. So einfach und tödlich war das.

Während wir uns noch durch den tiefen Schnee unterhalb des Südgipfels kämpften, begann es zu dämmern. Peter setzte sich hin und weigerte sich weiterzugehen, dann war Larry oder Ang Rita dran. Ich wusste, dass wir bei diesem Tempo die ganze Nacht draußen wären. Ich sagte Larry, er solle die Hand unter den Riemen meines Rucksacks schieben und sich daran festhalten, damit ich ihn hinabführen könnte. Und so ging es weiter, sozusagen im dicht geschlossenen Glied. Alle paar Minuten hielten wir an, um ein wenig zu rasten, bis Larry wieder weiterkonnte. Ich hielt nach der dünnen Linie der Schnur Ausschau, die unsere Abzweigung vom Grat in die Rinne markierte. Ich machte mir Sorgen, ich könnte daran vorbei und dann die falsche Seite des Berges hinabgehen – es sah beim Abstieg alles so anders aus. Endlich sah ich sie. Ich packte sie und Larry stieg in die Rinne ein.

Es war schon fast dunkel. Ich war der Einzige, der eine Stirnlampe mitgebracht hatte. Ich machte sie an, um den Weg zu den flachen Eishängen unter dem Südsattel zu sehen. Larry machte kaum den Mund auf, als wir unsere Spur durch den knietiefen Schnee zurückgingen, die wir früher am Tag hinterlassen hatten. Nach einer Stunde nahmen wir eine Rast im Schnee. Es war so bequem, als sitze man in einem Liegestuhl. Ich befürchtete, Larry wollte mir nicht mehr aufstehen, aber irgendwie sammelte er immer wieder die Energie für ein paar weitere Schritte.

Im Eis gleich über dem Südsattel gibt es eine Reihe von kleinen Spalten, kaum breiter als einen Meter und auch nicht viel tiefer, praktisch nur Schlitze im Eis. Aber sie genügen vollauf, um hineinzufallen und sich ein Knie zu verdrehen oder ein Bein zu brechen. Bei jeder dieser Spalten blieb ich mit Larry an der Kante stehen und sagte: »Können wir, Larry?« Dann zählte ich bis drei und wir stiegen hinüber.

Schließlich stolperte er aber doch und fiel bis zur Hüfte in einen Spalt und zog mich auch noch ein Stückchen hinein. Ich hatte jedoch einen guten Halt und zog ihn wieder heraus. Es hatte schon fast etwas Komisches, wie wir zwei oberhalb des höchsten Lagers wie Betrunkene herumstolperten. Einige Meter weiter erreichten wir endlich die flache Ebene des Südsattels. Aber wo war das Lager?

Das Schneetreiben war heftiger geworden und ich mühte mich ab, Strukturen auf dem Boden zu sehen, die uns womöglich zum Lager zurückführten. Ich wusste, es konnte nicht sehr weit sein. Ich suchte nach zwei einsamen Zelten in dieser weiten windgepeitschten Dunkelheit. Ich wusste, der Schnee wehte von West nach Ost über den Südsattel und dass unser Lager am Westende des Sattels stand. Also drehte ich mich in den Wind und ging mit Larry, der sich an meinen Rucksack klammerte, dagegen an. Schließlich blickte ich auf und da waren sie. Meine Stirnlampe beleuchtete das braune Nylon, das sich im Wind kräuselte. Ich war geradewegs in unser Lager gelaufen.

Meine erste Sorge galt Larry, ihn in ein Zelt zu bekommen und aufzuwärmen. Ich nahm ihm die Steigeisen ab, zog ihm die Stiefel aus und schaffte es, ihn in einen Schlafsack zu stecken.

»Mir geht's nicht besonders«, murmelte er, kurz bevor er Blut erbrach. Ich wusste nicht, ob es an der Lunge oder am Magen lag, ich wusste nur, er brauchte auf jeden Fall Wasser. Also krabbelte ich hinüber zu meinem Zelt, um ein Feuerzeug zu holen, einen Gaskocher anzuzünden und so Eis zu schmelzen, damit er trinken konnte.

Als ich ihm schluckweise Wasser einflößte, hörte ich schwach die Stimmen der anderen über dem Pfeifen des Windes. Sie schienen sich im Schneesturm, auf der Suche nach diesen beiden winzigen Zelten, verlaufen zu haben. Aber ich konnte Larry in seinem Zustand nicht allein lassen, um ihnen entgegenzugehen. Ich stellte sein Zelt auf den Kopf, fand eine weitere Stirnlampe und hängte sie zusammen mit meiner eigenen als Leuchtsignal außen ans Zelt. Innerhalb der nächsten beiden Stunden trafen nach und nach auch Gerry, Peter und Ang Rita ein.

Bis zum Morgen hatte Larrys Zustand sich gebessert, aber er konnte noch immer nicht gut sehen. Er schaffte es aus eigener Kraft hinab zu Camp III und schließlich zum Basislager. Von dort flog man ihn mit dem Hubschrauber nach Katmandu zu einem Liveinterview mit Bob Beatty und ABC-TV.

Ich verließ das Basislager am 11. Mai. Dick Bass kam endlich zu seiner Chance, auf den Gipfel zu gehen, aber sein Team kehrte unterhalb des Südostgrats um, in einer Höhe von 8230 Metern. Er würde ein weiteres Jahr warten müssen. Frank Wells schaffte es nicht über den Südsattel hinaus.

Larrys entsetzliches Erlebnis lehrte mich eine ganze Reihe von Dingen. Zunächst einmal war es von größter Wichtigkeit, das oberste Lager so früh wie möglich zu verlassen, um nicht im Dunkeln abzusteigen. Außerdem lernte ich, und das war noch wichtiger, dass man selbst am Everest bereit sein sollte umzukehren, wenn die Bedingungen nicht stimmen. Wäre ich nicht in der Lage gewesen, den Wegweiser mit der Schnur aufzustellen, ich hätte den Abstieg fortgesetzt und wäre nicht auf den Gipfel gegangen. Ich war jung und kräftig und hatte die Art von Ehrgeiz, die einen auf die höchsten Berge der Welt brachte. Aber ich hatte die härteste Lektion gelernt, die das Leben zu bieten hat: Zu viel Ehrgeiz kann einen umbringen.

Zwei Jahre später, im Frühjahr 1985, kehrte ich mit Dick Bass zum Everest zurück. Es war sein vierter Versuch. Dick gehört zu den Leuten, die Bergsteiger von Weltrang wie Ed Viesturs oder Reinhold Messner hätten sein können, wenn sie nur wollten. Er hatte die Gabe, die dünne Luft großer Höhen besser zu verwerten als die meisten von uns. Außerdem nimmt er alles geradezu akribisch genau, eine wichtige Eigenschaft bei der Bergsteigerei. Trotzdem fand ich seine Gewohnheiten frustrierend. Manchmal bekam ich ihn nicht aus dem Zelt, weil er doppelt und dreifach nachsah, ob die Wasserflaschen auch voll waren oder ob er seine Sonnencreme und seine zweite Sonnenbrille dabeihatte. Aber es ist nun mal die Art von Sorgfalt, die guten Alpinisten das Unerwartete zu überleben hilft.

Bei der Planung der 85er Tour auf den Everest merkte ich langsam, aber sicher, dass meine Freundschaft mit Dick Bass eine Vater-Sohn-Dimension angenommen hatte. Er war fünfundfünfzig, ich achtundzwanzig. Dick war sehr steif, wie mein Vater, zuversichtlich und selbstbewusst, aber er war nicht herrisch. Ich dachte, Dick sah etwas von sich selbst in mir, einen jungen Mann voller Neugier und Energie. Wir führten endlose Gespräche und er sprach nie von oben herab mit mir. Wir gerieten hin und wieder aneinander, aber wir stritten uns fair und es endete immer damit, dass einer von uns höflich, aber bestimmt sagte: »Na ja, ich denke halt, du liegst da falsch.«

Der deutlichste Unterschied zwischen meinem Vater und Dick Bass war der, dass Dick nicht gewalttätig war. Mein Vater markierte ständig den starken Mann, aber ich habe ihn nicht ein einziges Mal die Folgen seiner Handlungsweise in Betracht ziehen sehen. Dick dagegen akzeptierte die Verantwortung für das, was er sagte und tat. Obwohl Dick wie geboren schien für extreme Höhen, sehr fit war und über alle Fertigkeiten verfügte, die zur Besteigung des Everest nötig waren, wusste er, dass ein Aufenthalt auf dem Berg nicht ohne Folgen blieb. Er hatte sie akzeptiert, bevor er auch nur einen Fuß auf den Berg setzte.

Dick zahlte 75000 Dollar für einen Anteil an der Genehmigung einer norwegischen Expedition. Außer mir gehörten dem Team noch Dick, vier Sherpas und Karen Fellerhoff als Leiterin unseres Basislagers an. Wir mussten unseren Krempel selbst tragen, auch die Kameraausrüstung, und operierten völlig unabhängig vom norwegischen Team, auch wenn wir die Camps mit ihnen teilten. Und wir mussten unsere Schritte am Berg mit dem Führer der Norweger, Arne Naess, koordinieren.

Als Teil unseres Deals mit den Norwegern hatte ich mich einverstanden erklärt, sie zu filmen. Am Tag, an dem ich im Basislager eintraf, erfuhr ich, dass einige der Norweger tags darauf Camp II, also das Vorgeschobene Basislager, einrichten wollten.

»Es ist ein wichtiger Teil eurer Expedition und eurer Geschichte«, sagte ich zu ihnen. »Ihr solltest das auf Film haben.« Rückblickend weiß ich nicht mehr, welcher Teufel mich geritten haben musste. Da war ich gerade erst angekommen, auf einer Höhe von fast 5400 Metern, und schon bot ich ihnen an, auf 6500 Meter mit hochzugehen. Am folgenden Morgen packten ein Sherpa und ich die 16-mm-Ausrüstung zusammen und stiegen durch den Eisbruch auf. Wir kletterten ins Western Cwm hinauf, vorbei an Lager I, und zur Abzweigung am Südpfeiler. Es herrschte eine mörderische Hitze, die Wände von Everest und Nuptse und die Gletschersohle bündelten die Strahlen der Sonne auf uns. Mein persönlicher Sherpa blieb ganz plötzlich stehen und sagte: »Ich gehe nicht mehr weiter.«

Er hatte die Kamerabatterie sowie das Stativ mitsamt Kopf getragen. Ich dachte mir: *So darf der Tag nach all der Kraxelei nicht enden.* Also packte ich sein Bündel noch auf das meine und setzte den Weg ohne ihn fort. Im Vorgeschobenen Basislager machte ich meine Interviews, drehte ein paar Szenen und stieg dann wieder bis ins Basislager ab. Ohne Akklimatisierung war es einer der härtesten Tage, die ich je in den Bergen verbracht habe.

Nach einer Woche Dreharbeiten rund um das Basislager und am Eisbruch stieg ich wieder zum Vorgeschobenen Basislager auf. Die Norweger hatten mit den Sherpas für Fixseile bis zu Camp III gesorgt. Die Sherpas kamen an jenem Abend wieder zurück ins Lager und erzählten, sie hätten oben Leichen gesehen, denen sie nicht zu nahe kommen wollten. Sherpas sind abergläubisch, was Tote angeht: Sie glauben, eine Leiche zu berühren, bringe Unglück.

Im Oktober des Vorjahres hatten Dick und ich einen erfolglosen Versuch am Everest unternommen. Gegen Ende der Expedition hatten zwei unserer Teamgefährten, Ang Dorje und Ugendra Thapa, noch den Gipfel zu erreichen versucht. Irgendwo zwischen dem Südostgrat und dem Südsattel waren sie abgestürzt und ums Leben gekommen. Sherpas hatten damals ihre Angst überwunden und waren hochgestiegen, um die Leichen zu bergen. Da sie sie jedoch nicht über das steile Eis der Lhotse-Flanke transportieren konnten, hatten sie die beiden Leichen an einem Genfer Sporn genannten Felsauswuchs zwischen Camp III und IV festgezurrt.

Ich zog am nächsten Tag los, um mir das anzusehen, und tatsächlich sah ich einige hundert Meter unter der Lhotse-Flanke Teile von Ang Dorje und Ugendra Thapa über den Gletscher verstreut. Offensichtlich hatte der Wind ihre an den Genfer Sporn gebundenen Leichen irgendwann im Winter losgerissen und über die Kante geweht. Tiefgefroren waren sie auf ihrem Sturz über 1000 Meter wie Porzellan zerschellt. Ich war wie betäubt. Ich lief auf dem Gletscher herum und versuchte sie wenigstens so weit zusammenzusetzen, dass jeder für sich in einer Felsspalte begraben werden konnte – ein gemeinsames Grab schien mir zu anonym. Ich musste bald erkennen, dass meine Bemühungen vergebens waren.

Als ich so ihre sterblichen Überreste zusammensammelte, um sie in das zerrissene Zelt zu packen, kam einer der Norweger mit einer Kamera hinzu. Er war Fotojournalist und fragte mich, ob er ein paar Bilder machen könnte.

Ohne zu zaudern, lehnte ich ab. »Das waren Freunde von mir«, sagte ich. »Wem soll das nützen, sie so zu fotografieren?«

Er hatte seine Antwort rasch parat. »Aber so was passiert nun mal auf Expeditionen. Es ist einen Bericht wert.«

Ich schüttelte den Kopf. »Dass es passiert ist, heißt noch lange nicht, dass jeder ein Recht darauf hat, es zu sehen.«

Es war ein völlig nüchternes Gespräch, aber ich blieb unerschütterlich in meiner Weigerung. Für mich wäre es blanker Voyeurismus gewesen, diesen grausigen Anblick zu fotografieren: Wie mochte wohl einer aussehen, der von der Lhotse-Flanke gefallen war? Ich hatte das Gefühl, das Vertrauen meiner Freunde zu missbrauchen, wenn ich ihn diese Aufnahmen machen ließ. Die Toten haben ein Anrecht auf Würde.

Während der Norweger noch mit mir zu diskutieren versuchte, musste ich daran denken, wie Ugendra zu nepalesischer Musik getanzt hatte. Er hatte ein herrliches Lachen gehabt und ein sanftes Gesicht. Sie in ihrer ewigen Ruhe zu stören, das kam einfach nicht infrage.

Wie auch immer, ich verstand den Widerspruch zwischen meiner Handlungsweise als Freund und Bergsteiger und der seinen als Fotograf. So bei den Leichen von Ang Dorje und Ugendra Thapa zu sein, schien mir ein feierlicher Augenblick. Ihr Tod war Teil meines Lebens, nicht seines. Wären sie seine Freunde gewesen, ich bin sicher, er hätte jeden kamerabewehrten Eindringling abgewiesen.

Der Fotograf gab es auf und ging zum Lager zurück. Ich schnürte das Zelt zusammen, machte ein Bündel daraus und zog es in Richtung einer tiefen Spalte ein gutes Stück weiter weg. Als ich sie erreichte, bat ich den Berg und den Wind um Frieden für die beiden Männer, bevor ich das große Bündel über die Kante schob und zusah, wie es in den Tiefen des Gletschers verschwand.

Zehn Tage später, als ich mit den Sherpas Ausrüstung zum Vorgeschobenen Basislager schaffte, trat ich bei einer Durchquerung des Gletscherbruchs durch das dünne Eis eines gefrorenen Teichs und stand plötzlich bis zu den Hüften in eisigem Wasser. Ich zog mich heraus, stieg aus den Überstiefeln, schüttete das Wasser aus, wrang die Socken aus und stand bibbernd da. Ich kam mir vor wie ein Vollidiot. Es hätte eine halbe Stunde gebraucht, zum Basislager zurückzulaufen, aber mein Ziel war nun mal das Vorgeschobene

Basislager gewesen und ich blieb stur. Ich ging davon aus, dass es im Western Cwm wie meistens warm sein würde, musste dann aber zu meinem Entsetzen feststellen, dass es an jenem Tag kühl und windig wurde. Nass, wie ich war, schüttelte es mich vor Kälte und ich kam hustend und zitternd im Vorgeschobenen Basislager an.

Einige Tage später sagte mir der norwegische Arzt, ich hätte eine Lungenentzündung: Er gab mir Antibiotika und riet mir, wieder abzusteigen. Ich hatte nicht die Absicht, seinem Rat zu folgen. Die norwegischen Alpinisten, und damit auch wir, kamen rasch voran. Das erste Team hatte den Gipfel bereits erreicht und das zweite stand vor einem Gipfelversuch. Sie würden bald wieder absteigen, und wir müssten mit. Die Nepalesen würden uns nicht erlauben, auf dem Berg zu bleiben, nachdem der Inhaber der Genehmigung abgereist war. Wenn wir es dieses Jahr auf den Gipfel schaffen wollten, dann mussten wir das letzte Team der Norweger einholen. Krank und in erbärmlicher Verfassung brachte ich drei Tage im Schlafsack zu, während ich darauf wartete, dass Dick zu mir ins Vorgeschobene Basislager heraufkam. Als er eintraf, bereiteten wir uns auf einen Gewaltmarsch vor, um die Norweger einzuholen und dann vom Hochlager aus mit ihnen auf den Gipfel zu gehen.

Ich wusste, Dick war kräftig genug, und ich war bereits 1983 und 1984 am Everest gewesen. Um Zeit zu gewinnen, beschlossen wir, Lager III zu ignorieren und an einem einzigen Tag zu Lager IV hochzugehen. Das ist immerhin ein Höhenunterschied von fast 1500 Metern, eine Leistung, die außer den Sherpas kaum jemand schaffte. Wir brachen am frühen Morgen des 28. April vom Vorgeschobenen Basislager auf. Als ich Lager III erreichte, machte das norwegische Team sich gerade auf den Weg zu Lager IV. Ich war erleichtert, sie noch erwischt zu haben, und ruhte mich aus, während ich auf Dick wartete. Die Norweger ermahnten mich, Dick an einem einzigen Tag nicht derart weit klettern zu lassen, dann bra-

210

chen sie auf. Ich machte mir eher Sorgen um mich als um Dick. Die lange Rast im Vorgeschobenen Basislager hatte meinen Gesundheitszustand verbessert, aber ich war weder so kräftig noch so zuversichtlich wie eine Woche zuvor. Wenigstens hatte ich keine Angst vor einer unbekannten Größe. Ich wusste, ich konnte den Everest besteigen, ich kannte die Route, und ich wusste, wo ich mich zu schonen und wo ich Energie zu investieren hatte. Ohne diese Erfahrung hätte ich nie mit Dick weitergehen können.

Nach elf Stunden Kletterei schleppten wir uns kurz nach Einbruch der Dämmerung völlig erschöpft und dehydriert auf den Südsattel. Es war absolut ausgeschlossen, dass wir uns bis zum Aufbruch der Norweger in vier Stunden wieder erholt hätten. Wir hatten genügend Sauerstoffflaschen auf dem Südsattel, sodass Dick und ich beschlossen, uns am nächsten Tag in Camp IV auszuruhen. Indem wir die Masken anlegten und Sauerstoff aus der Flasche atmeten, ließ sich vorübergehend die Schwächung aufhalten, die ein Extratag in einer Höhe von über 7900 Metern mit sich brachte. Und auch vor Dicks unaufhörlichem Geplapper hatte ich etwas Ruhe. Wir wollten uns spät am selben Abend an den Gipfelangriff machen. Während wir uns ausruhten und dem Körper Wasser zuführten, stiegen die Norweger auf den Gipfel. Später sahen wir sie einen nach dem anderen wieder auf ihre Zelte zutaumeln. Ich beneidete sie darum, nun wieder ins Basislager absteigen zu können, erschöpft, aber von der Spannung und der Nervosität befreit, die jedem Gipfelversuch am Everest vorausgehen.

Kurz vor Mitternacht machten wir uns zu dritt auf den Weg: Dick, der Sherpa Ang Phurba und ich. Glücklicherweise war die Spur der Norweger größtenteils noch intakt. Ang Phurba und ich wechselten uns beim Spuren ab. Die Sonne war gerade aufgegangen, als wir den Südostgrat erreichten. Aber als wir uns so zum Südgipfel hochkämpften, hüllten uns dünne Wolken ein. Wir schleppten uns auf den Südgipfel und starrten über den Quergang zum Hillary Stepp. Die Traverse war nicht mit Fixseilen gesichert, und wir waren nicht angeseilt. Ich war erleichtert, wenigstens ein Fixseil am Hillary Stepp hängen zu sehen.

Dick hatte akzeptiert, dass er keinen Handlauf und ich nicht die Absicht hatte, ihn bei seinem langsamen Gang über die Traverse zu sichern. Es war einfach nicht machbar und schon gar nicht sicher. Wäre einer der Seilschaft abgestürzt, er hätte die anderen mit in den Tod gerissen. Er konnte die exponierte Traverse also entweder mit dem Eispickel und im Vertrauen auf seine Fertigkeiten überwinden oder wieder umkehren. Ich nahm den Quergang als Erster und wartete auf Dick am Hillary Stepp. Er kam langsam voran, schaffte es aber ohne Problem. Ang Phurba erkletterte den Hillary Stepp als Erster und als ich folgte, löste ich einen Teil des Fixseils und warf es hinab, um Dick den Stepp hinauf zu sichern, da ich jetzt einen soliden Stand hatte.

Nebelschwaden waren auf unserem Weg zum Gipfel aufgezogen und es war unmöglich, den oberen Teil des Berges zu sehen. Eine Dreiviertelstunde später standen wir alle auf dem Gipfel. Ich war zu erschöpft, um zu feiern, und es gab auch keine Aussicht, in der sich schwelgen ließ; weiter als ein paar hundert Meter sahen wir nicht. Ich machte mir Sorgen um Dick und wollte so schnell wie möglich wieder hinab. Es war Mittag und er hatte den Sauerstoff weiter aufgedreht, als ich es ihm erlaubt hatte, das hieß, er hatte bald keinen mehr. Ich machte auf dem Gipfel noch ein paar Schnappschüsse und drehte dreißig Sekunden 16-mm-Film mit Dick.

Ganz plötzlich gab Ang Phurba, der nicht viel Englisch sprach, uns zu verstehen, dass er Probleme mit den Augen habe. Ich hatte ihn schon während des Aufstiegs an seiner Brille herumfummeln und sie vom Schnee befreien sehen. Ich dachte mir, er zeige die ersten Anzeichen von Schneeblindheit. Er wollte absteigen, solange er noch etwas sah. Ich bat ihn, seine angebrochene Sauerstoffflasche am Südgipfel für

Dick liegen zu lassen. Ohne ein weiteres Wort verschwand er auf seinem Abstieg im Dunst und ich sah ihn erst in Lager IV wieder.

Auf dem Gipfel gab ich Dick meine Sauerstoffflasche. Ich hatte 1983 zum Abstieg keine Maske gebraucht, ich brauchte auch jetzt keine. Ich käme zwar ohne etwas langsamer voran, aber mit Dick Schritt zu halten wäre kein Problem. Ich kam mir sehr einsam vor, als ich so in den Dunst blickte. Nur wir zwei auf dem höchsten Punkt der Welt – wir waren völlig allein. Ich stieg hinter Dick ab, der langsam, aber stetig vorankam und sorgsam darauf achtete, wo er mit seinen Steigeisen auftrat. Wir seilten uns über den Hillary Stepp ab und gingen unsere Spur über die Traverse zurück. Einige hundert Meter unterhalb des Südgipfels ging ihm zum zweiten Mal der Sauerstoff aus. Jetzt kam er nicht mehr als zwölf, fünfzehn Meter voran, ohne sich wieder hinzusetzen und auszuruhen. Ang Phurba hatte in seiner Eile, den Südsattel zu erreichen, bevor er nichts mehr sah, vergessen, seine Flasche auf dem Südgipfel zu lassen. Damit hatten wir nun keinen Sauerstoff mehr.

Dick hatte schon eine Weile nichts mehr gesagt, aber irgendwann einmal stammelte er, dass er womöglich zu müde für einen Abstieg wäre. Es war ein schrecklicher Augenblick, seine Worte erwischten mich eiskalt. Es war erst halb zwei Uhr nachmittags. Noch eine halbe Stunde zuvor war er problemlos vorwärts gekommen und jetzt wollte er auf einmal nicht mehr auf die Beine. Als ich so neben ihm saß, wurde mir bewusst, dass auch ich über die Maßen müde war. Meine Lungenentzündung war noch nicht ausgeheilt und ich hatte den ganzen Tag über Mühe mit dem Atmen gehabt. Erst in diesem Augenblick fiel mir die Sauerstoffflasche ein, die ich in der Rinne direkt unterhalb des Südostgrats gelassen hatte. Ich hatte sie abgenommen und liegen lassen und dann für den Gipfelaufstieg eine frische genommen. Sie war nur zu einem Drittel gefüllt. Ich sagte Dick, wir würden von jetzt ab nur noch im Stehen rasten. Ich dachte mir, solange er auf den Beinen war, könnte ich ihn auch dazu bewegen, weiterzugehen.

Arm in Arm machten wir uns an den Abstieg, ganz und gar darauf konzentriert, die Leben rettende gelbe Flasche zu erreichen, die kaum hundert Meter unter uns lag. Ich war noch nicht einmal sicher, ob sie auch da war. Ang Phurba hatte sie womöglich in seiner Verzweiflung für seinen Abstieg benutzt. Hinter dem dicken Nebel unterhalb des Gipfels sah ich ganz plötzlich bis hinab nach Lager IV. Ich erreichte die Rinne vor Dick und da lag sie, die kostbare Flasche. Dick tat einige letzte Schritte und setzte sich. Ich nahm ihn zwischen meine Beine, Schloss sein Atemgerät an der Flasche an, drehte den Sauerstoff auf und stülpte ihm die Maske übers Gesicht. Ich umarmte ihn immer wieder kräftig, um ihn zu beruhigen, und sagte ihm, es sei nun alles okay. Es dauerte nur wenige Minuten und seine ganze Körpersprache änderte sich; er schien bemerkenswert verjüngt. Er stand auf und wir machten uns an einen langsamen Abstieg zum Südsattel.

Das häufige Rasten auf den kleinen Terrassen und Leisten machte mir nichts aus. Die Flasche Sauerstoff hatte den Tag völlig verändert und jetzt schien auch noch die Sonne. Trotzdem fühlte ich mich völlig verausgabt und ich vergaß keinen Augenblick, wie tückisch das Gelände war: Ugendra Thapa und Ang Dorje waren irgendwo in der Nähe unserer Route abgestürzt.

Als ich den Hang hinab auf das Lager blickte, sah ich eine Gestalt aus einem der Zelte kommen und auf uns zugehen. Ich konnte mir nicht vorstellen, wer das sein sollte – schließlich war das norwegische Team bereits abgestiegen und Ang Phurba wahrscheinlich in seinem Zelt zusammengebrochen. Als die Gestalt näher kam, sah ich, dass es Ang Rita war; und er hatte eine Thermoskanne dabei. Mein Freund vom Gipfelgang zwei Jahre zuvor hatte am Südsattel gewartet, anstatt mit seinem Team abzusteigen. Es war eine großzügige

214

Geste und seine Sorge um uns bedeutete mir sehr viel. Als er mich knapp hundert Meter oberhalb von Camp IV erreicht hatte, hielt ich an und setzte mich. Ich trank den süßen, milchigen Sherpa-Tee. Dick stieß zu uns und dann saßen wir alle trinkend und schweigend da. Langsam begann die mörderische Spannung des Tages von uns abzufallen. Wir waren in Sicherheit. Es war einer der glücklichsten Augenblicke, die ich je auf einem Berg mit jemandem teilte, und nie war ich so dankbar, jemanden zu sehen wie damals Ang Rita mit seiner Thermoskanne voll süßem Tee.

Ich hatte inzwischen den Ruf, ein Mann zu sein, der mit einem Eispickel genauso umgehen konnte wie mit einer Filmkamera, woraus sich weitere Gelegenheiten ergaben, diese beiden Fertigkeiten zu kombinieren.

1985 hatte ich Leichen geborgen und meine Probleme mit dem Fotografieren von Toten gehabt – 1986 hatte ich gleich wieder mit der Bergung von Leichen und dem Fotografieren von Toten zu tun. Ich bekam von der BBC den Auftrag, einen Dokumentarfilm über die frühen britischen Besteigungsversuche des Mount Everest zu drehen. Das Hauptgewicht lag auf George Mallory und Andrew Irvine, die 1924 am Nordostgrat des Everest verschwunden waren. Der Film trug den Titel *Everest: The Mystery of Mallory and Irvine*.

Wir hatten Tom Holzel dabei, der auf der Suche nach Mallorys Kamera war. Andrew Harvard, mein Kamerad von der Kangshung-Flanke, war unser Expeditionsleiter und Koproduzent. Man hatte schon viele Jahre zuvor am Nordostgrat Irvines Eispickel gefunden. Darüber hinaus hatte ein chinesischer Bergsteiger berichtet, auf einer Terrasse einige hundert Meter unterhalb der Fundstelle des Eispickels eine Leiche gesehen zu haben, die er als »englischen Toten« beschrieb. Tom wusste, dass Mallory eine kleine Kodak-Kamera dabeigehabt hatte. Da man im Zelt von Mallory und in Irvines

Hochlager jedoch keine gefunden hatte, war es durchaus vernünftig, zu spekulieren, dass Mallory sie am Tag des Gipfelversuchs bei sich gehabt hatte. Falls Mallory und Irvine den Gipfel erreicht hatten, so hatte er höchstwahrscheinlich auch ein Gipfelfoto gemacht. Ein Gipfelfoto würde wiederum beweisen, dass er fast dreißig Jahre vor Hillary und Norgay auf dem Gipfel des Everest gewesen war.

Tom war fest entschlossen, die Kamera zu finden, und Kodak stand nur zu gern mit Rat und Tat zur Seite. Man sagte uns, es sei aufgrund der kalten, trockenen Bedingungen in 8200 Meter Höhe durchaus möglich, dass nach wie vor brauchbare Bilder auf dem Film waren. Sollten wir die Kamera bergen, mussten wir sie sorgfältig in Alufolie verpackt den Berg hinabbringen und zum Entwickeln in die USA schicken.

Alles war ganz begeistert von dem Projekt, aber ich bezweifelte, dass wir Mallorys Leiche und die Kamera samt Gipfelfoto finden würden. Ausgehend von dem, was wir über Mallory und Irvine wussten – ihre Kleidung in dieser tödlichen Kälte, bei diesem Wind, ihr Sauerstoffgerät, ihr Tempo beim Aufstieg und schließlich ihr Problem, den Second Stepp zu überwinden, eine steile Wand in 8778 Meter Höhe –, war ich ziemlich sicher, dass Mallory und Irvine es nicht bis auf den Gipfel geschafft haben konnten. Aber selbst wenn wir das berühmteste Rätsel des Alpinismus nicht lösen sollten, garantierte die Suche und die Story allein schon einen guten Film.

Für mich begann die Reise bereits in London, mit einem Besuch bei der britischen Historikerin und Autorin Audrey Salkeld. Wir sprangen in ihren alten blauen VW-Käfer und fuhren nach Cambridge, um mit dem letzten Menschen zu sprechen, der Mallory und Irvine lebend gesehen hatte, Professor Noel Odell. Odell, der bereits über neunzig war, erzählte uns von seiner Rast auf gut 7800 Metern am Nordgrat. Er hätte Mallory und Irvine als winzige Gestalten langsam

216

auf den Second Stepp zugehen sehen, der nur 90 Meter unter dem Gipfel liegt. Dann habe der Dunst die Sicht genommen und die beiden wurden nie wieder gesehen.

Danach fuhren Audrey und ich nach New Romney, einem Dorf im Marschland von Kent. Wir trafen uns dort mit Captain John Noel, dem großen Pionier des Everest-Films. Er hatte die britischen Everest-Expeditionen 1922 und 1924 gefilmt. Das Schwarzweißmaterial, das er mit seiner federgetriebenen 35-mm-Kamera gedreht hat, ist ein unvergleichliches Dokument des Extrembergsteigens. Schon 1913, als Tibet noch keine Ausländer ins Land ließ, war er illegal, verkleidet und mit dunkel bemaltem Gesicht bis auf hundert Kilometer an den Everest herangekommen.

Auch Captain Noel war längst über neunzig, als wir ihn interviewten. Er unterhielt uns mit Theorien über das Verschwinden der Bergsteiger, erzählte von seinen Tagen am Everest, dem speziellen Zelt mit der doppelten Wand, in dem er im Basislager seine Filme entwickelte und dass er darin mit Yakdung geheizt habe. Er hatte ein hängendes Augenlid und trug eine Fischermütze und mehrere dicke Pullover übereinander, aber man sah noch immer die Kraft in den breiten Schultern, und er war gelenkig genug, um die steile Treppe zu seinem Schlafzimmer im ersten Stock hochzusteigen.

Jetzt war es an uns, das Rätsel zu lösen. China vergab damals regelmäßig Einreisegenehmigungen für Tibet an ausländische Expeditionen. Auch für kleine Gruppen unabhängiger Reisender hatte man die Tür geöffnet. Die eine Hälfte unserer Mannschaft flog nach Katmandu und fuhr die Ausrüstung mit Lastwagen nach Shegar. Ich selbst flog mit dem Rest der Gruppe nach Lhasa. Als ich das letzte Mal in Lhasa gewesen war, hatte man uns im Gästehaus Nr. 3 in der Kaserne vor der Stadt einquartiert. Diesmal wohnten wir im neuen, von Holiday Inn gemanagten Lhasa Hotel. Ein mächtiger überdachter Eingang führte in die Marmorlobby, an deren hinterer Wand auf einem riesigen Gemälde der Everest dargestellt war. Das Hotel bot all das, was wir bei unserem früheren Aufenthalt nicht vermisst hatten: Luxus. Mir wäre das Gästehaus der Armee lieber gewesen.

Auf dem Weg zum Hotel waren wir an drei Radfahrern vorbeigekommen, ein seltener Anblick in diesem Land. Sie hatten alle die gleichen gelben Radmonturen getragen und frühe Mountainbike-Versionen mit Stollenreifen und vollen Packtaschen gefahren. Als ich in die funkelnde Halle des Lhasa Hotel trat, sah ich die staubbedeckte Gruppe. Unter ihnen war eine unglaublich sportliche Frau Anfang Zwanzig. Sie hatte dunkles Stoppelhaar und war einfach hinreißend.

Wir alle starrten sie an und schlossen Wetten ab, ob es wohl Amerikaner waren. Ich ging hinüber.

»Haben wir Sie vorhin bei der Fahrt hierher überholt?«

Sie sagte ja, das seien sie gewesen. Sie hieß Veronique Choa und war aus New York. Sie war halb Französin, halb Chinesin, hatte Anthropologie studiert und erst kürzlich ihren Abschluss an der University of Pennsylvania gemacht. Im Augenblick bereiste sie mit ihrem Freund und einem anderen Burschen Asien. Sie hatten eine Art Wohltätigkeitstrip auf die Beine gestellt und waren mit ihren Rädern von Chengdu nach Lhasa gefahren. Nach sechs Wochen war ihnen jetzt nach einem Hauch von Zivilisation, einer Dusche und sauberen Laken, bevor es nach Katmandu weiterging.

Wir waren alle von ihrer Leistung beeindruckt. Mit dem Rad aus dem Tiefland ins tibetische Hochplateau zu fahren war Knochenarbeit auf den miserablen Straßen. Außerdem erforderte es eine Menge Mut, mit dem Rad durch diesen Teil Tibets zu fahren. Es war keine Frage, dass wir alle sie gern in unserem Basislager gesehen hätten. »Kommt doch rauf ins Basislager, wir zeigen euch den Berg«, sagte jemand und fügte dem Angebot als zusätzlichen Anreiz noch eine Flasche Johnnie Walker Red Label hinzu.

218

Zwei Wochen später strampelten sie über den Pang La, einen in 5240 Meter Höhe gelegenen Pass, in unser Lager. Es gab nicht einen in unserem Team, der nicht sofort in Veronique verknallt gewesen wäre, ich eingeschlossen. Sie war gebildet und weltgewandt – und sie war mit dem Rad quer durch Tibet in unser Basislager gefahren. Eine absolut betörende Kombination. Ich freute mich, die drei im Lager zu haben. Ihre Unbekümmertheit erinnerte mich an meine Besteigung des Kwangde mit Jeff vier Jahre zuvor. Jetzt stand ich auf einem Berg mit der Last meiner Verantwortung als Kameramann und Regisseur: keine Spur von jugendlichem Abenteuergeist wie damals am steilen Eis des Kwangde.

Veronique und ihre Kameraden Keith und Tim waren kräftig und nach all den Wochen über Tibets hohe Pässe gut akklimatisiert. Wir luden sie ein, mit hinauf ins Vorgeschobene Basislager zu kommen. Sie blieben einige Tage, aßen mit uns im Kantinenzelt, brachten etwas Humor und eine andere Auffassung von Abenteuer und Everest in unsere abgedroschene Unterhaltung. Ich war hingerissen von Veroniques Natürlichkeit.

Ich musste mich bald wieder auf den Everest konzentrieren. Wir befanden uns am Nordsattel, auf einer Höhe von 6490 Metern, und es wurde Zeit weiterzugehen. Veroniques Augenmerk galt Katmandu, frischen Nahrungsmitteln, einem warmen Hotel und dem Ende ihres Abenteuers. Ich wollte nicht, dass sie abreiste, und versuchte, eine Position im Filmteam für sie zu erfinden. Meine Bemühungen hatten die Finesse eines Schuljungen, der zum ersten Mal verknallt ist. Als ich so im Vorgeschobenen Basislager stand und Veroniques Gestalt in der Ferne über eine Moräne verschwinden sah, gelobte ich mir, sie wieder zu sehen.

Abgesehen von Veronique ist mir von dieser Expedition vor allem der Sherpa Dawa Nuru im Gedächtnis geblieben. Er hatte 1985 zur Mannschaft der Norweger gehört und so hatte ich ihn mir persönlich für mein 86er Team ausgesucht.

Wenn man lernt zuzuhören, haben die Berge stets eine Lektion für einen. Und in jenem Jahr lehrte mich der Everest etwas über den Wind. 1986 waren die Winde grimmig. Sie ließen uns nicht nur Kraft und Zorn des Berges, sondern auch unsere eigene Schwäche spüren.

Es war Mitte September, eine Zeit, in der am Everest für gewöhnlich relativ ruhiges Wetter herrscht, da der Jetstream während des Sommers nach Norden gezogen ist. Nicht so in jenem Herbst. Der Jetstream war früher als sonst wieder in den Süden gekommen, schwappte über den Gipfel wie ein gewaltiger Wasserfall und scheuerte die Hänge blank. Diese Winde sind keine Sturmböen, die plötzlich aufkommen, sie wehen pausenlos und unerbittlich.

Jeder einzelne Tag unserer Expedition war ein Kampf mit dem Wind. Vom Vorgeschobenen Basislager aus blickten wir den Nordostgrat hinauf, geradezu von Ehrfurcht ergriffen vor den mächtigen Wänden aus Pulverschnee, die der Wind vom Fels blies. Schon mehrere Versuche, in 7770 Metern auf dem Grat Lager IV einzurichten, waren fehlgeschlagen. Schließlich nahm ich mir drei Sherpas, fest entschlossen, diesmal ein Lager aufzuschlagen. Auf einer Höhe von 7770 Metern kletterten wir direkt in den Sturm. Das stundenlange Ankämpfen gegen den Wind war strapaziös, aber schließlich fanden wir in der Nähe der Stelle, an der – wie wir wussten – das britische Team 1924 biwakiert hatte, ein Fleckchen unebenen, felsigen Terrains, wo sich unser Zelt aufschlagen ließ.

Ein Zelt aus dem Sack holen und zusammenbauen, das hört sich recht einfach an. In knapp 8000 Meter Höhe jedoch, ohne zusätzlichen Sauerstoff, im heulenden Wind des Jetstream, der mit hundert Sachen an einem reißt, ist schon das Auspacken eines Zelts eine Herausforderung. Dann muss man auf den Sack achten, das Überdach herausholen, zusammenpacken und mit Steinen beschweren, damit es nicht fortgeweht wird. Schließlich holt man das eigentliche Zelt heraus mitsamt den Stäben, die dann zu einer Kuppel zusammengesetzt werden, die theoretisch auch Sturmböen standhält.

Als an jenem Abend die Sonne unterging, knieten die drei Sherpas und ich auf dem Zelt, das uns um die Beine schlug, und versuchten, drei glatte Alurohre zusammenzusetzen, ohne dass uns eines den Berg hinabfiel. Wir bekamen die Stäbe schließlich durch die richtigen Führungen am Zelt und hatten so ein riesiges Nylonsegel geschaffen. Zu viert rangen wir das Zelt nieder und zurrten es fest.

Manchmal ist die beste Verankerung für ein Zelt der Mensch selbst. Ich kroch also hinein und merkte, dass mir der Fuß eingeschlafen war. Ich verbrachte fast die ganze Nacht damit, ihn wieder zum Leben zu erwecken. An Schlaf war ohnehin nicht zu denken. Das Heulen des Windes raubte einem den letzten Nerv. Immer wieder hörten wir ein Krachen, ein Knallen wie das eines Feuerwerkskörpers auf dem Überdach unseres Zelts. Ich sah hinaus und es sausten Eisbrocken so groß wie Tischtennisbälle am Zelt vorbei. Mit dem Rücken stützten wir die Zeltwände, um zu verhindern, dass es einbrach und in sich zusammenfiel oder uns gar mit über den Vorsprung riss.

Am Morgen schlug der Wind noch immer auf das Zelt ein. Wir hatten gehofft, Vorräte zu Lager V, dem Hochlager, hinaufschaffen zu können. Aber bei diesem Wind war an einen Aufstieg gar nicht zu denken. Wir beschlossen statt dessen, Lager IV wieder zu verlassen und ins Vorgeschobene Basislager zurückzukehren, um abzuwarten, dass der Wind sich legte. Als die drei Sherpas und ich uns an den Abstieg machten, blickte ich noch einmal zurück und sah, dass das Zelt, das aufzustellen und zu verankern wir uns solche Mühe gemacht hatten, schon vom Wind geplättet war und sich loszureißen begann.

Im Vorgeschobenen Basislager warteten wir darauf, dass der Jetstream den Gipfel losließ. Wir hatten nun bereits Mitte Oktober und große Wetterveränderungen waren nicht zu erwarten. Dawa Nuru, Mike Yeager (ein Mitglied des Kletterteams, das in Katmandu lebte) und einige andere Sherpas waren oben am Nordsattel auf 7000 Meter Höhe bei einem weiteren Versuch, Lager IV aufzubauen. Der Wind wehte den losen Schnee direkt über den Nordsattel auf den Windschattenhang, also genau den Hang, den wir zu durchsteigen hatten, um in das Lager auf dem Nordsattel zu kommen. Selbst an klaren Tagen bildet der Schnee hohe Wächten und sorgt mit weichen Schneebrettern für große Lawinengefahr.

Einige Tage darauf beschlossen vier Sherpas, vom Nordsattel abzusteigen. Es hatte niemand über Funk Bescheid gesagt und so weit ich wusste, sollten sie auch gar nicht absteigen. Ich sah entsprechend verwirrt hinauf zum Nordsattel, der mehr als anderthalb Kilometer von uns entfernt war. Zwei Sherpas standen reglos dort oben, während ein dritter wieder hinauf zum Nordsattel stieg; der vierte war nirgendwo zu sehen. Schließlich erreichte der Sherpa, der wieder nach oben gestiegen war, den Nordsattel und Yeager meldete sich per Funk. Eine Lawine sei abgegangen und hätte jemanden begraben. Ich machte mich auf der Stelle mit Ang Phurba, dem Sherpa, der schon 1985 mit mir auf dem Gipfel gewesen war, auf den Weg.

Kaum hundert Meter vom Fuß des Nordsattels entfernt standen die Sherpas wie angewurzelt im Schnee. Zwei Stunden schon klammerten sie sich an die Reste der Fixseile. Sie befürchteten, die geringste Bewegung könnte eine weitere Lawine auslösen.

In einiger Entfernung ragte ein Arm aus einem Haufen Lawinenschnee. Mit den Händen schaufelten Ang Phurba und ich den Schnee vom Gesicht des verschütteten Sherpa. Es war Dawa Nuru. Seine sanften braunen Augen waren geöffnet. Er war ein so liebenswerter Mann gewesen, so freundlich im Umgang mit seiner Frau und seinen drei Söhnen. Ich hätte nicht mit Sicherheit sagen können, wie er gestorben war; es sah jedenfalls nicht so aus, als sei er erstickt. Wahrscheinlicher war, dass er sich das Genick gebrochen hatte. Die Lawine war nicht sehr weit abgegangen, sechzig, neunzig Meter vielleicht und seine Leiche lag direkt unter der Schneeoberfläche. Ich wusste, dass Dawa Nuru noch nicht sehr lang tot sein konnte, weil seine Augen noch nicht verschleiert waren. Dawa Nurus friedliches Aussehen im Tod beeindruckte mich tief. Sein Gesicht zeigte nicht die Spur von Entsetzen, von Schmerz, nur eine stille Betroffenheit.

Ich gab die Nachricht von seinem Tod per Funk nach unten durch. Wir legten seine Leiche in einen Schlafsack und schafften sie abwechselnd ziehend und tragend hinab ins Camp. Dieser Zwischenfall wirkte sich natürlich auf die ganze Mannschaft, auf die ganze Expedition aus und ich hielt es für nötig, dies zu dokumentieren. Ich ging also voraus ins Vorgeschobene Basislager und baute die Kamera auf, um zu filmen, wie die Gruppe ihn herunterbrachte. Ganz und gar eingewickelt und in den Schlafsack geschnürt war Dawa Nuru nicht zu erkennen, als man ihn ins Lager zog. Und nie hätte ich die Kamera auf das Gesicht des Toten gerichtet.

Im Vorgeschobenen Basislager legten wir seine Leiche in ein Zelt. Ich hatte Dawa Nuru besser gekannt als irgendein Bergsteiger aus dem Westen; ich selbst hatte ihn für diese Expedition ausgewählt. Ich ging in das Zelt und setzte mich zu ihm. Wir hatten es nicht leicht gehabt auf dem Berg bei diesem Wetter, dem Wind und dem Schnee. Es war einfach furchtbar, dass es so zu Ende gehen musste. Ich saß lange bei ihm mit Gedanken voller Wut und Scham. Scham, weil da ein guter Mann lag, der nur Brot für sich und seine Familie hatte verdienen wollen. Wütend war ich auf die Erbarmungslosigkeit des Windes. Letztlich entschied ich mich dann, mit der Leiche ins Basislager abzusteigen.

Tags darauf forderten wir Yaks an. Einige Sherpas und ich gingen ihnen mit Dawa Nurus Leiche entgegen. Wir konnten ihn nur jeweils fünf Minuten tragen, dann mussten wir ihn absetzen, um auszuruhen. Als wir am nächsten Tag unseren Abstieg fortsetzten, begegneten wir den Yaks, die unseren Freund hinunter ins Basislager trugen. Wir benachrichtigten die Mönche im buddhistischen Kloster von Rongbuk einige Kilometer weiter unten im Tal. Während die Mönche die Leiche für die Einäscherung, die traditionelle Art der Bestattung für die buddhistischen Sherpas, vorbereiteten, schickten wir unseren Jeep in ein Dorf, um Feuerholz für seinen Scheiterhaufen zu kaufen.

Vor Tagesanbruch legten wir Dawa Nuru in unseren Jeep und fuhren ihn ins ehemalige Nonnenkloster von Rongbuk, das einige Kilometer vom Mönchskloster entfernt ist. Dort, in den Ruinen, die man dem Wahnsinn der Kulturrevolution verdankte, hatten die Mönche einen Scheiterhaufen errichtet, der bei Sonnenaufgang von einem Lama entzündet wurde. Es war ein frischer, klarer Oktobermorgen. Keiner verlor ein Wort. Ich hatte nur ein starkes Gefühl des Verlustes, als sich unter dem zunehmenden Mond die Luft mit dem dicken Rauch brennenden Wacholders füllte.

Ich kehrte ins Vorgeschobene Basislager zurück, aber mir war die Lust am Bergsteigen und Filmen vorerst vergangen. Wir gingen nicht mehr auf den Nordsattel, ja wir ließen unser Camp dort einfach zurück. Weil immer mehr Schnee über den Kamm wehte, wuchs auch die Lawinengefahr und wir konnten nicht hochsteigen und weitere Leben riskieren, nur um etwas Ausrüstung zu bergen. Uns wurde klar, dass wir Mallory nicht finden, dass wir noch nicht einmal in die Nähe des Gipfels kommen würden. Nach sechzig Tagen Kampf und Kummer brachen wir auf nach Katmandu.

Dort traf ich Dawa Nurus Bruder, der sich um die Witwe seines Bruders und um ihre drei Söhne kümmern wollte. Unser Expeditionsleiter Andy Harvard und ich richteten einen Fonds für die Ausbildung der Jungen ein, zu dem viele beigetragen haben. Es war eine moralische Verpflichtung und eine finstere Konsequenz unserer Expedition.

Ich versuchte immer wieder, Dawa Nurus Tod zu verstehen. Der Tod kommt auf dem Everest in der unterschiedlichsten Form. Als mächtiger Wind, der über den Gipfel fegt. Als dünne Luft, die einem die Fähigkeit, sich zu wärmen, klar zu denken, oder einfach den Lebenswillen raubt. Als harmloser kleiner Schneerutsch wie der, der Dawa Nuru das Leben gekostet hatte. Es genügt ein Achselzucken des Bergs und man ist tot.

Ich dachte an die mächtige Wirkung der Berge auf die menschliche Fantasie. Wenn es je einen Berg gegeben hat, der der menschlichen Arroganz Zügel angelegt und sie Demut gelehrt hat, dann ist es der Everest. Der Everest ist ein gewaltiges lebendes Wesen, das sich von Tag zu Tag verändert. Mit den schrecklichen Winden von 1986 hat er uns gezeigt, wie schwach wir in Wirklichkeit sind.

Die Winde ließen auch in der Folgezeit nicht nach. Während der nächsten anderthalb Jahre sollten nur zwei Alpinisten auf dem Gipfel des Everest stehen.

8

FREMDE WINDE

Nameless Tower, Karakoram, Pakistan.

NACH DAWA NURUS TOD begann ich zu verstehen, dass der Everest nicht mehr die Art Ziel war, die man einmal und dann noch einmal erreichen und dann wieder vergessen kann. Er war meine innere Landschaft geworden und ist es bis heute geblieben.

1987 bot sich mir eine Gelegenheit, den Everest auf ganz neue Weise zu sehen. NOVA, die wissenschaftliche Serie von PBS, dem amerikanischen öffentlichen Rundfunk, war an einem Film über Vermessung und Kartographierung des Everest interessiert, den ich selbst vorgeschlagen hatte. Ich konnte es kaum erwarten, Auge und Ohr für die Welt zu sein und ihr diesen prachtvollen Berg in einem ganz neuen Licht zu zeigen. Die Herausforderung bestand darin, den Everest so dazustellen, wie ihn vor einem Jahrhundert die ersten Menschen aus dem Westen gesehen hatten.

Schon machte ich mich ans Studium – Geschichte, Mathematik, Optik und Vermessungstechnik –, um die ersten Schritte des Westens auf diesem Berg zu verstehen, die ihren Ausgangspunkt in der britischen Kolonialgeschichte hatten.

Egal, wohin die Briten als Kolonialherren kamen, als Erstes wurde das Land vermessen und kartografiert. Straßen, Eisenbahnen und Handelsrouten wurden etabliert. Einerseits hatte die britische Kartografie strategische und kommerzielle Ziele, andererseits diente sie der Erforschung des Planeten. Die Vermessung Indiens war anfangs nicht darauf gerichtet, Berge zu entdecken und ihre Höhe zu definieren. Es hatte vielmehr mit etwas zu tun, was die Engländer den

Great Arc of India nannten, also mit den Meridianbogen, von deren Vermessung man sich Aufschluss über Größe und Oberfläche der Erde versprach. Die indische Meridian-Messung war von den Briten bereits im 18. Jahrhundert eingeleitet worden, und zwar an der Südspitze Indiens. George Everest, der von 1830 bis zu seiner Pension 1843 Chef des indischen Vermessungsdienstes gewesen war, trieb die Vermessung Richtung Norden, bis zu den Ausläufern des Himalaja, voran. Es war ein Unterfangen von einzigartiger Größe.

Mit meinem Dokumentarfilm für *NOVA* verfolgte ich das Ziel, den Everest so zu sehen, wie die ersten Landvermesser ihn von einem ihrer aus Lehmziegeln gebauten Vermessungstürme gesehen hatten. Man hatte in ganz Indien hunderte dieser gut neun Meter hohen Türme oder Stationen gebaut, die einzig und allein dazu dienten, eine Sichtlinie zu anderen Stationen oder geografischen Merkmalen herzustellen, die noch nicht kartografiert waren. Die Teams britischer Geodäten stellten so genannte Theodoliten auf diese Türme und nahmen mit deren Hilfe ihre exakten Vermessungen vor. Nepal war für Menschen aus dem Westen tabu und so arbeiteten sich die Teams auf der indischen Seite der indisch-nepalesischen Grenze vor, in einer Region namens Terai. Von hier aus vermaßen sie im Winter 1849/50 einen Punkt am nördlichen Horizont, der für sie schlicht Gipfel XV war. Er war 176 Kilometer entfernt. Zu diesem Zeitpunkt ahnte noch niemand, dass es sich um die höchste Erhebung der Erde handelte, aber irgendwo da draußen musste ein Berg sein, der diesen Superlativ verdiente. Die Berechnungen, die den Gipfel XV als den höchsten Punkt der Erde definierten, folgten erst sechs Jahre danach.

Die Entdeckung des höchsten Berges der Erde beschäftigte rund um den Globus die Fantasie und so weit man wusste, hatten die Einheimischen dem Gipfel keinen Namen gegeben. 1865 benannte Andrew Waugh den Berg seinem Vorgänger zu Ehren Everest.

Nachdem der Westen die Bedeutung des Berges erkannt hatte, existierte der Everest noch 48 Jahre lang nur als Idee, als Fantasieberg. Es gab weder Gemälde noch Fotografien, weder Form noch Beschaffenheit des Berges waren bekannt. Erst 1903 fotografierte Claude White von Khamba Dzong in Tibet aus, also aus einer Entfernung von gut 150 Kilometern, den gewaltigen Berg.

Ich wollte zu diesem Fantasieberg so aufschauen, wie die Landvermesser seinerzeit zu ihm aufgeschaut hatten, auch wenn es sich bei mir um einen Blick durch ein Teleobjektiv und nicht durch einen Theodoliten handeln würde, der das Bild auf den Kopf stellte. Von einem alten Vermessungsturm aus würde meine Kamera die erste Sichtung des Gipfels aus 176 Kilometer Entfernung nachstellen. Während meiner Nachforschungen in Dehra Dun, dem Hauptquartier des indischen Vermessungsdienstes, sagte mir der Generalinspekteur, dass es durchaus noch einige dieser Türme gab. Einer stand angeblich an der Nordgrenze der indischen Provinz Bihar in der Nähe des Dörfchens Nirmale. Es ist eine der ärmsten Gegenden Indiens und obendrein noch eine, die immer wieder von Malaria heimgesucht wird. Bevor ich aufbrach, hatte man mich eindringlich vor den *dacoits* genannten Banditen gewarnt, die die Straßen auf Motorrädern unsicher machten, Straßensperren errichteten und Reisende ausraubten. Aber ich war nun einmal entschlossen, den Lehmturm zu finden und hinaufzusteigen.

Mein Kameramann Edgar Boyles und ich flogen also nach Patna am Ganges. Unser Plan war einfach. Wir wollten uns einen Taxifahrer suchen, der bereit war, uns nachts zum Vermessungsturm zu fahren, sodass ich den Everest im Morgengrauen fotografieren konnte.

Edgar und ich traten probehalber gegen die Reifen einiger Taxis vor unserem Hotel und verhandelten dann mit den Fahrern. Schließlich überzeugte uns einer von ihnen, während er uns seinen Taxischein unter die Nase hielt, dass er unser

Mann sei. Er hatte einen fünfzehnjährigen Assistenten und fuhr einen alten Ambassador. Der hatte – Markenzeichen aller indischen Taxis – ein Kuppeldach, eine Kuppelhaube und eine Kuppel als Kofferraumschlag. Der Fahrer versicherte uns herablassend: »Natürlich weiß ich, wie es über Darbhanga nach Nirmale geht.«

Edgar und ich zwängten uns mitsamt unserer Ausrüstung hinein und schon ging es los. Lauthals verkündete der Fahrer: »Jetzt fahren wir über den großen Ganges.«

Es dauerte keine Stunde und die Dunkelheit brach herein. Ich bin fest davon überzeugt, dass eine nächtliche Autofahrt in Indien eine der gefährlichsten Unternehmungen auf dieser Erde darstellt. Die Straßen sind schmal und ständig donnern riesige Laster und Busse vorbei. Aus irgendeinem Grund, den ich nicht verstehe, machen indische Lkw-Fahrer nachts nicht gern die Scheinwerfer an. Sie schalten sie erst ein, wenn sie denken, es kommt ihnen jemand entgegen. Nach der Begegnung machen sie sie wieder aus. Es ist nervenaufreibend und mehr als nur ein bisschen gefährlich.

Nach einigen Stunden Blindekuh bei knapp hundert Sachen fuhr unser Fahrer schließlich rechts ran.

»Das wär's. Ich bin müde. Mein Assistent wird jetzt weiterfahren«, sagte er. Worauf er und der Junge die Plätze tauschten. Unser Fahrer rollte sich auf dem Beifahrersitz ein und schloss die Augen.

Sein junger Assistent war mit Eifer bei der Sache, obwohl er kaum über das Lenkrad sehen konnte. Edgar und mir rutschte von Kilometer zu Kilometer das Herz tiefer in die Hose. Jedes Mal, wenn ein herankommender Laster das Licht anmachte, erstarrte der Junge am Steuer wie Hochwild im Scheinwerferlicht und geriet auf die Straßenmitte. Immer wieder griff ich ihm über die Rückenlehne ins Steuer und riss es herum, um uns wieder auf die richtige Spur zu bringen. Es dauerte nicht lange, dann kamen Edgar und ich zu dem Schluss, dass das nicht die ganze Nacht so weitergehen

232

konnte. Wir weckten den eigentlichen Fahrer auf, ignorierten seinen Zorn darüber, dass wir ihn aus dem Schlaf rissen, und bestanden darauf, dass er das Steuer wieder übernahm.

Ich hatte keine ordentliche Karte vom Norden Bihars auftreiben können, weil irgendein Militärgesetz in Indien den Verkauf der besseren topographischen Karten verbot. Karten von der Grenzregion galten als Geheimsache und dennoch hatte man mir – mit der wunderbaren Logik aller Bürokratien – in einem Amt einen Blick auf die Karte gestattet und mir erlaubt, die wesentlichen Teile abzuzeichnen. Da drehte ich nun einen Film übers Kartographieren und es war mir nicht möglich, eine anständige Karte aufzutreiben. Meine Zeichnung vermittelte nur eine grobe Ahnung davon, wo es hinging. Wir waren etwa fünf Stunden gefahren und es war drei Uhr morgens, als wir anhielten, um eine Rast einzulegen. Ich ging noch mal mit dem Fahrer bezüglich des Ziels zurate.

»Ja. Darbhanga. Darbhanga! Wir müssen nach Darbhanga«, sagte ich ihm aufmunternd.

Er guckte mich an, als höre er den Namen zum ersten Mal. Ich holte meine Karte heraus, aber in einer Gegend, in der die Leute sich beim Reisen nicht auf Karten verließen, hatte er natürlich keine Ahnung, wie man eine Straßenkarte las. Sein System bestand darin, nach Ortsnamen zu navigieren, also von einem bekannten Ort zum anderen zu fahren. Ich blickte zu den Sternen, um Norden zu finden, blickte wieder auf die Karte – und wusste, es war etwas faul. Wir fuhren weiter und ich bat ihn, an einer Raststätte für Fernfahrer zu halten.

Es war eine unglaublich schmuddelige Bude und die Nacht war dampfend heiß. Lkw-Fahrer hatten sich zum Schlafen auf Pritschen ausgestreckt. Edgar und ich riefen: »Darbhanga? Darbhanga?«, und erstaunlicherweise fand sich auch ein junger Mann, der Englisch sprach.

»Wo wollen Sie denn hin?«, fragte er.

Wir erklärten es ihm. Er schüttelte den Kopf. »Freunde«, sagte er, »da seid ihr seit Stunden in die falsche Richtung gefahren.«

In einer angeregten Unterhaltung gelang es ihm, unseren Fahrer von seinem Irrtum zu überzeugen, und wir brachen in die entgegengesetzte Richtung wieder auf. Und obwohl wir nun die richtige Richtung hatten, wurde unsere Fahrt von Stunde zu Stunde unerträglicher. Der Fahrer hatte die hintere Scheibe seines Wagens mit kleinen Christbaumlichtern dekoriert und jedes Mal, wenn er auf die Bremse trat, begannen diese zu blinken, und eine so gut wie nicht erkennbare Version von »Jingle Bells« schepperte aus dem Radio. Um vier Uhr morgens, nach hunderten von Bremsmanövern, hatten wir Schnee und Pferdeschlitten gründlich satt.

Zwischendurch hatten wir auch mal die Scheinwerfer verloren und wieder angeschraubt. Als wir in einen Straßengraben rasten, brach der Hebel der Gangschaltung am Lenkrad ab – der Fahrer hatte ihn einfach in der Hand. Wir kamen langsam zum Stehen. Weder Edgar noch ich waren sonderlich überrascht. Wir tauschten mit Blicken *Was jetzt?* aus, als der Fahrer sich umdrehte und mit dem Schalthebel gestikulierte.

»Ist auch egal«, sagte er. »Wir haben sowieso kein Benzin mehr.«

Wir hatten das Taxi in ein Dorf geschoben, in dem es Benzin gab, nur dass um diese Zeit, wie unser Fahrer erklärte, keines zu haben war. Alles schlief. Da uns nichts anderes übrig blieb, beschlossen auch wir zu schlafen. Es herrschten 38 Grad und natürlich hatte der Wagen Vinylsitze; so versuchten wir trotz der Schweißlachen einzunicken. Bei Sonnenaufgang schließlich gelang es uns, Benzin aufzutreiben, der Fahrer bekam den Schalthebel wieder an die Lenksäule und schon waren wir wieder unterwegs.

Nach fünfzehn unendlich scheinenden Stunden kamen wir von einer Asphaltstraße voller Schlaglöcher auf eine Piste, die aus kaum mehr als zwei Furchen in der Erde bestand. Kein Mensch, den wir an dieser Piste trafen, wusste etwas von dem kleinen Ort, den wir suchten. Immerhin hatten wir Darbhanga schließlich passiert und waren bereits auf der Suche nach Nirmale. Wenn der Name den Leuten, die wir fragten, überhaupt etwas sagte, dann konnten sie uns nicht sagen, wie man hinkam, oder sie widersprachen sich, was den Weg dorthin anbetraf. Wir versuchten es auf jede nur erdenkliche Weise: mit dem Namen des Orts, den Namen der Orte drum herum; wir versuchten sogar, den Lehmturm zu beschreiben, nach dem wir suchten.

Wir fanden das Dörfchen Nirmale, aber nicht den Vermessungsturm. Was auch keine Rolle spielte, denn wir kamen erst Stunden nach Sonnenaufgang und bei dunstigem Himmel an. Edgar und ich wussten, dass wir an dem Tag kein Bild mehr vom Everest bekommen würden. Die Leute aus dem Dorf sagten uns, der Himmel sei immer so dunstig, außer an ein paar Tagen während des Monsuns. Und mir ging noch ein Licht auf: Die Vermessung Indiens wurde vor mehr als hundert Jahren durchgeführt, als dort gerade mal 150 Millionen Menschen lebten und es keine Industrie gab. Heute lebten allein in der Ganges-Ebene 300 Millionen Menschen, die Staub aufwirbelten, Feuer machten, das Land bestellten. Wir waren mittendrin. Selbst wenn wir den Lehmziegelturm gefunden hätten, wir hätten den Everest nie und nimmer gesehen.

Wir machten unseren Film trotzdem.

1990 war es drei Jahre her, seit ich das letzte Mal am Everest gewesen war. John-Paul Davidson, britischer Produzent und ein Bekannter von mir, hatte von der BBC und privaten Investoren die Mittel für einen Film mit dem Titel *Galahad of Everest* bekommen. Die Story bestand darin, George Mallorys Route zu verfolgen. Diesmal jedoch sollte es eine Art Drehbuch aus Mallorys eigenen Tagebüchern geben. Der britische Schauspieler Brian Blessed sollte die Szenen am Berg spielen. John-Paul hatte mich gebeten, die Expedition zu organisieren und zu leiten. Außerdem war ich Regieassistent und in extremen Höhen Kameramann. Ich war begeistert, nicht nur weil ich wieder nach Tibet und auf den Everest kam, sondern auch weil es ein Projekt war, an dem sich womöglich Veronique beteiligen ließ.

Veronique und ich hatten uns nur einige Male gesehen, nachdem wir uns 1986 kennen gelernt hatten, aber sie ging mir nicht mehr aus dem Kopf. Hin und wieder erfuhr ich über gemeinsame Freunde Neues von ihr. Die Art, wie, und der Ort, wo wir uns kennen gelernt hatten, waren Beweis dafür, dass diese schöne Frau keine Angst vor der Höhe hatte und eine Herausforderung sie erst so richtig aufblühen ließ.

Veroniques Vater war aus Hongkong und ihre Mutter aus Frankreich. Sie war an Manhattans Upper East Side aufgewachsen und hatte die Sommer bei ihrer französischen Großmutter in Spanien verbracht, die mit einem französischen Baron verheiratet war. Sie sprach Französisch und ein wenig Mandarin und Spanisch. Nach ihrer Radtour durch Tibet hatte sie am China Institute in Manhattan gearbeitet und bei einem Gemäldekonservator gelernt. Sie liebte die Kunst so wie ich die Kletterei. Nur so zum Spaß hatte sie nach der Rückkehr von ihrem Tibet-Trip am New Yorker Stadtmarathon teilgenommen.

Im Januar 1990 bat ich sie, als Leiterin des Basislagers und als Kameraassistentin mit an den Everest zu kommen. Ich machte ihr das Ganze als physische und künstlerische Herausforderung schmackhaft und sie willigte ein. In Wirklichkeit war es eine berauschende Mischung aus Berg- und Liebesabenteuer. Wir planten die *Galahad*-Expedition zusammen. An einer berühmten Eisroute in New Hampshire namens Black Dike bereitete ich sie auf den Himalaja vor. Bis in die Mitte der 70er Jahre hinein war die 120 Meter hohe Route noch niemand geklettert. Sie galt als Prüfstein und war eine jener Routen, die so schwierig sind, dass die meisten Kletterer das Gefühl haben, mit ihrer Bewältigung ihr Gesellenstück gemacht zu haben.

Am Nachmittag vor unserem Aufstieg unterwies ich Veronique an zwei etwa 15 Meter hohen Eispfeilern. Sie war kräftig und drahtig und hatte keine Schwierigkeiten mit dem senkrechten Eis. Bei Tagesanbruch wanderten wir einen Geröllhang hoch und starrten dann die beängstigende, dunkle Black Dike hinauf. Es hätte mich weder gewundert noch geärgert, wenn sie wieder abgestiegen wäre: Kein Mensch suchte sich so etwas als erste Eisroute aus. Aber mit mir im Vorstieg war sie bereit, es zu versuchen. Ich sah ihr zu und konnte nur staunen. Sie war hartnäckig und in der senkrechten Welt ganz und gar in ihrem Element. Sie fand den Aufstieg nicht einmal schwer, im Gegenteil, er machte ihr Spaß.

Den folgenden Monat verbrachten wir damit, unser Team zu organisieren und auszurüsten. Jim Whittaker hatte die Genehmigung für einen multinationalen »Peace Climb« über den Nordsattel und mein Arrangement sah vor, dass auch unsere Expedition von dieser Genehmigung gedeckt war.

In Katmandu trafen wir uns mit Brian Blessed. Brian war ein Original, ein Shakespeare-Darsteller und ein stämmiger Bär von einem Mann mit einer geraden, kräftigen Nase, dichtem Bart und sonorer Baritonstimme. Er hatte große Ausstrahlung und liebte Publikum. Bei aller Kraft hatte er auch ein boshaftes Glitzern in den Augen, das einem sagte, es sei alles nur Spaß. Er ließ sich päpstlich über irgendein ernstes Thema aus und ließ einen dann mit einem Zwinkern stehen. Er war ein leidenschaftlicher Schauspieler und nicht weniger leidenschaftlich, wenn es um Mallory und den Everest ging.

Aber Brian Blessed war schlicht nicht für die Berge gebaut. Er war 54 Jahre alt, eins achtzig groß und wog 115 Kilo, hatte aber kaum Erfahrung mit Steigeisen, geschweige denn damit, wie man sich auf den Everest vorbereiten muss. Aber er war Schauspieler und machte den Berg nun zu seiner Bühne.

Brians Verruchtheit und zügelloser Überschwang machte diese Reise so wunderbar. Wenn ich sagte, wir hatten ein Skript, dann meine ich, wir hatten die Idee für eines, und diese Idee befand sich vor allem in Brians Kopf. Jeden Abend steckten Brian und John-Paul im Zelt die Köpfe zusammen, gingen Mallorys Tagebücher durch und planten den kommenden Tag. Ich kannte das Terrain so gut, dass ich sie an genau die Stellen führen konnte, von denen in den Tagebüchern die Rede war. Wann immer möglich platzierten wir Brian an dieselben Stellen, an denen Mallory selbst gestanden hatte; dort las er dann aus dem Tagebuch, hielt inne, um über die Worte zu meditieren, bevor er dann mit seiner vollen Baritonstimme zu improvisieren begann. Ich filmte ihn und John-Paul sagte ihm, wohin er sich zu drehen hatte, damit die Aufnahme saß. Ich werde immer wieder gefragt, ob es Brian gelang, in Mallorys Rolle zu schlüpfen. Ich erkläre dann immer, dass er nicht in die Rolle zu schlüpfen brauchte – das Problem war eher, dass er nicht mehr herauskam. Er begegnete dem Berg mit all den Schrullen, der Verschrobenheit eines echten Alpinisten, und wann immer wir eine Szene drehten, dann war einem fast, als sehe man Mallorys Geist.

Hin und wieder übertrieb er ein bisschen. Ein Freund hatte ihm einen Eispickel aus der Zeit Mallorys geliehen. Wir drehten eine Szene, in der Mallory den Tod einiger Sherpas zu verarbeiten versucht, die während seiner Expedition 1922 von einer Lawine verschüttet wurden. Brian stand auf dem Gletscher, über den Mallory geschrieben hatte, und ver-

238

breitete sich über die Traurigkeit und darüber, dass es keine Hoffnung gab, jemals die Leichen der Sherpas zu finden. Schließlich fiel er in offensichtlicher Verzweiflung auf die Knie und begann mit dem alten Eispickel auf das harte blaue Eis des Gletschers einzuhauen, immer und immer wieder. Wir mussten ihn aufhalten, bevor er auf dem steinharten Eis den Pickel brach oder sich die Hand oder beides. Ich fand die Szene unheimlich. Unweit der Stelle, an der Brian Mallorys Seelenqual nachstellte, hatte ich 1986 Dawa Nuru gefunden.

Eine Begebenheit auf dieser Expedition ist mir besonders gut in Erinnerung geblieben: Wir warteten darauf, vom Vorgeschobenen Basislager aus aufsteigen zu können. Jemand erwähnte, ein Amerikaner versuche die Route, an der wir drehen wollten, ohne zusätzlichen Sauerstoff zu begehen. Besagter Amerikaner war Ed Viesturs. Er war bereits im Himalaja geklettert und hatte in der ganzen Welt als Bergführer gearbeitet. Ich weiß noch, wie ich den ganzen Morgen im Vorgeschobenen Basislager saß, ein 1000-mm-Teleskop auf Ed gerichtet, um die letzten beiden Stunden seines Gipfelgangs zu beobachten.

Ich hatte Ed 1987 getroffen, als wir beide in chinesischen Lastern über Tibet Richtung Everest fuhren. Er war leutselig, gutmütig und ruhig. Aber unter seiner unscheinbaren Fassade steckte ein absolut konzentrierter, hoch motivierter Himalaja-Bergsteiger. Das Auge am Teleskop sah ich Ed auf den Gipfel kommen und war begeistert. Er hatte es verdient. Es war sein dritter Versuch am Everest und ich wusste, er hatte hart für diese Besteigung trainiert.

Unser Aufstieg sollte praktisch die Antithese zu seinem sein. Wie er folgten wir auf Mallorys Spuren der Route über den Nordsattel, die im Großen und Ganzen breit und nicht allzu steil ist. Nur hatten wir die Absicht, Mallorys Aufstieg nachzustellen und seinen Geist zu beschwören, ohne uns dabei den allgegenwärtigen Gefahren auszusetzen.

Wir stiegen zwischen Basislager und Vorgeschobenem Basislager hin und her und schließlich hinauf zum Camp am Nordsattel in 7000 Meter Höhe und darüber hinaus. Während einer Rast im Basislager lernte ich eine bemerkenswerte junge Japanerin namens Sumiyo Tsuzuki kennen. Sie war von Tokio herübergekommen, um sich am Everest zu versuchen, und kletterte mit einem wilden, völlig abgebrannten Typ namens Misha, der halb Perser, halb Deutscher war. Sumiyo und Misha biwakierten in der Ruine einer Einsiedlerklause am Hügel gleich über unserem Lagerplatz und so luden wir die beiden immer wieder auf eine Mahlzeit in unser Kantinenzelt ein. Misha lag wegen der Gültigkeit seiner Klettergenehmigung mit den chinesischen Behörden im Clinch und es war offensichtlich, dass die beiden den Berg nicht sehr weit hinaufkämen, jedenfalls nicht in jenem Jahr. Sumiyo machte kaum den Mund auf, aber ich lernte schätzen, wie unerschütterlich und stoisch sie zu Misha stand. Ich konnte mich mit dem Außenseiter Misha identifizieren. Sechs Jahre später, anlässlich der IMAX-Expedition, fiel Sumiyo mir wieder ein.

Brian und ich waren ein gutes Team. Ich konnte den Mann sehr gut verstehen. Er verspürte den Sog des Everest nicht weniger als seinerzeit Mallory oder ich selbst. Der Berg versetzte Brian geradezu in Trance und er freute sich aufrichtig, dort oben zu sein. Eine unser letzten Einstellungen drehten wir in einer Höhe von fast 7800 Metern, dem höchsten Punkt, den Brian erreichen konnte. Ich wollte, dass er den Second Stepp, das letzte Hindernis vor dem Gipfel, hinaufblickte und die Stelle beschrieb, an der Mallory sechsundsechzig Jahre zuvor verschwunden war. Veronique und ich waren mit der 16-mm-Kamera und zwei Sherpas dabei. Graham Hoyland, unser Tonmann, war mit seiner Ausrüstung dabei. Brian meditierte wie schon zuvor über Mallorys Worte und die Landschaft um ihn, nahm alles in sich auf und wartete, bis ihn die Musen küssten. Als schließlich alles so

27 △

Sonnenuntergang an der Südwest-Flanke des Everest.

Rechts: Deutsch-Amerikanische Everest-Expedition im Basislager, 1983.

28 ▽

Bergsteiger im Western Cwm, links die Westschulter des Everest.

29 ▽

Rechts und Mitte: Dreharbeiten über und in einer Gletscherspalte im Gletscherbruch.

30 △

31

Unten links: Peter Jamieson und Ang Rita auf dem Gipfel des Mount Everest, 7. Mai 1983.

Unten rechts: Gerry Roach am selben Tag auf dem Everest-Gipfel, links Peter Jamieson.

32

33

34
35

Oben links: Dick Bass auf dem Gipfel des Mount Everest, 30. April 1985. Hinter ihm Ang Phurba.

Rechts: Dick Bass und ich feiern unseren Gipfelerfolg im Basislager.

Unten links: Beim Vorstieg am Franconia Notch, New Hampshire, 1983.

Mitte: Solo im Eis am Crow Hill, Massachusetts, 1983.

Rechts: Veronique Choa beim Felsklettern am Cannon Mountain, New Hampshire.

36
37
38

39

Oben: Vorbereitung einer exponierten Kameraposition bei den Dreharbeiten zu *Cliffhanger* in den Dolomiten.

Unten links: Meine Kameraposition in der Wand des Torre Divise: eine Aluplattform 150 Meter über dem Tal.

Mitte: Mein Blick auf die Vorbereitungen zu Geas 120-Meter-»Sturz«.

Rechts: Die Schauspielerin Michelle Joyner und Sylvester Stallones Stuntdouble Mark De Alessandro in Aktion.

40

41

42

Ed und Paula Viesturs. 43

Sumiyo Tsuzuki. 44

Wongchu. 45

Araceli Segarra. 46

Jamling Tensing Norgay. 47

Robert Schauer. 48

Rechts: Das Sherpa-Team, das die Kamera trug. Links Jangbu Sherpa.

Die *Everest* IMAX® Filming Expedition im Basislager.

49 △

50 ▽

51

52

Oben links: Mit Robert Schauer und der Kamera in Lager III.

Oben rechts: Begegnung mit Rob Hall an Fixseilen über Lager III; das letzte Mal, dass ich ihn lebend sah.

Rechts: Bergung von Chen Yu-Nans Leiche über die Lhotse-Flanke zusammen mit Ed Viesturs, 8. Mai 1996.

53

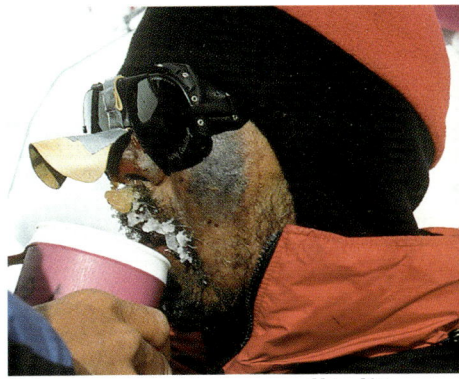

54 ◁   55 △   56 ▽

Oben: Am Morgen des 11. Mai 1996 beim Gespräch mit Rob, der in 8750 Meter Höhe festsitzt.

Oben rechts: Beck Weathers mit schweren Erfrierungen in Lager III am 12. Mai 1996. Ich halte ihm eine Tasse Tee an die Lippen.

Rechts: Bergung über die Lhotse-Flanke am 12. Mai 1996: Beck stützt seine Unterarme auf meine Schultern.

Unten links: Jamling Tensing Norgay über dem Südsattel vor dem Balkon.

Rechts: Sonnenuntergang am Südsattel.

57   58

59 △

60 ▽

Ganz oben: Unser Team auf der Traverse vom Südgipfel zum Hillary Step am 23. Mai 1996.

Oben: Endlich auf dem Gipfel, die IMAX®-Kamera auf dem Stativ.

Links: Ed Viesturs zum vierten Mal auf dem Gipfel des Everest, sein zweiter Aufstieg ohne Sauerstoffmaske.

61

weit war, nahm er seinen Platz ein, blickte in die Kamera und begann zu weinen, überwältigt von der Pracht der Szenerie und seiner Dankbarkeit, auf diesem Berg sein zu dürfen.

Veronique stand mir bei jedem Schritt der Expedition zur Seite und schwelgte in der Schönheit und der schieren Herausforderung des Everest ebenso wie in der Aufgabe, mit Brian zu klettern. Wir waren fünf Wochen am Everest. Selbst in über 7700 Meter Höhe war sie so stark und energiegeladen wie immer, lief hin und her, lud Magazine um und tat alles, um das Projekt voranzutreiben. Sie wollte überall dabei sein. Alles, woran ich denken konnte, war, dass sie die perfekte Lebensgefährtin für mich wäre.

Es war schon Juni, als wir wieder nach Hause kamen. John-Paul rief an und es stellte sich heraus, dass wir nach dem Sommermonsun noch mal nach Asien müssten, um mit Brian nachzudrehen. In der Zwischenzeit machten Veronique und ich uns auf den Weg nach Pakistan, wo ein weiteres Projekt meines alten Kollegen John Wilcox anstand. Mit seiner neuen Firma American Adventure Productions produzierte er Folgen für eine ESPN-Serie namens *Expedition Earth*.

Mein Freund und Eiskletterpartner Jeff Lowe war bei diesem Film Koproduzent. Wir waren auf die Idee gekommen, die freie Begehung einer schwierigen, bis dahin ungekletterten Route an einem Nameless Tower genannten Gipfel im Karakoram zu drehen. Jeff sollte zusammen mit der französischen Superkletterin Catherine Destivelle auch gleichzeitig Darsteller sein. Ich wäre Regisseur, ausführender Produzent und Kameramann. Veronique wäre als Tonfrau mit von der Partie.

Der Nameless Tower ist einer der beeindruckendsten Granitfelsen im ganzen Himalaja: ein fast 1000 Meter hoher, dem Washington Monument ähnelnder Turm, 6000 Meter über dem Meer. Wir wollten eine Route an der Ostflanke probieren, aber die Saison war verregnet und der Hauptriss der Route wollte schlicht nicht austrocknen. Schließlich wichen wir auf eine trockenere Route aus. Wir brachten Fixseile an und begannen zu drehen.

Wie man von zwei der besten Kletterer der Welt erwarten darf, zeigten Jeff und Catherine die elegantesten Seiten ihres Talents. An unserem Gipfeltag jedoch passierte etwas Niederschmetterndes: Die ganze Crew hatte dreißig Tage geschuftet, um die Begehung auf Zelluloid zu bannen. Ich hatte an diesem Tag bereits einige spektakuläre Abschnitte des Aufstiegs gefilmt, sparte aber ein einzelnes 15-Meter-Magazin mit 16-mm-Material für den Gipfel auf. Als wir uns nun dem entscheidenden Augenblick näherten, an dem Jeff und Catherine sich bereitmachten, die letzten fünf Meter zum Gipfel in Angriff zu nehmen, klemmte das Magazin und ich bekam es einfach nicht wieder hin. Zehn Minuten lang versuchte ich es vergeblich. So knipste ich also das Gipfelritual mit der Kleinbildkamera – und das für eine Fernsehdokumentation.

Als wir uns im Dunkeln abseilten, um wieder zum Biwak zu kommen, war ich hin und her gerissen. Wir hatten es als Kletterer geschafft, aber ich hatte wegen des defekten Magazins das Gefühl, als Filmer versagt zu haben. Ich wusste, ich hatte John Wilcox eine Menge zu erklären.

Schlimmer jedoch war, dass Jeff und ich uns wegen der Finanzierung und anderer Verantwortlichkeiten in die Haare geraten waren. Nachdem wir wieder in den Staaten waren, redeten wir kaum noch miteinander.

Dieser Bruch machte sowohl Jeff als auch mir enorm zu schaffen. Wir hatten unsere Freundschaft in den Bergen geschmiedet. Ich hatte es für ein starkes, fast unzerstörbares Band gehalten. Wir waren den Nameless Tower mit einer gemeinsamen Vision angegangen, die davon abhing, dass jeder seinen Teil an Verantwortung übernahm. Und schlagartig war das alles kaputt. Ich hatte ihm am Kwangde vertraut, also hatte ich gedacht, ich könnte auch im richtigen Leben auf ihn bauen. Zu sehen, dass das richtige Leben so anders als

242

das Leben im Berg sein konnte, war der größte Schock an der ganzen Geschichte.

Im Laufe der Jahre sollte unser Zerwürfnis noch schlimmer werden, bevor wir uns dann doch wieder zu vertragen begannen. Ich verstand langsam, aber sicher, dass Zorn an der Seele nagt. Und dass er nichts bringt. Mein Vater war ein unglaublich zorniger Mensch gewesen und es hatte ihm nichts gebracht. Ich musste den Streit am Nameless Tower vergeben, vergessen und nach vorn blicken. Trotzdem, die Bruderschaft des Seils entpuppte sich bei dieser Begehung als Illusion.

Jenen Herbst kehrten Veronique und ich nach Nepal zurück, um noch einige Szenen für *Galahad of Everest* nachzudrehen. Danach reisten wir nach Dharmsala in Indien, um uns mit dem Dalai Lama zu treffen. Wir fuhren mit Brian, unserem Produzenten John-Paul und einigen tibetischen Freunden auf einen Hügel westlich von Katmandu, von wo aus der Himalaja zu überblicken war. Dieser Standpunkt bietet den herrlichsten Blick auf den Himalaja überhaupt, vor allem bei Sonnenuntergang.

Es war dies das Fleckchen Erde, das Veronique und ich uns für unsere Pseudohochzeit ausgesucht hatten. Pseudo freilich nur, was die juristischen Formalitäten anging; uns beiden war es nämlich ganz und gar ernst. John-Paul las die Hochzeitszeremonie der Church of England und so wurden Veronique und ich vor der über dem Himalaja untergehenden Sonne getraut. Umgeben von einer kleinen Gruppe guter Freunde, mit Blick auf die Berge, in denen wir uns kennen gelernt und unsere Beziehung vertieft hatten, bekannten Veronique und ich uns zu unserer Liebe. Als unsere kleine Zeremonie schließlich vorbei und das rosa Glühen über den Gipfeln verschwunden war, machten wir ein Feuer und filmten Brian, der uns Geschichten vom Yeti erzählte.

Einige Tage darauf besuchten wir den Dalai Lama in Dharmsala, einem alten britischen Kurort in den Ausläufern des Himalaja, wo er seit dem Einmarsch der Chinesen in Lhasa 1959 lebte. Ich filmte Brian, wie er neben dem Dalai Lama sitzend eine *kata* – einen gesegneten Schal – überreicht bekam, der ihn auf seiner Reise zum Everest begleiten sollte.

Es war meine erste Begegnung mit dem Dalai Lama. Sie erinnerte mich an meinen ersten Besuch im Kloster Thyangboche 1979 während meiner Reise zum Ama Dablam, nur dass dieser Besuch viel ungezwungener war. Wir warteten in einem schlichten Audienzraum und als der Dalai Lama hereinkam, war ich zunächst einmal überrascht, wie zart und sanft seine Hände waren und dass er meine Hände in die seinen nahm und sie eine Weile fest hielt. Er war heiter und seine Haltung zeugte von Demut, aber auch Entschlossenheit.

Wir unterhielten uns auf Englisch, mit und ohne Dolmetscher. Er war reizend, lachte ungezwungen und sprach offen über die chinesische Besetzung seines Landes, und das weder bitter noch zornig. Man hätte meinen können, er hätte den Chinesen schon vergeben.

Durch meine Kamera beobachtete ich, wie der Dalai Lama mit Brian oder seinen Mönchen sprach, und dabei hatte ich das Gefühl, einen scharfen Beobachter der menschlichen Natur vor mir zu haben. Da er nicht alles perfekt auf Englisch ausdrücken konnte, versteckte seine gelassene Miene das volle Ausmaß seiner Intelligenz.

Während ich diesen sanften Mann filmte, musste ich an die vielen Tibeter denken, die ihn verehrten. 1981 im Kloster Drepung vor Lhasa hatte einer aus unserer Gruppe ein Foto des Dalai Lama hervorgeholt. Es war damals zweiundzwanzig Jahre her gewesen, seit der Dalai Lama aus Tibet geflohen war, und dennoch: Die ekstatische Reaktion der Tibeter auf sein Bild war der spontanste Ausdruck menschlichen Gefühls, den ich je gesehen habe. Alles rundum drängelte, um einen besseren Blick auf das Bild zu bekommen, es zu berühren, es sich gegen die Stirn zu drücken. Es war zutiefst bewegend.

Der Besuch beim Dalai Lama schien uns wie das würdige Ende eines unberechenbaren, aber erfreulichen Jahres im Himalaja. Es sollte vier Jahre dauern, bis ich den Everest wiedersah.

9

» CLIFFHANGER «

*Eine schwierige Aufnahme aus der freien Hand während
der Dreharbeiten zu Cliffhanger in den Dolomiten.*

VERONIQUE UND ICH hatten zu unserer Freude festgestellt, dass wir bei all unserer Sturheit ein gutes Team waren. Nach *Galahad of Everest* verbrachten wir einen Gutteil unserer Zeit außerhalb der USA. Als Erstes reisten wir im Frühjahr 1991 wieder an den Ama Dablam, um für John Wilcox einen Dokumentarfilm für ESPN zu drehen. Im Oktober machten Veronique und ich unser Eheversprechen vor unseren Familien in einer Bostoner Kirche offiziell. Mein Trauzeuge war Dick Bass. Einige Monate später, im Januar 1992, waren wir wieder in Asien, diesmal in Arunachal Pradesh, einer abgelegenen Gegend im Nordosten Indiens. Wir reisten den Brahmaputra hinauf, um den Fluss auf kaum sechs Meter großen Schlauchbooten hinabzufahren, das Ganze für einen Dokumentarfilm für A&E und die BBC. Der Fluss war reißend, tief und kalt. Die gewaltigen Stromschnellen brachten unsere Schlauchboote mehrmals zum Kentern. In einer dramatischen Szene filmte ich die Rettung eines Mannschaftsmitglieds, das in einer der gefährlichen Stromschnellen aus dem Boot gespült worden war. Es handelte sich um meine Frau und die Szene war typisch für sie. Während man sie aus den Stromschnellen zog, entschuldigte sie sich ständig, weil sie dachte, sie hätte die Szene geschmissen. Nicht ein Wort verlor sie über die Gefahr für ihr eigenes Leben.

Anfang 1992 hörte ich über den Buschtelegraphen der Kletterszene, Hollywood drehe endlich einen großen Bergsteigerfilm. Sein Titel sei *Cliffhanger* und es sollte Sylvester Stallones Comeback-Versuch sein. Außerdem sollte es sich um eine große Produktion mit einem Budget von angeblich 70 Millionen Dollar handeln. Und das Beste, so munkelte man, war, dass die Produktionsfirma Carolco auf der Suche nach richtigen Bergsteigern war.

Michael Weis, ein guter Freund von mir, reiste gerade mit dem Regisseur Renny Harlin rund um den Globus, um sich nach Drehorten für den Film umzusehen. Michael war nicht nur für die Sicherheit von Team und Schauspielern verantwortlich, sondern auch für sämtliche Kletterszenen des Films. Er bat mich, als Techniker die Verantwortung für die Seile und damit für die Sicherheit des Filmteams zu übernehmen, und gelegentlich könnte ich auch als Kameramann des zweiten Teams assistieren.

Die Story des Films verbreitete sich wie ein Lauffeuer in der Kletterszene, denn jeder kannte sie und wusste, worauf sie basierte. 1976 war im Yosemite Valley ein Flugzeug voll Marihuana in einen See gestürzt. Ein paar Leute aus der dortigen Kletterszene hatten die Ladung geborgen und mit gutem Profit verkauft. Einer, der ganz legal von dem Crash profitierte, war Jeff Long, der den Roman *Angels of Light* und auch die Drehbuchadaption geschrieben hatte. Wir kamen uns wie Insider vor, als wir erfuhren, dass *Cliffhanger* sozusagen eine Geschichte aus unserem eigenen Hinterhof war.

Alle aus dem harten Kern der Kletterszene wollten bei der Produktion dabei sein. Nachdem man jahrelang als armer Schlucker gekraxelt war, meinte man, ein Recht auf den Job bei diesem Film zu haben. Aber auch jenseits des Kommerzes weckte der Film bei uns beträchtliche Erwartungen. Ich hörte mehr als einen Kletterer sagen, er glaube, Hollywood kriege es endlich auf die Reihe und zeige die Kletterei als aufregenden und anspruchsvollen Sport. Da wollte man eben dabei sein.

Für mich war *Cliffhanger* weniger das Ticket nach Hollywood als ein Einblick in die Funktionsweise dieser Welt: das

Studiosystem, die 35-mm-Kameras, die komplexe Technik. Und ich könnte den Spezialisten bei der Arbeit zusehen, vom Kameramann bis zum Requisiteur, von den Maskenbildnern bis hin zu den Stuntmen. Und auch ich brauchte Geld. Ich wusste aus Gesprächen mit Leuten aus der Branche, dass die Arbeit bei einer Spielfilmproduktion zwei- bis dreimal so viel brachte wie die Dokumentarfilmerei.

Das Einzige, was in meinen Plänen nicht vorkam, war Veronique. Es waren zwei Paar Schuhe, mit ihr bei einem Dreh tatsächlich zusammenzuarbeiten oder sie bloß zu bitten mitzukommen, wenn es für sie nichts zu tun gab. Ich hatte das Gefühl, es wäre für uns beide nicht gut. Als ich mich also auf den Weg nach Italien machte, wo *Cliffhanger* in den Dolomiten gedreht werden sollte, blieb Veronique in Boston, um auf eine Schule für Grafikdesign zu gehen. Nebenher kochte sie in einem Restaurant namens Biba. Ein für uns beide gelungenes Arrangement, wie es schien.

Ich flog von New York nach Mailand. Da ich zwei Tage frei hatte, bevor ich mich am Drehort zu melden hatte, mietete ich mir einen Wagen und fuhr durch einen dichten Schneesturm nach Verbier zu Marie Hiroz, einer Freundin von der Ama-Dablam-Expedition. Wir wollten zusammen Ski fahren. In dieser verschneiten Nacht suchte mich in ihrem Gästezimmer einer jener entsetzlichen Träume heim, die ich schon als Kind gehabt hatte. Im Halbschlaf bekam ich einen Anfall von Klaustrophobie und geriet in Panik; ich musste auf der Stelle da raus. In meiner Orientierungslosigkeit wusste ich nur, dass das Licht, das durch einen Spalt in den Läden kam, den Weg nach draußen wies.

Ich erinnere mich nicht mehr, das Fenster eingetreten zu haben. Ich weiß nur, dass ich aufwachte, das rechte Bein im Fensterrahmen, auf eine große Scherbe gespießt.

Blut schoss aus einer großen Schnittwunde an der Wade. Ich versuchte, das Bein von der Scherbe zu heben, was mir in meiner verdrehten Haltung jedoch nicht gelang. Also

251

stand ich da, viel zu verwirrt, um klar denken zu können oder Schmerz zu empfinden; und es war mir peinlich, um Hilfe zu schreien.

»Hallo?«, bat ich flehentlich, bis Marie schließlich kam und das Licht anmachte. »Hallo?«

Im Krankenhaus sagte mir ein älterer Schweizer Arzt, ich würde keinen bleibenden Schaden haben. »Sie brauchen sich keine Sorgen zu machen«, sagte er. »Sie sind bald wieder so gut wie neu.« In meiner Lage – der Fuß bandagiert im Streckverband, Schläuche wuchsen mir aus Bein und Arm – hörte ich das gern. Die Scherbe hatte Vene, Nerven und Muskeln durchtrennt und die Achillessehne angekratzt. An einer Stelle hatte das Glas sogar ein Stück aus dem Knochen geschabt. Das alles bedeutete eine Woche Krankenhaus und einen Monat Rekonvaleszenz zu Hause. Er machte mir klar, dass die vierzig inneren Nähte reißen könnten, wenn ich meinen rechten Fuß zu früh belastete. »Vergessen Sie *Cliffhanger*«, sagte er mir.

Ich rief Veronique an, sagte ihr aber nicht, wie ernst mein Unfall wirklich war. Einen Tag später verließ ich unter großen Schmerzen das Krankenhaus. Ich hatte nicht die Absicht, *Cliffhanger* zu vergessen.

Mein Mietwagen hatte ein 5-Gang-Getriebe; ich musste also kuppeln. Um fahren zu können, knobelte ich in meiner Verzweiflung eine Kupplung-Gas-Kombination für den linken Fuß aus und nahm die Handbremse zu Hilfe. Ich musste über eine Reihe verschneiter Pässe zurück nach Mailand.

Am Flughafen, wo ich mich mit dem Produktionsstab treffen sollte, ließ ich meine Krücken verschwinden und machte mich auf die Suche nach einem Wagen, um meine beiden Reisetaschen mit der schweren Ausrüstung zu transportieren. Nur ließ sich keiner auftreiben. Ohne Wagen musste ich erst die eine Tasche, dann die andere quer durch den Terminal ziehen. Die Leute schien meine missliche Lage zu amüsieren, helfen wollte jedenfalls keiner. Es gelang mir, meine

Taschen gerade noch rechtzeitig auf die Straße zu schaffen, als auch schon der Minibus mit den Leuten von der Produktion auftauchte, um uns zum Drehort zu fahren. Ich sagte ihnen, ich sei gefallen und hätte mir einen Muskel in der Wade gezerrt.

Ich versuchte, mir die Schmerzen nicht anmerken zu lassen, als ich in die Halle des Hotels Alaska im Grödental kam, wo die angeheuerten Kletterer abgestiegen waren. Als ich so durch die Halle humpelte, erkannte ich so viele Gesichter aus dem alten Eldorado-Springs- und Yosemite-Klan, dass ich das Gefühl hatte, auf einem Klassentreffen gelandet zu sein. Außer Michael Weis waren großartige Kletterer wie Jim Bridwell, der Stolz von Yosemite, und Ron Kauk, mein Partner am Half Dome, dabei. Sosehr ich mich freute, sie alle bei der Crew zu sehen, ich konnte mich nicht zu ihnen setzen. Ich schaffte es gerade noch auf mein Zimmer, wo ich das Bein möglichst lange in Eis gepackt hochlegte.

Ohne dass ich es wusste, hatte ein Freund Michael Weis angerufen und ihm die Wahrheit über meine Verletzung gesagt. Ich erfuhr das erst Jahre später und Mike verriet mich nicht, damit ich meinen Job beim Team nicht verlor. Die nächsten beiden Wochen gab er mir die leichtesten Jobs im Team. Jeden Morgen sagte er: »He, David, wir brauchen dies und jenes aus der Eisenwarenhandlung im Ort. Machst du das?« Und wenn er mir die Liste gab, dann dachte ich immer: *Gott sei Dank brauche ich noch nicht auf den Berg.*

Nach zwei Wochen ging es mir schon viel besser. Ich hatte Cliff Watts, einen Arzt in Colorado, angerufen und in Bezug auf meine missliche Lage befragt. Er hatte mir die richtige Mischung aus Schmerzmitteln und Antibiotika verschrieben und mich hinsichtlich der nötigen Therapie beraten. Schließlich entfernte ich die Nähte dann selbst. Ich nehme an, Michael sah wohl, dass ich wieder normaler zu gehen begann, jedenfalls gab er mir bald Aufgaben am Drehort, wie etwa, mich um die Sicherheit bei den Kletterszenen zu kümmern oder etwas von der Kameraarbeit zu übernehmen. Oft pendelte ich den ganzen Tag im Hubschrauber zwischen dem Basislager und den Gipfeln hin und her.

Ich hatte nicht viel Zeit, mir Gedanken um mein Bein zu machen. Ich gehörte zu dem kleinen Heer von Leuten, die an diesem Film arbeiteten, und jeder hatte eine bestimmte Aufgabe zu erledigen. Es herrschte ein merkwürdiges Kastensystem. Immer wieder belehrte man mich darüber, wie wichtig es sei, die unsichtbaren Grenzen der Verantwortung nicht zu überschreiten. Wenn zum Beispiel ein Stapel Gerät zwanzig Meter zu tragen war und ich erledigte das, dann bekam ich sofort einen Anschiss von einem aus der Crew, weil ich mich nicht an mein Jobprofil hielt. So lernte ich, auf meinem Platz zu bleiben.

Ich gehörte zum zweiten Team unter der Regie von Phil Pfeiffer. Wir hatten für den größten Teil der »Action« und für Landschaftsaufnahmen zu sorgen. Das erste Team, das für Drama und Hauptdarsteller verantwortlich war, bekam ich nur selten zu sehen. Sylvester Stallone sah ich nur einmal bei einer Besprechung der Sicherheitsmaßnahmen am Berg. Dafür hatte ich regelmäßig mit seinen Doubles, dem deutschen Kletterer Wolfgang Güllich und dem amerikanischen Stuntman Mark De Alessandro, zu tun. Wer immer gerade als Stuntdouble dran war, hatte eine Maske – eine Art Gesichtsprothese – zu tragen, um wie Stallone auszusehen. Sie wurde angeklebt und glich von der Textur her der Haut. Man hörte, welche Mühe es dem Träger der Maske machte, durch die Nase zu atmen. Die Maske war nicht für Nahaufnahmen gedacht und wenn Wolfgang oder Mark mich damit ansahen, dann erschrak ich jedes Mal, so grotesk sah sie aus.

Ich war noch immer schwach und humpelte. Meine Verletzung war zwar äußerlich verheilt, aber unter der Haut war alles noch empfindlich und tat weh. Immer wieder stieß ich beim Tragen der schweren Kameras oder beim Ein- und

254

Aussteigen aus den Hubschraubern mit der verletzten Stelle an eine Metallkante oder an einen Fels. Der Schmerz, der mich dann durchzuckte, war so heftig und sengend heiß, dass ich unbeherrscht aufheulte.

Einige Wochen nach Beginn meiner Arbeit an den Locations, wo geklettert wurde, bekam ich meine Chance, Stallone zu sein. Die erste Einstellung des Films sollte Gabe – Stallones Figur – zeigen, wie er solo eine mächtige überhängende Wand frei durchsteigt. Da die Doubles an anderen Locations beschäftigt waren, bat Michael mich, Stallone zu doubeln. Man stelle sich vor: Man bat mich, einen Schauspieler zu spielen, der einen Kletterer spielt – eine nette Ironie. Rasch hatten mich die Kostümbildner in einen grünen Pullover und eine schwarze Kletterhose gesteckt, man drückte mir eine silberne Spielzeugpistole in die Hand, die der Vorstellung der Requisite von einem Felsbohrer entsprach. Außerdem bekam ich ein kleines Funkgerät an den Gürtel, damit ich mit dem Kamerahubschrauber kommunizieren konnte. Dann seilte ich mich vielleicht hundert Meter an einer 600-Meter-Wand namens Tofana de Rosa ab.

Als ich die Stelle erreicht hatte, an der ich gefilmt werden sollte, clippte ich meinen Hüftgurt in einen Bohrhaken und einen zweiten rostigen Haken. Dann zog das Team oben das Doppelseil den Überhang hoch. Der Haken war schlecht gesetzt, sodass mein Hüftgurt praktisch nur an dem einen Bohrhaken in dem weichen Dolomit hing. Und als ob das noch nicht genügte, wurde ich von eiskaltem Schmelzwasser durchnasst, das die Wand herunterrann. Und meine Wade begann zu schmerzen. Bibbernd hing ich mitten am Fels und hatte keine Möglichkeit, aus der Wand zu kommen, bevor die Szene abgedreht war und man mir ein Seil herabließ.

Gefilmt werden sollte die Szene von einem Kamerahubschrauber aus, der aus der Ferne kommen und mich als Flecken an der riesigen Wand ausmachen sollte. Wenn die Stimme über Funk »Action!« rief, sollte ich in den Fels greifen und so tun, als klettere ich. Eigentlich kein Problem. Ich hörte also das Schubbern der Rotorblätter hinter mir. Das Funkgerät rauschte. Ich hob die Arme über den Kopf und tastete nach einem Griff. Eiswasser lief mir in die Ärmel, in die Achselhöhlen und über die Brust, aber ich setzte meine Kletterparodie fort.

»Und Schnitt!«, kam es über Funk. »Wir brauchen noch einen Take.«

Ich hörte den Hubschrauber sich wieder entfernen und versuchte mich aus dem Tropfwasser zu manövrieren. Das knapp ein Meter lange Seil, das mich am Haken hielt, ließ das aber nicht zu. Je wärmer es wurde, desto mehr Schnee schmolz und desto nasser wurde ich. Ich vertrieb mir die Zeit damit, zuzusehen, wie sich die Tropfen vom Überhang lösten, und stellte mir vor, wo sie wohl 600 Meter tiefer aufschlagen würden. Schließlich bekam ich über Funk den Befehl, wieder zu klettern, also tat ich ein zweites Mal so. Die Szene ist im Kasten, dachte ich. The Kloberdanz Kid als Double für Sylvester Stallone. Ein Seil schlängelte sich die Wand herab auf mich zu und ich kletterte wieder hinauf, nur um zu erfahren, dass man im Hubschrauber Probleme mit der Kamera gehabt hatte, sodass der nasskalte Augenblick meines Ruhms undokumentiert blieb.

Beeindruckend war die Logistik für die Dreharbeiten an den Kletterszenen. Tag für Tag flog man mich auf den Gipfel der unglaublichsten Felstürme, auf denen ich dann einer von fünfzig, sechzig Leuten war. Die Crew schlug dort oben große Zelte für die Caterer und den endlosen Strom feinster Buffets auf, die per Hubschrauber kamen.

Trotzdem spürte man inmitten des Luxus einen Hauch von Gefahr. Mehr als einmal kam Dunst um die Felstürme auf, dem heftige Gewitter folgten. Hubschrauber waren die schnellste, manchmal die einzige Möglichkeit, nach unten zu kommen, aber nicht bei einem Gewittersturm. Eines Nachmittags zog ein Gewitter auf, noch bevor die Hubschrau-

256

ber uns von der Felsspitze holen konnten. Von neun Meter hohen Stahltürmen umgeben, die für die Kameras aufgebaut worden waren, standen wir praktisch auf dem perfekten Blitzableiter, sodass rund um uns mächtige Feuerkeile in den Boden fuhren. Jeder der Einschläge wirkte wie eine Bombe, die Leute aus der Crew stoben in sämtliche Richtungen auseinander. Es war wie eine Szene aus einem Katastrophenfilm. Diejenigen unter uns, die mit dramatischen Wetterbedingungen vertraut waren, legten sich auf den Boden, aber einige der weniger bergerfahrenen heulten und drängten sich unter das einzige Zelt. Ihre Angst war nicht unbegründet: Einer unserer Kletterer wurde vom Blitz getroffen, nicht ein-, sondern gleich zweimal. Fast fiel er dabei über die Felskante. Wie durch ein Wunder wurde er nur leicht verletzt. Nach etwa einer halben Stunde zog der Sturm grollend weiter und wir wurden von den Hubschraubern vom Gipfel geholt.

Michael Weis beaufsichtigte die Bergsteiger, die die Freilichtbühnen für die Kletterszenen aufbauten, und sorgte dafür, dass nach dem Dreh alles, ohne Spuren zu hinterlassen, wieder abgebaut wurde. Um die Stahltürme für die Kameras und Darsteller aufzustellen, bohrten Weis' Kletterer Löcher für Bohrhaken von sechzig und mehr Zentimeter Tiefe in den Dolomit, weit tiefer also als die Länge der Haken. Nach dem Dreh schlug man die Haken dann ganz in die Wand und verschloss die Öffnung mit einer Mixtur aus Kunstharz und gemahlenem Dolomit.

Waren die Türme erst einmal aufgebaut, wurden Stahlseile dazwischen gespannt, sodass sich die Kamera direkt über den Abgrund positionieren ließ. Mit Abstand die denkwürdigste Szene im fertigen Film ist der Absturz einer jungen Frau gleich am Anfang. Im Film hängt sie an einem Seil, an dem sie von einem Felsturm zum nächsten zu kommen versucht, als der Verschluss ihres Hüftgurts versagt und sie in die Tiefe stürzt. Teile der Szene wurden in einem Atelier in Rom mit künstlichen Felsen und Spiegeln gedreht. Den

257

größten Teil jedoch drehte mein Team, das zweite Team, sowohl mit richtigen Schauspielern als auch mit Doubles. Drei Wochen bereiteten wir die Szene vor und warteten auf das richtige Licht.

Am Tag des Drehs machte die Maske Gea Phipps – Triathletin, Kletterin und Model aus Oregon – zurecht, bis sie der Schauspielerin Michelle Joyner ähnelte. Ich hatte die Aufgabe, ihren Stunt mit einer von vier Kameras zu filmen, die über, zu beiden Seiten und unter dem Double aufgebaut waren. Meine Kamera, eine 35-mm-Arriflex, stand auf ein Stativ montiert auf einer Leiste in der Schlucht unter ihr. Ich sollte ihren Sturz von der Seite filmen und im Schwenk mit ihr nach unten gehen. Ich kletterte mit einem Kameraassistenten auf die Leiste hinab und baute Dreibein und Kamera auf.

Vor *Cliffhanger* waren 16 mm das größte Format gewesen, mit dem ich gearbeitet hatte, der Umgang mit der großen Kamera war mir also ganz und gar neu. Natürlich wollte ich mich bewähren, indem ich die Aufnahme perfekt ins Bild setzte, aber darüber hinaus machte ich mir Sorgen wegen des Risikos, das Gea einging. Sie musste sich völlig auf Drahtseile und Flaschenzüge verlassen, eine Situation, die mir gegen meine Kletterernatur ging. Ihr Sturz über 120 Meter war ihm Prinzip ein blitzartiges Abseilen an einem 5-mm-Drahtseil, das dann digital aus der Aufnahme retuschiert werden sollte. Ich wusste, dass das Drahtseil stark genug für Gea war, aber wie die frühen Kletterseile dehnt Drahtseil sich bei einem Sturz nicht. Und in dieses Seil sollte sie also fallen. Wenn die Kabeltrommel das Seil nicht richtig abspulte oder klemmte, würde die dynamische Last ihres fallenden Körpers das Seil reißen lassen. Geas getürkter Todessturz könnte somit leicht Wirklichkeit werden. Als ich von meinem Vorsprung aus nach oben blickte und sah, wie sie sich in den Hüftgurt schnallen ließ, dachte ich bei mir: *Nicht für eine Million würde ich tun, was Gea da versucht.*

258

Wir übten Geas Sturz im Drahtseil mit einer Gliederpuppe. Der Dummy hatte Geas Gewicht und war mit pneumatisch bewegten Armen und Beinen versehen, mit denen er während des Sturzes ruderte. Als er an mir vorbeifiel, verfolgte ich ihn im Sucher, um ein Gefühl dafür zu bekommen, was ich in den paar Sekunden zu tun hatte, in denen Gea vor mir in die Tiefe fiel. Ich musste sie im Sucher einfangen und dann ruckfrei bis zum Ende des Falls verfolgen. Kurz bevor das Drahtseil abgebremst wurde und die Puppe zappelnd zum Halten kam, verlangsamte ich meinen Schwenk und die Puppe fiel durch den Boden des Bilds.

Auch ohne Dummy übte ich immer wieder, indem ich mir Sichtmarken im Hintergrund setzte, um zu sehen, wo genau ich bei der Aufnahme war. Schließlich ging Gea hoch über uns auf das Drahtseil hinaus. Es wurde still in der Crew, als wir unsere Augen auf sie richteten. Ich hörte auf die Kommandos in meinem Funkgerät und die Stimme, die die Kameraleute anwies, ihre Kameras einzuschalten, war knapp und klar: »Kamera A – ab. Kamera B – ab.« Alle Kameraleute antworteten mit einem »Kamera läuft!«.

Es herrschte eine Sekunde Stille. Dann bellte die Stimme aus dem Funkgerät »Action!« und ich sah Gea im Sucher abstürzen.

In sechs Sekunden war alles vorbei. Ich war zuversichtlich, meine Aufnahme im Kasten zu haben. Aber das Wichtige war, dass ich, als ich den Blick vom Sucher nahm, Gea über dem Abgrund hängen sah, sicher und in einem Stück.

Die Dreharbeiten an dem Film hätten eigentlich zwei Monate dauern sollen, aber es wurden vier. Während einer Schönwetterperiode arbeiteten wir achtundzwanzig Tage am Stück. Für gewöhnlich jedoch hatten wir sonntags frei. Einige der Bergsteiger gingen dann klettern, ich dagegen gönnte meinem Bein eine Pause; ein paar Mal borgte ich mir von der Produktion einen Wagen und fuhr für einen Tag nach Venedig.

Venedig und die Piazza San Marco waren im April und Mai angenehm leer. Ich ging hinaus an den Lido mit seinem herrlichen weißen Sand oder probierte frische Meeresfrüchte in Restaurants. Ich mochte die Museen, vor allem die Armeria mit ihrer großen Sammlung mittelalterlicher Waffen und Rüstungen. Auch die Antiquariate faszinierten mich und ich durchstöberte sie nach alten Karten und Grafiken. Ich schien freilich nie genug Zeit zu haben, um alles zu tun, was ich in Venedig gern gemacht hätte. Es war einfach zu schnell wieder Montag morgen.

Beim Drehen gab es neben der vielen Arbeit auch viel Leerlauf. Die Tage konnten unerträglich öde werden, wenn wir im zweiten Team stundenlang herumsaßen und darauf warteten, dass wieder einmal etwas explodierte oder eine Brücke einstürzte. Eines Tages hatte der Schauspieler Michael Rooker – er war im Film Stallones Freund – die Warterei satt. Um seine Kletterszenen selber spielen zu können, hatte er klettern gelernt. Jetzt wollte er »Action« sehen. Er beschwerte sich, und um ihn zu beruhigen, gab mir einer aus dem zweiten Team eine 35-mm-Kamera mit Teleobjektiv und Weitwinkel und sagte, wir sollten uns damit amüsieren. Keiner erwartete, dass wir brauchbares Material mitbrachten, aber Rooker und ich waren fest entschlossen, einige Aufnahmen zu drehen, die das Team verwenden würde, wenn es nicht bescheuert war.

Wir gingen also auf die Cinque Torres, eine Formation unweit des Hauptquartiers der Produktion. Es machte mir Spaß, wieder einmal allein draußen in den Bergen zu sein. Da ich kein Stativ hatte, schichtete ich einen Steinhaufen auf. Ich hielt die Kamera auf den kletternden Rooker gerichtet. Wir amüsierten uns königlich damit, noch einige andere Szenen aufzubauen. Wir arbeiteten völlig ohne Druck und wenn uns eine Route interessant erschien, dann drehten wir sie eben.

Und als der Regisseur des zweiten Teams sich am Abend darauf unser Material ansah, schien er erfreut, wenn auch etwas verwirrt. Man benutzte schließlich zwei unserer Szenen im Film. Rooker und ich freuten uns mächtig über die unerwarteten Resultate unseres 2-Mann-Teams.

Ich wurde immer wieder daran erinnert, dass ich bei all dem nur ein kleines Rädchen in einer großen Maschine war. Eines Tages saß ich mit Phil Pfeiffer und seinem Kameramann in einem schwarzen Zelt auf einer Plattform und sah mir mit ihnen ein Video von Stallones Double Wolfgang Güllich an. Ich sagte: »Wisst ihr, wir könnten die Szene dramatischer machen, wenn Wolfgang hier rüber geht und da pendelt und dabei etwas mehr strampelt.«

Phil stoppte das Video und wandte sich an mich. »Komm doch bitte mal mit raus«, sagte er leise. Wir standen neben dem Zelt und er war ganz direkt. »Ich bin hier Chefkameramann«, sagte er kieselhart. »Wenn ich deinen Input haben will, dann frage ich danach. Vielen Dank.« Er drehte sich um und ging wieder in das Zelt.

Ich wusste, dass Phil recht hatte. Mein Problem war, dass ich meine Rolle bei diesem Dreh überschätzte. Erst als ich 1996 beim *Everest*-IMAX-Dreh selbst Verantwortung übernahm, wurde mir klar, wie absolut persönlich die Sicht eines Kameramannes ist. Wenn man eine Vorstellung davon hat, wie man eine Szene drehen will, ist es zumindest irritierend, von der Galerie her unterbrochen zu werden. Ich weiß es, weil ich weit härter zur Sache ging als Phil, als ich die Zügel in der Hand hielt.

Letztlich bekam ich eine kleine, fast unmerkliche Erwähnung für meine Arbeit an diesem Film. Sie kam so spät in dem endlosen Abspann, dass mir meine Mutter gestand, sie sei es leid gewesen, auf meinen Namen zu warten, und einige Minuten vorher aus dem Kino gegangen.

Im letzten Monat der Dreharbeiten zu *Cliffhanger* hatte ich einen Anruf von David Fanning, dem Produktionschef der

PBS-Serie *Frontline*, erhalten. Ich hatte David 1988 bei der Arbeit an einem Dokumentarfilm mit dem Titel *Search for the Yeti* für die BBC kennen gelernt, den er für PBS gekauft hatte. Seitdem hatte ich ihn bekniet, doch eine Dokumentation über die chinesische Besetzung Tibets zu drehen. David stimmte mit mir überein, dass dies der richtige Zeitpunkt wäre. Telefonisch schlug er vor, mit einer Hi8-Video-Kamera nach Tibet zu gehen. Es sollte eine Erkundungsreise werden, sagte er, und er wolle sich ein endgültiges Urteil vorbehalten, bis er das Video sah.

Ich kehrte im Juli von den Dreharbeiten an *Cliffhanger* zurück. Veronique hatte den Dreh nur einmal kurz besucht, wir waren in unserem kurzen Eheleben also fast vier Monate getrennt. Darüber hinaus hatte ich mich bereits für September für ein neues Filmprojekt verdingt.

Sosehr die Trennung mich schmerzte, ich hielt die Tibetreise für notwendig. Beim Film heißt es in der Regel entweder Fettlebe oder Hungern und hier bot sich eine Gelegenheit, nicht nur weiter zu arbeiten, sondern auch noch eine einstündige Sendung für die beste Dokumentarserie des amerikanischen Fernsehens zu koproduzieren.

Veronique freute sich über den Auftrag, aber nicht darüber, mich so schnell wieder gehen zu sehen. Sie hatte in meiner Abwesenheit ihr eigenes Leben gelebt und plötzlich kam ich in ihr Leben zurück wie ein streunender Kater, nur um ihr zu sagen, es gehe gleich wieder los.

Veronique und ich brauchten einige Wochen, um uns wieder aneinander zu gewöhnen. Zwei Wochen danach stellte sich wenigstens so etwas wie Normalität ein. Dann wurde es Zeit, mich auf Tibet vorzubereiten. Ich holte meine Ausrüstung hervor und breitete sie auf dem Wohnzimmerboden aus. Ich bereite mich nicht mit Checklisten vor, ich muss alles in einem großen Chaos vor mir liegen sehen, dann mache ich mich langsam daran, es zu sortieren und zu packen. Ich gehöre auch nicht zu denen, die schon Wochen vor der Abreise

262

alles gepackt haben. Es muss bis zum letzten Abend, bis zur letzten Minute herumliegen. Veronique sah sich aber nicht nur dem Chaos meiner Ausrüstung gegenüber, sondern auch noch einem Sturm von Anrufen, Faxen und Last-Minute-Arrangements für Visa, Genehmigungen und Verpflegung. Ich ignorierte die Gegenwart und blickte nur in die Zukunft. Für Veronique hatte ich keine Zeit.

Ich hätte sie mit nach Tibet nehmen können. Aber aus Gründen, die ich selbst nicht ganz verstand, distanzierte ich mich langsam, aber sicher von Veronique. Es war teils darauf zurückzuführen, dass ich es schon immer für unprofessionell gehalten habe, wenn ein Mann seine Frau oder Freundin zu Dreharbeiten mitnimmt. Um zu rechtfertigen, dass ich Veronique auf den Everest, den Ama Dablam und an den Brahmaputra mitnahm, hatte ich sie mehr und härter arbeiten lassen als jeden anderen und nichts war mir je gut genug. Ich sagte mir, der unerträgliche Druck, unter den ich sie setzte, hätte mit meinem professionellen Perfektionismus zu tun. In Wirklichkeit war ich in den Augenblicken, in denen ich so unerbittlich und streng war, fast wie mein Vater geworden: nicht willens, eigene Fehler einzugestehen, nicht willens, jemand anderem Fehler zuzugestehen. Ich erkannte das Schema, wusste aber nicht, was ich dagegen machen sollte. Anstatt Veronique so etwas noch einmal zuzumuten, ließ ich sie zu Hause. Wir waren ziemlich still an dem Abend, an dem sie mich zum Flughafen fuhr.

Peking war in den zehn Jahren seit meinem letzten Besuch eine moderne Stadt geworden. Auf der Straße hatte man eher das Gefühl, in Bangkok oder Hongkong zu sein als im alten Peking.

Red Flag Over Tibet war eine neue Art Film für mich. Er verlangte nicht nur eine neue Sicht-, sondern auch eine neue Erzählweise. Es war kein Abenteuerfilm, aber definitiv ein Abenteuer, ihn zu drehen. Das Risiko bestand nicht darin, vom Berg zu fallen oder von einer Lawine verschüttet, sondern deportiert oder, schlimmer noch, verhaftet zu werden. Mein Ziel mit *Red Flag* bestand darin, die komplexen Probleme der chinesischen Besetzung Tibets zu dokumentieren, und zwar sowohl in der Vergangenheit als auch in der turbulenten Gegenwart. David Fanning und ich waren uns darin einig, dass der Film so objektiv wie möglich sein sollte. Es gab bereits eine Reihe von Filmen über die Besetzung Tibets, aber die meisten waren einseitig und oberflächlich.

Ich trat die Reise durch China mit John Ackerly und Rick Collins an. Collins sprach etwas Chinesisch. Wir nahmen den Zug nach Xining, wo ich einige Arbeitslager und Gefängnisfabriken filmte. Dann ging es weiter nach Golmud, vorbei am Kokonor, einem großen Salzsee. Die chinesische Polizei polterte bedrohlich durch die Waggons unseres Zuges und warnte Besucher aus dem Westen davor, aus dem Fenster zu fotografieren. Wir waren nahe der Neunten Akademie, Chinas wichtigstem Forschungs- und Entwicklungszentrum für Kernwaffen, also ließen wir keine unserer Kameras sehen. In Golmud nahmen wir einen Bus nach Süden. Es war eine lange, kalte Reise durch den östlichen Teil des Chang Tang, der trostlosen Hochebene im Norden Tibets. Spätabends erreichten wir Lhasa.

Als ich noch Expeditionsteilnehmer gewesen war, der für die Genehmigung bezahlte, hatte man mich in Lhasa geradezu fürstlich empfangen und in modernen Minibussen mit Panoramafenstern am helllichten Tag durch die Gegend gefahren. Verbindungsoffiziere hatten mir quasi einen roten Teppich ausgerollt und die Gastfreundschaft ihres Staats angeboten, inklusive Bankett. Diesmal erreichte ich die Hauptstadt zusammen mit tibetischen Pilgern und chinesischen Immigranten mitten in der Nacht in einem schäbigen Bus. Wir hörten die Leute etwas über den Potala-Palast flüstern und als wir aus dem Fenster blickten, sahen wir schwach eine Silhouette in der schwarzen Nacht. In einigen wenigen der zahllosen Fenster des Klosters flackerten Kerzen.

Lhasa war für mich nie mehr als eine Station auf dem Weg zum Everest gewesen. Jetzt konnte ich mich zum ersten Mal auf die Stadt und seine Bewohner konzentrieren. Die tibetische Exilregierung schätzt, dass seit 1951 unter der chinesischen Besatzung 1,2 von 6 Millionen Tibetern umgekommen sind. Aber wir suchten nicht nach Massengräbern oder Blut an den Mauern. Uns interessierte sozusagen der kulturelle Völkermord. Anfang der 80er Jahre hat China seine Grenzen nach außen geöffnet und seitdem waren hunderttausende von Han-Chinesen nach Tibet geströmt.

So wurde aus dem besetzten Tibet praktisch eine besiedelte Kolonie. Lhasa hatte Aussehen und Flair einer chinesischen Stadt angenommen; die tibetische Minderheit bildete eine unterprivilegierte Schicht. Ich konnte nur staunen, was seit 1983 alles gebaut worden war. Achtstöckige Betonklötze, wo früher ein-, zweigeschossige weiße Häuser die Regel gewesen waren. Es gab jetzt Taxis und Treibhäuser, in denen man Gemüse für den nicht abreißenden Strom chinesischer Einwanderer zog. Es gab Karaoke-Bars und chinesische Restaurants mit Aquarien voll lebender Fische, aus denen sich einer fürs Abendessen auswählen ließ.

Im Zentrum des alten Lhasa hatte sich der Barkor – der runde Wandelgang um den Jokhang, den heiligsten aller Tempel – völlig verändert. Als ich 1981 das erste Mal dort gewesen war, hatte ich den Eindruck gehabt, in eine mittelalterliche Stadt zu kommen. Jetzt war der Eingang zum Barkor so umgebaut, dass er wie ein Marktplatz irgendeiner x-beliebigen chinesischen Provinzstadt aussah. Auf den Dächern der Häuser ringsum waren Überwachungskameras angebracht. Chinesische Polizei und Soldaten, wohin man sah, Militärpatrouillen in der Stadt.

Als ich so durch die Straßen wanderte, fand ich Viertel, in denen schlicht nichts mehr an Tibet erinnerte; es gab keine Gebetsfahnen, keine traditionelle Kleidung; vor den Klöstern waren die früher allgegenwärtigen Hunde verschwunden.

Ich musste schon zum leeren Potala-Palast hinaufblicken, um mich daran zu erinnern, dass diese Stadt einst das Herz der tibetischen Kultur gewesen war. Noch vierzig Jahre zuvor war dieses gewaltige weiße Kloster auf einem Berg über Lhasa ein pulsierendes religiöses und politisches Zentrum gewesen. Jetzt war es geplündert und vom chinesischen Staat zur Touristenattraktion degradiert worden.

Den größten Teil meiner Entdeckungsreisen in Lhasa legte ich auf einem chinesischen Fahrrad zurück. Wenn ich etwas filmen wollte, stieg ich einfach ab. Meine Videokamera war in einer Tasche versteckt, in die ich ein Loch für das Objektiv geschnitten hatte. Das Ganze war dann auf den Gepäckträger meines Rads montiert. Nach etwas Übung konnte ich am Straßenrand absteigen, direkt neben einer Kolonne marschierender Soldaten, und so tun, als hätte ich eine Panne, während die Kamera lief.

Eines Tages befand ich mich auf einer neuen vierspurigen Straße, die Fahrradspuren voller Chinesen, die zur Arbeit strampelten. Die Straße war von chinesischen Läden und bunten Neonreklamen gesäumt. *Was ist hier noch tibetisch*, dachte ich bei mir, und da sah ich ihn: einen tibetischen Pilger, der sich geduldig dem steten Strom der Radfahrer entgegenwarf, um zum fernen Jokhang-Tempel zu gelangen, eine Körperlänge nach der anderen.

Er war ein muskulöser junger Mann, staubbedeckt, kurzgeschorenes Haar. Weiß Gott, wie weit er in seiner Frömmigkeit gekrochen sein mochte. Manche Pilger legten hunderte von Kilometern zurück, um zum Jokhang zu kommen. Er trug eine dicke Lederschürze, wie die eines Schmieds, um Haut und Kleidung zu schützen, wenn er sich mit dem Gesicht voran auf den Boden warf, wieder aufstand, eine Körperlänge ging und sich dann abermals auf den Bauch warf. Er trug Knieschoner und zwei hölzerne »Fäustlinge« mit angenagelten Blechen, um die Hände zu schonen.

266

Ich stand reglos da, das Rad neben mir, die Kamera lief. Ich war wie gebannt von dem jungen Mann – von seinem Glauben und von der Kraft seiner Religion. Dieser einzelne tibetische Pilger, der sich da ein ums andere Mal auf die Straße warf, wider den Menschenfluss, ohne die Invasoren seines Landes weiter zu beachten. Der Strom der Radfahrer wich ihm aus, ohne ihn auch nur eines Blickes zu würdigen.

Wie sich schließlich herausstellte, war dies die erste von zwei Reisen, die ich für den Dokumentarfilm *Red Flag* nach Tibet unternahm. Das Material, das ich während meiner Erkundungsreise drehte, führte zu einem zweiten Besuch zehn Monate später. Auch bei meiner längeren Rückkehr nach Tibet fand ich keinen Platz für Veronique. Sie beklagte sich nicht; ich entschuldigte mich nicht. Wir erwähnten es kaum.

Für diesen zweiten Besuch reiste ich mit David Fanning und dem Korrespondenten Orville Schell. Wir wollten, dass unser Film sowohl Glaubwürdigkeit als auch Tiefgang bekam. Orville war weder Menschenrechtler noch studierter Buddhist. Und auch Tibetisch sprach er nicht. Sein Wissensgebiet war vielmehr die chinesische Sprache und Geschichte. Er konnte sich fließend auf Mandarin verständigen, war Sinologe, Journalist und Berater mehrerer US-Regierungen in Chinafragen. Tibet mit diesen beiden Denkern zu bereisen, gab mir eine ausgewogenere Perspektive, was die komplexe Frage der chinesischen Anwesenheit dort anbetraf. Ihre Einsichten waren bemerkenswert, abgesehen davon dass ich von den beiden so einiges über Kunst und Ästhetik des Erzählens erfuhr.

Pausenlos sprachen wir über die möglichen Konsequenzen dessen, was wir da machten, fragten uns nach Verantwortung und Auswirkungen unseres Tuns. Journalisten aus dem Westen hatten Interviews mit Mönchen, Nonnen und anderen tibetischen Aktivisten aufgezeichnet, die dann gesendet wurden, ohne dass man die Gesichter der Betreffenden unkenntlich gemacht hätte. Ebenso gut hätte man den chinesischen Behörden eine Liste von Dissidenten in die Hand drücken können, denn viele dieser Interviews hatten direkt zur Inhaftierung von Tibetern durch die Chinesen geführt. Unsere erste Regel war also, unsere Informanten um jeden Preis zu schützen. Auf der anderen Seite mussten wir als Journalisten die Authentizität der Aussagen unter Beweis stellen, die wir mit unseren Interviews zusammentrugen. Wir mussten zeigen, dass es diese Zeugen tatsächlich gab.

Wir würden wieder nach Hause reisen, wenn das Projekt abgeschlossen war, die Tibeter jedoch bezahlten möglicherweise noch lange nach unserer Abreise für unsere Einmischung, egal wie gut sie gemeint war. Es ist dies eine interessante Ironie bei der Aufdeckung von Menschenrechtsverletzungen durch den Westen. Ich weiß von einem tibetischen Reiseführer, den man ins Gefängnis gesteckt hatte, nachdem Amerikaner in seiner Gruppe dreist mit ihren »Free Tibet«-T-Shirts geprotzt hatten. Die Amerikaner hatten das Land bereits wieder verlassen und womöglich noch nicht einmal von dem Schaden erfahren, den sie mit ihrem Verhalten angerichtet hatten.

Wir gingen also bei der Arbeit an *Red Flag* sehr vorsichtig zu Werke. Unsere Kamera war eine Möglichkeit für die Tibeter, der Welt eine Nachricht zukommen zu lassen, was die Verhältnisse in ihrem Land anbetraf. Wir hatten zahlreiche Gelegenheiten, Leute zu filmen, verzichteten aber auf eine ganze Reihe von Interviews, weil wir die Informanten gefährdet hätten. Bei den Interviews, für die wir uns entschieden, achteten wir sorgfältig darauf, dass weder die Interviewten noch ihre unmittelbare Umgebung zu erkennen waren.

Ich erinnere mich da an ein Interview mit einem Mönch. Wie im amerikanischen Süden während der großen Zeit der Bürgerrechtsbewegung sind viele führende Köpfe der tibetischen Unabhängigkeitsbewegung Persönlichkeiten aus dem Bereich des Glaubens, also Mönche und Nonnen. Am ver-

268

einbarten Abend machten wir uns bei Einbruch der Dämmerung am Eingang des Barkor auf die Suche nach diesem Mönch. Blitze durchzuckten die Nacht. Donner grollte. Pfützen standen in den Straßen und es roch nach Staub.

Einige Viertel des Barkor sind Gassenlabyrinthe, in denen man sich selbst am helllichten Tage verlaufen kann. Und diese Nacht war mondlos. Wir achteten sorgfältig darauf, dass uns auch ja keiner folgte. Schließlich traten wir in ein Kloster und wurden in einen Raum geführt. Die Anspannung schien alle im Würgegriff zu haben: die Mönche, unseren Führer, die Besucher mit der Kamera.

Wir hatten zuvor bereits mit Masken gearbeitet, um unsere Leute unkenntlich zu machen, aber diesmal verfuhren wir anders. Ich beleuchtete Orville und den Mönch so raffiniert, dass sie in grellem Licht saßen und der Rest des Raumes im Dunkeln lag. Wir wagten nicht, im Hintergrund auch nur einen Hinweis auf die Identität des Klosters zu geben. Schließlich drehte ich auch noch im Winkel über die Schulter des Mönchs, der die Kutte über den Kopf gezogen hatte, damit sein Profil nicht zu sehen war. Seine Stimme nahmen wir zwar auf, aber sie wurde später so verfremdet, dass auch sie nicht wiederzuerkennen war.

Der Mönch war von der militanten Fraktion und seine Position somit ein wichtiger Kontrast zur gewaltlosen Botschaft des Dalai Lama. Er erklärte, die Chinesen verstünden nur Gewalt und es gäbe nur einen Weg, das Land von ihnen zu befreien, und zwar – hier zitierte er bewusst den Vorsitzenden Mao – durch den Lauf einer Waffe. Er war ein überzeugender Redner und seine Aussage wurde später zu einer Schlüsselstelle unseres Films. Wir beendeten das Interview weit später als erwartet und machten uns wieder auf den Weg aus dem Barkor.

Als wir das Kloster verließen, tobte ein schlimmes Gewitter. Es schüttete nur so aus dem finsteren Himmel und wir wurden bis auf die Knochen nass. Den ganzen Rückweg zum

Hotel über machte ich mir Sorgen, aber nicht wegen des Gewitters: Das Material, das wir da gerade aufgezeichnet hatten, war hoch brisant. Falls den Chinesen die Rohfassung unseres Tapes in die Hände fiel, bedeutete das Probleme für alle Beteiligten. Ich hatte die Bänder mit den Interviews wie verabredet bei einer Kontaktperson innerhalb des Barkor gelassen; sie wusste, wie sie zu *Frontline* zu schaffen wären, falls Orville, David oder ich im Hotel Ärger mit den chinesischen Behörden bekommen sollten. Vor unserer Abreise aus Tibet, als ich sicher sein konnte, dass keine Gefahr mehr bestand, holte ich die Bänder dann ab.

Die Dreharbeiten zu *Red Flag Over Tibet* dauerten vier Monate. Über meine beiden Besuche in Tibet hinaus drehten wir noch Interviews in Indien, Nepal und den USA. Bei *Frontline* in der Bostoner Zentrale von WGBH verbrachte ich dann Wochen damit, jeden Zentimeter des historischen Materials, das wir aus Tibet mitgebracht hatten, zu sammeln und durchzusehen. Die letzten sechs Wochen des Schnitts waren recht hektisch und wir bekamen den Film gerade eine Stunde vor Sendung im Februar 1994 hin.

Während dieser Zeit hatten Veronique und ich uns so weit auseinander gelebt, dass wir im Grunde nur noch eine Wohngemeinschaft waren. Die Arbeit am Film fand zwar in Boston statt, war aber so intensiv und zeitraubend, dass ich genauso gut im Ausland hätte sein können. Wenn ich nach endlosen Stunden im Schneideraum nach Hause kam, war Veronique entweder bei der Arbeit oder in der Schule für Grafikdesign. Trotzdem hatten wir noch viel füreinander übrig. Und so sah sie sich dann mit mir, David Fanning und dessen Freundin auch die Premiere unseres Dokumentarfilms im Fernsehen an.

Drei Wochen später war Veronique wieder an der Akademie und ich saß in einer Maschine zurück nach Tibet, an den Mount Everest, genauer gesagt: an dessen Kangshung-Flanke.

270

Der Erfolg von *Cliffhanger* hatte mir leider keine weitere Arbeit beim Film gebracht. Und um die Wahrheit zu sagen, es gab auch keinen Grund dafür, schließlich hatte ich gerade mal dreißig Sekunden dazu beigetragen. So holte mich also nach der Fertigstellung von *Red Flag* wieder das Schicksal des freischaffenden Filmers ein, der sich seine Arbeit von Job zu Job suchen muss.

Ich hatte schon seit Jahren daran gedacht, nochmals an die Kangshung-Flanke zu reisen, aber diesmal mit einem kleinen Team. Ich wollte das Ganze etwas anders angehen. Ich taufte das Projekt »Meldungen vom Everest«. Der Gedanke dahinter war, einen Aufstieg mit einer kompakten Hi8-Videokamera zu filmen und das Material im vierzehntägigen Rhythmus zur Sendung im Fernsehen zu schicken, zusammen mit einem Liveinterview vom Everest über Satellitentelefon. Das Projekt bedurfte einer einnehmenden Persönlichkeit als Hauptdarsteller – jemand, der das Publikum ansprach. Wir nahmen Sandy Hill Pittman, eine schreibende Abenteurerin aus New York. Sie hatte sechs der sieben Gipfel, mit anderen Worten: den höchsten Berg eines jeden Kontinents, bestiegen und war erst im Vorjahr am Everest gewesen und bis auf eine Höhe von 7315 Metern gekommen, bevor sie und ihre Seilschaft hatten umkehren müssen.

Sandy ist stark, attraktiv, dynamisch und voller Selbstvertrauen. Durch ihre Teilnahme hatten wir uns die Zusage von NBCs *Today* gesichert, die Nachrichtensendung, in der die »Meldungen vom Everest« zu sehen sein sollten, und das wiederum hatte einen Sponsor aus der Industrie interessiert.

In den Jahren vor 1994 hatten die bereits populären Routen über den Süd- und Nordsattel immer mehr Leute angezogen. Während der Saison, also im Frühjahr und im Herbst, glichen die traditionellen Basiscamps zu den Routen auf der Süd- und Nordseite großen Heerlagern; sie versorgten Dutzende von Expeditionen und hunderte von Bergsteigern und deren Teams. Die ersten kommerziellen Anbieter boten dem

Unerfahrenen einen Trip auf den höchsten Gipfel der Welt an.

Ich wollte unsere Expedition an die wilde Ostflanke des Everest als Rückkehr zu Schlichtheit, Selbstständigkeit und alpinistischem Können verstanden sehen. Ich hielt sie mit vier Bergsteigern – fünf mit Sandy – und vier Sherpas also bewusst klein. Ich entschied mich für drei der erfahrensten Alpinisten Nordamerikas: Alex Lowe, Barry Blanchard und Steve Swenson. Wir wollten mit der im Himalaja üblichen Belagerungstaktik vorgehen, den Berg also Schritt für Schritt mit Lagern und Fixseilen hochgehen. Andererseits wollten wir weniger gepäcklastig und schneller sein als die Heere von Bergsteigern auf den Routen am Nord- und Südsattel. Als *sirdar* wählte ich einen alten Freund, auf den ich mich verlassen konnte, den Sherpa Wongchu. Ich hatte ihn 1986 bereits für den BBC-Film *Everest: The Mystery of Mallory and Irvine* als Koch engagiert. Ich hatte nur gestaunt, was er in den zwanzig Tagen im Lager am Nordsattel in einer Höhe von 7000 Metern zustande gebracht hatte. Er war ein reizender Mensch mit dem breiten Gesicht eines Tibeters, der immer schneller zu denken schien, als er sich ausdrücken konnte. Aber er war eine starke Führernatur und genoss unter den Sherpas einige Autorität.

Ich entschied mich für eine andere Route als die, über die wir es 1981 versucht hatten. Wir würden einen steilen Pfeiler hochsteigen, der etwas weiter im Westen und zur Flanke hin gerichtet war. Der Aufstieg selbst war dort weniger schwer, aber die Route lag näher an der Abbruchstelle des Gletschers. Dadurch dass das brechende Eis des Gletschers näher und lauter war, schien diese Route weit bedrohlicher als die von 1981 zu sein.

Es gab einen senkrechten oder abdrängenden Abschnitt von über 100 Meter Höhe, den wir mit Fixseilen klettern mussten. Er war sowohl physisch als auch mental weitaus schwieriger als alles, was die Routen über den Süd- und Nordsattel zu bieten hatten. Ich hing bei 6400 Metern an einem Seil, während nur 100 Meter weiter zu meiner Rechten der Gletscher pausenlos riesige Brocken blauen Eises abstieß. Ich konnte mich an diese psychischen Attacken schlicht nicht gewöhnen. Ich hörte ein Knarren und zehn Sekunden darauf polterte eine riesige Eiskaskade die Steilwand hinab. Das Nervenaufreibendste daran war der Lärm.

Sandy war äußerst systematisch. Sie packte im Basislager kräftig mit an, kochte, hob die Plattformen für die Zelte mit aus. Da ich mit ihr noch nie im Himalaja geklettert war, hatte ich mich auf die Möglichkeit gefasst gemacht, dass sie womöglich nicht über den Eisüberhang kam. Aber falls Sandy den Aufstieg an der Kangshung-Flanke entmutigend fand, ließ sie sich das jedenfalls nicht anmerken. Ich bewunderte ihren Mut und ihr Stehvermögen. Ein Gutteil meiner Vision als Filmer bestand auf dieser Reise darin, Sandys persönlichen Kampf mit dem Berg einzufangen. Ich postierte mich direkt über oder unter ihr, damit ich sie aus der Nähe mit einem Weitwinkel filmen konnte, um den Betrachter direkt in ihre Erfahrung mit einzubeziehen.

Eines Morgens, ganz früh, wir waren bereits vier Wochen unterwegs, war ich in Lager I in 6100 Metern mit Sandy und zwei Sherpas vor dem Zelt und machte den Frühstückstee. Es begann gerade das allmorgendliche Lawinenschauspiel, als die Sonne die Flanke aufzuwärmen begann. Etwas später kam vom Vorgeschobenen Basislager eine Meldung herauf, die Druckwelle einer riesigen Lawine habe ihre Zelte umgeweht.

Sandy und ich eilten sofort an die Fixseile und seilten uns zum Vorgeschobenen Basislager ab. Es sah aus, als wäre ein Wirbelsturm hindurchgefegt. Wongchu und die anderen Sherpas liefen völlig benommen umher. Es war niemand verletzt, aber das Lager war ein einziges Chaos. Vorräte waren bis auf eine Entfernung von anderthalb Kilometern verweht. Kuppelzelte waren über den Gletscher gepurzelt. Mein eigenes Zelt lag 50 Meter von der Stelle entfernt, an der ich es aufgeschlagen hatte. Alles war voll feinstem Pulverschnee, den der Wind mit 200 Stundenkilometern vor sich hergetrieben hatte. Das Küchenzelt, das mit großen Felsbrocken verankert gewesen war, hatte sich losgerissen.

Ich begann mich zu fragen, ob dies wohl das richtige Jahr für die Kangshung-Flanke war. Wongchu war so verstört von all den Lawinen, dass er sich beurlauben ließ. Er fuhr bis nach Katmandu zurück, um seinen Lama zurate zu ziehen; zehn Tage später tauchte er wieder im Basislager auf.

»David, David«, sagte er. »Die Flanke ist nicht gut. Der Berg ist nicht glücklich.«

Die anderen Bergsteiger wollten weitermachen. Wir hatten immerhin erst den 1. Mai und bis zum Monsun mit seinen schlimmen Schneestürmen waren es noch drei, vier Wochen. Auf ein gewisses Maß an schlechtem Wetter waren wir von Anfang an gefasst gewesen. So störend die Lawinen auch sein mochten, sie überraschten uns nicht.

Wir verlegten das Vorgeschobene Basislager weiter den Gletscher hinab in Richtung Basislager, außer Reichweite der Windstöße, für die die Lawinen sorgten, und setzten den Aufstieg fort.

In jenem Jahr lernte ich einige harte Lektionen darüber, was es heißt, eine Expedition auf den Everest zu führen. Ich hatte Filmteams geführt, aber nie eine ganze Expedition. Ich hatte mir mit Alex Lowe, Steve Swenson und Barry Blanchard erfahrene, ja vollendete Alpinisten ausgesucht, die alle bessere Bergsteiger waren als ich. Ich hatte sie um ihre Meinung gefragt, auf sie gehört und vertraut. Nur ließ ich meinen aufrichtigen Respekt für das, was sie zu sagen hatten, niemanden sehen. Folge davon war, dass sie überzeugt waren, ich hörte nicht auf sie. Darüber hinaus hatte ich nie auch nur die kleinste Aufgabe delegiert, die ich nur irgendwie selbst übernehmen konnte – auch wenn das bedeutete, dass ich länger arbeitete als jeder andere; nicht einen Augenblick gab

274

ich die Kontrolle über die täglichen Ereignisse aus der Hand. Herrisch managte ich die Leute unter mir bis ins kleinste Detail – und das ging ihnen gegen den Strich.

Unablässig machte ich mir Sorgen um unsere Sicherheit. Als Expeditionsführer lag die letzte Entscheidung über Aufstieg oder Umkehr bei mir. Was keiner der anderen wusste, war, dass ich im Kopf einen ständigen Dialog führte und immer abwägte zwischen dem, was sie sagten, und dem, was ich dachte. Es war eine unaufhörliche Debatte darüber, ob wir weitergehen sollten oder nicht. Aber ich hatte Angst davor, mit meinen Zweifeln und Fragen zu ihnen zu gehen. Ich dachte, das Team hielt es womöglich für ein Zeichen von Schwäche oder mangelnder Kompetenz. Aber wie mir später klar wurde, ist es wichtig, seine Sorgen zur Sprache zu bringen, und das gilt doppelt für solche, die das Schicksal des Teams betreffen.

Auf halbem Weg nach Lager II bekamen wir einen besseren Blick auf die Schneeverhältnisse und die Gefahren vor uns. Als wir die erste Ladung Lasten hochtrugen, um Lager II einzurichten, gerieten wir in hüfttiefen Schnee, den zu durchwaten eine Strapaze war. Mit Sauerstoffmasken, Zelten und Proviant kämpften wir uns nach oben und gruben dabei Schritt für Schritt ein Loch ums andere in den Schnee. Es war Knochenarbeit und wir mussten alle paar Meter rasten. Schließlich erreichten wir die für Lager II vorgesehene Stelle, schlugen ein Zelt auf, verstauten alles und machten uns wieder an den Abstieg. Ich befand mich zusammen mit Barry Blanchard auf dem Abstieg zu Camp I, als ein Teil des Hangs abzurutschen begann. Ein Riss von über einem halben Meter Breite tat sich auf und schon ging es dahin. Es war keine Riesenlawine, aber hätte sich einer von uns in dem Abschnitt aufgehalten, er hätte es zweifelsohne nicht überlebt.

Das war der Augenblick, in dem ich zu überlegen begann: *Wie sehen die Regeln des Spiels aus, das wir hier spielen?* Ich wusste aus der Lektüre von Expeditionsberichten, dass die oberen 500 Meter der Kangshung-Flanke nicht nur steiler waren, sondern auch noch an der Lee-Seite des Everest lagen, was bedeutete, dass wir in hüfthohen Schneewächten klettern mussten, genau die Art Schnee, die 1986 Dawa Nuru das Leben gekostet hatte, und das alles ohne Fixseile und Haken. Es würde ein Glücksspiel werden, und spielen würden wir es auf dem Weg durch ein instabiles Meer aus schenkeltiefem Schnee.

Es lag an mir zu entscheiden, ob wir den Aufstieg fortsetzen oder umkehren sollten, und das brachte mich in eine arge Verlegenheit.

Kompliziert wurde meine Entscheidung dadurch, dass wir schon eine erklecklichte Summe von unserem Sponsor und *Today* angenommen hatten, um auf diesen Berg zu gehen. Ihr Geld hatte uns die Reise erst ermöglicht und wir waren noch nicht einmal in einer Höhe von 8000 Metern. Wenn ich den Aufstieg jetzt abbliese, könnte es vom Standpunkt des Laien so aussehen, als hätten wir es, trotz der schwierigen Kletterei weiter unten, eigentlich nicht versucht. Ich fühlte eine große Verantwortung unseren Sponsoren gegenüber, konnte aber das Geld nicht über die Sicherheit stellen.

Als wir im Oktober 1986 unsere Suche nach Mallory und Irvine am Nordsattel hatten abbrechen müssen, war es uns auch schwer gefallen zu gehen. Aber die Saison war sowieso ihrem Ende entgegengegangen. Und mit dem tragischen Tod Dawa Nurus hatte unsere Expedition ihren guten Geist ohnehin schon verloren.

1994 dagegen kletterten wir in der Saison vor dem Monsun. Die Tage würden länger und wärmer werden. Niemand war gestorben, niemand verletzt. Wir hatten genügend Proviant, um noch drei Wochen, wenn nicht gar länger zu bleiben. Wir hätten warten können, um zu sehen, ob die Verhältnisse sich besserten. Ich hatte das starke Verlangen, noch höher zu gehen, so nah an den Gipfel wie möglich, aber ich hielt es für das Beste, zu gehen.

276

Meine Entscheidung enttäuschte alle, vor allem Barry, der noch warten und noch einen Versuch machen wollte. Ich versprach Steve Swenson, ihn auf der Nordseite abzusetzen, damit er sich einer amerikanischen Expedition über den Nordsattel anschließen konnte. Auf dem Rückzug dachte ich daran, dass der Berg schließlich nicht weglief; wenn ich wollte, konnte ich es noch einmal versuchen. Ich meinte von den Sherpas Geduld gelernt zu haben, *mit* dem Berg zu leben, auf ihn zu hören. Sherpas fällen ihre Entscheidungen oft auf der Grundlage ihres Glaubens. In der Welt der Sherpas zählt bei einer Entscheidung neben der großen Erfahrung mit dem Gebirge auch noch ihr Gefühl für den Berg. Ähnlich gründete ich meine Entscheidung zugleich auf Erfahrung und Intuition.

Als wir in jenem Frühjahr von der Kangshung-Flanke abzogen, konnte ich mich trotzdem des Gefühls nicht erwehren, zu früh gegangen zu sein. Alle paar Schritte drehte ich mich um, um mir diese gewaltige Wildnis anzusehen, in der Kurt Diemberger mir dreizehn Jahre zuvor die Kamera in die Hand gedrückt hatte.

10

IMAX®

Mit der IMAX®-Kamera in 5360 Meter Höhe
im Basislager am Everest.

MEIN DRINGLICHSTES Anliegen, als ich im Sommer 1994 aus Tibet zurückkam, war die Rettung meiner Ehe. *Cliffhanger* und die drei Tibet-Reisen hatten Veronique und mich praktisch für die Hälfte unserer Ehe getrennt. Ich hatte mich ausschließlich auf meine Arbeit konzentriert. Mir wurde klar, dass ich sie wenigstens auf einige der Reisen hätte mitnehmen sollen. Ich hatte mein eigenes Leben gelebt, während sie einen Kompromiss nach dem anderen gemacht und sich angepasst hatte – vor allem mit unserem Umzug von New York nach Boston. Jetzt lebte sie ihr eigenes Leben.

Wir waren immer gern miteinander klettern gegangen und so schlug ich eine Kletterreise zum Grand Teton in Wyoming vor. Es war immer so wunderbar mit Veronique in den Bergen, sie war ein so anmutiger Partner am Fels.

Veronique und ich kamen auf dieser Tour prächtig miteinander aus. Vielleicht brauchte ich meine Freiheit doch nicht so sehr, wie ich gedacht hatte. Aber als ich nach Boulder zurückkam, erwartete mich im Hotel eine Nachricht, dass jemand namens Alec Lorimore angerufen hatte. Ich kannte weder ihn noch die Produktionsfirma, die hinter ihm stand, aber die Nachricht lautete, dass David Fanning von der PBS-Serie *Frontline* mich den Leuten als den richtigen Mann für einen bestimmten Job empfohlen hatte.

Ich rief Alec an. Wir plauderten einige Minuten, dann sagte er: »Wir denken daran, für IMAX einen Großformatfilm über den Everest zu drehen. Könnten Sie für die Jahresversammlung der Großformat-Produzenten, Regisseure und Kinobesitzer eine Dia-Präsentation zusammenstellen?«

Lorimore erklärte, er könne nicht versprechen, dass daraus etwas würde. Man sondiere sozusagen nur das Terrain. Aber als Freelancer ohne Arbeit war ich nur allzu bereit, einige meiner eigenen Dias vom Everest herauszusuchen und nach Frankreich zu fliegen, wo die Konferenz in jenem Jahr stattfinden sollte.

Ich verabschiedete mich also wieder einmal von Veronique und flog nach Paris, wo ich mich mit Alec und dem Präsidenten der Produktionsfirma, Greg MacGillivray, traf. Er hatte als Teenager mit hausgestrickten Surferfilmen begonnen, die er mit einer 16-mm-Bolex drehte. Greg ging es mit dem Meer so wie mir mit den Bergen und der Kletterei. Monate später, wir waren auf einer Versammlung von Kletterern, beugte er sich zu mir herüber und sagte: »Ihr seid ja genau wie wir Surfer. Ich erinnere mich noch an die Surfer-Subkultur aus meinen Zwanzigern – das war genauso wie bei den Kletterern hier.« Ohne jemals geklettert zu sein, verstand er instinktiv das Wesen des Handwerks und er war voller Leidenschaft für die Herausforderung eines Everest-Films.

»Machen wir's doch, David«, sagte er bei unserer ersten Besprechung. »Lass uns die Ersten sein, die diese tollen großen, herrlich scharfen Bilder von diesem Berg auf die Riesenleinwand bringen.« Und ich dachte mir: *Das sagt sich leicht, wenn man Filme auf Meereshöhe dreht.*

Ich wusste nichts über diese hoch spezialisierte Branche der großformatigen Filme und Greg wusste nichts über das Filmen in großen Höhen. Das IMAX-Format bietet auf einer Riesenleinwand ein umwerfend sinnliches Panorama, das auch den Rand des Blickfeldes füllt. Ein Wal lässt sich in voller Lebensgröße zeigen. Dafür muss man in Kauf nehmen, dass das Filmmaterial unhandlich ist und man einen Projektor von der Größe eines VW-Käfers braucht, um die Spulen

282

zu bewältigen. Und wegen des Spulendurchmessers und der überwältigenden Wirkung der riesigen Bilder dauern diese Filme im Riesenformat nur vierzig Minuten, wenn überhaupt.

Ich führte also meine Everest-Dias auf der Tagung für großformatige Filme in Frankreich vor. Schließlich stand Greg auf und machte dem Publikum, das größtenteils aus Kinobesitzern, also potenziellen Kunden, bestand, einen Vorschlag. Es war nicht gerade so, dass man sich mit dem Scheckbuch vordrängelte. Das Thema – die Besteigung eines Berges – schien schon einen gewissen Reiz zu haben, aber die Leute waren skeptisch, was die Kosten und Risiken betraf. Etwas später beim Rundgang durch das Tagungszentrum ging ich an den IMAX-Stand und bekam meine erste IMAX-Kamera zu sehen. Und das war dann auch fast das Ende unseres Filmprojekts.

Es war damals die kleinste Kamera, die IMAX hatte, und trotzdem war das Ding ein gewaltiger Apparat. Ich glaubte meinen Augen nicht zu trauen. Sie hatte die Größe eines Mikrowellenherds und wog über dreißig Kilo mit Magazin, Objektiv und Batterie. Ein Magazin fasste 152 Meter Material, wog gut zwei Kilo – und reichte gerade mal für neunzig Sekunden Film. Zum Vergleich: 120 Meter 16-mm-Material wiegen ein halbes Kilo und reichen für zwanzig Minuten Film. Vom Gewicht mal ganz abgesehen musste man bei jedem Magazinwechsel von Hand eine Riesenschlaufe Film durch das komplizierte Räderwerk in der Kiste ziehen. Eine Aufgabe, die meiner Ansicht nach bei minus 15 Grad noch nicht mal mit bloßen Händen zu bewerkstelligen war, geschweige denn mit Handschuhen. Und zu guter Letzt war die Kamera auf ein Stativ zu montieren, das mit Kopf allein schon 38 Kilo wog.

Es war völlig unmöglich, eine derartige Ausrüstung auf den Everest zu schleppen, und das sagte ich Greg auch. Er nahm mir weder meine Skepsis ab noch meine Schilderungen des Stresses, dem ein Bergsteiger in einer Höhe von 8848 Metern ausgesetzt war. Immerhin arbeitete er für gewöhnlich in Meereshöhe. Ich war ja bereit, mir Gedanken über die Möglichkeiten des großen Formats zu machen, aber dazu müsste Greg die Schwierigkeiten eines Drehs in solchen Höhen akzeptieren.

Fünfzehn Jahre lang hatte ich mit meinen Dokumentarfilmen den Leuten zu Hause in den Staaten die Erfahrung Everest zu vermitteln versucht. Aber so fesselnd meine Bilder auch sein mochten, ich musste den Everest auf die Größe eines Fernsehers zusammenschrumpfen lassen. Der Gedanke, dass bei einem derartigen Format die Majestät des Berges diesmal nicht leiden würde, war für mich durchaus attraktiv.

So aufregend ich darüber hinaus auch noch die Herausforderung fand, dieses Medium beherrschen zu lernen, ich wusste auch, was man über einer Höhe von 7600 Metern noch zu tragen vermochte und was nicht. Bei keinem meiner Gipfelgänge am Everest hatte ich auch nur eine komplette 16-mm-Kamera dabeigehabt. Ich hatte am Gipfeltag immer spezielle leichte Video- oder 16-mm-Kameras benutzt. Ich hatte nicht das geringste Interesse daran, jemandes Leben aufs Spiel zu setzen, nur um diesen unmöglich schweren Apparat durch den Khumbu-Gletscherbruch, geschweige denn auf den Gipfel zu manövrieren.

»Wieso nicht eine 35-mm-Kamera?«, fragte ich. Eine Spielfilmkamera wog nur einen Bruchteil des IMAX-Apparats. Alles wäre leichter, angefangen von den Linsen über Stativ und Batterien bis hin zum Film. 120 Meter 35-mm-Material wiegen gerade mal ein 1,3 Kilo und reichen für viereinhalb Minuten Film. Mit nur zwei Dritteln des Gewichts bekam er dreimal so viel Film. Und das 35-mm-Material ließe sich doch aufblasen, um die Riesenleinwand zu füllen.

Aber für Greg kam es nicht infrage, 35-mm-Material auf das Riesenformat zu vergrößern. Schon deshalb nicht, weil das Einzelbild eines 65-mm-Films zehnmal mehr Filmfläche hat als das eines herkömmlichen 35-mm-Films und somit zehnmal so scharf ist. Aufgeblasenes 35-mm-Material käme viel zu körnig.

Nach unserem ersten Gespräch waren wir beide Feuer und Flamme für die Vision eines großformatigen Everest-Films, aber unser beider Voraussetzungen schienen einfach nicht unter einen Hut zu passen. Er wollte groß. Ich wollte leicht. Schließlich gingen wir zu den Ingenieuren bei IMAX, um zu sehen, ob die uns dabei helfen könnten, die Kamera neu zu erfinden, sprich, eine zu bauen, die den Erfordernissen des Himalaja entsprach. Zunächst einmal war das Gewicht drastisch zu reduzieren und dann musste sie ohne Heizung laufen, schließlich lag sie die ganze Nacht bei minus 40 Grad in einem Zelt. Knöpfe und Objektivfassungen mussten groß, zugänglich und robust sein, damit ich, müde, die Hände steif vor Kälte, nur einen Schalter umzulegen brauchte, um sicher sein zu können, dass die Kamera lief. Außerdem mussten die Knöpfe sich mit Fäustlingen bedienen lassen.

Mein Kontaktmann bei IMAX war ein Ingenieur namens Kevin Kowalchuk. Er und sein Abteilungsleiter Gord Harris stellten ein Entwicklungsteam auf die Beine und warteten schließlich mit einem Plan auf, eine IMAX Mark II mit einem Rahmen aus Magnesium zu bauen, das leichter und fester als Aluminium ist. Wo immer es möglich war, ließ er Bauteile aushöhlen. Spezielle Treibriemen aus Polyurethan sollten auch noch bei Temperaturen unter Null flexibel bleiben und die Schmiermittel für Motor und Objektive taugten bis minus 75 Grad. Das Entwicklungsteam ersetzte den Motor durch einen, der gerade mal drei Sekunden brauchte, um warm zu werden. Extragroße Kontrollknöpfe kamen dazu, um die Handhabung in großen Höhen zu vereinfachen. Lithiumbatterien, die bis minus 40 Grad funktionierten, wurden in Auftrag gegeben; Automated Media Systems in Boston entwickelte sie eigens für uns. Schließlich entschieden wir uns für einen Film aus Estar, ein dem Mylar ähnliches Plastik, das in der Kälte nicht brüchig wird wie das herkömmliche Material aus Acetat.

Die modifizierte, neu entwickelte IMAX Mark II war ein Leichtgewicht von knapp zwölf Kilo, das Maximum an Last, die einem Sherpa in einer Höhe von über 7600 Metern zuzumuten ist. Mit Batterien, Objektiv und einem vollen Magazin kam der ganze Apparat auf neunzehn Kilo. Kevin hatte die IMAX-Leute also dazu gebracht, das Original um dreizehn Kilo abzuspecken. Wir hatten sie noch nicht getestet, aber wir begannen an die Machbarkeit zu glauben.

Während die Ingenieure die Kamera modifizierten, machte man aus mir einen Großformat-Kameramann. Greg flog mit mir nach Laguna Beach, wo wir uns auf der kleinen Leinwand in seinem Vorführraum einige großformatige Filme ansahen. Dann unterhielten wir uns über die Unterschiede zwischen dem großen und dem 16- bzw. 35-mm-Format. Der Unterschied war in einem Wort zusammenzufassen: Größe.

In meinen früheren Arbeiten hatte ich gern die Erfahrung des *cinéma vérité* gespürt. Ich ging nah an die Menschen heran, die ich filmte, um die Gefühle auf ihren Gesichtern zu sehen und die Welt aus ihrem Blickwinkel zu zeigen. Bei der gescheiterten Besteigung der Kangshung-Flanke war ich direkt neben Sandy Pittman gewesen, die Kamera auf ihre Stiefel, auf ihre Steigeisen beim Eindringen ins Eis gerichtet, die über den Fels scharrten.

Mir wurde klar, dass diese Technik auf einer so großen Leinwand nicht funktionierte. Das Gesicht einer Frau, die an den hohen Hängen des Everest nach Luft rang, würde auf einer so großen Leinwand das menschliche Ringen nicht wiedergeben. Es hätte eher was von *King Kong*. Ich würde einen epischen Ansatz brauchen. Der Berg würde auf einer IMAX-Leinwand spektakulär aussehen. Das persönliche Drama der Kletterer zu vermitteln, wäre trotzdem eine Herausforderung.

286

Eine andere Herausforderung wäre die Kameraarbeit selbst. Eine meiner Lieblingseinstellungen bei Kletterfilmen war der Schwenk über eine große Wand, um dann in der vertikalen Landschaft eine winzige Gestalt auszumachen, die ich dann langsam heranzoome. Beim großen Format macht man jedoch wenig Schwenks. Es funktioniert schon deshalb nicht, weil dann von oben her neue Informationen auf die Riesenleinwand kämen, was dazu führt, dass das Publikum sich zurücklehnen und hinaufblicken müsste, um diese Informationen zu sehen.

Es bedurfte künstlerisch eines Sprungs ins Ungewisse, mir vorzustellen, wie gewöhnliche Gegenstände auf einer solchen Leinwand aussahen. Wir hatten gehofft, mit den Dreharbeiten am Everest im Frühjahr 1995 beginnen zu können, stellten die Expedition aber dann zurück, um erst das Budget von 7 Millionen Dollar zusammenzubekommen. Das gab mir Zeit, die Kamera in der Praxis zu testen.

Veronique war die Art Frau, die mir meine Begeisterung einfach nicht krumm nehmen konnte – auch wenn sie unserer Ehe den Rest gab. Sie sah mich gern voller Tatendrang und so war der Abschied, als ich abreiste, um die Kamera zu testen, nur leicht bittersüß. Aber ich war ohnehin zu beschäftigt, um mir darüber Gedanken zu machen.

Ich flog im Frühjahr 1995 nach Nepal und traf mich dort mit Kevin und unserer Herstellungsleiterin Liz Cohen, einer Freundin aus High-School-Tagen, in Katmandu. Sinn und Zweck der Reise war es, die Kamera auf einem Trek über 250 Kilometer auszuprobieren und dabei gleichzeitig etwas Material zu drehen, mit dem Interesse an unserem Projekt zu wecken und weiteres Geld für die Produktion aufzutreiben war. Achtundzwanzig Tage wanderten wir durch das Khumbu-Tal, bauten die Kamera auf, machten unsere Aufnahmen, bauten sie wieder ab, gingen weiter. Wir würden auf diesem Trip nicht über 5500 Meter hinauskommen und so sorgte ich für etwas mehr Tempo, um die verschärften Arbeitsbedingungen zu simulieren, denen wir im kommenden Jahr in den größeren Höhen ausgesetzt wären. Ich wollte sehen, wie das Gerät funktionierte, wie sich die Sherpas, die die verschiedenen Teile trugen, sich als Team machten und wie ich mit der Kamera im Gelände zurechtkam.

Jedes Mal wenn ich sie einschaltete, klapperte die Kamera derart laut los, dass ich dachte, jetzt fliegt sie mir um die Ohren. Das Ding fraß anderthalb Meter Film die Sekunde, es war aufdringlich laut – und nach wie vor groß. Es brauchte vier Sherpas, die Kamera nebst Zubehör zu tragen.

Während ich eine Spule Film nach der anderen verschoss, lernte ich die Kamera näher kennen. Ich filmte Wolkenformationen und Lagerszenen und die Mönche im Kloster von Thyangboche. Eines Tages ließ ich mich zwischen den Wänden einer kleinen Schlucht 40 Meter über dem Imja Khola abseilen. Ich musste lernen, die Kamera in 4000 Meter Höhe in der Luft hängend zusammenzusetzen und zu bedienen, wenn ich das auf dem Everest stehend machen wollte. Außerdem musste ich beim Filmen mitzählen, etwas, was ich bei einer normalen Kamera nie machen würde. Aber es half mir, Film zu sparen, den die Kamera in beängstigendem Tempo verschlang.

Als unser Team eines Nachmittags Halt machte, schloss sich uns eine andere Gruppe an. Zu ihnen gehörte ein freundlicher Sherpa Ende Zwanzig, der in Amerika zur Schule gegangen war. Er sagte, er heiße Jamling Tensing Norgay und sei Bergführer. Ich hatte gehört, dass er sich in der Gegend aufhielt, und gehofft, ihn zu treffen, da er der Sohn von Tensing Norgay, dem Held meiner Kindheit, war. Als ich mir Jamling genauer ansah, konnte ich in seinen Augen den Vater sehen. Ich wusste sofort, ich wollte Norgay in unserem Film.

Ich erklärte ihm das mit den Großformatfilmen und sagte: »Ich bin hier, um das Ding zu testen. Wir würden gern einen über den Everest drehen.«

288

Als ich meine Ausrüstung zusammenklaubte, um aufzubrechen, sagte Jamling: »Ich wollte den Everest schon lange besteigen«, und fügte hinzu: »Ich wäre bei Ihrem Team gern dabei.«

Unser Team marschierte im Eiltempo weiter zum Basislager am Fuß des Everest. Auf den paar Hektar Gletschergeröll drängten sich mehr Expeditionen als je zuvor. Trotzdem war es aufregend, wieder am Everest zu sein. Die Geschichte des Everest lag mitten im Schoß der Route über den Südsattel, über die Tensing Norgay und Edmund Hillary den Berg zum ersten Mal bestiegen hatten. Als ich so hinaufblickte, war ich überzeugt davon, nur mit dieser Kamera die Monumentalität des Everest, wie ich sie erfahren hatte, einfangen zu können.

Ich hatte gehofft, mit der Kamera in den Khumbu-Gletscherbruch hinaufgehen zu können, um das Eis zu filmen und vielleicht einige Bergsteiger aus anderen Expeditionen, aber das nepalesische Ministerium für Fremdenverkehr wollte mir keine Genehmigung geben. Wodurch ich in eine peinliche Klemme geriet. Ich brauchte Aufnahmen vom Gletscherbruch, um sie potenziellen Geldgebern zu zeigen, wagte aber nicht, die Anweisungen des Ministeriums zu umgehen. Wenn ich mich hochzuschleichen versuchte, bestand die Möglichkeit, von einem der Verbindungsoffiziere erwischt zu werden. Wenn einer von denen mit meinem Vergehen zu den nepalesischen Bürokraten ging, dann würde man uns niemals erlauben, den Film zu drehen.

Ed Viesturs ruhte sich im Basislager für seinen Gipfelgang aus. Das letzte Mal hatte ich Ed 1990 gesehen, als ich durch mein Teleskop beobachtete, wie er ohne Sauerstoffmaske die Route über den Nordsattel nahm. Er sagte mir, er führe einige zahlende Kunden für einen Neuseeländer, einen gewissen Rob Hall, der einen Bergführerservice namens Adventure Consultants gegründet hatte. Eds Freundin Paula hielt sich ebenfalls im Lager auf.

Ausgesprochen neugierig, was die IMAX-Kamera anbelangte, erbot Ed sich auf der Stelle, seinen Ruhetag sausen zu lassen und mit mir zum Anfang des Gletscherbruchs hinaufzusteigen, wo es sich ohne Genehmigung drehen ließ. Ich war ungemein dankbar und sagte ihm, er solle doch überlegen, ob er sich nicht unserer *Everest* IMAX Filming Expedition anschließen wollte, wenn ich im folgenden Jahr zum Dreh zurückkam.

Am Schluss unserer Testreise war ich zuversichtlich, dass die Sherpas mit den schweren Komponenten der Kamera zurechtkommen würden und Kevin hatte weitere Erkenntnisse über noch nötige Änderungen an der Kamera. Wir kehrten wie Veteranen in die Staaten zurück: In nur fünf Minuten waren wir in der Lage, die Kamera aufzubauen: zusammensetzen, auf das Stativ montieren, laden, Film einfädeln und drehen. Die Kamera, die zu Beginn so hoffnungslos unhandlich, ja bedrohlich ausgesehen hatte, war zum vertrauten Gerät geworden. Selbst den Radau der Mechanik hatte ich schätzen gelernt.

Wieder daheim in den Staaten flog ich nach Laguna Beach, um mir mit Greg das Rohmaterial anzusehen. Als wir in seinem Vorführraum saßen, war ich etwas enttäuscht. Den Himalaja auf einem Bildschirm von zweieinhalb Metern vorbeiflimmern zu sehen, beeindruckte mich nicht sonderlich, aber wir konnten schließlich kein IMAX-Kino mieten, nur um mich zufrieden zu stellen. Ich hatte noch eine Menge zu lernen, aber Greg war der Ansicht, ich hätte Gefühl fürs Format. Während die Ingenieure bei IMAX weiter an der Kamera feilten, schnitt Greg das Material zu einem achtminütigen Werbefilm zusammen, den er auf der kommenden Jahresversammlung der Großformatbranche zeigen wollte. Es sah ganz so aus, als würde doch noch etwas aus unserem Everest-Film.

Der Probelauf mit der Kamera, der Aufenthalt im Basislager, meine Gespräche mit Ed Viesturs, das alles hatte meine Leidenschaft für den Everest wieder entfacht. Ich war erst zwei Monate zu Hause, als ich Veronique bereits wieder verließ, diesmal für einen Versuch, die Route über den Nordsattel ohne zusätzlichen Sauerstoff zu gehen. Vielleicht versuchte ich nur, vor unserer kaputten Ehe zu fliehen. Was immer dahinter steckte, ich flog zurück nach Tibet, diesmal mit einer Videokamera und einem Stützverband um eines meiner Knie, das ich mir zu Hause beim Wasserskifahren lädiert hatte. David Fanning hatte mich in meinem Plan bestärkt, bei meiner Besteigung des Everest ein Videotagebuch zu führen. Für mein Kletterteam engagierte ich Wongchu und zwei weitere Sherpas, Jangbu und Lhakpa Gyalje.

Wir schlugen unser Basislager neben einem kleinen Teich aus Schmelzwasser auf, gleich neben dem Lager einer spanischen Expedition. Über den kleinen Teich hinweg sah ich das andere Team, fast konnte ich ihre Gespräche verstehen. Das Herz dieses Teams war eine starke, übersprudelnde junge Frau namens Araceli Segarra. Sie hatte ein großartiges rollendes Lachen und sorgte für gute Stimmung in der Gruppe.

In jenem Jahr hörte es am Everest schlicht nicht mehr auf zu schneien. Nichtsdestoweniger schafften meine Sherpas und ich es, über den Nordsattel zu kommen. Von einem großen Buckel namens Whale führte unsere Route zurück nach Lager V. Der Schnee stand mir bis zum Bauch und bei jedem Schritt musste ich mehrere Arm voll aus dem Weg schaufeln und festtrampeln, um eine Plattform zu schaffen, auf der ich stehen konnte, bevor ich den nächsten Schritt tat. Ich erinnere mich noch, in mich hineingelacht zu haben; nie im Leben war ich mir mehr wie der mythologische Sisyphus vorgekommen.

Als wir in einer Höhe von 7500 Metern auf die Felsen unterhalb von Camp V zugingen, bewegte sich urplötzlich der ganze Hang und setzte sich wieder mit einem mächtigen dumpfen Geräusch. Die Sherpas und ich kehrten auf der Stelle um und gingen zu unseren Zelten im Vorgeschobenen Basislager zurück.

Eine Woche später stiegen wir wieder zum Nordsattel auf. Dabei hätte es mich beinahe erwischt. Es kam dazu etwa 300 Meter oberhalb der Stelle, an der Dawa Nuru 1986 in der Lawine umgekommen war. Ich befand mich, mit einer dünnen 7-mm-Fixleine gesichert, hinter Wongchu bei einem Quergang durch schenkeltiefen Schnee. Wongchu war bereits hinüber auf den Nordsattel gekommen, als sich ganz plötzlich, kaum zehn Meter über mir, ein kaum ein Meter tiefer Riss auftat und der ganze Hang sich zu lösen begann.

Meine erste Reaktion war nicht Angst, sondern Überraschung. »He«, rief ich, »was ist los?« Später sollte mich Wongchu für den Rest des Trips mit seinem dicken Akzent nachäffen: *He, was ist los?*

In einer geradezu surrealen Szene begann sich das Schneefeld nach unten zu bewegen, weniger wie eine Lawine als wie kalter weißer Treibsand, der mich abwärts zog. Wongchu wartete mit Jangbu, einem der anderen Sherpas, am Nordsattel, bereits sicher an der Verankerung. Sie konnten nichts tun, um mir zu helfen, ebenso wenig wie ich mir selbst helfen konnte. Je tiefer der Schnee mich mitriss, desto mehr dehnte und straffte die Fixleine sich. Ich wusste, sie würde über kurz oder lang reißen und ich sähe mich langsam in die weiße Leere gesaugt.

Ganz plötzlich gab der Schnee meinen Körper frei. Das Brett rutschte unter mir weiter, ergoss sich über einen Eishang und schlug donnernd 3000 Meter unter mir auf. Als ich meine Sinne wieder beisammen hatte und mich aus dem Schnee zog, rief ich zu Wongchu hinüber: »Kommt, wir holen die Zelte und gehen nach Hause.«

Einige Tage später geriet Araceli Segarras spanisches Team in ein gewaltiges Schneebrett, in dem einer aus der Mannschaft ums Leben kam.

Kurz nach meiner Heimkehr fuhr ich zur Tagung der Groß-formatbranche, die dieses Jahr in Galveston, Texas, statt-fand. Wir zeigten unsere acht Minuten Material aus Nepal. Zum ersten Mal sah ich dabei die Bilder, die ich in jenem Frühjahr im Himalaja und am Everest gedreht hatte, auf eine zwanzig Meter hohe IMAX-Leinwand projiziert. Es war gran-dios. Ich war wie gebannt. Ich versuchte mir vorzustellen, wie der Gletscherbruch oder die Traverse zum Hillary Stepp auf dieser riesigen Leinwand aussehen würden. So weit ich mich erinnerte, hatte mich nur ein einziges Mal in meinem Leben eine Landschaft mit derartiger Ehrfurcht erfüllt, und das war, als ich mit meinen Eltern im Kino *Lawrence von Arabien* gesehen hatte.

Andere waren nicht so aufgeregt. Die Leute fragten sich, warum wir den Everest filmen wollten und ob es überhaupt zu machen war. Ich verkniff mir Mallorys Bonmot: »*Weil er da ist*.« Einige wenige zeigten sich interessiert, aber gerade einige Museumsdirektoren und Kinobesitzer bezweifelten stark, dass ein Film über den Everest für sie das Richtige war.

Veronique wartete auf mich. Es war mittlerweile Septem-ber und obwohl sie wusste, dass ich in sechs Monaten wie-der an den Everest reisen würde, machte sie einen letzten liebevollen Versuch, zu mir durchzudringen. Sie mietete ein Haus auf Nantucket, der Insel an der Küste von Massachu-setts, wo wir eine Woche allein sein konnten, um unsere Be-ziehung zu klären, so jedenfalls hofften wir.

Nantucket war ruhig, fast einsam. Wir spazierten den Strand entlang, aßen Blaubarsch, den wir am Great Point fingen. Wir entspannten uns, lernten einander noch einmal kennen, freuten uns über die Intimität. Mitte der Woche je-doch ging ich meine Telefonnachrichten durch. Ich hatte einen Anruf von National Geographic TV erhalten. Man machte mir ein Angebot, an einem Film mitzuarbeiten. Es ging um eine erst jüngst entdeckte Inka-Mumie und Menschenopfer auf dem Ampato, einem Berg in Peru.

293

Ich hatte das Gefühl, nicht ablehnen zu können. Greg war noch immer dabei, Reaktionen auf die Vorführung in Galveston einzuholen, und ich konnte nicht sicher sein, dass aus dem Everest-Projekt wirklich etwas wurde. Auf Veroniques Gesicht las ich die Enttäuschung, als ich unseren Urlaub auf Nantucket unterbrach, um wieder einmal loszuziehen.

»Keine Bange«, beruhigte ich sie. »Bis zu deinem Geburtstag im Oktober bin ich wieder da. Versprochen.«

Die Eisjungfrau, wie man die 500 Jahre alte Mumie eines Inka-Mädchens nannte, war bereits abgeholt worden, als ich mit dem Filmteam von National Geographic am Ampato eintraf. Ich war noch nie in den Anden gewesen, aber ich hatte über die Inkas gelesen und war neugierig, was ihre Praxis der Menschenopfer auf den hohen Gipfeln der Anden anging. Während sich die Dreharbeiten entwickelten, fanden Wissenschaftler zwei weitere Mumien auf dem 6309 Meter hohen Berg. Jüngste Aktivitäten eines benachbarten Vulkans hatten Aschewolken über den Ampato geweht. Die Asche absorbierte die Sonnenenergie, sodass der Schnee auf dem Gipfel des Berges geschmolzen war und die Eisjungfrau freigegeben hatte. Weiter unten grub unser Team zwei weitere geopferte Kinder aus. Nur waren deren Überreste nicht mumifiziert.

Am Everest hatte ich mit Bergsteigern zu tun gehabt, die bei Unfällen ums Leben gekommen waren und deren Leichen man einfach hatte liegen lassen. Hier hatte man dem Berg Menschen bewusst geopfert. Schon vor 500 Jahren hatten Inka-Priester Expeditionen auf den Gipfel des Ampato unternommen. Ihre Hochlager ähnelten auf unheimliche Weise den Lagern, die ich selbst schon angelegt hatte. Priester und ihr Gefolge hatten irdene Töpfe, Feuerholz, Stangen für Zelte nach oben geschleppt und dazu zentnerweise Gras, um diese gegen den Schnee und den kalten Boden zu isolieren.

Sie hatten Treppen in den steilen, gehärteten Lehm gehauen und sie mit Gras bestreut, um nicht auszurutschen. Schließlich hatten sie in einem *capacocha* genannten Ritual ihre Kinder den Berggöttern geopfert. Es war die höchste Form von Opfer und diente dazu, Regen für die Felder zu erbitten, um das Volk zu ernähren. Ich dachte darüber nach und über den jähen Kontrast zu den Toten am Everest.

Die Dreharbeiten für National Geographic TV dauerten eine Woche länger als vorgesehen und als ich nach Boston zurückkam, hatte ich Veroniques Geburtstag versäumt.

Als ich in unsere Wohnung zurückkam, hatte sie mich schon verlassen. Sie war nicht ausgezogen, aber sie hatte sich innerlich von mir getrennt. Ich spürte es, kaum dass ich sie sah. Ihr Verhalten brachte es überdeutlich zum Ausdruck. Diesmal nahm sie mich nicht wieder auf wie so oft zuvor. Nach zwei unerträglichen Wochen setzten wir uns schließlich hin, um zu reden. Ihre Stimme war ruhig, ja traurig, aber ganz fest. »Wir hatten ein gemeinsames Leben geplant«, sagte sie, »aber du bist nicht da.«

Wir beluden einen Mietlaster mit ihren Sachen und verabschiedeten uns. Sie fehlte mir von dem Augenblick an, in dem sie wegfuhr. Ich wollte sie zurückhalten, aber ich wusste nicht wie. Wir hatten einander versprochen, Freunde zu bleiben, aber das half nicht gegen den Schmerz, der sich lange hielt. Sie fehlte mir und ich fühlte mich schuldig. Meine Sünde gegenüber Veronique war die Feigheit. Mir wurde klar, dass ich sie mit meiner ständigen Flucht aus der Beziehung gezwungen hatte, selbst Schluss zu machen, die Entscheidung zur Trennung zu treffen und dann zu gehen.

Danach ging es mir schlecht und einsam war ich obendrein. Unsere Wohnung schien mir leerer als die ungeheure Weite Tibets. Etwas gelindert wurde mein Kummer während der nächsten paar Monate durch die Vorbereitungen für den

IMAX-Dreh, in die ich mich kopfüber stürzte. Greg hatte mir noch immer nicht definitiv grünes Licht geben können, aber wir hatten für meine Rückkehr an den Everest versuchsweise das Frühjahr 1996 ins Auge gefasst. Während Kevin Kowalchuk weiter daran arbeitete, die Kamera winterfest zu machen, begann ich Bergsteiger zu rekrutieren, wobei ich in der ganzen Welt herumtelefonierte, um die Leute zu kriegen, die ich haben wollte. Wir brauchten zwei Teams, die Bergsteiger und die Filmemacher, und sie mussten gut zusammenarbeiten.

Der Erste, den ich anrief, war Ed Viesturs; er hatte die Kraft, das Können, die Erfahrung. Seine Freundin Paula bat ich, als Leiterin des Basislagers mitzukommen. Dann wandte ich mich an Jamling Norgay, an Araceli Segarra und an Sumiyo Tsuzuki, die japanische Bergsteigerin, die ich 1990 auf der Nordseite des Everest kennen gelernt hatte. Alle sagten sie mir auf der Stelle zu.

Als Kameraassistenten brauchte ich jemanden, dessen Fähigkeiten die meinen nicht nur ergänzten, sondern jemanden, der mich auch ersetzen könnte, wenn ich krank oder verletzt war. Ich wusste genau, wen ich anrufen musste: Robert Schauer, einen österreichischen Alpinisten und Filmemacher, den ich vor dreizehn Jahren in einem Hotel in Katmandu kennen gelernt hatte. Liz Cohen, die während unserer Probeaufnahmen in Nepal so hart gearbeitet hatte, erklärte sich bereit, als Herstellungsleiterin mitzugehen.

Zu guter Letzt verpflichtete ich meinen guten Freund Wongchu als Führer des Sherpa-Teams.

Alles fügte sich bestens, nur mein Leben mit Veronique war vorbei. Meine Wohnung war voller Ausrüstungsgegenstände und Papierkram, aber es war kein Leben darin. Es ging mir sofort besser, als ich mein Team beisammen hatte.

Und ich war beschäftigt. Tag für Tag, Stunde um Stunde war ich der Mittelpunkt eines Mahlstroms an Details: Anträge, Budgets, Konferenzen und endlose Telefonate. Im

296

Januar 1996 schließlich stand die Kamera, die Kevin verbessert hatte, für eine letzte Generalprobe in Toronto bereit. IMAX hatte für uns einen Test in einer Kältekammer arrangiert. Am Tag bevor ich hinaufkam, gab Kevin schon mal die ganze Ausrüstung in die Kammer, damit alles – Film, Lithiumbatterien und Kamera – für vierundzwanzig Stunden bei minus 45 Grad gefroren war.

Vor der Kammer legte ich meinen Daunenanzug, Mütze und Stiefel an, dann ging ich hinein. Es war kalt wie in einer fernen Galaxie. Wir schalteten die Kamera an und versuchten an einem der Objektive die Schärfe einzustellen. Es klemmte, weil sich durch die Kälte einer der Metallringe zusammengezogen hatte. Die Ingenieure würden die Objektive also ein weiteres Mal überarbeiten müssen.

Die Kamera zu laden war der eigentliche Test. Ich hatte schon bei der Erprobung in Nepal gesehen, dass Handschuhe, selbst dünne Seidenhandschuhe, Fasern im Kameragehäuse hinterlassen konnten, die dann womöglich auf dem Film zu sehen waren. Die einzige Möglichkeit, dies zu vermeiden, bestand darin, jedes Mal Fäustlinge und Handschuhe abzunehmen, wenn ich die Kamera lud. Meine bloßen Hände wurden in der eisigen Luft der Kammer rasch weiß, aber ich bekam den Film in die Kamera und die Kamera zum Laufen. Es war so kalt, dass das Flüssigkristalldisplay meiner Sony-Videokamera einfror.

Als ich die Kammer verließ und die Tür hinter mir schloss, hatte ich das Gefühl, als bräche ein neuer Tag an. Ich hatte volles Vertrauen in die Kamera und meine Fähigkeiten. Jetzt war es an der Zeit, wieder auf den Berg zu gehen.

11

DIE FEUERPROBE

*Everest 1996. Rob Halls Team, Scott Fischers
Team und die Teams aus Taiwan und Südafrika steigen
an den Fixseilen die Lhotse-Flanke von Camp III
zu Camp IV auf, 8. Mai 1996.*

»Ich glaube, er ist tot«, kam es von Jangbu über Funk von der Lhotse-Flanke.

Robert und ich sahen uns an; wir konnten es nicht glauben. Es war ein schöner sonniger Tag, an dem sich uns ein erstaunlicher Anblick geboten hatte: Fünfundfünfzig zahlende Kunden, Bergführer und Sherpas stiegen langsam in einer Höhe von knapp 8000 Metern die Fixseile zum Hochlager am Südsattel hinauf. Früh am Morgen schon war an Camp III ein taiwanischer Bergsteiger ausgerutscht und in eine Spalte gestürzt. Als Jangbu geholfen hatten, ihn über das steile Eis der Lhotse-Flanke zu bergen, hatten Robert und ich unser Fernrohr auf das Bergungsteam gerichtet. Jetzt sahen wir nur noch eine reglose Gestalt, die zusammengesackt am Hang lag. »Ich glaube, er ist tot«, sagte Jangbu noch einmal.

FÜR MICH BEGINNT jede Everest-Expedition an einem anderen Punkt, manchmal mit der Abreise von zu Hause, manchmal mit der Landung in Katmandu oder Lhasa, manchmal mit meinem ersten Schritt auf der Anmarschroute oder wenn ich am Fuß des Berges meinen Rucksack ablege. An irgendeinem Zeitpunkt verlässt man ein Territorium und überschreitet die Schwelle in ein neues. Man beginnt den Berg zu spüren, sich vorzustellen, was vor einem liegt.

Es war Ende März 1996, als unsere *Everest* IMAX Filming Expedition im Basislager auf 5360 Meter Höhe einzog.

Zehn weitere Teams sollten sich dieses Jahr die Südseite des Everest teilen. Unweit von unserem Camp befand sich das von Scott Fischers Mountain Madness, über dem eine Flagge der Starbucks Coffee Corporation wehte. Eine kurze Strecke den Gletscher hinauf stand in riesigen weißen Lettern auf einem großen Felsen, dass dort die Neuseeländer unter Rob Hall ihr Lager aufgeschlagen hatten. Es waren dies die beiden großen kommerziellen Expeditionen dieser Saison, deren Kundschaft sich für eine mehr oder weniger große Summe von professionellen Bergsteigern auf den Everest führen ließ. Andernorts knatterten die Flaggen diverser Länder zwischen den langen Streifen farbenprächtiger Gebetsfahnen, die den Mittelpunkt eines jeden Basislagers bilden. Mehr als 300 Leute sollten diesen steinigen Streifen Gletscher für die nächsten sechzig Tage bewohnen.

Seit 1983 hatte sich das Basislager am Everest stark verändert – von einem selten besuchten Lagerplatz zu einem betriebsamen, wenn auch behelfsmäßigen Dorf inmitten von Fels und Eis. Das Basislager war zum Ziel für Abenteuerreisen geworden. Ein entlegener Winkel Nepals war zum Testzentrum für die Kommunikationstechnik geworden, von dem aus sich per Computer, Funk, Telefon, Fax, Satelliten- und Internetverbindung mit praktisch jedem Menschen der Welt Verbindung aufnehmen ließ. Und ich hatte im Lauf der Jahre nun ganz gewiss meinen Anteil an Technik und Gerätschaften dorthin geschleppt, schon gar in jenem Jahr mit der fast zwanzig Kilo schweren IMAX-Kamera.

Während der letzten Jahre war der nepalesische Staat in seiner Gier nach Devisen dazu übergegangen, ein Dutzend und mehr Genehmigungen – à 70 000 Dollar – für den Südsattel zu verkaufen, sowohl für die Klettersaison vor als auch für die nach dem Monsun. Noch vor zwanzig Jahren war eine Genehmigung pro Saison für 1 500 Dollar zu haben. Damals empfand man es noch als Privileg, im Himalaja klettern zu gehen. Jetzt lief praktisch alle Welt auf den Gipfel des

302

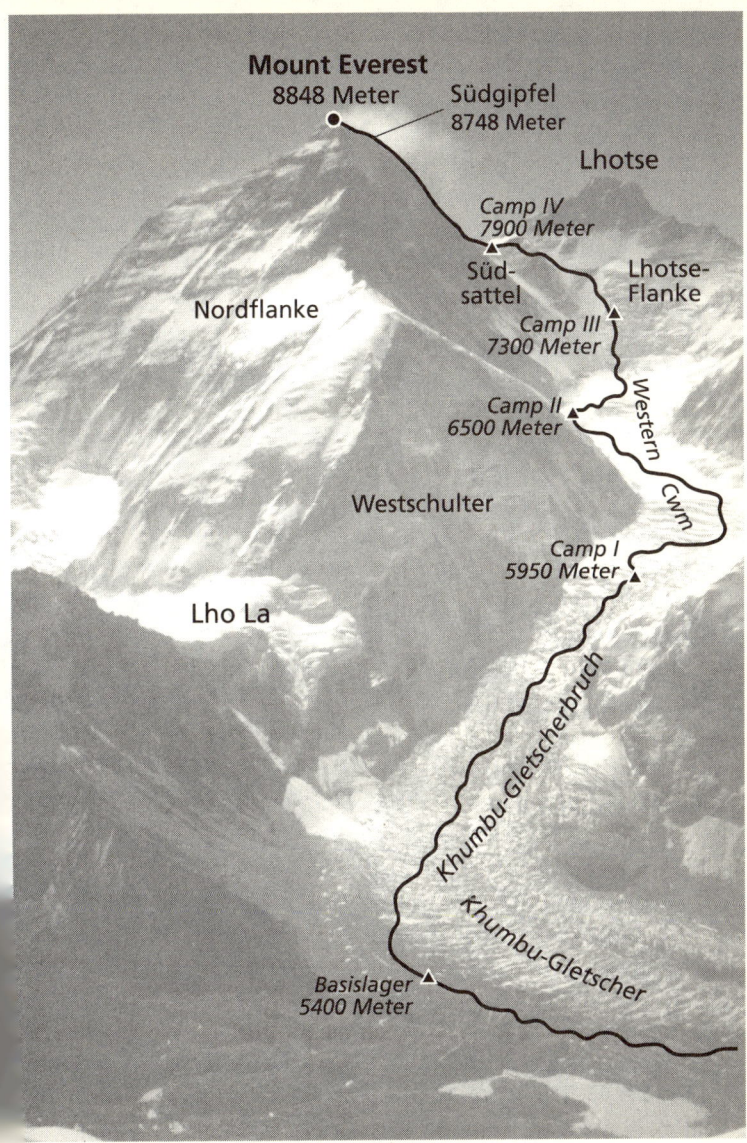

Die Besteigung des Everest über die Südroute.

Everest. Über die Hälfte der bis dahin 846 Besteigungen, seit Hillary und Tensing den Berg 1953 »erobert« hatten, fand in den fünf Jahren zwischen 1991 und 1996 statt. Der Everest verdankt viel von seiner Anziehungskraft dem Gefühl, mit seiner Besteigung etwas Außergewöhnliches und Einzigartiges geleistet zu haben. Die Ironie daran war, dass der Südsattel bei all den Leuten, die auf den Gipfel stiegen, längst nichts Einzigartiges oder Außergewöhnliches mehr war.

Jede Expedition hat ihre eigene Hierarchie. Insgesamt bindet uns kein gemeinsamer Verhaltenskodex, sondern die Bergkameradschaft, die so genannte Bruderschaft des Seils. Die Expeditionen treffen ein und sehen sich in unmittelbarer Konkurrenz mit den anderen, was etwa so grundlegende Dinge wie einen flachen Lagerplatz angeht. 1996 waren es zehn Everest-Expeditionen, die Platz auf einem schmalen Streifen des Khumbu-Gletschers benötigten. Während die Szene nach außen hin von internationaler Bonhomie geprägt scheint, rangeln hinter den Kulissen Expeditionsleiter und Bergführer raffiniert um den besten Platz.

Unsere Expedition machte sich auf der Stelle daran, ein Basislager einzurichten. Nach einer Woche hatten wir uns an die Höhe angepasst und begannen mit Tagesausflügen in den Gletscherbruch, der zu Lager I auf einer Höhe von knapp 6000 Metern führt. Wie alle anderen Expeditionen, die sich in jenem Frühjahr am südlichen Fuß des Everest einfanden, hielten wir uns an die Formel, an die sich seit Hillary und Tensing tausende von Bergsteigern gehalten hatten.

Von Lager I am oberen Ende des Gletscherbruchs aus kämen wir in ein anderthalb Kilometer langes, als Western Cwm bekanntes Tal. Vorsichtig würden wir uns unseren Weg durch den weitläufigen, von Spalten durchzogenen Khumbu-Gletscher suchen und das Tal zwischen den hohen Wänden des Everest linker und des Nuptse rechter Hand queren. Es war ein Weg, zu dem ein trainierter Bergsteiger normalerweise drei Stunden braucht. Lager II, unser Vorgeschobenes Basislager, befand sich auf einer Moräne direkt am Rand des Gletschers auf einer Höhe von 6500 Metern, fast am Fuß der Südwestflanke des Everest. Nach einem vierstündigen Aufstieg über das Eis der Lhotse-Flanke mit seiner Neigung von 40 Grad würden wir dann in 7300 Metern Zeltplätze für Camp III aus dem Eis hauen. Einen anstrengenden sechsstündigen Marsch höher lag dann Camp IV, das Hochlager, auf dem windgepeitschten Plateau, das man den Südsattel nennt. Von seinen 7900 Metern aus ist es dann noch ein sehr langer Tag bis zum Gipfel (8848 Meter) und wieder zurück zu Lager IV, das man im Idealfall noch vor Einbruch der Dunkelheit erreicht.

Eine typische Expedition brauchte ihre fünf Wochen, dann waren die Lager – eines höher als das andere – eingerichtet und die Bergsteiger gut akklimatisiert. Für diesen Aufstieg, bei dem ja gefilmt werden sollte, hatte ich einen Fünfwochenplan aufgestellt, der sich jedoch auf acht Wochen ausdehnen ließ. Da wir Ende März angekommen waren, hofften wir, in der ersten Maiwoche auf dem Gipfel zu sein. Damit hätten wir immer noch einen Puffer von drei Wochen bis zum Einsetzen des Monsuns, der sich normalerweise in der letzten Maiwoche vom Indischen Ozean herüberwälzt. Wenn es bei unserem Aufstieg zu Verzögerungen kam und beim ersten Gipfelversuch etwas nicht klappte, hätten wir immer noch Zeit für einen zweiten.

Während wir uns an den Khumbu-Gletscherbruch gewöhnten, begannen Robert Schauer und ich mit unseren vier »Schauspielern« – Araceli Segarra, Ed Viesturs, Sumiyo Tsuzuki und Jamling Norgay – zu drehen. Bei der Auswahl unseres Team hatte ich mir praktisch die Leute ausgesucht, mit denen ich gern auf einer kleinen Insel gestrandet wäre. Das enge Aufeinanderhocken bei langen Expeditionen kann durchaus zum Koller führen. Ich hatte gelernt, mich mit Leuten zu umgeben, die nicht nur als Bergsteiger Außergewöhnliches leisten konnten, sondern darüber hinaus auch noch Optimismus, Eigenständigkeit und Humor mitbrachten. Jedes der Mitglieder kannte mich bereits. Jetzt lernten sie einander kennen.

Was das Schließen von Freundschaften angeht, so können Mahlzeiten nicht weniger wichtig sein als der gemeinsame Aufstieg. Mit das Denkwürdigste an unserer Gruppe waren die Abendessen. Die Küche war schmackhaft und international. Aracelis Eltern betreiben ein Bistro in der Nähe von Barcelona, sodass wir jede Menge besten Serrano-Schinken dabeihatten, den ihre Mutter selbst herstellte. Araceli teilte ihren Schatz großzügig mit uns. Sumiyo hatte aus Tokio *unagi*, Räucheraal, und Pflaumenwein mitgebracht und Robert steuerte Geselchtes und würzigen österreichischen Käse bei. Jamling fand das Geschmackschaos zuweilen etwas zu deftig und entschuldigte sich unauffällig, um mit den anderen Sherpas im Küchenzelt etwas *tsampa*, geröstete und gemahlene Gerste, essen zu gehen. Die einzigen Konstanten an unserem Tisch waren Meinungen und Humor.

Ed war der Mensch, der ich immer gern gewesen wäre. Er wurde auch von Kollegen verehrt und gehörte zur großen Tradition der Extrembergsteiger, der auch Hermann Buhl und Reinhold Messner angehörten. Unaufdringlich, kräftig und voller Selbstvertrauen war »Steady Ed« ebenso zuverlässig wie findig. Wie schon zweimal zuvor wollte Ed auch diesmal ohne zusätzlichen Sauerstoff auf den Everest gehen.

Für ihn hatte der Verzicht auf Sauerstoffflaschen nichts mit der Jagd auf Trophäen zu tun. Es war eher ein philosophisches Statement, Ausdruck an die Grenzen getriebener menschlicher Leistungsfähigkeit. Wenn man es recht bedenkt, so stellt der Alpinist mit der Sauerstoffflasche sich ja nicht der Größe des Bergs, sondern reduziert ihn um ein Beträchtliches. Was mir an Ed gefiel, war nicht nur seine Message, sondern auch die Art, wie er sie vermittelte. Er redete nicht, er lebte sie vor. Wir hatten damit einen Bergsteiger und

Puristen dabei, nicht einen Mann, der Risiken einging. Ed war in der Story unseres Films der gestandene Veteran. Es bestand keine Frage, dass der Everest einen wichtigen Platz in seinem Leben einnahm. Die Expedition war gleichzeitig die Hochzeitsreise mit seiner Braut Paula, der Leiterin unseres Basislagers.

Araceli bot einen starken Kontrast zu Eds ehrwürdiger Präsenz. Sie erinnerte mich an mich selbst, als ich jung war; sie war voller Staunen hierher gekommen, vom Himalaja geradezu hypnotisiert. Trotzdem war sie kein Neuling. Wie Ed ging auch Araceli das Bergsteigen in erster Linie wie ein Handwerk an. Sie hatte als Grottenolm, als Höhlenforscherin, begonnen, dann ihre Fertigkeiten an Fels, Eis und im alpinen Stil in den Alpen und den Big Walls von Yosemite perfektioniert. Sie hatte die schwierige Südflanke des 8027 Meter hohen Shisha Pangma bestiegen, und das im alpinen Stil, also ohne Fixseile und feste Lager. Für eine Sechsundzwanzigjährige hatte sie enorme Erfahrung und somit für uns einen sehr frischen Ansatz. Allein das Wort Everest brachte ein Leuchten in ihre Augen. Als Spanierin – oder Katalanin, wie sie selbst stolz sagte – brachte sie spanische Lebensfreude in unseren Film. Außerdem die weibliche Sensibilität, die darin bestand, auf den Berg zu hören, auf den Wind, und darin, den Weg des geringsten Widerstandes zu gehen. Und zu guter Letzt hatte Araceli eines der ausdrucksvollsten und fotogensten Gesichter, die ich jemals gesehen habe. 1995, auf der Nordseite des Everest, hatte ich nach dem Tod eines ihrer Bergkameraden das ganze Spektrum von Emotionen darauf gesehen.

Sumiyo stellte für mich die Bilderstürmerin dar. Als Frau in Japans Männergesellschaft – wo so viele Frauen sich der Tradition ihrer Rolle als Hausfrau oder Sekretärin unterzuordnen haben und Konformität über alles gilt – hatte Sumiyo es gewagt, auszubrechen und in den Himalaja klettern zu gehen. Auch sie hatte ihre Lehre in den Bergen, in ihrem

307

Falle am Cho Oyu, einem 8200 Meter hohen Gipfel, absolviert und sich bereits zweimal am Everest versucht. Wie Araceli half Sumiyo, die traditionelle männliche Perspektive zu revidieren, dass der Everest »bezwungen« werden müsse. Für mich war es wichtig, dass die Hälfte des kletternden Teams Frauen waren. Die Hälfte unseres Publikums würde wahrscheinlich aus Frauen bestehen und ich wollte in dem Film Charaktere, die junge Mädchen inspirieren konnten.

Der zweite asiatische Bergsteiger auf diesem asiatischen Berg war Jamling Tensing Norgay. Jamling verkörperte meine persönliche Beziehung zu diesem Berg; schließlich war es das Bild seines Vaters gewesen, das mich überhaupt erst hierher gebracht hatte. Durch Jamling kam augenblicklich die Geschichte des Everest in den Film. Als Sherpa stand Jamling für den Beitrag seines Volkes zu so gut wie jeder Expedition, die jemals den Fuß auf diesen Berg gesetzt hat. Als erfahrener Bergsteiger und Chef unseres Kletterteams würde Jamling beweisen, dass Sherpas über die Rolle als Lastenträger für Expeditionen aus dem Westen hinaus kompetent waren. Außerdem sorgte er für eine buddhistische Perspektive und zeigte den Respekt und die Ehrerbietung der Sherpas vor der Natur und den Gottheiten, die in diesem Berg zu Hause sind. Und last but not least brachte Jamling für mich die Geschichte eines Mannes in unseren Film, der das Erbe seines Vaters zu bewältigen versuchte. Er wollte in die Fußstapfen seines Vaters treten, nicht in dessen Schatten.

Wir hatten nicht eine Primadonna dabei. Keiner von uns machte sich Illusionen darüber, wer die wirkliche Diva war. Der Everest würde im Mittelpunkt des Films stehen. Unsere Absicht war es, das menschliche Streben mit der Präsenz und Kraft des Everest zu kombinieren. Wir wollten den Berg selbst zur Figur machen, die Facetten seiner Persönlichkeit zeigen, seine Stimmungen, seinen Wind und sein Licht. Da die Arbeitsbedingungen schlechter würden, je höher wir kamen, war alles sorgfältig zu organisieren. Die Einstellungen waren im Voraus zu planen, und das bedeutete, dass wir auf unsere kollektiven Erinnerungen zurückgreifen mussten, was die Besonderheiten des Berges an bestimmten Stellen bei Tag und Nacht anging. Ich hatte nun schon so viel auf dieser Route gedreht, dass ich ein ganz ordentliches Archiv von Bildern im Kopf hatte. Aber für diesen Film war ich noch auf Gedächtnis und Unterstützung eines anderen angewiesen. Und zwar von Robert Schauer.

Ich hatte Robert dreizehn Jahre zuvor im Hof eines Hotels in Katmandu kennen gelernt. Er hatte mit einem merkwürdigen Fahrzeug, einem Pinzgauer 6×6, einem österreichischen Militärfahrzeug von Steyr Puch, Zentralasien durchquert, von Österreich nach Nepal. Sein Lebenslauf als Bergsteiger war umwerfend. Er war der erste Österreicher auf dem Everest und darüber hinaus auf fünf weiteren der höchsten Gipfel der Welt gewesen. Wichtiger noch, er war der beste Bergfilmer Europas. Wir waren uns im Lauf der Jahre immer wieder über den Weg gelaufen und ich hatte mehrere Male sein internationales Bergfilmfestival in Graz besucht. Im pakistanischen Skardu, ich war auf dem Weg zum Nameless Tower, kam er angefahren, wieder in seinem Pinzgauer, auf der Suche nach einigen Rollen 16-mm-Material. Daraus hatte sich unsere erste Chance zur Zusammenarbeit ergeben.

Während der folgenden Monate arbeiteten Robert und ich Seite an Seite, Schulter an Schulter. Wir kannten den Everest als Filmemacher und Roberts Gedächtnis half uns, einen unmöglichen Drehplan zu verwirklichen. Vom Basislager zum Gipfel war er bei jeder einzelnen Einstellung für mich da, änderte die Blende, sah nach der Schärfe, zählte laut die Sekunden mit oder besprach die Story mit mir. Bei *Cliffhanger* war ich Teil einer riesigen Crew gewesen, wo sich Spezialisten um solche Details gekümmert hatten. Bei diesem Film mit einem Format, das zehnmal so groß war wie das von *Cliffhanger*, kümmerten sich auf dem Berg nur Robert

309

und ich um die Kamera. Ich hätte unmöglich einen anderen finden können, der wie Robert so viel Kletter- und Filmerfahrung im Himalaja mit so viel Geduld und Einfühlungsvermögen verband.

Im Basislager hatten wir die Unterstützung zweier Profis von MacGillivray Freeman Films. Steve Judson war Cutter, zweiter Regisseur und Koautor unseres Films. Er war mit Brad Ohlund ins Basislager gekommen, einem gestandenen Kameramann, der bei uns technischer Berater war. Greg war im Monat vor unserer Abreise aus den USA zu dem klugen Schluss gekommen, ich hätte nicht genug Erfahrung mit dem Großformat, um mich bei so einem anspruchsvollen Projekt allein zu lassen. Steve half bei Regie und Story aus, solange wir im Basislager drehten, und reiste nach zehn Tagen wieder ab. Brad blieb von Anfang bis Ende im Basislager. Seine Erfahrung mit dem großen Format war eine gewaltige Ressource, wann immer ich Fragen zu Ausschnitt und Bildaufbau hatte. Seine wichtigste Aufgabe jedoch war, dafür zu sorgen, dass der 186 000 Dollar teure Kasten ordentlich lief.

Das Tunen der Kamera war ungeheuer wichtig. Die vielen Teile der Kamera, die sich in rasendem Tempo bewegten, mussten genauestens kalibriert werden, andernfalls verkratzten sie womöglich die Emulsion des 65-mm-Films. Ein Kratzer würde zu Spänen führen und wie ich bei den Testaufnahmen ein Jahr zuvor gesehen hatte, war selbst der kleinste Span, die kleinste Stofffaser – man nennt das ein »Haar« –, ja sogar Staub in der Luft auf der Leinwand in der Größe eines Baseballs oder einer Boa zu sehen. Bei einem normalen Hollywooddreh konnten Regisseur und Kameramann sich die Muster ansehen – das entwickelte Material, das man am Vortag belichtet hatte – und das Problem rechtzeitig erkennen und nachdrehen. Am Everest, mit den IMAX-Labors auf der anderen Seite der Welt, hatten wir diesen Luxus nicht. Alle zwei, drei Wochen schickten wir das

310

belichtete Material per Yak, Flugzeug und Jet in die Staaten. Dort konnte Greg sich die Kopien des entwickelten Materials in seinem Vorführraum in Laguna Beach ansehen und uns seinen Bericht faxen. Bis zu diesem Zeitpunkt waren wir mit der Kamera längst höher und das Nachdrehen störte den Rhythmus der Expedition. Wir mussten uns mächtig ranhalten, um alles richtig hinzukriegen.

Es war kein gewöhnlicher Dreh. Größe und Gewicht der Kamera überstiegen alles, was am Everest je zum Einsatz gekommen war. Es gab kaum eine Möglichkeit, zu einer spontanen Aufnahme zu kommen, die sich gerade ergab. Wir mussten jede Szene lange vorher planen. Wir durchstiegen eine Strecke womöglich fünf-, sechsmal, zum Beispiel den Gletscherbruch, hatten die Kamera aber nur bei zwei oder drei unserer Kletterpartien dabei. Wir konnten sie nicht von den Sherpas den Berg hinauf- und hinuntertragen lassen wie eine viel leichtere 16-mm-Kamera. Da wir das wussten, nutzten wir unsere ersten Tage im Gletscherbruch so gut wie möglich.

Am 7. April, unsere Expedition war kaum eine Woche alt, erfuhren wir, dass einer der Sherpas von Adventure Consultants, Rob Halls kommerzieller Expedition, auf dem Weg zu Camp II in eine Gletscherspalte gefallen war. Das war in mehr als einer Hinsicht beunruhigend. Zunächst einmal ist der Gletscher zwischen den Lagern I und II voller Spalten, die jede Saison neu zu entdecken, auszustochern oder mit Bambusstecken zu markieren, manchmal auch mit Aluleitern zu überbrücken sind. Besorgt wurde dies von Bergsteigern, oft von Sherpas, die aber aus Sicherheitsgründen eine Seilschaft bilden sollten. Nicht nur war es noch früh in der Saison, der Gletscher somit noch relativ unerforscht, und nicht nur waren zu wenig Bambusstäbe am Berg, Robs Sherpa Tensing war obendrein nicht angeseilt gewesen. Dann hörten wir, Tensing sei nicht da oben gewesen, um beim Markieren der Route oder Anbringen der Fixseile zu helfen.

Rob hatte ihn hochgeschickt, um an Lager II durch Hinterlassen einer Tasche für seine Expedition die besten Zeltplätze zu reservieren. Adventure Consultants war derweil noch nicht mal im Basislager eingetroffen. Rob Hall und seine Bergführer waren noch immer im Lager Lobuche, einen Tagesmarsch weiter unten im Tal.

Rob ließ seine Kundschaft stolz wissen, seine Firma hätte immer die besten Lagerplätze und die besten Sherpas. Er wusste genau, wo er im Basislager sein Küchenzelt haben wollte und sein Kantinenzelt in Camp II. Er hatte an alles gedacht. Zu diesem Zeitpunkt jedoch wussten wir nichts weiter, als dass ein Sherpa namens Tensing durch eine dünne Schneeschicht gebrochen war, unter der sich eine riesige Spalte verbarg. Er hätte eigentlich tot sein sollen. Wie durch ein Wunder jedoch hatte ihn vierzig Meter tiefer eine Schneeleiste abgefangen. Nur einen Meter links oder rechts, und seine Sherpa-Kameraden hätten ihn niemals gefunden. Sie zogen ihn hoch und brachten ihn zurück nach Lager I, wo er dann verletzt lag, unfähig, noch einmal hinaufzugehen.

Am Morgen des folgenden Tages kam dann Rob in unser Lager und bat um Unterstützung. Ich kannte ihn von früheren Expeditionen und Reisen in Nepal und wir respektierten einander. Er war hoch gewachsen, schlank, hatte breite Schultern, einen schwarzen Bart und verfügte über den eisernen Ehrgeiz, wie man ihn von einem Firmenchef erwarten würde. Wie ich hatte Rob seine erste Himalaja-Kostprobe als junger Mann am Ama Dablam bekommen, gleich im Jahr nachdem ich ihn bestiegen hatte. Auf dem Gipfel des Everest war er 1990 gewesen, worauf er mit seinem Freund Gary Ball seine Bergführerfirma gegründet hatte. 1993 war Ball in Robs Armen am Dhaulagiri, einem der höchsten Gipfel der Welt, an einem Lungenödem gestorben. Adventure Consultants hatte überlebt, zum Teil wegen Ed Viesturs' Diensten als Bergführer in den höheren Regionen. 1996 jedoch gehörte Ed zu meinem Team. Wie Scott Fischer war

Rob Hall in jenem Jahr auf die Führerdienste eines Mannes angewiesen, der den Everest noch nie bestiegen hatte.

Rob ließ seine Expedition in Lobuche zurück und kam rasch nach oben, um die Bergung seines Sherpa zu improvisieren. Da er und seine Gruppe noch nicht akklimatisiert waren, konnten sie nicht weit über das Basislager hinaus steigen, geschweige denn ihren im Gletscherbruch gestrandeten Mann retten. Rob ging also von Lager zu Lager, um Sherpas anderer Expeditionen zu engagieren. Von uns wollte er gleich sechs Mann. Ehrlich gesagt war ich entsetzt. Er war der Chef eines Teams und noch nicht einmal hier gewesen und schon war es beinahe zur Katastrophe gekommen. In einer Höhe von 6000 Metern wählt man nicht einfach die Nummer des Notrufs. Es bedarf einer gewissen Autorität und einiger Fertigkeiten, um die Rettung eines Kameraden zu organisieren. Man muss eine Satellitenverbindung aufbauen, einen Hubschrauber anfordern, bestätigen, dass man für die Unkosten aufkommt, oder, wie in diesem Fall, ein Bergungsteam zusammenstellen. Das ist die Aufgabe des Leiters.

Wäre ich an Robs Stelle gewesen, ich hätte auch um Hilfe gebeten. Aber ich wollte sichergehen, dass er diese Hilfe auch wirklich brauchte. 1984 hatte einmal ein tschechisches Team meine Sherpas für eine Rettungsaktion ausgeliehen, nur damit die Tschechen ihre Kräfte für den weiteren Aufstieg schonen konnten. Wenn Rob wirklich zu wenig Sherpas hatte, dann hatte ich kein Problem damit, meine Leute hinaufzuschicken. Ich wollte nur sicher sein, dass es auch wirklich nötig war und dass Rob einen durchdachten Plan für die Bergung hatte. Einen Mann auf einer Trage durch den Gletscherbruch hinunterzuschaffen, ist nicht nur gefährlich, sondern auch Knochenarbeit. Und ich wollte sicher sein, dass unsere Sherpas auch ordentlich dafür bezahlt würden, dass sie an einem ihrer kostbaren Ruhetage arbeiteten.

313

Nachdem ich mich mit Wongchu, unserem *sirdar*, beraten hatte, sagte ich Rob, dass die Sherpas für ihre Zeit mit etwa 6 Dollar pro Tag bezahlt werden wollten. Rob reagierte empört. Ich erklärte ihm, es handele sich um den Ruhetag der Sherpas, also um eine wichtige Verschnaufpause, in der sie sich von der anstrengenden Schlepperei erholten. Sie wollten ganz einfach eine Vergütung ihrer Zeit. Wenn er sie nicht bezahlte, ging es zulasten unserer Expedition. Ich konnte den Leuten nicht befehlen, an einer gefährlichen Bergung teilzunehmen, wenn sie nicht wollten. Es war immerhin Robs Teamkamerad, der verletzt war. Er lenkte ein.

Tensing wurde schließlich von einer Mannschaft aus fünfundzwanzig Sherpas evakuiert, darunter sechs aus unserem Team. Es dauerte über zehn Stunden, Tensing auf einer Trage durch den Gletscherbruch zu schaffen. Tags darauf traf Robs Kundschaft im Basislager ein.

Im Lauf des Aprils schaffte jede Expedition für sich systematisch Material und Leute nach oben. Gelegentlich stieß ich beim Auf- oder Abstieg auf alte Freunde, darunter Pete Athans aus Boulder, der den Everest schon viermal bestiegen hatte, Sandy Pittman, meine Kameradin von der Kangshung-Flanke, und Jon Krakauer. Kontakt hatten wir kaum. Dazu war keine Zeit. Ich war vollauf mit Film und Drehplan beschäftigt. Kaum dass wir einander begrüßten. Es mag sich merkwürdig anhören, dass alte Bergkameraden, die wenige hundert Meter voneinander entfernt biwakieren, nicht mal zusammen eine Mahlzeit einnehmen oder sich in der Freizeit treffen. Aber jede Expedition war ihr eigenes kleines Universum. Jede gehorchte ihrer eigenen Gruppendynamik. Man brauchte sich nur anzusehen, wie die Camps im Basislager angelegt waren, um das zu verstehen. Sie waren wie Inselgruppen, in denen die einzelnen Zelte um die gemeinsamen Koch- und Esszelte angeordnet waren.

Die Teams waren autark: Sie versorgten sich selbst, auch medizinisch, hatten ihren eigenen Sauerstoffvorrat, ihre Latrinen, ihre Ess- und Küchenzelte. Einige waren besser ausgestattet als andere. Robs Lager war wahrscheinlich das am besten organisierte überhaupt; ich bewunderte es. Seine Kantinen- und Küchenzelte waren mit Solarzellen ausgestattet, nicht mit Kerosinlampen, von deren Dämpfen man Kopfschmerzen bekam. Er hatte Tischdecken über Felsen gebreitet, auf denen er für seine Kundschaft Snacks und Tee bereithielt. Seine Sherpa-Köche hatten fast den ganzen Tag einen Propangaskocher mit zwei Brennern in Betrieb, auf denen Töpfe vor sich hindampften. Seine Kunden konnten ihre Wasserflaschen mit Wasser füllen, von dem sie wussten, dass es abgekocht war.

Das Kantinenarrangement war im Basislager wie auch in Lager II von entscheidender Bedeutung. Napoleon hatte den Nagel auf den Kopf getroffen: Eine Armee marschiert mit dem Magen. In einem sauberen, ordentlich beleuchteten Raum serviert, vermag eine warme Mahlzeit mehr als sonst etwas für die Moral zu tun. Am Everest liegt dieser Raum zwischen den Wänden eines Zelts.

Nur zweimal kamen die Expeditionen zusammen. Das erste Mal nach einem Diebstahl, am 10. April. Es gab eine bewährte Tradition für den Gletscherbruch, nach der die Bergsteiger am Ende eines Tages Steigeisen, Gurte und Stirnlampen über Nacht am Fuß des Bruchs ließen. In all den Jahren, in denen ich auf den Everest gegangen war, hatte man dies so gehalten. Es gab keinen Grund, diese persönlichen Ausrüstungsgegenstände auch noch die zehn Minuten zuruck zu seinem Zelt im Basislager zu tragen, und man hatte noch nie davon gehört, dass etwas abhanden gekommen wäre. Eines Morgens jedoch entdeckten wir, dass das eine oder andere fehlte.

Es handelte sich nicht um einen Bagatelldiebstahl. Es gibt kaum etwas Persönlicheres für einen Bergsteiger als seine Steigeisen und seinen Gurt. Es sind Gerätschaften, die sorgfältig seinem Körper angepasst sind, speziell für ihn gefertigt, damit auch alles richtig sitzt. Steigeisen zum Beispiel müssen eigens zusammengesetzt und dem Stiefel angepasst werden. Jemandem Steigeisen und Klettergurt zu stehlen, kommt einem Pferdediebstahl im Wilden Westen gleich. Mir hatten der oder die Diebe meine besten Steigeisen gestohlen. Robert vermisste seine auch. Ich hatte noch ein Ersatzpaar mit, aber sie waren nichts im Vergleich zu meinen geliebten schwarzen Grivels. Glücklicherweise hatte Sandy Pittman, die immer gut vorbereitet war, ein Extrapaar genau desselben Modells mitgebracht, das sie mir lieh.

Ed Viesturs und ich unterhielten uns mit einigen der anderen Bergführer im Camp, und wir beschlossen, anlässlich des Diebstahls ein Meeting im Kantinenzelt des Basislagers abzuhalten. Wir erwarteten nicht, den Dieb zu ermitteln, aber wir wollten auch nicht das Lager patrouillieren, nur um den Leuten klarzumachen, sie sollten vorsichtig sein. Es sprach sich im Basislager herum und die meisten Expeditionen schickten Abgeordnete: ihre Leiter, deren Stellvertreter und ihren *sirdar*. Es war ein schöner, warmer Nachmittag. Mein großes grünes bulgarisches Armeezelt war voll und unser Küchenstab servierte Snacks und Tee.

Zu Beginn des Treffens wiesen sofort einige Finger auf die Träger, die ständig Lasten aus dem Tal heraufbrachten. Aber wir hatten die bequemsten Sündenböcke rasch abgehakt und kamen überein, dass es ebenso gut Trekker aus dem Westen gewesen sein konnten, die sich Souvenirs geklaut hatten. Dann kam es zur Diskussion über die Entwicklung des Bergsteigens am Everest. An diesem Punkt sprach Scott Fischer das Thema des Privateigentums hoch oben auf dem Berg an.

Als Gründer und Chef von Mountain Madness in Seattle führte Scott die zweitgrößte kommerzielle Expedition in jenem Jahr. Ich hatte Scott während der letzten fünfzehn Jahre kaum gesehen und er hatte sich kaum verändert. Er war der Archetyp des Everest-Alpinisten: groß, mit blondem Pferdeschwanz und prägnantem Kinn. Scott war körperlich in so fantastischer Verfassung, dass seine Kundschaft sich in seiner Gegenwart auf der Stelle geborgen fühlte. Wir waren beide im selben Alter und hatten beide unser erstes Bergtraining bei der National Outdoor Leadership School in Wyoming genossen.

Scott und Rob boten vom Stil her einen interessanten Kontrast. Rob war sehr analytisch, präzise und führte sein Geschäft mit eiserner Hand. Für ihn waren seine Fähigkeiten, sein Wissen über den Berg der Schlüssel zu seinem Erfolg. Scott war da viel unkonventioneller. Sein Führungsstil zeigte ein tiefes Vertrauen in den menschlichen Geist, als wolle er seiner Kundschaft sagen: *Ich werde euch nicht ständig das Händchen halten, ich werde euch nicht alles vorkauen, diese Erfahrung müsst ihr selbst machen.* Es lag in Scotts Wesen, nicht alles total zu verplanen.

Scott wies darauf hin, dass bei schlechter ausgerüsteten Teams hoch auf dem Berg, wo Nachschub und Energie beschränkt seien, zunehmend die Tendenz bestehe, sich wichtige Dinge zu »borgen«. In seiner festen, aber relaxten Art sagte Scott: »Das ist nicht recht. Wenn man etwas auf den Berg trägt, dann gehört es einem auch.«

Dann trug Rob seine Botschaft vor: »Es macht mir nichts aus, hier auf dem Berg der Polizist zu sein«, sagte er. »Ich bin ein guter Freund, aber als Feind ist mit mir nicht gut Kirschen essen. Wenn jemand Müll auf dem Berg lässt, und sei es auch nur ein einziges Bonbonpapierchen, dann bekommt er es mit mir zu tun.«

Das gefiel mir überhaupt nicht. Wir hatten die Leute vor Diebstählen warnen wollen und jetzt warf Rob sich zum Bürgermeister des Basislagers auf. Die Implikationen schmeckten mir nicht und so sagte ich: „Rob, wenn dir schon so viel daran liegt, den Berg sauber zu halten, bleibt uns dann auch auf den Felsen von Camp II die weiße Farbe erspart?«

Er war sprachlos, dass jemand seine Autorität infrage stellte und nach einer Weile beschuldigte er schließlich die

Sherpas, schon vor seiner Ankunft »Neuseeland« auf die Felsen seines Basislagers gemalt zu haben. Wir hatten unsere Meinung gesagt, aber unsere Ausrüstung brachte uns das auch nicht zurück. Wir diskutierten, wie die versammelten Teams zusammenarbeiten sollten, um einander nicht in die Quere zu geraten. Ich brachte meine Sorge zum Ausdruck, was den schrecklichen Lärm unserer IMAX-Kamera anbelangte, und entschuldigte mich dafür, immer wieder den Frieden zu stören. Kurz darauf löste die Versammlung sich auf.

Während der folgenden Wochen operierten die Expeditionen, obwohl wir dieselbe Route gingen, an denselben Stellen lagerten und dieselben Fixseile benutzten, getrennt.

1996 war für mich der Höhepunkt eines Traums. Als Bergsteiger war ich bereits zweimal auf dem Gipfel des Everest gewesen. Eine dritte Besteigung war für mich nicht so wichtig. Als Filmemacher hatte ich auf dem Gipfel gedreht, sodass weiteres Material für mich keine so große Rolle spielte. Aber diesmal war alles anders wegen des großen Formats. Diesmal hatte ich das Gefühl, die Kamera könnte tatsächlich die Bedeutung des Everest zeigen, seine Majestät, seine Schönheit, die Herausforderung, die er darstellte. Endlich hatte man, auf einer gigantischen Leinwand, ein Bild, das dem Berg wirklich gerecht würde.

Und ich war mir sicher, dass wir mit der Erforschung dieses Berges in Wirklichkeit ein weit geheimnisvolleres Terrain ergründeten, nämlich die Landschaft unserer Seele. Ich sah 1996 als Chance meines Lebens, das Erlebnis dieses Berges zu vermitteln, die heitere Gelassenheit, die mit der Vertreibung der Dunkelheit kommt. Dieser Film war meine große Gelegenheit, die Transzendenz des Berges und die Hoffnung und die Ehrfurcht, die er in einem weckt, einzufangen.

An einem typischen Tag wachte unser Team vor Tagesanbruch auf, frühstückte und machte sich auf den Weg. Als stellvertretender Chef hatte Ed bereits die Lasten des Tages auf sein Team aus sieben kletternden Sherpas verteilt. Diese zweiundzwanzig Kilo schweren Packen enthielten Proviant, Sauerstoff und andere Ausrüstung für unsere oberen Lager. Robert und Brad organisierten die Lasten für die fünf Sherpas des Filmteams. Die Sherpas, die dem Kamerateam zur Hand gingen, bekamen oft noch zusätzliches Gewicht aufgehalst. Das Kameragehäuse wog schon ohne Objektiv über elf Kilo. Die beiden Lithiumbatterien fast acht Kilo. Das Stativ, das stabil genug sein musste, um die schwere Kamera zu halten, wog siebzehn, und der Metallkopf, der auf das Stativ kam, um die Kamera schwenken und neigen zu können, wog noch mal einundzwanzig Kilo. Beim Gipfelgang würden wir ein dreieinhalb Kilo schweres Standbein mitnehmen, um die Kamera auszubalancieren. Durch unsere tägliche Filmration von vier Rollen nebst Magazinen kamen weitere achtzehn Kilo dazu. Dann waren da noch die Steine. Manchmal mussten die Sherpas große Felsbrocken zusammentragen, damit sich Kamera und Stativ stabil aufstellen ließen. Ich erinnere mich noch daran, beim Dreh selbst Steine auf die Kamera geschichtet zu haben, um zu filmen, wie der Wind den Schnee von der Flanke des Nuptse trieb. Trotz der gut fünfundvierzig Kilo war das Ganze noch zusätzlich zu stabilisieren. Wurde der Film erst einmal auf eine großformatige Leinwand vergrößert, wären selbst die kleinsten Wackler als grauenhafte Sprünge zu sehen.

Mit dieser Riesenausrüstung umzugehen, wäre schon auf Meereshöhe schwer gewesen. In einer Höhe von 7300 Metern und darüber wurde sie zum sprichwörtlichen Klotz am Bein. Ich taufte die Kamera schließlich »Pig«, teils in Erinnerung an meine Zeit als Sportkletterer, als das der nicht gerade liebevolle Spitzname für den Materialsack beim Big-Wall-Klettern gewesen war, teils wegen der enormen Menge

319

Film, den sie fraß. Es brauchte eine ganz neue Disziplin, mit dem »Schwein« zu drehen. Ich war den Umgang mit einer leichten Video- oder einer 16-mm-Kamera gewöhnt. Das hier war, als hätte man eiserne Fesseln am Bein.

Noch bestürzender als das Gewicht der Kamera war das Tempo, mit dem der Film durch diese Kamera lief. Die IMAX Mark II verschlang 1,7 Meter 65-mm-Material pro Sekunde, viermal so viel wie eine 35-mm-Kamera. Bei diesem Tempo reichte eine 150-Meter-Rolle Film mit einem Gewicht von knapp über zwei Kilo gerade mal neunzig Sekunden. Eine Stunde Hi8-Videoband kostet nur ein paar Dollar und wiegt vielleicht hundert Gramm. Man geht mit dem Zoom heran oder weg und verschwendet so viel Band, wie man nur will. Eine Stunde 65-mm-Film hat einen Wert von 20 000 Dollar und wiegt über achtzig Kilo. Er wurde besonders wertvoll, als wir über das Basislager hinausgingen, weil die Sherpas ihn zu Fuß durch den Gletscherbruch zu den höher gelegenen Lagern tragen mussten. Dies schränkte die Auswahl meiner Motive ebenso ein wie meine Möglichkeit, eine Geschichte zu erzählen. Es gab so viele Einstellungen, die ich gern aufgenommen hätte, aber ich musste die Disziplin aufbringen, sie nicht zu drehen. Einige der Motive wären großartig gewesen. Aber wenn sie nicht unbedingt zur Geschichte gehörten, konnte ich sie mir nicht leisten. Für Verschwendung hatten wir keinen Platz.

Und dann war da noch die Knochenarbeit des Aufbauens. Nach einiger Übung brauchten wir durchschnittlich zehn Minuten, nur um die Kamera auf das Stativ zu bekommen und dann zu laden. Höher oben, über dem Südsattel, brauchten wir zwanzig. Bis wir dann gedreht und wieder abgebaut hatten, war eine Dreiviertelstunde vorbei. Es war eine Schinderei in dieser Höhe. Im Durchschnitt erbrachte jedes dieser anstrengenden Aufbaumanöver weniger als dreißig Sekunden Material, das dann im Film zu verwenden war oder nicht. Filmemacher sind es gewöhnt, weit mehr Material zu verdrehen, als später im Kino zu sehen ist. Ein Verhältnis von 20:1 ist nicht ungewöhnlich. Bei uns wurde das Verhältnis in dem Maße knapper, je höher wir kamen: von 10:1 im Basislager bis 1:1 auf dem Gipfel.

Robert und ich wussten genau, welche Aufnahmen wir im Gletscherbruch haben wollten, um die Gefahren wie die chaotische Schönheit des 610 Meter hohen Eisflusses zu zeigen. Wir planten, Sumiyo beim Überklettern einer Furcht erregenden Gletscherspalte auf einer Aluleiter zu filmen. Ich ging mit Robert voraus, um mich umzusehen. Der Gletscherbruch ist ständig in Bewegung. Hausgroße Eisbrocken senken sich, verschwinden in den Eingeweiden des Gletschers oder stürzen ohne Vorwarnung auf die Fixseile und begraben sie unter hunderten von Tonnen Eis.

Wir fanden eine ebene Plattform, von der aus man einen Blick auf eine steile Brücke hatte, die aus drei mit Stricken zusammengebundenen Leitern bestand. Jangbu, der kräftige Sherpa, den ich zum Chef der Kameraträger gemacht hatte, traf mit der Kamera ein. Gleich hinter ihm kam der Rest der Kameraausrüstung auf den Rücken von Muktua Lhakpa, Thilen, Rinji und Dorje. Während Robert und ich die Kamera zusammensetzten, drehte Jangbu zwei Eisschrauben ins Eis, eine, um die Kamera zu sichern, die andere für mich.

Der letzte Schritt bestand darin, den Film einzufädeln, was ich mit peinlicher Genauigkeit tat. Das Laden der Kamera war in erster Linie eine Frage des Tastsinns. Um es korrekt zu erledigen, musste ich Film und Kameramechanismus mit bloßen Händen spüren. Da der Film mit einem Tempo von 1,7 Metern pro Sekunde durch die Kamera schoss, könnte eine Fehlfunktion zu einem Schaden an der Kamera führen und unseren Dreharbeiten für den Tag oder für Wochen ein Ende machen. Falls eine Szene schon nicht zu gebrauchen wäre, so wollte ich, dass dies an einem Fehler in der Ausführung der Einstellung lag, nicht weil meine behandschuhten Hände ungeschickt zu Werke gegangen waren oder für »Haare« in der Kamera gesorgt hatten.

Ich wollte Sumiyo, mit dem Gletscherbruch im Hintergrund, beim Überklettern der Metallleiter filmen. Dann wollte ich die Kamera schwenken und nach unten neigen, um die gewaltige Breite und Schwindel erregende Tiefe der Kluft zu zeigen, die sie da überquerte. Die Einstellung, mit der dies gezeigt werden sollte, erforderte von Sumiyo, die Leiter hochzusteigen, stehen zu bleiben und dann über die Schulter zu blicken, die der Kamera am nächsten war. Ich wollte ihre gefährliche Lage nicht zu früh preisgeben, also musste ich sie erst ein Stück hochklettern lassen. Aber nach zwei Dritteln des Wegs hätte der Betrachter das Gefühl, sie sei oben angelangt, was der Einstellung die Spannung nahm. Mit abgeschalteter Kamera, Sumiyo ruhte sich am Fuß der Leiter wartend aus, übte ich den Schwenk mit der Neigung vier-, fünfmal ein, suchte mir Sichtmarken, um zu wissen, wo ich mich jeweils befand, und kam dann an der Kante der Spalte zum Stehen. Robert zählte dabei die Sekunden laut mit, sodass ich die Einstellung timen konnte.

Es gab gerade bei diesem Format eine Menge Verbote und Regeln: Regeln für die Höhe des lichten Raums über den Motiven, für das Tempo von Schwenks und Neigungen und so weiter. Es war ein ständiges Ringen, ein kreatives Tauziehen. Meine Ausbildung mit der 16-mm-Kamera hatte mich gelehrt, eine Sequenz auf eine bestimmte Weise anzugehen: Einspieler, Halbnah, Großaufnahme und Schnitt – eben die Grammatik des Films. Jetzt musste ich selbst die grundlegendsten Elemente des Bildaufbaus und -ausschnitts überdenken, um zu Bildern zu kommen, die auf der Riesenleinwand wirkten. Es war ein Kampf, diese große Kamera zu bedienen, ein größerer Kampf, in dieser dünnen Luft einen kreativen Gedanken zu fassen, und ein noch größerer schließlich, zu entscheiden, auf welchen meiner kreativen Impulse ich hören sollte: den, den ich während der vergangenen zwan-

322

zig Jahre gelernt hatte, oder den, mit dem ich während der letzten vierzehn Monate vertraut geworden war.

Und schließlich ging es in unserem Film um vier Leute, die den Everest bestiegen, nicht vierzig. Gelegentlich kam eine Karawane von Bergsteigern hinter uns herauf und lief uns ins Bild. Mehrere Male tauchten Bergsteiger über der Kante einer Eiswand auf und seilten sich nichts ahnend in unsere Szene. Wir versuchten höflich zu bleiben und gingen für gewöhnlich aus dem Weg. Manchmal baten wir auch, ob sie nicht ein paar Minuten warten könnten, bis die Szene abgedreht war. Die beste Strategie war immer vorauszuahnen, dass jemand kam, und dann einfach abzuwarten. Besonders ratsam war es, zu warten, wenn man Sherpas von einem der oberen Lager herabkommen sah, denn wenn die sich erst einmal ihrer Lasten entledigt hatten, rasten sie mit einem Affenzahn ins Basislager zurück und hielten gar nicht gern an. Wir befanden uns auf der Schnellstraße des Everest und warteten darauf, dass der Verkehr abflaute.

Es war gar nicht so einfach, zu wissen, ob diese »Statisten« irgendwo zu sehen waren. Ich musste ein Bild, das auf eine zwanzig Meter hohe Leinwand projiziert würde, in einem Sucher abgrasen, der knapp fünf Zentimeter Durchmesser hatte. Wenn ein Bergsteiger auf der Leinwand in einer Größe von anderthalb Metern zu sehen sein sollte, dann nahm er gerade mal ein Sechzehntel meines Sucherbilds ein. Kletterer, die höflich außerhalb des Blickfeldes warteten, bis wir fertig waren, spähten oft um eine Eiskante, um etwas von der Action mitzubekommen. Im Sucher waren ihre Köpfe jedoch für mich absolut nicht zu sehen.

Nachdem ich den Kameraschwenk einige Minuten geprobt hatte, war es Zeit für Sumiyo, die Leiter hinaufzusteigen. Ich machte die Kamera an. Ihr Geräusch schwoll vom leisen Summen zum Getöse. Auf Kommando stieg Sumiyo die Sprossen hinauf, hielt an und blickte hinab. Ich neigte die Kamera und zeigte den Abgrund. Wir drehten die Szene zweimal, packten dann zusammen, sahen doppelt und dreifach nach, um sicherzugehen, dass wir auch nichts liegen gelassen hatten, und gingen auf der Suche nach der nächsten Einstellung weiter den Gletscherbruch hinauf.

Dieses ständige Stop-and-go fiel den sonst so selbstständigen Sportlern, die ich als Schauspieler angeheuert hatte, nicht leicht. Sie neigten dazu, einfach loszuklettern. Aber sie waren bescheiden und geduldig gegenüber dem Sklaventreiber hinter der Kamera. Unsere ganze Aufmerksamkeit galt dem »Schwein«.

Systematisch hakten Robert und ich die Liste unserer Aufnahmen ab. Unsere Geschichte bauten wir mit Szenen wie »beim Kartenlesen«, »beim Schreiben im Zelt« und »Mahlzeit im Vorgeschobenen Basislager« auf. Wir drehten unsere Standardeinstellungen von Lawinen, Wolken und Zelten im Wind. Das Wetter war gut auf diesem Trip und wir filmten das Spiel der Sonne auf gerieften Graten im Gegenlicht, während Schneeböen für Schatten sorgten. Diese kleinen Szenen waren eine Möglichkeit, den Wind darzustellen.

Während unserer Dreharbeiten im Gletscherbruch sahen wir eine Reihe von Leuten, die eindeutig nicht darauf vorbereitet waren, auf diesen Berg zu gehen. Sie hatten praktisch keine Ahnung vom Bergsteigen. Manche rutschten auf dem Hintern über die Leitern oder krochen darüber hinweg. Andere stolperten und fielen in die eigenen Steigeisen. Eines Tages fanden Robert und ich einen Mann unterhalb der Route an einem Seil über einer Spalte hängen. Er war halb bewusstlos und wir zogen ihn heraus. Es sind zwei völlig verschiedene Dinge, ungeschickt zu sein und keine Ahnung von den grundlegenden Techniken des Eiskletterns und der Fortbewegung auf dem Gletscher zu haben. Immerhin liegt der Gletscherbruch noch am Fuß des Bergs. Jeder einzelne dieser Leute hatte noch über drei Höhenkilometer vor sich.

In der dritten Woche brach Sumiyo sich bei einem durch die Höhe verursachten Hustenanfall eine Rippe an. Es war

324

ein Problem, das am Everest gar nicht so ungewöhnlich ist, und wir erwarteten, dass sie sich bei entsprechender Pflege wieder erholen würde. Abgesehen davon blieb unser Team gesund. Alle waren wir kräftig und akklimatisiert.

Gegen Ende April hatten wir Lager III in einer Höhe von 7300 Metern erreicht. Das erste Mal waren wir in Lager III gewesen, um uns zu akklimatisieren und Plattformen für die Zelte aus dem Eis zu hauen. Camp III war eine karge, überlaufene Zwischenstation, die dem Berg von Saison zu Saison aufs Neue abgerungen werden musste. Ed und ich klopften Stunden an einer Leiste für unser Zelt. Es war ermüdend und so ziemlich das Letzte, was man nach dem mörderischen Aufstieg zu Lager III brauchen konnte. Zelte neigen dazu, weit mehr Platz einzunehmen, als man zunächst schätzt. Wir lösten uns mit dem Hacken und Schaufeln ab und ruhten uns abwechselnd aus. Je tiefer wir uns in den Eishang schlugen, desto höher wurde die rückwärtige Wand und desto mehr mussten wir hacken, um dieselbe Menge Boden zu gewinnen. Zwanzig Schläge mit dem Eispickel, dann ausruhen, zwanzig weitere Schläge, wieder ausruhen, der Brustkorb hebt und senkt sich im ständigen Ringen um Luft. Wenigstens würden wir wieder absteigen, wenn unser Zelt stand.

Es war wunderbar, tags darauf die relativ dicke Luft des Basislagers zu atmen. Am Everest folgten wir der simplen Regel der Akklimatisierung: hoch klettern, tief schlafen. Nach unserem ersten Vorstoß zu Lager III stiegen wir ins Basislager ab. Dort konnten wir die frisch zubereiteten Mahlzeiten essen und problemlos verdauen, uns danach waschen und zum Schlafen in die Zelte zurückziehen. Das waren die Vorteile der sauerstoffreichen Umgebung auf 5400 Metern, die freilich nur die Hälfte des Sauerstoffs der Luft auf Meereshöhe enthält.

In einer klaren Nacht machten wir Zeitrafferaufnahmen vom Mond, wie er über die Westschulter des Everest steigt. Es war so ruhig, so still, dass man das Knarren des Gletschers und Stimmengemurmel in den Zelten hörte. Die Zelte im Basislager im Vordergrund waren von Laternen erhellt, die vor dem im Mondlicht liegenden Gletscherbruch leuchteten. Die Wolken bildeten Wirbel und verdeckten den Mond. Beim Schnitt nahm man die Szene später, um aufziehende Gefahr zu symbolisieren.

Die Wolken machten mir in jener Nacht keine Sorgen. Es gab eine ganze Reihe von Dingen, die sich gegen uns verschwören konnten, um die Filmexpedition aufzuhalten oder gar zum Stillstand zu bringen: Wetter, Krankheit, ein Unfall, eine Fehlfunktion der Kamera, mangelnde Motivation, ein fallen gelassenes Objektiv. Ich machte mir Sorgen um das, was noch vor uns lag.

Unser zweiter Besuch in Lager III diente dem Dreh. Wir blieben diesmal zwei Nächte, um uns weiter zu akklimatisieren. Das ganze Team hielt sich gut, selbst Sumiyo, deren Rippe zu heilen schien. Wegen des Gewichts der Kamera ließen wir sie, Stativ nebst Kopf sowie Objektive, Batterien und weitere Ausrüstung in unseren Zelten und stiegen für eine letzte Rast die ganze Strecke bis hinunter ins Basislager ab.

Wir alle waren gesund, obwohl Sumiyo noch unter ständigem Husten litt. Ed bestätigte, dass der größte Teil unserer Vorräte nach Lager IV hinaufgeschafft war. Die Kameraausrüstung war in Lager III untergebracht und erwartete uns dort. Wongchu und ich wählten die Sherpas für das Gipfelteam aus. Wir verbrachten die nächsten paar Tage mit Ausruhen, Essen und Schlafen. Schließlich prüften wir das Barometer, hörten auf Radio Nepal den Wetterbericht und beobachteten die Wolken. Es war Zeit für unseren Gipfelversuch.

Am 5. Mai verließen wir das Basislager. An diesem Tag stand ein relativ entspannter fünfstündiger Aufstieg zu Lager II auf dem Programm, ohne die Unterbrechungen und die Last des

Drehs. Jangbu und die anderen Sherpas gingen mit den letzten für Lager IV bestimmten Lasten voraus. Sie hatten bereits hart gearbeitet, um unseren kleinen Außenposten am Südsattel mit Sauerstoffzylindern, Zelten, Proviant, Brennstoff sowie Batterien und Film für die Kamera zu versehen. Chyangba, unser Koch, stand wie jeden Morgen früh auf, um auf dem Steinaltar Weihrauch und Wacholder abzubrennen. Er sprach immer einige Gebete und warf etwas Reis, um die Berggötter um einen sicheren Aufstieg zu bitten. Wie ich neigte Chyangba dazu, sich Sorgen zu machen. Er war nie sonderlich glücklich, wenn sein Team auf dem Berg war. Der Rest des Basislagers umarmte uns zum Abschied, drückte uns die Hand und wünschte uns Sicherheit und Erfolg. Als wir uns dem Everest zuwandten, beleuchtete eben die Sonne die Gipfel hoch über dem Camp.

Ich durchstieg den Gletscherbruch; ich war mittlerweile mit jeder Biegung, jeder Mulde, jeder Krümmung vertraut; ich wusste, welche Leiterbrücken lose und gefährlich, welche Fixseile unzuverlässig geworden waren, weil die Sonne ihre Metallverankerungen aus dem Eis geschmolzen hatte. Ich eilte an Stellen vorbei, an denen die Eistürme in so verrücktem Winkel aufragten, dass ich bezweifelte, sie könnten der Schwerkraft auch nur einen Augenblick länger widerstehen. Als ich so durch den eisigen Irrgarten wanderte, sorgsam bedacht, bei jedem Schritt Energie zu sparen, war ich in Gedanken bei meinem Team über und unter mir. Es war ein ungeheures Privileg, dieses Erlebnis mit ihnen teilen zu können. Mir ging plötzlich auf, dass die große Kamera, das völlig Neue an unseren Bemühungen, uns einander näher gebracht hatte. Ich spürte, dass diese gemeinsame Erfahrung mir Jahre später wichtiger sein würde als all die hart erarbeiteten Bilder.

Im Gletscherbruch fällt einem das Unmittelbare auf: eine abstrakt verzerrte Form aus blaugrünem Eis, ein funkelndes Feld sonnendurchfluteter Kristalle, die Schneebrocken, die in die unbekannte Finsternis einer Gletscherspalte trudeln. Es ist ein gefährlicher Ort, und doch kam ich mir dort nie gefährdet vor. Man wäre dort ohnehin nicht sicherer, nur weil man Angst hat. Der Gletscherbruch hat sein eigenes Leben. Er zuckt mit den Achseln und hundert Tonnen Eis krachen herab, ohne sich darum zu kümmern, ob ein Bergsteiger auf der Route war. Unter Druck, unter großem Stress, sorgt der Gletscherbruch für eine subtile Spannung, die mehr ist als Angst und die in dem Augenblick vergeht, in dem man die letzte vertikale Leiter hinter sich lässt und die sanften Wellen des Western Cwm erreicht.

Das Western Cwm ist ein großes, stilles Tal mit einer Sohle aus Schnee und Eis, die wie ein Reflektor wirkt. An einem wind- und wolkenlosen Tag, an dem die frühe Maisonne direkt darüber steht, kann es mörderisch heiß werden im Cwm – ein riesiger Reflektorofen. Zweimal ist es mir im Cwm passiert, dass ich mich nicht bewegen konnte, dass ich wie angewurzelt dastand und auf einen Windstoß wartete oder darauf, dass sich eine dünne Wolke vor die Sonne schob. Es ist erstaunlich: Die Lufttemperatur der Umgebung liegt unter dem Gefrierpunkt, und doch ist es zu heiß, um sich zu rühren. Das liegt an der Intensität der Sonnenstrahlen in großen Höhen. Camp II, ein winziger Fleck auf der fernen Moräne, scheint einfach nicht näher zu kommen. Dort draußen, in der Mitte des Gletschers, kann man 2500 Meter über sich den Jetstream am Gipfel des Everest nagen sehen. An jenem Tag dachte ich wie schon das ganze vergangene Jahr: *Schaffen wir das?*

Wir verbrachten den nächsten Tag in Camp II, ruhten uns aus, aßen, glichen den Wassermangel aus und gingen noch ein letztes Mal unsere persönliche Ausrüstung durch. Robert bestätigte mir mit Wongchu, unsere Filmausrüstung sei in den Hochlagern und damit vor Ort. Ed und Jamling konferierten mit den Sherpas, um sicherzugehen, dass wir zweiundvierzig Flaschen Sauerstoff am Südsattel hatten. Dann

328

setzten wir uns alle im Esszelt zusammen und gingen unsere Dreh- und Kletterstrategie für den Gipfelversuch durch. Wir vereinbarten keinen Zeitpunkt für die Umkehr am Gipfeltag; wir würden diese Entscheidung im geeigneten Augenblick treffen und dabei das Wetter und die Kräfte des Teams in die Rechnung einbeziehen.

Am 7. Mai verließen wir Lager II und stiegen zum dritten und – wie wir annahmen – letzten Mal zu Lager III auf. Laut Plan wollten wir am Morgen des 8. Mai höher gehen, das schwefelfarbene Gelbe Band in 7600 Meter Höhe durchqueren, um dann zu Lager IV am Südsattel weiterzugehen. Noch spät in derselben Nacht planten wir, uns auf den Weg zum Gipfel zu machen und dann achtzehn Stunden später, am 9. Mai, wieder zu Lager IV zurückzukehren.

Laut Plan sollten Rob Hall und Scott Fischer mit ihren Teams sowie die taiwanischen und südafrikanischen Teams, die sich mit oder ohne Robs und Scotts Segen anschlossen, am selben Tag, an dem wir vom Gipfel kamen, zu Lager IV hinaufgehen. Sie wollten den Gipfel laut Plan am 10. Mai erreichen.

Einige Tage vor unserem Aufbruch hatte ein schwedischer Alpinist namens Göran Kropp solo einen großartigen Gipfelversuch unternommen. Aber nur eine Stunde unterhalb des Gipfels hatte er mit jenem Kalkül, das nur lange Erfahrung in großen Höhen lehrt, seine Energiereserven eingeschätzt, war umgekehrt und wieder abgestiegen. Er war allein mit einem Fahrrad über 11000 Kilometer durch Europa und Asien gefahren und dann ohne Sherpas und zusätzlichen Sauerstoff 8600 Meter hochgestiegen. Nur einige hundert Meter von seinem Ziel entfernt, hatte er sich eingeschätzt und beschlossen: *ein andermal.*

Kropp war ein strahlendes Beispiel für Selbstdisziplin und Alpinisteninstinkt. Auf den Gipfel zu kommen, ist nur die Hälfte eines Aufstiegs. Auch wieder herunterzukommen, ist alles: Die Ziellinie ist nicht der Gipfel, sondern das Tal. Umzukehren ist keine leichte Entscheidung. Aber eine, die nicht nur einem selbst, sondern auch dem Berg zur Ehre gereicht.

Kropps Scheitern bedeutete, dass wir in diesem Jahr das erste Team auf dem Gipfel wären. Die oberen Hänge wären damit noch nicht für den Ansturm der Alpinisten dieser Saison präpariert. Aufgrund der sehr unterschiedlichen Voraussetzungen ihrer zahlenden Kundschaft würden Rob und Scott an ihrem Gipfeltag Fixseile anbringen, von Verankerung zu Verankerung, als Handlauf über die schwierigen oder exponierten Abschnitte. Wir dagegen hätten keine Fixseile am Gipfeltag. Was an Fixseilen noch von der letzten Saison übrig war, wäre wahrscheinlich begraben, aber uns konnte das nur recht sein. Ich war daran gewöhnt, die Route über den Südsattel ohne Fixseile zu klettern, obwohl vom Hillary Stepp immer ein zerfledderter alter Strick hing. Ich hatte es mit Dick Bass so gemacht, so hatten es Hillary und Tensing gemacht. Unser Plan sah vor, auf den Südsattel und dann mithilfe unserer Pickel und Fertigkeiten über die Traverse zum Hillary Stepp zu gehen. Ich wusste, dass weder die Angehörigen unseres Film- noch unseres Kletterteams Probleme damit haben würden, ohne Seil zu gehen – sie hätten sonst da oben nichts zu suchen gehabt. Einige Abschnitte der Route liegen zwar exponiert, sind aber nach heutigem Standard kein Problem. Was das Ganze natürlich dennoch zur Herausforderung macht, ist der Mangel an Sauerstoff.

Am Nachmittag des 7. Mai besetzten wir Lager III und krochen in unsere Zelte. Auf der einen Seite hatten wir die Zelte der taiwanischen Expedition, auf der anderen standen, zwei Meter weiter, die des jugoslawischen Lagers. Rund um uns hatten wir den üblichen Lagerunrat, von den Fetzen kaputter Zelte über Speisereste bis hin zu Urinflecken.

Wir kamen diesen Nachmittag ein wenig zum Drehen, bereiteten dann die Kameralasten der Sherpas für den folgenden Morgen vor und verstauten sie zwischen Zeltwand und Eis. Schließlich krochen wir in unsere Zelte. Unglücklicher-

330

weise hatte Sumiyo sich während unseres Aufstiegs zu Lager III bei einem schlimmen Hustenanfall erneut eine Rippe gebrochen. Obwohl sie Schmerzen hatte, war sie fest entschlossen weiterzugehen; auf das Beste hoffend, behielt ich mir meine Entscheidung in Bezug auf ihren Zustand vor.

In dieser Nacht wurden wir von heftigen Winden gebeutelt. Es war der Katmandu-Lhasa-Express, wie Robert ihn getauft hatte – der tibetische Wind, der wie ein Strudel über die Lhotse-Flanke kam.

Es gibt nachts verschiedene Winde. Der eine lässt nur das Zelt vibrieren. Ein anderer rüttelt an den Wänden, als stünde jemand draußen, der einen zu wecken versucht. Und dann gibt es noch die kräftigen, harten Böen, die das Zelt verformen, sodass man sich mit der Schulter gegen die Wand lehnen oder sie mit den Händen abstützen muss. Wenn der Wind loslässt, kommt es zu einem lauten Knall, mit dem die Wand wieder nach außen gesaugt wird.

Diese Nacht droschen eine ganze Reihe von Böen auf uns ein. Nicht dass er das Lager zu zerstören drohte, aber um den Schlaf brachten sie einen allemal. In den Pausen wurde es so still, dass man den Wind hoch oben über die Lhotse-Flanke toben und wie einen Güterzug heranbrausen hörte. Und dann schlug er zu. Das ging bis zum Morgengrauen.

Bis Sonnenaufgang war es noch eine Stunde, aber als es hinter der Zeltwand hell wurde, zog der Wind weiter. Wir hörten ihn freilich noch, wie er um den Südostgrat und die Türme des Lhotse fuhr. Als wir hinaussahen, bot sich uns ein vollkommener Blick auf den Grat 900 Meter über uns. Die Wolkenfahne darüber sagte uns, der Berg brauchte noch einige Zeit. Mit jeder Woche, die verging, zog der Jetstream vom Gipfel weg nach Norden. Für gewöhnlich tat sich Anfang bis Mitte Mai eine schmale Lücke mit besseren, wenn schon nicht perfekten Bedingungen auf. Der Wind legte sich dann etwas. Jeder Tag, den wir warteten, würde also von Vorteil sein.

An jenem Morgen hatten wir eine Reihe von Faktoren in unsere Rechnung einzubeziehen: einige filmtechnischer, andere praktischer, wieder andere persönlicher Natur. Meiner Ansicht nach sollten wir nur an einem wirklich guten Tag von Lager III zum Südsattel aufbrechen. Es ist eine Tatsache, dass man am Südsattel kaum ein Auge zutut. Es wäre daher ein Fehler, erst um sieben Uhr morgens, also recht spät, unausgeschlafen und über steiles Terrain zu Lager IV aufzubrechen.

Als Ed und ich unsere Optionen durchkauten, blickte ich hinab auf den Western Cwm und sah, dass sich von Lager II aus über fünfundfünfzig Leute auf den Weg durch den Gletscher machten. Die meisten von ihnen waren uns unbekannte Bergsteiger. Es sah aus wie eine Ameisenstraße. Einige hatten wir vermutlich bereits gesehen, als sie sich durch den Gletscherbruch kämpften. Andere, wie etwa das taiwanische Team unter der Führung von »Makalu« Gau Ming-Ho, hatte man im Jahr zuvor in Alaska vom Denali bergen müssen. Ein paar hatten dabei durch Erfrierungen Finger oder Zehen verloren. Dann waren da noch die Südafrikaner. Von ihrem Mangel an Können mal abgesehen war die Gruppe durch innere Streitereien zerrissen. Und nun waren sie da, der ganze Haufen, und kamen direkt auf uns zu. Wir kannten ihren Plan, wussten, dass sie nur einen Tag hinter uns waren. Wenn wir unseren Gipfelversuch um einen Tag verschoben, um am Südsattel eine Beruhigung der heftigen Winde abzuwarten, dann bedeutete dies, dass diese große Gruppe zu uns stieß.

Das war nun nicht gerade das Everest-Erlebnis, nach dem mir zumute war, weder persönlich noch beruflich. Da ich das Gelände zwischen Südostgrat und Hillary Stepp sehr gut kannte, konnte ich mir den Verkehrsstau vorstellen, zu dem es dort kommen würde. Absteigende würden auf Aufsteigende treffen – alle an ein und demselben Seil. Sie würden sich jedes Mal aus dem Seil klinken müssen, um einem anderen auszuweichen, dann wieder einklinken, was nicht nur zeitraubend, sondern obendrein auch gefährlich war. Ich wusste aus Erfahrung, dass am Everest Stärke nicht in der Größe des Aufgebots lag.

Nicht weniger wichtig war, dass wir durch einen Tag Verzögerung mit Dutzenden von »Statisten« in unserem Film rechnen mussten. Günstigstenfalls wirkte das Material, das wir am Gipfel drehten, etwas verwirrend. Wenn es wirklich schlimm kam, schwärmten den Gipfelgrat womöglich so viele Leute hinauf, dass wir unter ihnen noch nicht einmal unsere eigenen Darsteller sahen.

Und so stiegen wir also wieder ab. Es war keine schwere Entscheidung. Wir gingen schließlich nicht nach Hause. Die Entscheidung lag auch nicht an mir allein. Ich sprach an jenem Morgen mit Ed und Rob und wir alle kamen ruhig und nüchtern zu demselben Schluss. Ed hatte das ungute Gefühl, dass das Wetter noch zu unbeständig und dass unsere Lücke noch nicht gekommen sei. Wir hatten also mit unserem Abstieg nichts zu verlieren außer etwas Stolz und Zeit, die jedoch noch nicht knapp war. Wir kamen in die zweite Maiwoche. Wir hatten also noch zwei Wochen vor dem voraussichtlichen Beginn des Monsuns. Es würde sich noch eine Gelegenheit ergeben. Wir hatten die Mittel, um abzuwarten.

Aber bei aller Vernunft wussten wir sehr wohl, dass das Warten auch gut einen anderen Tribut fordern kann. Das Akklimatisieren ist eine geheimnisvolle Kunst, eine Art Alchimie. Durch Klettern und Schlafen in zunehmender Höhe, unterbrochen von Ruhepausen in tieferen Lagen, beginnt man seinen Körper auf den Sauerstoffmangel einzustellen, wenn schon nicht anzupassen. Jeder Mensch stellt sich auf ihn in unterschiedlichem Maße ein, und das macht die Form höchst subjektiv. Manche stellen sich überhaupt nicht darauf ein. Es kommt jedoch irgendwann der Punkt, an dem der Körper sich nicht weiter darauf einstellen kann, sondern beginnt abzubauen. In der dünnen Luft oberhalb von 5400 Metern ist die Atmosphäre durch ihren Mangel an Sauerstoff nicht mehr lebenserhaltend. Um Energie zu gewinnen, frisst der Körper sich buchstäblich selbst, eine Art langsamer biologischer Tod. Es ist nicht ungewöhnlich, in fünf Wochen am Everest zwanzig Prozent seiner Körpermasse zu verlieren. In noch größeren Höhen baut der Körper noch schneller ab. Aus diesem Grund hat man diese Höhen ab 7000 Metern auch die Todeszone getauft.

Nachdem die Entscheidung einmal getroffen war, ließen wir einfach von unserem Ziel ab. Und da es keinen Grund mehr gab, in Lager III zu bleiben, verstauten wir unsere Kameraausrüstung und stiegen gleich darauf ab.

Als wir uns abseilten, trafen wir auf die ersten der heraufströmenden Bergsteiger. Hier konnte ich mir die diesjährigen Kandidaten das erste Mal richtig ansehen. Ein Paar von ihnen kannte ich. Einige der Kunden fühlten sich dort durchaus zu Hause. Jon Krakauer war kräftig und schritt rasch aus. Sandy Hill Pittman schien frisch und voll Zuversicht. Sie kannte das Terrain gut, schließlich war sie in dieser Saison bereits in Lager III gewesen und schon einmal drei Jahre davor.

Einige aus den Reihen der zahlenden Kundschaft bauten jedoch bereits kräftig ab. Ihre Körpersprache war eindeutig. Aus der Art, wie jemand sich über seinen Eispickel beugt oder an den Fixseilen hängt, lässt sich so einiges ablesen. Dasselbe gilt für die Zahl und Art der Schritte zwischen den Pausen. Als wir an ihnen vorbei abstiegen, machten einige dieser Leute den Eindruck, als hätten sie ihre Grenze bereits erreicht. Diese Gesichter hatten einen merkwürdigen Ausdruck, eine Mischung aus Verzweiflung, Unschuld und Hoffnung. Ein Blick genügte, um zu wissen, dass viele von ihnen keine Ahnung hatten, worauf sie sich da eingelassen hatten. Von diesem Punkt an würden sie im Prinzip fünfundfünfzig Stunden auf den Beinen sein, fast ohne Schlaf, und der Sauer-

334

stoffmangel nahm dabei ständig zu, wodurch auch Pausen immer weniger erholsam wurden.

Was mir Sorgen machte, war, dass viele dieser Leute die elementaren Techniken des Bergsteigens nicht beherrschten. Durchaus möglich, dass sie sich auf die kleineren Gipfel der Erde hatten führen lassen, aber sich führen zu lassen sorgt für eine entsprechende Mentalität. Man lernt nicht, sich allein zurechtzufinden. Wenn mir jemand sagt, er hätte erlebt, was es heißt, auf einem 6700 Meter hohen Gipfel zu stehen, dann möchte ich etwas über die Qualität dieses Erlebnisses wissen. Hat der Betreffende schon mal in einer stürmischen Nacht auf seine Fäustlinge aufpassen müssen? Musste er sich in einem Whiteout zurechtfinden? Hat er sich je umdrehen müssen, um ohne Brille in einen Schneesturm zu spähen? Hat er je selber gekocht? Hat er schon mal sein Zelt selbst aufgebaut? Kommt er in einer Extremsituation allein zurecht?

Einige dieser Kunden waren schnurstracks auf den höchsten Berg der Erde gesprungen. Noch beunruhigender war, dass sich mit diesem Mangel an Lehrjahren und Erfahrung ein Mangel an Bergsteigerethos verband. Die wichtigsten Aspekte des Bergsteigens sind Vertrauen, Respekt und Selbstständigkeit. Man muss stillschweigend davon ausgehen können, dass der Kamerad über genügend Erfahrung verfügt, seine Grenzen kennt und andere nicht gefährdet. Es ist dies keine Frage der Höflichkeit, es ist eine moralische Verantwortung. Wenn man auf Reserven setzt, die nicht da sind, gefährdet man nicht nur sich selbst, sondern auch die Leute um einen herum. Für mich ist es der Gipfel an Verantwortungslosigkeit, andere nur um des eigenen Egos und persönlicher Wünsche willen in Gefahr zu bringen. Die Besteigung des Everest sollte ein Akt der Selbsterkenntnis sein, kein Glücksspiel.

Als wir tiefer kamen, legte sich der Wind, und der Tag wurde schön. Fast am unteren Ende der Fixseile traf ich auf Rob Hall und unterhielt mich einige Minuten mit ihm. Wie ich später erfuhr, hatte er sich bereits mit Robert Schauer unterhalten. Rob hatte seine Sorge zum Ausdruck gebracht, dass unser absteigendes Team womöglich Eisbrocken lostrat, die auf seine Kundschaft fallen könnte. Das Gespräch mit Schauer war fast zu einer Standpauke geworden. Mittlerweile hatten einige von uns längst Eisbrocken ausweichen müssen, die Robs Kundschaft losgetreten hatte, die über uns die Seile hinaufging.

Meine Unterhaltung mit Rob war oberflächlich. Er befand sich inmitten seiner Gruppe, ging aber allein, da einige seiner Kunden weit voraus waren, andere weit zurück. In diesem Augenblick sah ich, warum er den Leuten solches Vertrauen einflößte. In seiner roten Patagonia-Latzhose wirkte Rob gewissenhaft, kompetent, als hätte er alles im Griff. Bei ihm hatte immer alles seine Ordnung. Der Handapparat seines Sprechfunkgeräts war in Schulterhöhe am Riemen seines Rucksacks befestigt, sodass er ihn noch nicht mal abnehmen musste, um ihn zu benutzen. Rob vermittelte einem das Gefühl absoluter Sorgfalt und Führungskraft. Seine Kunden standen unter einem strengen Regime, sie mussten keine eigenen Entscheidungen treffen. Man sagte ihnen, wo sie schlafen würden, wie viel sie jeden Tag trinken sollten, wann sie morgens das Lager zu verlassen hatten.

Rob wollte wissen, warum wir abstiegen. Es gab nicht viel zu sagen. Hier standen sich zwei verschiedene Erfahrungswelten mit entsprechenden Urteilen gegenüber. Ich sagte ihm, es sei die Nacht zuvor zu windig gewesen und zu kalt, um so früh aufzubrechen, wie das für uns nötig war. Wir trauten der Wettersituation nicht. Ich sagte ihm gegenüber nichts von unserem Unbehagen, was den Menschenauflauf hinter uns auf der Route anging. Ich schoss ein paar Fotos von ihm, dann ging ich weiter. Ich genierte mich, Rob zu erklären, weshalb wir abstiegen, schließlich war es ein warmer, sonniger Tag. So viele Entscheidungen am Berg beruhen auf Intuition.

336

Am Ende der Eiswand, an der die Lhotse-Flanke auf den Khumbu-Gletscher trifft, endeten auch die Seile und der Hang wurde flacher. In scharfem Tempo machte ich mich auf den Weg hinab durch das Western Cwm und ständig liefen mir Bergsteiger über den Weg. Als ich mich Lager II näherte, sah ich zu meiner Überraschung, dass dort die letzten erst aufbrachen. Es war bereits zehn oder elf Uhr vormittags und diese Leute waren auf dem Weg in den Backofen des Western Cwm. Als Letzter, sozusagen als Lumpensammler, kam Scott.

Scott hatte sein charakteristisches Grinsen aufgesetzt. Er schien glücklich zu sein. Anders als bei Rob war an ihm von einem Sprechfunkgerät nichts zu sehen. Er war so begeistert davon, zu den »Großen« – wie Ed sagte – zu gehören, und meinte damit Rob Hall, Pete Athans und Ed Viesturs. Er nahm das Leben Tag für Tag und man fragte sich unwillkürlich, ob er überhaupt vorausplante. Wir unterhielten uns ein wenig und ich sagte ihm, was ich Rob gesagt hatte, dass es windig gewesen sei und das Wetter uns nicht gefallen hätte.

Scott sagte: »Na gut, wir gehen rauf zu Lager II und sehen, wie's da aussieht. Was soll's, wenn das Wetter schlecht ist, ist es schlecht. Wenn's gut ist, ist es gut. Wir werden sehen.«

Einer der anderen Führer sagte mir an jenem Tag: »Wir gehen davon aus, dass wir alle nach oben bringen.« Und ich weiß noch, wie ich dachte: *Das nenne ich Optimismus.*

Wir erreichten Lager II gegen Mittag. Wir hätten bis ins Basislager gehen können, um uns auszuruhen, aber wir blieben dort. Wir dachten uns, mal abwarten und sehen, ob wir in einigen Tagen einen zweiten Gipfelversuch wagen können. Es war ein herrlicher Himalaja-Nachmittag, die Nebel krochen langsam das Western Cwm hinauf. Wir hatten keinen Grund, nicht zu bleiben. Wir saßen herum und beobachteten durch das Leica-Fernrohr, wie die Bergsteiger sich auf Lager III zubewegten.

Am nächsten Morgen, es war der 9. Mai, gingen wir den Tag gemächlich an. Wir ruhten uns in Lager II aus, lagen auf der faulen Haut, sahen zu, wie sich die lange Kette von Kletternden auf das Gelbe Band unter dem Südsattel zubewegte. Obwohl ich wusste, dass unsere Entscheidung richtig gewesen war, war es doch etwas demoralisierend, an einem so schönen Tag hier unten in Lager II zu sein. Es spielte auch ein bisschen Neid mit, denn wenn diese Leute, die wir durch unser Fernrohr sahen, in zwei Tagen auf dem Gipfel standen, dann kamen sie umso schneller wieder nach Hause. Aber aus einem Grund bereute ich unsere Entscheidung nicht. Wir alle waren uns einig: Noch nie hatten wir so viele Leute so dicht aufeinander an ein und demselben Seil hängen sehen. Ich verstand nicht, wie man die einzelnen Verankerungen mit dem Gewicht so vieler Leute belasten konnte. Es war, als wäre ihnen nicht klar, dass ihre Sicherheit von einigen wenigen Eisschrauben abhing, die in die Haut des Bergs gedreht waren.

Schon früh an jenem Morgen waren Jangbu und einige Sherpas zu einem ihrer Gewaltmärsche aufgebrochen, mit denen sie Lasten von Lager II nach Lager IV schafften, um dann gleich wieder zurückzukehren. Jetzt, wo wir einige zusätzliche Tage hatten, wollten wir weitere Vorräte auf das Lager am Südsattel schicken. Die Sherpas gingen die Strecke lieber in einem Stück und stiegen gleich wieder ab, etwas, was den meisten von uns aus dem Westen unmöglich gewesen wäre, aber Lager II war weitaus komfortabler als III oder IV. Außerdem gab es dreifachen Lohn.

Das Wetter war schön und die Sherpas kamen gut voran. Früh am Morgen war oben in Lager III ein Taiwaner namens Chen Yu-Nan zum Pinkeln aus seinem Zelt gekrochen und hatte dazu weder die Stiefel angezogen noch sich ins Seil geklinkt. In seinen profillosen Innenstiefeln war er ausgerutscht und über zwanzig Meter abgestürzt, bevor eine kleine Spalte ihn aufgefangen hatte. Er wäre sonst 450 Meter die

338

Lhotse-Flanke hinab auf den Gletscher darunter gestürzt. Jangbu, der gerade in Lager III eingetroffen war, hatte den Unfall verfolgt. Die anderen Bergsteiger waren noch in ihren Zelten.

Jangbu ließ den Führer der Taiwaner, Makalu Gau, sofort wissen, was passiert war. Die beiden Männer gingen an die Gletscherspalte und ließen Chen ein Seil hinab, der daran hochkletterte. Zweifelsohne ebenso beschämt wie entsetzt bestand Chen darauf, er sei in Ordnung und in der Lage, weiter hinauf in Lager IV und auf den Gipfel zu gehen. Als Makalu Gau jedoch Funkkontakt mit Wongchu in Lager II aufnahm (Wongchu war der *sirdar* sowohl unseres Teams als auch der Expedition aus Taiwan), sagte ihm dieser, er solle Chen in Lager III lassen, um ihn mit zusätzlichem Sauerstoff versorgen zu lassen, aber Chen weigerte sich. Es schien ungewöhnlich, dass ein Expeditionsleiter seinen *sirdar* um Rat anging, zumal da dieser 900 Meter weiter unten war.

Nachdem man Chen in sein Zelt zurückgebracht hatte, machten Makalu Gau und sein Sherpa-Team sich an den Aufstieg zu Lager IV. Ich hörte von alledem erst einige Stunden später, so gegen eins, nachdem Jangbu mit unseren anderen Sherpas bereits in Lager IV gewesen war und sich wieder auf dem Rückweg befand. Zu diesem Zeitpunkt begleitete Passang Tamang, ein Sherpa des taiwanischen Teams, Chen bereits langsam von Lager III aus nach unten. Chens Zustand verschlechterte sich zunehmend. Er konnte kein Englisch, sodass der Sherpa nicht so recht wusste, was ihm fehlte. Wongchu bat Jangbu über Funk, so rasch wie möglich über die Fixseile abzusteigen, um bei der Bergung zur Hand zu gehen. Erst dann erzählte Wongchu mir von der Sache mit Chen.

Ed, Robert und ich begannen die Situation durch das Fernrohr zu verfolgen. Während Chen an den Seilen abstieg, rief Makalu Gau, der auf dem Weg zu Lager IV war, Chen über Funk. Wieder versicherte Chen seinem Teamkameraden, dass er in Ordnung sei, und Makalu Gau stieg weiter auf. Nicht lange jedoch, und Chen, der nach wie vor den Sauerstoff verweigerte, begann unkontrolliert mit den Armen zu rudern.

Eine halbe Stunde später gab Jangbu mit Unterbrechungen über Funk Folgendes durch: »Er hat sich hingesetzt.« Dann: »Er ist eingeschlafen.« Und dann: »Wir glauben, er ist tot.« Ich sagte Jangbu, er solle an Chens Hals nach dem Puls tasten und dann die Schneebrille abnehmen und sie Chen direkt unter die Nase halten, um zu sehen, ob sie beschlug. »Nein«, sagte Jangbu. »Er ist tot.«

Mit der Weigerung, die Leiche noch mal anzufassen, setzten die Sherpas ihren Abstieg fort und ließen Chen, 100 Meter über dem Fuß der Lhotse-Flanke an das Fixseil gezurrt, zurück. Für sie bedeutete es Unglück, eine Leiche auf dem Berg zu sehen; noch schlimmer war es, sie zu berühren. Durch unser Fernrohr sahen wir ganz deutlich Chen am Seil hängen. Reglos. Ed, Robert und ich brachen sofort von Lager II auf, in der Hoffnung, er sei nur zusammengebrochen und bewusstlos.

Eine nachmittägliche Bö wirbelte Schnee auf. Wir schritten kräftig aus, erreichten den zwölf Meter hohen Bergschrund und klinkten uns in das Seil. Einige Minuten später erreichten wir Chen. Wir waren noch zehn Meter entfernt, aber ich sah schon an der verdrehten Art, in der sein Körper am Seil hing, dass er tot war. Vielleicht dreißig Meter oberhalb von Chen stand ein Sherpa und rührte sich nicht. Er hatte nicht vor, näher zu kommen oder sich vom Seil zu klinken, um Chen auszuweichen.

Wir gingen hin und drehten Chen um. Seine Augen waren noch offen und eine gelbe Flüssigkeit quoll ihm aus dem Mund. Er sah etwas verwirrt aus; der Ausdruck glich dem von Dawa Nuru, als ich ihn zehn Jahre zuvor aus der Lawine an der Nordseite des Everest gegraben hatte. Es war kein Schmerz in diesem Blick. Die Verwirrung schien eher zu sagen: *So zu sterben – ich fasse es nicht.*

340

Ed schrie ihn an, um ihn zu erschrecken, einen Reflex aus-
zulösen, aber der Mann war tot. Während Ed die Leiche abseilte, gab ich ihr die richtige Richtung. Es war nicht einfach
und sehr anstrengend. Ständig blieben Chens Steigeisen oder
einer seiner Arme an den Vorsprüngen hängen. Ich wollte
die Leiche behutsam behandeln, musste sie aber einige Male
hart anfassen, um sie – zerrend und drehend – von den scharfen Eisvorsprüngen zu befreien. Manchmal hatte ich ihn
direkt im Schoß. Ich konnte kaum hinsehen, so sehr musste
ich ihn verdrehen.

Am Fuß der Lhotse-Flanke warteten einige seiner taiwanischen Gefährten aus Lager II mit einem Schlafsack und noch
mehr Seil. Zu diesem Zeitpunkt war aus den Nebelschwaden,
die das Western Cwm hinaufwallten, ein Schneesturm direkt
über der Flanke geworden. Wir schnürten Chen in den Schlafsack und machten uns daran, ihn durch das Western Cwm
nach Lager II zurückzuziehen, ein Trauermarsch durch das
eisige Weiß eines tobenden Sturms. Wir konnten kaum etwas
sehen und arbeiteten uns von Bambusstange zu Bambusstange durch den von Spalten durchzogenen Gletscher.

Mir war wegen dieses Todesfalls schrecklich zumute. Er
war unter den Augen eines Fremden gestorben, der seine Sprache nicht sprach und hatte sich nicht von den Menschen, die
er liebte, verabschieden können. Er wäre so oder so gestorben; die inneren Verletzungen, die er davongetragen hatte,
waren ganz offensichtlich zu ernst, als dass sie jemand am
Berg oder im Basislager hätte behandeln können. Aber als
Sargträger war ich mir der Einsamkeit seiner letzten Augenblicke schmerzhaft bewusst.

Als wir uns dem Lager näherten, ließ der Sturm langsam
nach. Keiner wollte die Leiche im Lager haben, vor allem die
Sherpas nicht. Wir trafen auf der Stelle eine nüchterne Entscheidung. Da wir wussten, die Leiche wäre tags darauf,
wenn sie gefroren war, einfacher durch den Gletscherbruch
zu schaffen, ließen wir sie über Nacht im Eis. Ich warf einen

Blick nach oben und sah, dass einige der Bergsteiger noch immer unterwegs zum Südsattel waren.

Mich hatte das Entsetzen gepackt. Ich hatte eben die Leiche eines mir unbekannten Mannes geborgen. Der Mann hätte nicht sterben müssen. Ein winziger Fehler, eine Farce hatte seine Dominosteine kippen lassen. Es brauchte so wenig hier oben, um unserem Schicksal eine andere Richtung zu geben. Die Leute sagen sich, der Everest sei gefährlich. Für so manchen erhöht das den Reiz dieses Bergs. Nur wenige der Leute, die sich an jenem Spätnachmittag da oben auf Lager IV zu arbeiteten, verstanden wirklich die Gleichgültigkeit des Everest gegenüber dem menschlichen Leben. Man kann diesen Berg tausendmal besteigen und trotzdem kennt er einen nicht beim Namen. Die eigene Anonymität zu erkennen, sie mit all ihren schrecklichen Konsequenzen zu akzeptieren, ist der Schlüssel zur Demut eines Bergsteigers, der Schlüssel zur Selbsterkenntnis des Kletternden.

Es war sechs Uhr, als Ed und ich in das orangefarbene Zelt zurückkehrten, das uns in Lager II als Kantine diente. Das Wetter hatte aufgeklart und wir sahen bis in den frühen Abend hinein durch das Teleskop Leute am Südsattel eintreffen. Sie hätten Lager IV um drei Uhr nachmittags erreichen sollen, nicht um sechs, schließlich brächen diese Leute, erschöpft wie sie waren, schon um elf Uhr abends zum Gipfelgang auf.

Beim Abendessen war unser ganzes Team versammelt. Wir waren müde und emotionell ausgelaugt durch den Todesfall. Selbst die, die nicht mit oben gewesen waren und die Leiche vor dem Lager nicht gesehen hatten, waren betroffen. Wir verloren das eine oder andere Wort über den allgemeinen Mangel an Erfahrung der Alpinisten auf dem Berg, aber niemand wollte ihnen Unglück bringen, indem er von seinen Befürchtungen sprach.

Als ich zu meinem Zelt zurückging, sah ich einige winzige Lichtpunkte über uns an der Kante des Südsattels. Abgesehen von diesen Stirnlampen, die wie Sterne aussahen, war es finster da oben. Ich schloss meine Augen an jenem Abend in dem Bewusstsein, dass eben die Männer und Frauen vier verschiedener Expeditionen dabei waren, in sich zu gehen, um sich auf den Gipfelgang vorzubereiten. In wenigen Stunden, wenn ich längst schlief, brächen die Bergsteiger in Lager IV auf.

Am 10. Mai wachten wir erst spät nach der Morgendämmerung auf. Wir hatten für unsere Gruppe einen weiteren Rasttag geplant. Am Vortag hatte Jangbu von seinem Weg zu Lager IV aus starke Winde über 7600 Meter gemeldet. Der Morgen war jedoch schön, nicht eine Wolke war am Himmel zu sehen. Der Gipfelaufbau hoch über uns war kristallklar, ruhig und ohne die Spur einer Wolkenfahne.

Robert stellte in Lager II das Fernrohr auf. Von hier lässt es sich über 2200 Meter schnurgerade die Südwestflanke des Everest hinauf auf den Quergang vom Südgipfel hinüber zum Hillary Stepp, knapp hundert Meter unter dem Gipfel, blicken. Vor dem dunkelblauen Himmel nimmt die Traverse sich wie eine Schneesichel aus; es ist die einzige Stelle, an der am Gipfeltag die Kletternden zu sehen sind. Wir wussten, dass sowohl Adventure Consultants als auch Mountain Madness und das Team aus Taiwan sich noch vor Mitternacht an den Aufstieg gemacht hatten, aber es war noch zu früh, um sie auf dem obersten Teil des Bergs zu sehen.

Für uns war es ein Morgen zum Faulenzen. Da jede der Expeditionen sich auf einer anderen Frequenz verständigte, erreichten uns keine direkten Meldungen. Wir hatten also keine Ahnung, wie die Gipfelgänger vorankamen. Wir konnten nur gewisse Vermutungen anstellen. Wie etwa, dass bei einer so großen Gruppe mit Sicherheit bereits einige umgekehrt wären. Die letzten 900 Meter oberhalb des Südsattels

343

sind um ein Vielfaches anstrengender als irgendein anderer Abschnitt dieser Route.

Gelegentlich ging Wongchu oder ein anderer Sherpa hinüber in Scotts Lager, um die Funkmeldungen mitzuhören. Sumiyo und Jamling spazierten hinüber in Robs Camp, das etwas näher lag. So gegen Mittag erspähten wir schließlich die ersten Kletternden, die sich vor der weißen Sichel abzeichneten. Das Fernrohr war so stark und der Tag so klar, dass sich die winzigen, leuchtend gekleideten Gestalten, die sich 2250 Meter über uns abmühten, gerade noch ausmachen ließen. So gegen zwei ging die Nachricht ein, Anatoli Boukreev und Neal Beidleman, beide Bergführer bei Mountain Madness, hätten mit einigen anderen den Gipfel erreicht.

Daraus ließ sich einiges schließen: Sie hatten offensichtlich Fixseile angebracht, an denen die Kundschaft nachfolgen konnte. Und wenn sie die Ersten auf dem Gipfel waren, dann wurde es bereits spät. Es ging uns zwar nichts an, welche Stunde Rob oder Scott als Zeitpunkt für eine Umkehr festgesetzt hatten, aber wir waren davon überzeugt, dass sie eine Umkehrzeit vereinbart hatten, vermutlich 13 oder 14 Uhr. Sie würden ihrer Kundschaft nur dreißig bis neunzig Minuten Zeit lassen, um auf den Gipfel zu kommen.

Es war windig da oben, aber nicht stürmisch. Der Wind lässt sich ziemlich genau daran messen, wie er die Wolkenfahne verweht. Wir schätzten seine Geschwindigkeit auf nicht mehr als 50 Stundenkilometer; das war für einen Nachmittag am Everest völlig normal.

Aber als wir dann um drei, eine Stunde später also, hinaufblickten, sahen wir, dass sich da immer noch Leute über den Quergang zum Hillary Stepp hinüberarbeiteten. Ed und ich erschraken. Wir wussten, sie brauchten noch mindestens eine Stunde, um auf den Gipfel zu kommen. Sie würden also nicht vor vier über die Traverse zurück zum Südgipfel gehen. Dann stand ihnen noch der Abstieg zu Lager IV bevor, der je nach Energiereserven und Willenskraft des Bergsteigers zwi-

344

schen drei und sechs Stunden in Anspruch nahm. Vor unseren Augen verschenkten diese Leute ihre winzige Sicherheitsmarge für den Gipfelerfolg. Sie opferten damit die Möglichkeit, in der Sicherheit des Tageslichts nach Lager IV zurückzukehren.

Es kann gar nicht genug betont werden, welchen Schutz einem da oben das Tageslicht bietet. Es bietet einem mehr als nur die Möglichkeit, seinen Weg zu sehen, oder das Versprechen auf ein Lager unter einem. Die ganze Moral hängt davon ab, und genau die verschenkten sie. Die Nacht schafft einen ganz anderen Berg. Wenn man das Labyrinth nicht hat auswendig lernen können, das heißt sich wirklich alle Orientierungspunkte eingeprägt hat, verläuft man sich schnell.

All das spielte sich unter herrlich sonnigen Bedingungen ab. Winzige Gestalten, die langsam weiter über den Halbmond auf den Gipfel zugingen. Das Gedränge an den Schlüsselstellen konnte wir uns nur vorstellen. Später erfuhren wir von dem Verkehrsstau am Fuß des Hillary Stepp, als ein Dutzend oder mehr Kletterer zum Stillstand kam und Schlange stand, um das einzige Seil zu benutzen. Jon Krakauer sollte später schildern, wie entsetzlich es war, oben auf dem Hillary Stepp zu stehen, während ihm der Sauerstoff ausging, aber nicht absteigen zu können, weil immer noch Leute heraufkamen. Selbst wenn wir Bescheid gewusst hätten, wir hätten nichts tun können, um ihr Vorwärts kommen zu beschleunigen.

Wie wir später erfuhren, erreichten dreiundzwanzig Bergsteiger an jenem Nachmittag den Gipfel. Wir in Lager II glaubten unseren Augen nicht zu trauen. Um drei Uhr nachmittags kämpften sich immer noch einige auf den Gipfel zu, darunter Scott Fischer und Rob Hall. Um 15 Uhr 40 rief Scott über Funk den Leiter seines Basislagers und berichtete, sein gesamtes Team habe den Gipfel erreicht. Makalu Gau traf etwas später ein. Der Letzte, der oben ankam, war Doug

Hansen, einer von Robs Kunden. Rob hatte kurz unter dem Gipfel auf Doug gewartet. Es war kurz nach vier.

Um diese Zeit begann sich im Westen ein Wolkenhaufen aufzubauen. Die Wolkenbank kroch schließlich langsam, dunkler als die üblichen Nachmittagswolken, das Western Cwm herauf auf uns zu. Sie sahen ganz nach Gewitterwolken aus, dunkelviolett, beinahe schwarz. Der Blick auf den Gipfel war uns damit versperrt und wir gingen in unser Speisezelt.

In Lager II war der Sturm kaum mehr als eine Bö. Da es still war, hörten wir, wie der Wind um den Südgrat zu pfeifen begann. Es war nicht das Summen des Jetstream. Es war eine lokale Erscheinung. Sturmwinde, mit Schnee gemischt oder nicht, sind hier am Nachmittag nichts Ungewöhnliches. Es wäre eher außergewöhnlich gewesen, hätte kein Wind die Höhen des Everest umspielt. Was ihn heute so unheilvoll machte, war, dass in dieser finsteren Suppe Leute kletterten.

Um 17 Uhr rief Eds Frau vom Basislager aus an. Ein Mitglied von Robs Hilfsgruppe war mit der schrecklichen Nachricht in unser Lager herübergekommen. Man hatte Robs Stimme aufgefangen. »Ich komme den Hillary Stepp ja hinunter, aber ich weiß nicht, wie ich den Mann hier hinunterbekommen soll. Ich brauche von irgend jemandem eine Sauerstoffflasche, ich bitte euch.«

Als Paula uns die Nachricht übermittelte, begriffen wir nicht ganz. Ein Albtraum entwickelte sich. Rob versuchte Doug Hansen zu retten, und das direkt unter dem Gipfel des Everest, auf einem Grat, auf dem es zu beiden Seiten zweieinhalb Kilometer nach unten ging. Das Ganze bei Sturm, die Nacht begann hereinzubrechen und ihr Sauerstoff ging zur Neige. 1983 hatte ich einen beinahe blinden, stark geschwächten Larry Nielsen vom Südgipfel geführt, aber ich hatte keinen Wind gehabt wie den, den wir da oben hörten.

346

Paula rief am selben Abend, so gegen acht, noch mal herauf. Die allerersten der absteigenden Alpinisten begannen in Lager IV einzutreffen; es waren die, die den Gipfel erreicht hatten und wieder abgestiegen waren – wie Jon Krakauer –, oder jene, die am frühen Nachmittag umgekehrt waren. Der Rest wurde vermisst. Keiner wusste, wer zurückgekommen war oder wie viele.

Ed, Robert und ich wussten, wie furchtbar müde diese Leute sein mussten. Ist man erst einmal wieder im Zelt, will man nicht mehr hinaus. Und so geht es einem an einem guten Tag. Jetzt war es Nacht. Und eine schlimme dazu.

Ich legte mich schlafen und hoffte das Beste, war aber auf das Schlimmste gefasst. Ich konnte nur hoffen, dass Andy Harris oder Mike Groom, Robs Führer, Rob die zusätzliche Sauerstoffflasche gebracht, ihren Kunden Doug Hansen wiederbelebt hatten und sicher abgestiegen waren. Wir alle wollten glauben, dass sämtliche Bergsteiger einschließlich der Kunden während der kommenden Stunden nach Lager IV zurückfanden und alle wohlauf waren. Das Ganze würde als eine große Saison am Everest in die Geschichte eingehen, mit fast zwei Dutzend Gipfelgängern. Aber ich neigte in meiner Stimmung dazu, die Dinge nicht so zu sehen, wie sie waren. Ich konnte mir einfach nicht eingestehen, dass da über mir in der finsteren, winddurchpeitschten Nacht ein Dutzend oder mehr Menschen um ihr Leben kämpften.

Am nächsten Morgen um halb sechs rüttelte Jangbu heftig an meinem Zelt: »David, David, steh auf, du musst rüber in Robs Lager.« Im blauen Kantinenzelt, das Adventure Consultants gleichzeitig als Kommunikationszelt diente, fanden Ed und ich einen verzweifelten finnischen Bergsteiger namens Veikka Gustafsson. Wie Ed verband ihn eine enge Freundschaft mit Rob; er hatte andere Gipfel im Himalaja mit ihm bestiegen. Veikka war die ganze Nacht über auf gewesen und hatte die Frequenz auf weitere Nachrichten abgehört. Er sagte uns, dass Rob erst vor einer Stunde das schreckliche

347

Schweigen mit der Frage gebrochen habe: »*Kommt denn keiner rauf, um mir zu helfen?*«

Es überlief mich in dem Augenblick so eisig wie selten in meinem Leben. Rob, der wie kein anderer auf diesen Berg gehörte, hatte die Kontrolle verloren.

Wir hielten den Morgen über Wache, als Robs sporadische Funkmeldungen eintrafen. Sein Stimme war heiser und dünner. Sie schien vom Schatten des Mannes zu kommen, nicht von dem Mann selbst. Es gelang mir nicht, die Stimme, die ich da hörte, mit dem gut aufgelegten, zuversichtlichen Führer in Einklang zu bringen, dem ich noch vor zwei Tagen begegnet war. Ich hörte an seiner Stimme, dass ich ihn nie wieder sehen würde.

»*Kommt denn keiner rauf, um mir zu helfen?*«

Ich versuchte mir vorzustellen, diese Worte selbst zu sagen. Bergsteigen heißt Freiheit, heißt, ganz auf sich allein gestellt zu sein. Als Alpinist hatte ich mein Leben lang Fertigkeiten trainiert, Urteilsvermögen und physische Fähigkeiten, von denen ich hoffte, sie würden mich davor bewahren, so schreckliche Worte je sagen zu müssen.

»Doug ist nicht mehr da«, hatte Rob berichtet. Als Letztes hatten wir gehört, dass Doug Sauerstoff brauchte. Jetzt war er – ja was? Tot? Vom Berg gefallen?

Rob hatte unter dem Südgipfel ein Notbiwak eingerichtet, direkt an der Traverse zum Hillary Stepp. Ed und ich wussten, wo er sitzen würde und warum. Direkt unter dem Südgipfel, gleich am Anfang der Traverse, befindet sich eine etwas geschützte Mulde im Grat. Er hatte sich vor dem Wind so gut geschützt, wie es unter diesen Bedingungen ging.

Ed hängte sich ans Funkgerät und drängte Rob wiederholt, aufzustehen und loszugehen.

»Wo ist denn Harold?«, fragte Rob. Harold war Andys Spitzname. Rob schien desorientiert und verwirrt.

Ed zögerte nicht zu lügen. »Andy ist hier unten bei uns«, versicherte er Rob.

348

Einige Stunden später, gegen neun Uhr an jenem Morgen des 11. Mai, saß Rob immer noch am Südgipfel. Vierunddreißig Stunden nachdem er von Lager IV am Südsattel aufgebrochen war, war er immer noch ohne Schutz. Rob stellte immer dieselben Fragen. »Rob«, sagte Ed. »Sieh zu, dass du runterkommst.«

Unseres Wissens nach waren wenigstens siebzehn Leute nicht nach Lager IV zurückgekehrt, als die Morgensonne Lager II aufzuwärmen begann. Der Himmel war klar und unschuldig, aber hoch über uns tobte der Wind und blies Schnee und Dunst über die Türme des Lhotse. Als ich so hinaufsah, kam ich mir hilflos und unwissend vor. Was ging da oben bloß vor?

Zu Robs Expedition fehlte jeder Kontakt. Schließlich begannen nach und nach Informationen zu uns durchzusickern, größtenteils von Jon Krakauer.

Durch die nachlassenden Batterien, das Heulen des Windes und das Chaos im Lager am Südsattel kamen Jons Berichte verstümmelt, wie eine zerrissene Zeitung. Sein Funkgerät begann langsam den Geist aufzugeben. Wie es schien, wusste keiner, wo die anderen waren. Der Wind machte gerade die Zelte platt. Selbst die Kommunikation mit einem Zelt kaum zehn Meter weiter war schier ein Ding der Unmöglichkeit. Hinauszugehen, um nachzusehen, wer zurückgekehrt war und wer nicht, war gar noch schwieriger. Aber nachdem wir drei Stunden Informationsbrocken gesammelt hatten, wussten wir immerhin Folgendes: Rob war am Südgipfel gestrandet. Doug Hansen war tot. Andy Harris wurde vermisst. Man ging davon aus, dass er von der Lhotse-Flanke gestürzt war, nachdem Jon Krakauer berichtet hatte, ihn direkt über dem Südsattel gesehen zu haben. Scott Fischer und Makalu Gau saßen ohne Funkgerät in 8300 Meter Höhe auf einer Leiste. Wir wussten nicht, ob sie noch lebten oder tot waren. Zwei weitere Kunden aus Rob Halls Gruppe hatte man auf der anderen Seite des Südsattels zurückgelassen, einige Me-

349

ter von der Kangshung-Flanke entfernt; man ging davon aus, dass sie tot waren. Alle anderen waren nach und nach ins Lager zurückgekehrt, aber wir machten uns Sorgen über ihren Zustand.

Ich wies Jon an, in die Vorräte unserer eigenen Expedition einzubrechen und zu nehmen, was immer gebraucht wurde: Batterien, Sauerstoff, Brennstoff, Proviant. Während der letzten Wochen hatten unsere Sherpas für unseren Gipfelversuch fleißig Vorräte nach Lager IV hinaufgeschafft. Wir hatten zweiundvierzig Flaschen Sauerstoff in Taschen neben unserem Zelt deponiert, dazu eine kleine Tasche mit Lithiumbatterien der Größe AA im Zelt. Aber obwohl ich Jon bei der Durchsuchung unseres Zelts leitete, fand er die Batterien nicht. Wir machten uns zunehmend Sorgen, dass die Verbindung völlig abbrechen könnte.

In Kontakt zu bleiben, war von allergrößter Wichtigkeit. Ich wandte mich an das Team der Südafrikaner in Lager IV. Wie vergessene Protagonisten hatten die südafrikanischen Alpinisten ihren Gipfelversuch am 10. Mai verschoben und waren in ihren Zelten geblieben. Während all das passierte, lagen sie in ihren Schlafsäcken. Ich wandte mich an ihren Expeditionsleiter auf dem Südsattel. Sie hatten frische Batterien und ein Funkgerät, mit dem die Verbindung aufrechtzuerhalten war.

Als ich jedoch verlangte, dass man Jon Krakauer angesichts des Notfalls das Funkgerät borgte, lehnte Ian Woodall, der Führer der Südafrikaner, ab. Nur wenige Meter von den Zelten, in denen sich die weinenden Überlebenden des Sturms eingerollt hatten, lag er in seinem Schlafsack und lehnte ab.

Inzwischen machten sich von Lager IV aus diverse Retter auf den Weg. Zwei Sherpas, noch ganz erschöpft von ihrem Gipfelgang zwei Tage zuvor, stiegen mit Thermosflaschen voll Tee, Sauerstoffflaschen und der Hoffnung, Rob noch rechtzeitig zu erreichen, auf den Südsattel. Weitere Sherpas

350

machten sich auf die Suche nach Scott und Makalu Gau, die die Nacht auf einer Leiste 360 Meter über dem Lager gekauert hatten.

Dr. Stuart Hutchinson heuerte einige Sherpas an und ging durch den Wind einige hundert Meter über das Plateau des Südsattels, wo reglos zwei Leute lagen. Sie hatten wie Sandy Pittman und Neal Beidleman zu einer verzweifelten Gruppe gehört, die sich nach dem Gipfelabstieg auf dem Südsattel verlaufen hatte. Man hatte sie für tot gehalten und am Rand der Kangshung-Flanke liegen lassen. Aber Stuart wollte sichergehen. Schließlich fand er sie, die Japanerin Yasuko Namba und einen Pathologen aus Dallas namens Beck Weathers. Zu seinem Entsetzen atmeten beide noch, wenn auch sehr schwach. Man kam zu dem Schluss, dass angesichts ihres Zustands keine Hoffnung auf ein Überleben bestand. Stuart konnte nichts tun. Man ließ sie liegen, wo sie waren, und meldete sie als tot. Becks Frau wurde telefonisch über den Tod ihres Gatten informiert.

Am Tag zuvor, am 10. Mai also, waren Pete Athans und Todd Burleson zusammen mit einem Bergführerkollegen und ihrer Kundschaft in Lager III eingetroffen. Als sie von der Katastrophe weiter oben hörten, schoben Pete und Todd die Ziele ihrer Expedition sofort auf und stiegen gegen den Wind auf. Gegen elf erreichten sie den Südsattel und fanden Lager IV völlig verwüstet und aufgelöst vor. Sie gingen von Zelt zu Zelt und fanden Bergsteiger, kauernd, unfähig, sich auch nur zu rühren. Die beiden Bergführer begannen rasch für Ordnung und Linderung zu sorgen, gaben Sauerstoff aus den Vorräten unserer Expedition an die erschöpften Überlebenden aus und kochten Suppe und Tee.

Während sie wieder Leben in die Bergsteiger brachten, ermutigten Pete und Todd sie zum Absteigen. Noch eine Nacht auf dem Südsattel würde sie nur noch weiter auszehren und die knappen Ressourcen des Lagers strapazieren. Neal Beidleman machte sich an den Abstieg die Seile hinab

351

zu Lager III in Begleitung aller Kunden, die in der Lage waren mitzugehen.

Zur gleichen Zeit brachen wir zu Lager III auf. Zuvor hatten wir jedoch noch versucht, die Kommunikation zu koordinieren und so viel Information wie nur möglich zusammenzutragen. Es hatte keinen Sinn, den Berg hinaufzugehen, ohne zu wissen, was gebraucht wurde. Es ging hier nicht um eine Rettungsaktion, es ging eher darum, uns so zu positionieren, dass wir den Überlebenden beim Abstieg behilflich sein konnten. Hatten sie uns erreicht oder wir sie, dann lebten sie entweder, oder sie waren tot. Leben würden wir keine retten.

Ed, Robert, Araceli und ich stiegen also auf. Veikka Gustafsson schloss sich uns an. Jamling und Sumiyo blieben in Lager II, um die Funkrufe abzuhören, die in Scotts und Robs Lagern eingingen, und dann die Information an uns weiterzugeben.

Auf dem Weg hinauf zu Lager III gab Paula uns vom Basislager aus gelegentlich über Funk den Stand der Dinge durch. Drei Sherpas war es gelungen, Makalu Gau von seiner Eisleiste zu holen, auf der er sich ernsthafte Erfrierungen zugezogen hatte. Scott jedoch mussten sie mit starrem Blick und eingefrorenem Kiefer oben lassen. Er war tot. Ich erhielt die schreckliche Nachricht über Funk und gab sie an Ed weiter. Scotts Tod traf uns hart, vor allem Ed, der mit ihm 1991 den K2 bestiegen hatte. Unser Freund war nicht mehr. Weinend standen wir da.

Einige Augenblicke später schafften wir es, uns wieder auf unsere Aufgabe zu konzentrieren. Als wir höher und näher an Lager III kamen, trafen wir auf die ersten absteigenden Überlebenden. Die Sherpas kamen als Erste; sie stürzten die Seile geradezu herab; sie sahen zu, dass sie herunterkamen von diesem Berg. Als Nächstes folgten zwei von Scotts Kunden, Charlotte Fox und Lene Gammelgaard. Es war eines der bizarrsten Erlebnisse, die ich je gehabt habe. Sie waren

352

geradezu überdreht, wie in einem anderen Bewusstseinszustand. Charlotte faselte endlos davon, den Gipfel an ihrem neununddreißigsten Geburtstag erreicht zu haben. Es war surreal. Es war eine beunruhigende Mischung aus Hochstimmung darüber, am Leben zu sein, und einem Gefühl dafür, dass etwas Schreckliches passiert war.

Ich kletterte ein Stück hinter Ed und Veikka, als Paula sich wieder meldete – die Nachrichten wurden immer schlimmer. Die Sherpas, die Rob Hall zu retten versucht hatten, waren knapp 200 Meter unter dem Südgipfel umgekehrt. Die heftigen Winde hatten nicht nachgelassen. Erschöpft und völlig durchgefroren hatten sie einfach nicht mehr weitergekonnt. Rob saß gestrandet, unerreichbar, auf dem Dach der Welt.

Ich rief dem vor mir laufenden Ed die schreckliche Nachricht zu. Er wartete, bis ich ihn eingeholt hatte. Es war ein unerträglicher Augenblick: Rob lebte noch; er war noch in der Lage zu sprechen, konnte sich aber nicht mehr rühren. Die Sherpas waren seine letzte Hoffnung gewesen. Kein Mensch hat je über 8500 Meter zwei Nächte im Freien überlebt. Ed und Veikka wussten, sie würden ihren guten Freund nie wieder sehen. Sie konnten nur dastehen und weinen.

Mit der Hoffnungslosigkeit, die uns überwältigte, kam auch eine Art Demut. Mit einem Blick nach oben sahen wir linker Hand bis direkt zu der Stelle 1400 Meter über uns, wo Rob sich befand, aber er hätte ebenso gut auf der anderen Seite des Planeten sein können. Ich hatte das Gefühl, ihren Kummer nicht teilen zu können. Ich hatte Rob nicht so gut gekannt wie sie und seinen Tod bereits akzeptiert. Als ich früher an jenem Morgen über Funk Robs jämmerlich schwache Stimme vom Südsattel gehört hatte, da hatte ich gewusst, ich würde ihn nicht mehr lebend sehen. Ich richtete meine Gedanken auf jene, denen noch zu helfen war.

Wir erreichten Lager III und ich steckte den Kopf in eines der Zelte. Ich fand vier der Überlebenden darin: Sandy Pitt-

353

man, zwei weitere Kunden und Neal Beidleman. Sie hatten sich zu einem Häufchen zusammengedrängt, hielten einander umschlungen. Sie nahmen sich aus wie das hintere Ende einer Kolonne auf dem Todesmarsch, gezeichnet, völlig verstört. Sie waren alle draußen im Wind gewesen und ihre Gesichter waren entsprechend abgespannt und von leichten Erfrierungen verfärbt. Sie waren nun seit sechzig, siebzig Stunden praktisch ohne Schlaf.

Als Sandy mich sah, brach sie in Tränen aus und sagte: »Bin ich froh, dich zu sehen.« Und immer wieder sagte sie: »Es war schrecklich. Es war schrecklich, was da oben passiert ist.«

Dann sagte Neal Beidleman: »Das ist keine Rettungsaktion. Das hier ist keine Rettungsaktion. Wir kommen auch allein runter.«

Ich verstand seinen Stolz. Aber ich glaube nicht, dass er die Lage verstanden hatte. Vielleicht weigerte er sich auch, sie zu verstehen. Wie auch immer, keiner von uns hatte zu ihm etwas von einer Rettungsaktion gesagt.

Wir machten uns sofort an die Arbeit, setzten die Öfen in Gang, um Schnee für Tee und warmes Kool-Aid zu schmelzen. Wir wollten ihren Körpern Wasser und ihrem Blut etwas Zucker zuführen, sie genügend aufwärmen, um sie auf die Beine und die Seile hinabzubekommen. Es hatte keinen Sinn, sie eine Nacht in Lager III verbringen zu lassen. In Lager II würden sie viel besser schlafen und man könnte sie verpflegen und sich um ihre Erfrierungen kümmern. Als es Sandy, Neal und den anderen wieder besser ging, stiegen sie weiter ab.

Die IMAX-Kamera lag mitsamt Filmrollen, Batterien und den beiden Stativen im Zelt. Auch eine leichte digitale Videokamera hatten wir dabei. Aber seit dem Augenblick, in dem ich das erste Mal Robs Stimme über Funk gehört hatte, waren wir kein Filmteam mehr.

Als es Abend wurde, kam ein letzter Funkspruch von Rob Hall von seiner winzigen Leiste unter dem Südgipfel. Man

354

hatte seine Frau Jan Arnold, die mit dem ersten Kind der beiden schwanger war, über Satellitentelefon und Funk aus Neuseeland durchgestellt. »Hi, Liebes«, sagte er. Seine Sprache war schon etwas undeutlich. »Ich hoffe, du liegst schon im warmen Bett. Wie geht's dir?«

Jan versuchte zuversichtlich und stark zu klingen, obwohl es klar war, dass Rob nicht noch eine Nacht durchstehen würde. »Ich kann dir gar nicht sagen, wie sehr ich an dich denke«, sagte sie. »Du hörst dich viel besser an, als ich gedacht hatte. Ist dir auch warm, Schatz?«

Sie unterhielten sich eine Weile. »Ich liebe dich«, sagte Rob Jan zum Schluss. »Schlaf gut, Liebes. Sorg dich nicht zu viel.«

An jenem Nachmittag erreichte uns ein weiterer Funkspruch. Oben auf dem Südsattel war jemand, den einer als den »toten Typen« bezeichnete, nach Lager IV gewankt. Als man ihn schließlich beim Namen nannte, hatte ich keine Ahnung, wer der Mann war. Aber ich sollte bald sehr vertraut mit ihm werden. Es gab in jenem Jahr kein größeres Wunder als Beck Weathers' Wiederauferstehung von den Toten.

Beck hatte zu der verwaisten Gruppe gehört, die sich durch den Blizzard getastet hatte. Mit Yasuko Namba, Sandy Pittman, Neal Beidleman, Charlotte Fox und anderen hatte Beck am Rand der Kangshung-Flanke gekauert. Ihr Sauerstoffvorrat war aufgebraucht. Es war Nacht, es schneite, sie konnten also nichts sehen. Keiner wusste, wo Lager IV lag. Irgendwann nach Mitternacht jedoch klarte der Himmel kurz auf und Klev Schoening, einer von Scotts Kunden, »sah, wo es nach Hause ging«. Er und Neal sammelten zusammen, was noch laufen konnte, dann wankte man geradewegs in den heulenden Wind auf das Lager zu.

Yasuko, Sandy, Beck, Charlotte und einen weiteren Kunden, Tim Madsen, ließ man zurück. Die Situation hätte

355

schlimmer nicht sein können. Schließlich zog Beck einen Handschuh aus, um seine Hand unter dem Parka zu wärmen, und der Handschuh flog ihm davon. Seine Finger waren auf der Stelle taub vor Kälte. Er konnte den Reißverschluss des Parkas nicht mehr zuziehen. Es dauerte nur einige Augenblicke, dann hatte der Wind ihn seiner Körperwärme beraubt, dann folgten in rascher Folge Unterkühlung, Delirium und Bewusstlosigkeit.

Neal und Klev hatten das Lager gefunden und Anatoli Boukreev ging, ihren Anweisungen folgend, zu der gestrandeten Gruppe. Anatoli gelang es, drei der fünf Zurückgebliebenen zu retten. Yasuko jedoch reagierte nicht und Beck war nirgendwo zu sehen. Es war das erste Mal, dass man Beck für tot erklärte. Zum zweiten Mal am folgenden Morgen, am 11. Mai, als Dr. Hutchinson das Eis von Becks und Yasukos Gesichtern wischte und zu dem Schluss kam, sie seien dem Tod so nahe, dass jede Hilfe zu spät kam.

Seinem eigenen Bericht nach kam Beck später, am Nachmittag des 11. Mai, wieder zu Bewusstsein. Er hatte eine Vision seiner Familie und raffte sich auf. Halluzinierend wankte er über die Steinwüste des Südsattels und wanderte aus schierem Glück ins Lager. Todd Burleson dachte zuerst, die verstümmelte Gestalt mit dem aufgedunsenen Gesicht und dem bloßen Arm, der im Salut eingefroren schien, müsste Scott sein. Als sie sahen, dass es Beck war, steckten Pete und Todd ihn in ein Zelt. Der Wind tobte. Alle standen unter Schock, der Sauerstoffmangel hatte ihren Verstand umnebelt und jetzt kam Beck in diesem schrecklichen Zustand daher. Man packte ihn mit einer voll aufgedrehten Sauerstoffflasche und einigen Wärmflaschen in zwei Schlafsäcke und ließ ihn dann für die Nacht allein.

Die Nachricht, dass Beck noch am Leben war, inspirierte Anatoli zum letzten Rettungsversuch dieses Tages. Wenn Beck überlebt haben konnte, nachdem man ihn für tot erklärt hatte, dann war womöglich auch noch Scott am Leben.

356

Vielleicht hatten die Sherpas sich geirrt. Pete Athans versuchte am Südsattel, Anatoli den Rettungsversuch auszureden. Pete hatte mit den Sherpas geredet, die hinaufgegangen waren, um Scott zu retten. Sie bestätigten, dass Scotts Augen starr und geöffnet und dass er tot war. Trotzdem ging Anatoli um 17 Uhr los. Scott war sein Freund.

Am Tag zuvor hatte Anatoli sich ganz und gar nicht wie ein bezahlter Bergführer verhalten. Als Chef von Scotts Führern und bei weitem kräftigster Mann, der an jenem Tag dort oben war, wäre Anatoli eigentlich für die Sicherheit der Kundschaft von Mountain Madness zuständig gewesen. Aber er hatte darauf bestanden, ohne Sauerstoffflasche auf den Gipfel zu gehen. Für ihn war das der dritte Gipfelgang am Everest ohne künstlichen Sauerstoff, aber er schränkte ihn in seiner Fähigkeit ein, sich warm zu halten und bei seiner Kundschaft zu bleiben. Berichten zufolge hatte er an jenem Tag über 8500 Meter noch nicht einmal einen Rucksack dabeigehabt. Er hatte also keinerlei Vorräte für sich dabei, ganz zu schweigen von dem Fall, dass einen seiner Kunden die Kräfte verließen oder dass einer liegen blieb. Zudem kühlte sein Körper infolge des Sauerstoffmangels schneller ab. Für Anatoli war dies die Rechtfertigung für seinen raschen Abstieg zu Lager IV, allein, Stunden vor allen anderen und ein gutes Stück vor dem Sturm. Seine Entschuldigung dafür, seine Kunden allein zu lassen, war die, sich durch die Rückkehr ins Lager wieder erholen und so für eine eventuelle Rettung bereit sein zu können. Nur dass er kein Funkgerät hatte. Er hätte also nicht mal erfahren, falls jemand zu retten war. Trotz meines Respekts für seine unbestrittene Kraft und Erfahrung meine ich, dass er sich durch seinen »sauerstofflosen« Gipfelgang der Möglichkeit beraubte, bei seiner Kundschaft zu bleiben.

Es ist jedoch nicht zu bestreiten, dass er in dem Augenblick, in dem er am späten Abend des 10. Mai von den umherirrenden Bergsteigern erfuhr, geradezu Heldentaten voll-

357

brachte. Wiederholt wagte er sich in den tobenden Sturm. Ganz allein rettete er Sandy Pittman, Charlotte Fox und Tim Madsen, drei Kunden seiner Gruppe, das Leben. Jetzt, am 11. Mai, handelte er wieder äußerst mutig, als er in dem Versuch, Scott zu retten, allein nach oben ging. Aber die Berichte der Sherpas waren schon richtig gewesen: Scott war tot. Anatoli nahm einige persönliche Dinge für Scotts Angehörige mit, band Scott dann mithilfe eines kurzen Seils einen Rucksack über Kopf und Brust.

Todd und Pete gaben über Funk durch, Beck würde die Nacht wahrscheinlich nicht überstehen. Und selbst wenn er die Nacht überlebte, schien es sicher, dass Beck nie die Kraft hätte, über die Lhotse-Flanke abzusteigen. Und es war völlig unmöglich, ihn den ganzen Weg über zu transportieren. Allein im Zelt konnte Beck wegen seiner Hände noch nicht einmal die Wasserflaschen öffnen, um zu trinken. Als seine Arme sich erwärmten, schwollen sie an und er versuchte seine Armbanduhr abzukauen, weil er wusste, sie würde ihm nur das Blut abschnüren. Es wurde nur noch schlimmer. Beck schrie hilflos, als der Wind die Klappen seines Zeltes aufblies, ihm die Schlafsäcke vom Körper riss.

Am Morgen des 12. Mai, kurz bevor er sich an den Abstieg vom Südsattel machte, warf Jon Krakauer einen Blick in das Zelt, in dem er einen Toten erwartete. Aber ein weiteres Mal hatte Beck sich geweigert zu sterben. Jon benachrichtigte Pete, der heißen Tee brachte und Beck eine Spritze Dexamethasone gab, ein Steroid mit der Wunderwirkung, hypoxische Bergsteiger wieder auf die Beine zu stellen. Zu ihrer Überraschung war Beck tatsächlich in der Lage aufzustehen, ja sogar zu gehen. Ihn würde keiner mehr zurücklassen. Um halb elf machten Pete und Todd sich mit Beck auf den Weg nach unten. Ed Viesturs und Robert Schauer gingen an den Seilen hinauf, um sie am Gelben Band, auf 7600 Metern, in Empfang zu nehmen und Beck beim Abstieg zu helfen.

358

Während ich in Lager III auf Eds und Roberts Rückkehr wartete, wusste ich nicht so recht, was ich erwarten sollte. Ich hatte von Makalu Gaus und Becks grausigen Erfrierungen gehört. Makalu Gaus Bergungsteam passierte Lager III zuerst. Als sie vorbeikamen, sah Makalu mich an. Wir kannten uns flüchtig. Ich fragte ihn, wie es seinen Füßen gehe, und er sagte: »Gut.« (Er verlor später den Großteil seiner Zehen.) Er sagte: »Wie sieht meine Nase aus?« Ich sah ihn an und sagte, sie sei in Ordnung. Aber sie war schwarz wie Holzkohle und völlig platt.

Während Ed und Robert an jenem Morgen weg waren, meldete ich unten im Basislager, was bei uns passierte. Paula bediente das Funkgerät und wir kamen ins Gespräch. Sie hatte Rob gut gekannt. Sie und Ed waren erst im Vorjahr mit Rob auf einer Expedition auf den Everest gewesen. Sie hatte auch Scott gekannt. Und während der letzten beiden Tage war sie im Basislager gewesen und hatte sämtliche Funksprüche gehört, auch das letzte herzzerreißende Gespräch zwischen Rob und seiner Frau. Paula hatte Angst. Sie hatte wahrscheinlich mehr Angst als die von uns, die oben waren und mit anfassen konnten, die die Möglichkeit hatten, etwas Konkretes zu tun. Sie sagte mir: »Wir werden überlegen müssen, was wir als Nächstes machen, wenn ihr wieder ins Basislager kommt.«

Meine Antwort tat mir auf der Stelle leid. Ich war empfindlich. Ich hatte Chen in den Armen gehalten. Ich hatte Rob sterben hören. Ich hatte den Anruf über Scotts Tod erhalten. Und dann all die anderen Leute. Und jetzt kam dieser Beck die Seile herab auf mich zu. Ihre Angst brachte meine eigene zum Vorschein und ich reagierte.

»Paula«, sagte ich, »das ist nicht deine Entscheidung. Du hast hier nichts zu sagen.«

Das war nicht nur grob. Es war brutal. Ich wollte nicht jetzt schon diskutieren. Ich wusste ja nicht einmal selbst, was zu geschehen hatte. Wie sollte ich?

»Du hast zwei Möglichkeiten«, sagte ich. »Du kannst uns entweder helfen, oder du gehst.«

Ich beendete das Gespräch. Ich wusste, was ich gesagt hatte, war schrecklich. Ich behandelte Paula wie einen Eindringling. Mein Verstand trennte sie von »uns«, den Bergsteigern, und degradierte sie zu einer aus dem Basislager. Es zeichnete sich bereits ab, dass jeder von uns in den folgenden Tagen in sich gehen würde. Ich wusste, wie meine inneren Dialoge für gewöhnlich aussahen und in welchem Zustand ich diesen Berg schon einmal verlassen hatte, und war noch nicht bereit dafür.

Ich fragte mich, wann ich diesen tyrannischen Führungsstil wohl entwickelt hatte. Als Eds Frau hatte Paula selbstverständlich ein Recht darauf, die Frage zu stellen, was nun werden sollte. Jeder meiner Teamkameraden hatte dieses Recht. Die einzige Entscheidung, die mir allein zustand, war nicht die, ob wir unseren Aufstieg auf den Everest fortsetzen sollten, sondern ob ich meinem Team diesen unerbittlichen, gefühllosen Führungsstil aufzwingen wollte. Ich hatte schon in meiner Jugend gelernt, dass meine Reaktion auf die Krise darin bestand, mich von der Außenwelt abzukapseln und vorwärts zu gehen. Würde ich es jetzt genauso machen?

Am frühen Nachmittag traf Beck ein, von Ed und Robert gestützt. Ich war entsetzt, als ich Becks behandschuhte Hände sah. Sie waren steif, absolut reglos, wie Stahlklauen. Nase und Backen waren erfroren und schwarz. Ich tankte ihn mit einer Tasse heißen schwarzen Tees mit viel Zucker auf. Da er die Tasse nicht halten konnte, hielt ich sie für ihn. Er war bemerkenswert guter Dinge. »Leute«, sagte er, »ich verliere vielleicht meine Hände, aber wenn ich es je nach unten schaffen sollte, sehe ich womöglich meine Frau und meine Kinder wieder.«

Unter dem Optimismus hörte ich seine Zweifel und mir kam ein Gedanke: Man hatte diesen Mann da oben wie-

360

derholt aufgegeben. Nicht einer war ihm mit bedingungsloser Hoffnung begegnet. »Sie schaffen das schon«, sagte ich ihm.

»Wenn Sie das sagen, dann möchte ich drauf wetten«, antwortet Beck.

Beck war sich nicht sicher, ob er dem langen Weg über die Lhotse-Flanke hinab nach Lager II gewachsen war, aber dass er in Lager III blieb, stand nicht zur Debatte.

Ed und Robert wechselten sich ab, Beck von hinten zu stützen, wobei sie ihn am Klettergurt festhielten. Wir waren alle in die Fixseile geklinkt. Ich ging als Erster, Beck kam gleich hinter mir. Seine Unterarme auf meinen Schultern, machten wir uns an den Abstieg. Ein Blick nach rechts oder links, und ich hatte Becks gefrorene Klauen nur wenige Zentimeter vor mir. Der Anblick dieser nutzlosen Gliedmaßen und die totale Hilflosigkeit des Mannes wirkten zutiefst entmutigend.

Beck hatte weder die Kraft noch das Augenlicht, um seine Füße richtig zu setzen. Auf den flacheren Abschnitten, die nur mit etwas weichem Schnee bedeckt waren, konnte Beck allein gehen. An den steileren Abschnitten war das Eis hart und blau, man musste also Schritt für Schritt ordentlich zutreten mit den Spitzen seiner Steigeisen. Manchmal musste ich mich umdrehen und seine Stiefel mit den Händen setzen. Ich wartete immer darauf, dass er zu jammern begann. Er sagte nicht ein Wort.

Es dauerte nicht lange, bis mir aufging, wie bemerkenswert dieser Fremde da in meinem Rücken war. Wir hatten uns gerade an den Abstieg gemacht, da hatte Beck gesagt: »Wissen Sie, David, ich habe 65 000 Dollar hingelegt, um den Everest zu besteigen. Und bei meiner Abreise in Dallas sage ich noch zu meiner Frau: ›65 000 Dollar, um auf den Everest zu kraxeln! Mäuschen, das kostet mich ja 'n Arm und 'n Bein!‹« Dann fügte er hinzu: »Aber ich glaube, ich habe sie runtergehandelt.«

361

Ich war verblüfft. Dieser Mann, dieser verstümmelte Überlebende, scherzte mit mir? Über seine eigenen Verletzungen? Er war Pathologe. Er wusste sehr gut, was ihm bevorstand. Beide Hände bis auf den Knochen erfroren. Er wusste, er hatte sie verloren. Von seinem Gesicht ahnte er noch nichts. Wir hatten nicht vor, es ihm zu sagen. Wahrscheinlich wäre ihm auch dazu ein Scherz eingefallen.

So ging es praktisch den ganzen Weg weiter. Er war witzig. Er verglich unsere kleine Seilschaft mit einer Polonaise. Er wollte »Chain of Fools« singen. Aber es hielt seinen Verstand auf Trab und seinen Körper auf den Beinen.

Er beklagte sich nicht. Er war so dankbar. Er hatte eine tiefgreifende Wirkung auf mich. Nach so viel Tod um ihn herum, nachdem man ihn selbst schon für tot erklärt hatte, und das gleich dreimal, transzendierte der Geist dieses Mannes die Situation. Er war in dieser Tragödie ein Geschenk für uns alle. Aus all dem Entsetzen ging dieser großartige Geist hervor. Er hätte nicht überleben sollen. Warum ich das sage? Weil Rob Hall nicht überlebt hat. Weil Scott Fischer nicht überlebt hat. Auch sie hatten die Nacht draußen verbracht, den Unbilden der Natur ausgesetzt. Aber keiner dieser findigen Männer mit all ihrer Erfahrung hatte das überlebt. Aber Beck. Die erste Nacht hatte er am Rand eines Abgrunds gelegen, die zweite schreiend in einem zerfetzten Zelt und einem zerfetzten Rucksack verbracht. Dass der Mann überlebt hatte, war verblüffend. Und er hatte diese Schrecken überstanden, ohne seine Menschlichkeit und Intelligenz zu verlieren.

Extremsituationen demaskieren das wahre Ich. Die gesellschaftlichen Umgangsformen, hinter denen man sich sonst versteckt, die Rollen, die man spielt, nichts steht mehr zur Verfügung. Man ist auf sein Wesen reduziert. Und wenn ich auch nur ein Zehntel dessen sein könnte, was Beck an diesem Tag war, ich wäre ein großer Mann.

Wir erreichten den Gletscher im Western Cwm. Beck war müde. Aber wir sorgten dafür, dass er sich bewegte. Im Lager wurde Beck unter anderem von dem Arzt Ken Kamler erwartet. Der machte sich auf der Stelle an die quälende Prozedur, in Kochtöpfen voll lauwarmem Wasser Becks Arme und Hände aufzutauen.

In der Nacht wurden Pläne für Becks und Makalus Bergung diskutiert. Wir hatten Angst davor, sie durch den Eisbruch zu evakuieren, aber eine Bergung per Hubschrauber schien nicht infrage zu kommen. Einen Hubschrauber auf eine Höhe von 6000 Metern zu fliegen, geschweige denn, ihn zu landen und zusätzliches Gewicht an Bord zu nehmen, schien ein Ding der Unmöglichkeit zu sein. Seit 25 Jahren war am Everest kein Hubschrauber in diese Höhe gekommen, seit eine italienische Maschine am Gletscher unterhalb von Lager II abgestürzt war.

Um sechs Uhr am Morgen darauf, es war der 13. Mai, bekamen wir Beck wieder auf die Beine und machten uns an den Abstieg zum Gletscherbruch und zu Lager I. Hat man erfrorenes Gewebe erst einmal aufgetaut, sollte man es nicht noch einmal einfrieren lassen. Wir mussten Beck und Makalu also so rasch wie möglich vom Berg schaffen. Makalu Gau war nur halb bei Bewusstsein, hatte schlimme Erfrierungen davongetragen und konnte nicht gehen, sodass eine Gruppe Sherpas ihn auf einem provisorischen Schlitten zog. Auch die gefrorene Leiche seines Teamgefährten Chen schleppten wir mit hinab.

Einige hundert Meter oberhalb von Lager I hielten die Teams mit Beck und Makalu Gau an, nachdem die außergewöhnliche Nachricht eingegangen war, es sei ein Hubschrauber zur Bergung Becks unterwegs. Oberstleutnant Madan K. C., ein Pilot des nepalesischen Heeres, hatte sich bereit erklärt, die gefährliche Landung zu versuchen. Er hatte seinen Kopiloten abgesetzt und den Treibstoff bis auf fünfundzwanzig Liter abgelassen, um Gewicht zu sparen. Ganz plötzlich tauchte aus den Tiefen des Gletscherbruchs der Hubschrauber auf. Er flog über uns hinweg auf Lager II zu, bevor er umkehrte und Kurs auf unsere kleine Gruppe nahm. Er war so rasch aufgetaucht, dass wir keine Zeit gehabt hatten, einen Landeplatz vorzubereiten.

Ed und ich fanden rasch eine relativ flache Stelle zwischen zwei großen Gletscherspalten, nur hatten wir keine Möglichkeit, sie zu markieren. Araceli hatte eine Idee und bot uns ihre Flasche rotes Kool-Aid an. Ich goss ein kleines rotes X in den Schnee, während Ed einen Schal an eine Gletscherstange aus Bambus band und als Luftsack hochhielt, um Oberst Madan über Veränderungen des leichten Winds zu informieren.

Madan beschrieb einen Kreis, verschaffte sich einen Überblick über den Landeplatz und machte dann einen ersten Landeversuch. Er wollte eben aufsetzen, da senkte sich das Heck ungünstig und er hob wieder ab, zog noch einen Kreis. Beim zweiten Versuch setzte Madan die Kufen vorsichtig in den harten Schnee, während er nach wie vor fast volle Kraft auf die Rotorblätter gab. Er gestikulierte nachdrücklich mit einem erhobenen Zeigefinger: Nur ein Passagier! Jon, Pete und ich waren bereits zu dem Schluss gekommen, dass es Makalu Gau sein müsste, der halb bewusstlos, mit schlimmen Erfrierungen an den Füßen, in eine Bahre gezurrt war.

Als wir Makalu Gau hinter Oberst Madan festgebunden hatten, hob der Hubschrauber träge, fast im Zeitlupentempo ab. Beck sank sichtbar der Mut. Mit dem Hubschrauber wäre er binnen einer Stunde in Katmandu gewesen, in der Wärme und der sauerstoffreichen Luft 4500 Meter unter uns. Jetzt sahen wir uns vor einer schweren Prüfung im Gletscherbruch, der den ganzen Tag, womöglich bis tief in die Nacht hinein dauern würde. Becks Hände waren ein Problem, aber er war bei Sinnen und konnte gehen und unser Gefühl sagte uns, er könnte es aus eigener Kraft durch den Gletscherbruch schaffen.

Zu unserer ungeheuren Erleichterung jedoch kam eine halbe Stunde später der Pilot zurück und setzte noch einmal vorsichtig auf unserem Kool-Aid-Fleck auf. Pete Athans und ich schafften Beck an Bord. Der Hubschrauber hob ab, neigte die Nase und verschwand dann über den Rand des Gletscherbruchs. Urplötzlich war es totenstill. Unser schmaler Abschnitt des Western Cwm war eben noch mit dem Lärm eines überlasteten Helikopters angefüllt gewesen. Jetzt hörten wir nur noch unseren Atem. Als der Hubschrauber das Tal hinunter verschwand, flog mit Beck ein Teil meines Herzens davon. Und ich glaube, ein Teil seines Herzens blieb bei uns.

12

DIE ERLÖSUNG

*Jamling Tensing Norgay auf dem Gipfel des Everest,
am 23. Mai 1996, 43 Jahre nachdem sein Vater und
Edmund Hillary Geschichte gemacht hatten.*

AN DEM TAG, an dem man Beck Weathers und Makalu Gau vom Berg flog, umkreisten einige Hubschrauber das Basislager, um Luftaufnahmen zu machen. Einer landete und ließ für einige Minuten ein paar Journalisten aussteigen. Sie wankten auf einer Höhe von 5400 Metern herum, schossen ein paar Fotos und stiegen wieder ein.

Wir wussten kaum, wie die Medien der Welt auf die Ereignisse reagierten, bis der Anruf von ABCs Nachrichtensendung *Primetime Live* kam: Diane Sawyer wollte mit uns sprechen. Sie interviewte mich etwa eine halbe Stunde, dann Ed. Wir sprachen darüber, wie das wohl gewesen sein musste, im Sturm, und darüber, wie wir Beck heruntergebracht hatten. Es war ein schwieriges Gespräch. Mein Hals war wund und ich war geistig völlig ausgelaugt von dem Albtraum der letzten vier Tage. Ich presste die Worte hervor, während ich mir vorzustellen versuchte, dass das, was ich da schilderte, nicht wirklich passiert war.

Greg MacGillivray rief an, um die tiefe Sorge seiner Firma um unsere Sicherheit und unser Wohlergehen auszudrücken. Er übte keinerlei Druck auf uns aus: »Ihr könnt bleiben und fertigdrehen, wenn ihr wollt«, sagte er. »Wir stehen hinter euch. Aber es ist eure Entscheidung.« Nicht mit einem Wort riet er uns davon ab, einfach zusammenzupacken und zu gehen. Wir konnten aufsteigen oder nach Hause gehen. Greg meinte sogar, wir könnten im folgenden Jahr wiederkommen und zu Ende drehen. Ich war ihm dankbar dafür. Wie auch immer, bevor wir die Tragödie nicht verarbeitet und unsere Gedanken geordnet hätten, hatte ich keine Antwort für ihn.

Die Überlebenden kehrten ins Basislager zurück und am 14. Mai besuchten wir einen Gedenkgottesdient in Scotts Basislager. Es war erst das zweite Mal, dass die Leute aller Expeditionen zusammenkamen. Bergsteiger und Freunde hielten Ansprachen, weinten, erinnerten sich. Einige der Ansprachen waren eloquent, andere peinlich. Das Ganze war eigentlich nicht organisiert. Man ließ sich Zeit. Sherpas zündeten Wacholderzweige auf einem *lhap-so* an, einem Altar aus Gletschersteinen. Hier hatte man am Anfang der Expedition eine rituelle *puja*-Zeremonie abgehalten, um die Sicherheit von Scotts Gruppe zu garantieren. Jetzt sprachen die Sherpas Gebete. Opfer wurden gebracht. Ein Lama las etwas vor. Dann sagte jemand das Vaterunser auf. *Vater unser, der du bist im Himmel. Geheiligt werde Dein Name. Dein Wille geschehe.* Dann zerstreute sich alles und begann zu packen.

Über Nacht verwandelte das Basislager sich in eine Geisterstadt. Wo eben noch eine Zeltstadt mit dreihundert Leuten gestanden hatte, gab es nur noch leere Lagerplätze. Steinkreise beschrieben die Umrisse von Zelten, die nicht mehr da waren. Zwei andere Gruppen harrten zäh aus. Ansonsten waren wir allein. Jetzt begann die Debatte. Sollten wir nach Hause gehen? Oder sollten wir einen Gipfelversuch machen, aufsteigen, versuchen, den Film zu Ende zu drehen?

Es war keine Debatte unter den Expeditionsmitgliedern. Es war eine Debatte in unseren Seelen. Jeder musste seine eigenen Überzeugungen ausloten. Jeder hatte seine eigene Art, mit dem Trauma fertig zu werden. Bevor die Überreste des Teams von Adventure Consultants ihre Zelt abbrachen, ging Ed hinauf und soff sich mit ihnen einen Mordsrausch an.

Ich versuchte kompetent und cool zu handeln. Aber ich war durcheinander und hatte Angst. Ich war sehr empfindlich, sehr demütig. Scotts und Robs Tod war mir nahe gegangen, nicht weil wir Freunde gewesen waren, nein, er hatte an mein Gefühl für meine eigene Sterblichkeit gerührt. Wir waren ungefähr im selben Alter gewesen, hatten die gleiche

Erfahrung, Kraft und Entschlossenheit gehabt. Ich konnte mich in ihre Lage in der Todesnacht versetzen. Ich konnte den Tod der unerfahrenen Alpinisten begründen, aber nicht ihren. Der Berg machte mir keine Freude mehr. Ganz plötzlich schienen mir der Wind lauter, die Kälte kälter, meine Beine schwächer und der Berg höher zu sein.

Während der nächsten paar Tage saßen wir herum, im Kantinenzelt, in unseren eigenen Zelten, in der Sonne, überlegten und unterhielten uns. Ich wusste zweierlei. Sosehr ich den Film auch zu Ende bringen wollte, in dieser Saison hatte der Everest mich verändert. Ich konnte und würde von meinen Teamgefährten nicht verlangen, auf den Gipfel zu gehen. Und als Chef hatte ich die Autorität zu sagen: Es ist genug, wir gehen nach Hause. Niemand würde mir einen Vorwurf daraus machen. Es gab nicht einen Menschen auf dem Planeten, der sagen würde, wir hätten bleiben sollen.

Ich versuchte auf das Team zu hören, mir anzuhören, was sie dachten. Wir hatten vierundzwanzig Flaschen Sauerstoff und kostbare Zeit verloren; und wir standen unter Schock. Die Menschen zu Hause, die uns nahe standen – Mütter, Väter, Schwestern, Frauen –, hatten Angst. Ich konnte mir nur vorstellen, was sie in den Medien lasen. Ich hätte ja meine Frau angerufen, aber Veronique war aus meinem Leben verschwunden. Ich wollte meine Mutter anrufen, entschied mich aber dagegen; ich wollte die Sorge in ihrer Stimme nicht hören. Also rief ich niemanden an.

Es gab emotionelle Gründe, nach Hause zu reisen, aber – vom Jetstream einmal abgesehen – keine logischen. Tatsache war, unsere Zelte standen noch, und keiner aus unserem Team war verletzt. Wir hatten hart gearbeitet und waren bereit. Und wir hatten jeden Abschnitt des Aufstiegs gefilmt bis auf den Gipfelvorstoß über Lager III.

Ich wusste, Ed hatte mit Paula darüber gesprochen, was wir tun sollten. Araceli hatte mit ihrer Mutter in Spanien telefoniert. Jamling rief seine schwangere Frau Soyang in Katmandu an und sie zog einen angesehenen Lama zurate, der eine *mö* – eine Voraussage – machte. Er ließ die Würfel sprechen und sagte, das Wetter würde gut, bei einem Gipfelversuch würde nichts passieren.

Auf meine eigene Art und Weise bat auch ich um eine *mö*. Ich setzte mich mit einem Londoner Wetterdienst in Verbindung, um den Jetstream zu verfolgen. Sie hatten zu wenig regionale Daten für eine genaue Vorhersage. Aber wenigstens bekämen wir einen Überblick über unsere Optionen. Der Wind auf dem Gipfel würde nicht nachlassen. Ob ich es mir nun einbildete oder nicht, mir schien der Wind nach dem Sturm viel stärker zu sein.

Es war nicht der berüchtigte Jetstream, der für den Sturm am 10. Mai verantwortlich war – das war eine lokale Wetterzelle gewesen, ein relativ kleiner, schneller Sturm. Aber solange der Jetstream am Everest war, blieb unser Wetter wahrscheinlich unbeständig. Er würde saisonal bedingt nach Norden weiterziehen, was für gewöhnlich weniger widriges Wetter versprach, aber es gab Jahre, da bewegte er sich schlicht nicht über den Himalaja hinaus. Falls das in diesem Jahr der Fall war, dann wollte ich das wissen. Es könnte auf der Stelle das Ende unserer Gipfelabsichten sein. Im Wesentlichen bekamen wir nur sehr wenig Neues oder anderes zu hören.

Letztlich gab es keine Abstimmung. Wir entschlossen uns einfach, wieder nach oben zu gehen. Keiner sagte: *Wir müssen den Film fertig machen*. Das stand bei unserer Entscheidung im Hintergrund, auch bei meiner. Wir weigerten uns einfach, uns den Everest von dieser Tragödie nehmen zu lassen. Wir wollten etwas von der Saison retten, wenigstens ein bisschen Heil finden in all dem Grauen. Ich glaube, wir alle wollten uns beweisen, was Ed im Basislager gesagt hatte: *Der Everest ist kein Todesurteil*.

Nachdem die Entscheidung erst einmal gefallen war, stellte sich auch unser Wunsch, das Projekt zu Ende zu bringen,

372

wieder ein. Wir hatten freilich noch zwei Hürden vor uns: Sauerstoff und Wind. Unser Vorrat an Sauerstoffflaschen war durch die Bedürfnisse der Überlebenden mehr als halbiert. Von den zweiundvierzig Flaschen, die wir am Südsattel gelagert hatten, waren gerade noch achtzehn da. Wir mussten also Sauerstoff auftreiben.

Wir hatten noch eine kleine Reserve im Basislager. Einige der abreisenden Teams vermachten uns Flaschen, die sie auf dem Berg gelassen hatten. Von den Sherpas, die man hinaufgeschickt hatte, um das Gerät von Robs und Scotts Expeditionen zu holen, erfuhren wir, dass Scotts Gruppe einige Flaschen am Südsattel gelassen hatte. Schließlich hatten wir genügend für einen Versuch, wenn auch nicht genug, um einen Sturm am Südsattel abzuwarten.

Der Wind ließ nicht einen Augenblick nach. Der Londoner Wetterdienst konnte nicht vorhersagen, wann oder ob der Jetstream vom Berg weg nach Norden ziehen würde. Da wir aber in ein, zwei Wochen mit den Monsunwolken rechnen mussten, konnten wir es uns nicht leisten, im Basislager sitzen zu bleiben und abzuwarten. Also beschlossen wir, auf die Möglichkeit einer Wetterlücke hin, nach Lager II hinaufzusteigen und dort zu warten.

Für Ed muss es besonders hart gewesen sein, das Basislager zu verlassen. Paula reiste an jenem Morgen ab; sie hatte sich entschlossen, ihre Freunde im Team von Adventure Consultants hinab ins Tal zu begleiten, um einige Tage im Kloster Thyangboche zu verbringen, bevor sie wieder ins Basislager kam. Der Gedanke daran, dass Ed ohne zusätzlichen Sauerstoff auf einen Gipfel gehen wollte, auf dem erst wenige Tage zuvor kräftige Männer mit Sauerstoffmaske umgekommen waren, machte ihr schwer zu schaffen.

Die präparierte Route durch den Gletscherbruch war so gut wie verlassen und wurde zusehends schlechter. Die Sherpas, die man angestellt hatte, um Leitern und Seilabschnitte in Schuss zu halten, wollten nach Hause. Die ganze Saison hindurch hatten diese Gletscherbruch-Sherpas die Route betreut und die Seile verlegt, wann immer größere Abschnitte eingestürzt waren. Jetzt, gegen Ende des Frühlings, wo die Sonne herunterbrannte, schmolzen die Eisschrauben aus dem Eis. Alupfähle, die man in den Schnee getrieben hatte, waren umgekippt, lagen frei. Als ich mich auf den Weg über eine Leiter machte, stand ich mit einem Arm voll Seil da, wo ich einen Handlauf gesucht hatte. Der ganze Gletscherbruch schien aus dem Leim zu gehen.

Gut ausgeruht und akklimatisiert schafften wir es durch den Gletscherbruch, passierten Lager I und erreichten noch am selben Nachmittag des 17. Mai Lager II. In dieser Höhe war das Wetter schön, aber als ich in meinem Zelt lag, hörte ich das unablässige Heulen des Jetstream 1500 Meter über mir. Ich setzte Kopfhörer auf und hörte Musik, um den Wind nicht mehr zu hören. Aber als ich in der Nacht aufwachte, um Wasser zu lassen, war sein entschlossenes Brausen noch immer zu hören. Außerdem ging mir das Bild von Becks erfrorenen Händen nicht aus dem Kopf.

Am 20. Mai schließlich meldete das Basislager per Funk, der Londoner Wetterdienst sage eine leichte Besserung voraus. Wir klammerten uns an die kleinste Hoffnung, irgendetwas, Hauptsache, es versprach etwas Positives. Wir sahen keine Hinweise auf ein vorübergehendes Nachlassen des Winds, aber es kommt immer der Zeitpunkt, an dem es einfacher ist, nach oben zu gehen, als im Zelt herumzuliegen und sich zu quälen.

Am 21. Mai brachen wir zu Lager III auf. Am oberen Ende des Western Cwm klinkten wir uns in die Seile, die in der Lhotse-Flanke verankert waren, und stiegen den Bergschrund hinauf. An denselben Seilen hatten Ed und ich erst vor etwas über einer Woche bei der Bergung Becks geholfen. Einige Tage zuvor hatten wir hier Chens Leiche heruntergebracht.

Als wir die eisigen Hänge hinaufstiegen, dachte ich nicht wie ein Filmemacher oder Regisseur, sondern wie ein Führer.

374

Die Kamera erwartete uns in Lager III, aber im Augenblick konzentrierte ich mich auf die Sicherheit meines Teams. Ich suchte nach der Spur eines Makels in der Leistung meiner Kameraden. So frisch wie die Katastrophe noch war, blähte ich jede Schwäche – real oder eingebildet – meines Teams auf. Meine Hauptsorge galt Sumiyo, die weiterhin an krampfhaften Hustenanfällen litt, die die Muskeln ihres Zwerchfells strapazierten. Sie bewegte sich langsamer als gewöhnlich, stieg aber verbissen mit auf. Ich war nicht optimistisch, was ihre Aussichten anbelangte; schließlich wusste ich, es lagen Welten zwischen dem Klettern auf 7300 und den Regionen über 7900 Metern. Aber für den Augenblick rechnete ich ihr ihre Beharrlichkeit an.

Lager III hatte sich völlig verändert; es sah trostlos aus, kaum dass noch etwas übrig war. Bei unserem letzten Aufenthalt hatten sich hier noch die Zelte gedrängt, es war eine Zwischenstation gewesen für halb erfrorene Überlebende unter Schock. Jetzt waren die Zelte der Expeditionen größtenteils verschwunden. Nackte, ebene Flecken gähnten im Eis, wo einmal Freunde biwakiert hatten. Man sah, wo die Eingänge der Zelte gewesen waren, weil dort gelbe Urinflecken ins Eis gestanzt waren. Man sah überall die Überbleibsel Dutzender Expeditionen. Wo immer Zeltböden ins Eis gefroren waren, flatterten Nylonfetzen im Wind, einige so verblichen, dass sie fast so weiß wie Gebetsfahnen waren.

Wir krochen in unsere Zelte, um aus dem Wind zu kommen. Robert und ich machten uns auf der Stelle an einen gründlichen Kameracheck. Sie war in bestem Zustand. Wie schon kurz vor der Katastrophe bereiteten Robert und ich die Lasten der Kameraträger für den nächsten Tag vor und deponierten sie draußen zwischen Zeltwand und Berg. Auch in dieser Nacht lauschte ich dem Getöse der Winde hoch über uns.

Am Morgen des 22. Mai waren wir schon vor Sonnenaufgang aus den Zelten. Die Sherpas trafen aus Lager II ein

375

und Robert und ich verteilten die Kameraausrüstung. Sumiyo trug von jetzt ab eine Sauerstoffmaske. Insgeheim hatte ich meine Entscheidung bereits getroffen, sie nicht über den Südsattel hinaus gehen zu lassen, aber es war wichtig, dass sie es bis dorthin schaffte, damit sie während unseres Aufstiegs den Funkverkehr übernahm. Im Gegensatz zu den kommerziellen Expeditionen würden wir hier noch keinen künstlichen Sauerstoff benutzen, ebenso wenig wie uns am Südsattel, in 7900 Meter Höhe, Sherpas mit Thermosflaschen voll heißem Tee erwarten würden. Das gehörte ins Reich der zahlenden Klientel. Ein elementares Überlebensritual in den Bergen ist die Zubereitung seiner eigenen Mahlzeit, die mit dem Einschaufeln und Schmelzen von Schnee beginnt. In dieser Höhe ist das zeitraubend und ermüdend, aber es gehört nun mal zum Leben des Bergsteigers. Trotz der Tragödie war ich der Ansicht, wir sollten die Chancen mehr zugunsten des Berges verteilen – wo war sonst die Herausforderung?

Um elf Uhr vormittags erreichten wir das Gelbe Band, den sechzig Meter hohen Streifen Kalkstein, der sich quer über die Lhotse-Flanke zieht. Wir hielten an, um Ed beim Sammeln geologischer Proben zu filmen. Es war unser erster Dreh seit dem Sturm und ich war erleichtert, dass die Kamera reibungslos funktionierte.

Wir gingen höher und erreichten den Genfer Sporn, eine steile Felsrippe, der sich vom Südsattel geradewegs die Lhotse-Flanke hinabzieht. Wir durchstiegen seine linke Flanke, die voll loser Felsen war, eine schmale Schneerinne von der Breite eines Fußwegs. Die Route lag ziemlich exponiert. Sie war jedoch gut gekennzeichnet, durch einen Satz mit Knoten versehener Seile, einige davon schon alt und ausgebleicht, einige erst kürzlich von Bergsteigern gespannt.

Ganz plötzlich erreichte der Quergang den äußeren Rand des Sporns und der Gipfelaufbau des Everest ragte über mir auf. Hier hatte die Gruppe absteigender Sherpas 1984 die

376

Leichen von Ang Dorje und Ugendra Thapa festgebunden. Als ich den Blick zum Gipfel hob, wies eine überwältigende Wolkenfahne uns warnend darauf hin, dass der Wind hoch am Everest immer noch heftig blies.

Die Route führte über eine gewundene Traverse, die auf dem Südsattel endete. Lager IV war noch nicht zu sehen und mir graute davor, was wir dort und weiter oben entdecken würden. Ich blickte zurück und sah Sumiyo, die sich mächtig anstrengte, uns einzuholen. Ihr Geist war stärker als ihr Körper, aber ich wusste, dass selbst dem Grenzen gesetzt waren.

Am späten Nachmittag des 22. Mai erreichten wir Lager IV auf dem Plateau zwischen Nepal und Tibet. Der Wind hatte die Zelte, die man nach der Tragödie stehen gelassen hatte, zerfetzt. Unser Vorratszelt war verbeult, aber intakt, und das obwohl es fast drei Wochen am Südsattel gestanden hatte. Hier und da flatterten Fetzen zwischen den Felsen, Sauerstoffflaschen lagen herum. Es war böig. Aber zu meiner Überraschung heulte der Wind nicht. Man konnte aufrecht stehen und ein Zelt aufbauen.

Wir waren nun seit fast sechzig Tagen am Berg. Am Südsattel ist es schwierig, wenn nicht gar unmöglich, zur Ruhe zu kommen. Man kommt nach dem langen Weg über die Lhotse-Flanke müde und ausgelaugt an und nach wenigen Stunden ist es bereits Zeit für den Gipfelgang. Es gab so viel zu tun. Wir hatten Checklisten, um Kamerateile und Kletterausrüstung zu inspizieren, zu säubern und nochmals zu inspizieren. Abgesehen von Ed würden wir alle mit zusätzlichem Sauerstoff auf den Gipfel gehen.

Als die Sonne sich senkte, legte das Team sich hin, um ein paar Stunden auszuruhen. Ich hatte noch eine letzte unangenehme Aufgabe zu erledigen. Ich musste einem meiner Teamkameraden sagen, dass der Weg hier zu Ende war. Sumiyo konnte nicht mit uns auf den Gipfel. Ich kroch in das Zelt, das sie mit Jamling teilte, und druckste einige Minuten herum. Jamling ging hinaus. Ich kannte Sumiyo seit 1990, als wir uns auf der Nordseite des Everest begegnet waren. Sie hatte in meinem Herzen einen besonderen Platz. Ich hatte sie für dieses Projekt ausgesucht. Ich wollte, dass sie auf den Gipfel des Everest kam. Wir hatten eine Menge Material mit ihr gedreht und es wäre besser für den Film, sie auf dem Gipfel zu zeigen. Aber ich dachte hier nicht als Filmer, ich dachte als Alpinist.

Sumiyo wusste, warum ich zu ihr ins Zelt gekommen war. Sie vom Gipfelversuch auszuschließen, brach mir schier das Herz. Jetzt sah ich, vor welchem Problem Rob, Scott oder sonst ein Expeditionsleiter sich gesehen hätte. Sumiyo flehte mich an. Sie sagte mir, sie würde zu Hause in Japan das Gesicht verlieren. Sie führte all die harte Arbeit ins Feld, die es sie gekostet hatte, so weit zu kommen, und dass sie nicht langsam geklettert sei, weil sie müde sei, sondern um Energie für den Gipfelversuch zu sparen. Aber sie war zu langsam und hustete immer noch stark. Ich hatte nicht die Absicht, ihr Leben aufs Spiel zu setzen, nur weil ich sie oben am Südgipfel zurücklassen musste, während der Rest von uns weiterging. Ein Team ist nur so stark wie sein schwächstes Mitglied. Ich konnte die Sicherheit der anderen nicht gefährden.

Sumiyo hätte sich mir natürlich widersetzen können. Sie hätte am nächsten Morgen aufstehen, eine Sauerstoffmaske aufsetzen, eine Flasche nehmen und trotzdem mitgehen können. Aber sie tat es nicht. Ich werde ihr immer dankbar dafür sein.

Ich ging zurück in mein Zelt. Robert hatte bereits die Magazine geladen, die wir mitnehmen würden. Ich steckte Kamera und Objektive in ihre Hüllen und stellte sie in den Windfang des Zeltes. Es war sieben Uhr abends. Ich lehnte mich gegen unsere aufgeschichtete Ausrüstung und versuchte, mich auszuruhen. Wir waren bereit, die letzten Details waren erledigt. Ich schloss die Augen, konnte mich aber nicht ent-

378

spannen. Ich hatte ein ungutes Gefühl, eine unterschwellige Angst. Wir wussten, was uns da draußen erwartete. Araceli war unten in Lager II in Tränen ausgebrochen, als sie gestand: »Ich möchte keine Route voll Toter hochgehen.«

Ich ging in Gedanken unseren Gipfeltag durch. Wenn ich mit einem Gedankenspiel zu Ende war, machte ich mich an das nächste. Ich wusste, der knappe Sauerstoff, der Mangel an Schlaf, das Locken des Gipfels, das alles konnte meine Entscheidungsfähigkeit beeinträchtigen. Ich wollte bereits hier unten eine vernünftige Entscheidung für die Eventualitäten dieses Tages treffen, in der relativen Wärme meines Schlafsacks und der Sicherheit meines Zelts.

Ich wurde einfach das Bild von Becks erfrorenen Händen nicht los. Ich musste die kalte, metallene IMAX-Kamera schließlich mit bloßen Händen laden. Beck hatte seine Hand nur einige Augenblicke entblößt, gerade lange genug, um sie in seinen Parka zu stecken. Und das hatte bereits zu einer Kettenreaktion von Ereignissen geführt: Der Handschuh flog davon, die Finger froren ihm ein, er konnte den Parka nicht mehr schließen. Es war weniger das Schreckgespenst, die Hände zu verlieren, das mich verfolgte, als die Vorstellung vom totalen Verlust der Kontrolle, dem Beck und auch Rob und Scott sich ausgesetzt gesehen hatten. Der Gedanke, keinen Eispickel halten, das rettende Seil nicht mehr packen zu können, war schrecklich.

Was mir an ihrem Martyrium am meisten Angst machte, war die Dauer: Sie waren nicht abgestürzt, es hatte sie kein Stein erschlagen, sie waren nicht unter eine Lawine geraten. Sie waren in eine ausweglose Situation geraten, hatten angehalten, sich gesetzt. Wach, bei vollem Bewusstsein, waren sie sich völlig darüber im Klaren gewesen, was da mit ihnen geschah. Sie hatten sich nicht selbst helfen können. Sie hatten sich nicht bewegen können. Rob hatte eine Nacht, einen Tag und noch eine halbe Nacht dagesessen, ohne sich auch nur eine Handbreit zu rühren. Dagesessen, seine Hände an-

379

gestarrt und über Funk durchgegeben, sie würden kein Seil mehr halten können. Seine eigenen Hände waren zur Nutzlosigkeit verdammt.

Während ich die verschiedenen Möglichkeiten im Geist durchspielte, planten Robert und ich die Dreharbeiten des kommenden Tages. Es gab nur drei Stellen, wo wir sicher Halt machen und die IMAX-Kamera zusammensetzen konnten – auf dem Balkon, dem Südgipfel und dem Gipfel selbst. Wegen des Gewichts würde das Kamerateam nur drei Rollen Film mitnehmen, jede davon gerade mal neunzig Sekunden lang. Ich wusste also, Robert und ich würden an jenem Tag die Kamera dreimal zusammensetzen müssen. Ich müsste also dreimal die Hände der Kälte aussetzen.

Wir hatten eine kleine Videokamera mit im Zelt und ich dachte daran, sie mitzunehmen. Sie würde die Last ein paar Pfund schwerer machen, wäre aber eine Möglichkeit, den Aufstieg zu dokumentieren, falls die IMAX-Kamera versagte. Ich entschloss mich jedoch, sie dazulassen. Erschöpft, am Rande meiner Arbeitskraft, wäre ich sicher versucht, der relativen Leichtigkeit des Filmens mit der Videokamera nachzugeben; ich hätte eine Ausrede, das Ungetüm von IMAX-Kamera nicht aufzubauen, sie womöglich überhaupt zu vergessen. Ich hatte keine Skrupel, die IMAX-Kamera liegen zu lassen, falls wir in einen Sturm gerieten oder jemand zusammenbrach. Sie war ein lebloses Ding. Ich hatte keine Beziehung zu ihr.

Aber wir waren zu weit gekommen, um jetzt ein Video zu drehen. Sinn und Zweck dieser Expedition war es nicht gewesen, mich auf den Gipfel zu bringen. Noch nicht mal mein Team. Wir waren gekommen, um den Gipfel mit der Welt zu teilen. Mit einem letzten Kraftakt bekämen wir die ganze Majestät dieses grandiosen Bergs auf den großformatigen Film.

Um acht Uhr abends setzten Robert und ich uns auf und machten uns an das am Gipfeltag übliche Ritual: Wir setz-

380

ten den kleinen Kocher mit seiner zischenden blauen Flamme in Gang, gaben einige Eisbrocken in den Topf, um Wasser zu kochen, gingen ein allerletztes Mal per Checkliste Kletter- und Filmausrüstung durch. Hin und wieder erschauerte die Zeltwand unter den willkürlichen Stößen des Winds. Wir aßen und tranken, so weit unser bisschen Appetit es erlaubte; es war uns klar, dass dies die letzte Nahrung vor dem Gipfelgang und dem Abstieg hinterher war. Gegen zehn kam Ed herüber und sprach mit uns durch die Zeltwand: Er breche jetzt auf. Dann machte er sich allein auf den Weg. Wie Anatoli wollte er ohne zusätzlichen Sauerstoff nach oben gehen. Aber im Gegensatz zu Anatoli hatte Ed auch keine zahlende Kundschaft dabei. Der Rest von uns nähme Sauerstoffflaschen mit und bräche eine Stunde nach Ed auf. Wir hatten vor, ihn in der Nähe des Balkons einzuholen, vielleicht auch etwas höher am Südostgrat.

Kurz vor elf zog ich den Reißverschluss des Zelts auf und kroch hinaus. Sorgfältig brachte ich die Steigeisen an und stand auf. Der Himmel war sternklar und mondlos. Es herrschten minus 31 Grad und leichte Böen verbliesen den losen Schnee.

Ich blickte hinauf, um den Kreis von Eds Stirnlampe zu sehen. Ich fand ihn; mit jedem von Eds Schritten sprang er auf und ab. Er war bereits höher, als ich angenommen hatte; er kam gut voran. Leise murmelte ich: *Weiter, Ed, weiter.*

Dann ging ich herum und schrie auf die Zelte ein: »Raus aus den Zelten, es ist Zeit!« Ich hatte mir zwei Flaschen Sauerstoff ausgesucht und prüfte noch einmal, ob sie auch voll waren. Ich hatte Ersatzhandschuhe, Ersatzbrille, meinen Eispickel. Die Richtung auf meinem Kompass wies in Linie von der fernen Rinne bis zu meinem Standort, sodass ich selbst bei einem Sturm zum Lager zurückfand.

Die Sherpas kamen herüber und Robert und ich verteilten die Kameraausrüstung. Die Teamkameraden um mich herum waren mit ihren eigenen Gedanken ans Überleben be-

381

schäftigt, mit ihren eigenen Checklisten und Prioritäten. Alle waren wir hoch konzentriert. Wir hatten unsere kleine Streitmacht versammelt. Und sie hatte, schließlich doch noch abmarschbereit, auch ein Ziel.

Wir brachen auf. Der Südsattel ist eine ebene Plattform und es kommt einem nicht ganz normal vor, wenn man in Steigeisen über diese flache Steinwüste läuft, zumal im Dunkeln. Hier werden nicht auf der Stelle die Fähigkeiten als Bergsteiger gefordert wie in Lager III, wo man aus dem Zelt heraus auf eine Eisflanke tritt. Man weiß ohne Hang noch nicht einmal, ob man nach oben oder unten geht. Für die vom Gipfel kommenden Bergsteiger in der Nacht vom 10. Mai war dies eine tödliche Situation gewesen, weil sie ohne Kompass im Whiteout keinerlei Hinweise auf die richtige Richtung gehabt hatten.

Ich überquerte das Plateau und erreichte den ersten eher lästigen Eishang. Die Route führt über eine Anhöhe auf die Leiste hinauf, die aus hartem, blauem Eis besteht. Der Neigungswinkel dieses Hangs ist so flach, dass er sich nicht mit den vorderen Zacken der Steigeisen nehmen lässt, aber doch zu steil, um die Füße normal setzen zu können. Also geht man im Watschelgang, die Füße nach außen gedreht, auf Steigeisen, die schon ganz stumpf sind vom Scharren über den Fels.

Es folgt eine schwierige, unbequeme Stunde, in der der Körper dahinter zu kommen versucht, was man eigentlich vorhat. Man leidet an Sauerstoff- und ernsthaftem Schlafmangel, ist dehydriert und unterernährt. Und mit einem Mal befiehlt man dem Körper, so hart zu arbeiten wie noch niemals zuvor. Roboterhaft und einsam steigt man auf. Man hört nichts weiter als seinen eigenen rhythmisch rasselnden Atem, während man Luft durch die Sauerstoffmaske saugt. Hin und wieder quietschen die Steigeisen auf dem minus 30 Grad kalten Schnee. Niemand spricht, das verschwendet nur kostbare Energie. Man versucht, auch nicht ein Molekül mehr zu verschwenden als unbedingt nötig. Schließlich fand ich meinen Rhythmus.

Zwei Stunden höher bemerkte ich rechts von mir ein blaues Ding im Schein meiner Stirnlampe. Ich wusste, es war Scott. Er lag nicht etwa eingerollt in Fötusstellung, um sich zu schützen. Er lag ausgestreckt auf dem Rücken. Sein rechtes Bein war angezogen, seine Arme waren über die Brust gekreuzt. Vom Wind angewehter Schnee und der Rucksack, den Anatoli ihm mit einer leuchtend orangefarbenen Schnur um den Kopf gebunden hatte, verhinderten den Blick auf Scotts Gesicht. Ich war dankbar dafür.

Ich wusste, dass Scott hier war, und ich wusste, dass etwas höher Rob lag. Wir wussten auch, wo Yasuko am Südsattel lag, obwohl keiner von uns hinübergegangen war. Hundert Meter unter Scott war ich bereits an einer Leiche auf den Felsen vorbeigekommen, aber das ausgebleichte Nylon, unter dem sie lag, wies darauf hin, dass es jemand vom vergangenen Jahr war. Während Robert und ich uns einen kurzen Überblick über Lager IV verschafft hatten, waren wir auf eine weitere anonyme Leiche gestoßen. Man kam sich wie auf einem offenen Friedhof vor. Unter anderen Umständen wäre es unerträglich gewesen. In diesem Augenblick fühlte ich nichts. Körper und Geist hatten auf »Überleben« geschaltet. Im Dunkeln, in meinen Daunenanzug gehüllt, die Sauerstoffmaske vor dem Gesicht, war ich von der Außenwelt und von Scott isoliert. Ich ging weiter.

Gelegentlich sah ich Eds Lampe über mir aufflackern, wenn er sich umdrehte, um nach unten zu sehen. Größtenteils hielt ich den Kopf jedoch gesenkt, auf meinen Lichtkegel konzentriert. Ab und zu blickte ich nach unten, um zu sehen, wie weit zurück der langsamste Sherpa lag.

Ich erreichte den Balkon auf 8470 Meter als Erster meiner Gruppe, als das Morgengrauen den Himmel aufzuhellen begann. Ich setzte mich, um zu rasten und auf mein Team zu warten. Meine Füße waren irgendwie taub. Ich spürte meine Zehen nicht mehr. In einer Höhe von 8500 Metern hat der Körper seine eigenen Regeln. Er verschließt die Kapillargefäße der Extremitäten und leitet das Blut, das er braucht, zu Herz, Lunge und Hirn um. Dass das Blut des extremen Wassermangels und der zusätzlichen Hämoglobinproduktion wegen dicker ist als gewöhnlich, verschlechtert die Zirkulation obendrein.

Ich öffnete den Reißverschluss eines meiner geborgten Überstiefel und zog ihn aus, band ihn aber sorgfältig an einen Eispickel, bevor ich auch den Innenstiefel abnahm und den Fuß massierte, bis das Blut wieder lief. Genauso verfuhr ich mit dem anderen Fuß, wobei ich hin und wieder einen Blick auf den Südgrat hinauf warf, um zu sehen, wie Ed vorankam. Das tat ich, bis Jangbu und die anderen Sherpas nach und nach mit verschiedenen Teilen der Kamera eingetroffen waren. Robert und ich waren übereingekommen, dass der Blick vom Balkon im Morgengrauen eine unserer drei Einstellungen sein sollte.

Der Sonnenaufgang begann sich zu entfalten, von flammendem Orange über Nuancen von Rot und Pink – aber das Kameragehäuse war noch nicht da. Gombu, der Sherpa, der es trug, hatte einen schlechten Tag. Während der ganzen Expedition hatte ich die fünf Kamera-Sherpas unter sich entscheiden lassen, wer welches Teil trug. Jetzt sah ich, dass sie das über elf Kilo schwere Kameragehäuse dem schwächsten gegeben hatten, weil bei dem die Wahrscheinlichkeit, dass er maulte, am geringsten war. Er hinkte weit hinterher. Ich versuchte hinunter zu schreien: »Beeil dich bitte, mach schnell!« Aber alles, was durch meinen ausgedörrten Hals kam, war ein Krächzen. Wie auch immer, es spielte keine Rolle, er konnte nicht schneller. An so einem Tag tut jeder, was er nur kann.

Eine halbe Stunde später war die Kamera noch immer nicht da. Fassungslos und frustriert musste ich zusehen, wie das lebendige Schauspiel aus Rot- und Pinktönen des Sonnenaufgangs im harten weißen Licht des frühen Morgens verschwand. Schließlich stieg Jangbu, in seinem ersten herkulischen Akt des Tages, sechzig Meter ab, um die Kamera von Gombu zu holen, der sich kaum noch bewegte. Als er zurückkehrte, holten Robert und ich die Teile der Kamera aus vier verschiedenen Packen und begannen, sie zusammenzusetzen. Es brauchte einige Minuten intensivster, ermüdender Konzentration, um den 65-mm-Film in die Kamera zu bringen und einzufädeln. Alle paar Sekunden musste ich meine durchfrorenen Finger vom Metallgehäuse der Kamera nehmen, um sie in meinem Daunenanzug aufzuwärmen. Es war ein klarer, windstiller Morgen und es hatte sich auf minus 28 Grad erwärmt. Schließlich hoben Robert und ich den knapp zwanzig Kilo schweren Apparat auf seinen Rucksack aus rotem Nylon. Ich balancierte die Kamera aus, suchte eine Einstellung und ging mit Robert noch mal die Checkliste durch. Nach einigen kaum hörbaren Anweisungen an Araceli und Jamling ging ich in die Hocke, hielt ein Auge an den Sucher und machte die Kamera an. Mit einem tiefen Jaulen kam sie auf Tempo. Auf eine Geste von Robert stapften Jamling und Araceli den Südostgrat herauf. Ich hatte zehn Sekunden gedreht, als ich merkte, dass sie vom Grat abgekommen waren. Durch die Linse betrachtet, sah das merkwürdig aus, als stiegen sie ab. Die Einstellung funktionierte nicht. Robert zählte weiter die Sekunden mit. Ich gab ihnen noch zehn Sekunden, siebzehn Meter Film, um ihren Aufstieg wieder auszurichten, dann schaltete ich die Kamera ab. Ich konnte es nicht fassen: zwanzig Sekunden kostbarer Film verschwendet, und die Aufnahme war nicht zu gebrauchen. Wütend stand ich auf, riss mir die Sauerstoffmaske vom Gesicht und verlangte, sie sollten wieder absteigen und noch einmal auf mich zuklettern, diesmal in einer direkteren Linie.

Sie kamen meiner Aufforderung nach, stiegen ab bis auf eine Mulde im Grat, machten kehrt und arbeiteten sich noch einmal herauf. Und was für eine herrliche Aufnahme dabei entstand! Araceli in Gelb und Jamling in Rot, ihre Gesichter hinter Sauerstoffmasken versteckt, kletterten auf dem Scheitel eines von der Seite beleuchteten Grats entschlossen auf die Kamera zu. 3000 Meter weiter unten lag der Kangshung-Gletscher. Direkt hinter ihnen ragte der Gipfel des 24 Kilometer entfernten Makalu mit seinen 8462 Metern auf und 125 Kilometer weiter am östlichen Horizont stand der Kangchenjunga, der dritthöchste Gipfel der Welt. Der höchste »zweite Take« in der Geschichte des Films.

Ich nahm die Kamera herum, richtete die Linse auf den Horizont im Südwesten und belichtete die letzten zwanzig Sekunden der Rolle. Dann packten Robert und ich die Kamera wieder ein und verstauten die 150-Meter-Rolle belichteten Film. Wir würden sie auf dem Rückweg mitnehmen. Eds Vorsprung war größer geworden. Ich schickte Jangbu hinauf; er sollte versuchen, Ed einzuholen. Er sollte am Südgipfel, gut 300 Meter oberhalb des Balkons, auf uns warten. Ich folgte Jangbu.

Die jüngsten Winde hatten das Seil, das Robs und Scotts Teams gespannt hatten, größtenteils mit Schnee zugeweht, aber wir stießen auf Stücke alter Seile, die an Felsvorsprüngen unter dem Südgipfel verankert waren. Kurz vor dem Südgipfel rastete ich und blickte hinauf. Dreißig Meter über mir riss Jangbu plötzlich ein Stück uralten, verwitterten Fixseils, an dem er sich eben noch auf einen Felsgrat gezogen hatte, aus dem Schnee und warf das nutzlose Ding fort. Damit fehlte mir eine direkte Linie den Grat hinauf, sodass ich rechter Hand neu spuren musste, und das durch hüfttiefen, ungesetzten Schnee. Elf Jahre zuvor hatten Dick Bass und ich Fixseile hier oben nicht für nötig gehalten. Während der folgenden halben Stunde mühte ich mich ab, schaufelte mit Händen und Unterarmen den Schnee von dem steilen Hang vor mir, stampfte fest auf und hatte auf die Art gerade mal einen Schritt geschafft. Während ich so weitermachte, immer und immer wieder dieselbe Bewegungsabfolge, konnte ich nur staunen über Ed Viesturs' Kraft, der

386

nun schon seit sieben Stunden spurte, und das ohne Sauerstoffmaske.

Etwas höher, auf 8750 Metern, erreichte ich den Südgipfel. Ed wartete dort. Er saß bei Rob in der Mulde zwischen dem Südgipfel und der Traverse zum Hillary Stepp. Ich stieg zu den beiden hinab. Wir sagten nicht viel – inzwischen brachte ich nur ein heiseres Flüstern hervor und Ed musste weiter. Er hatte eine Dreiviertelstunde auf mich gewartet und ihm wurde langsam kalt. Wir blickten den Grat hinauf und rätselten, wo wohl Doug Hansen zu suchen sei, aber er war nirgendwo zu sehen. Rob hatte nur gesagt: »Doug ist nicht mehr da.« Das konnte alles mögliche geheißen haben. Und Andy Harris erwarteten wir erst gar nicht zu finden. Jon Krakauer hatte ihn zuletzt in der Sturmnacht am Südsattel gesehen, bevor er als vermisst gemeldet wurde. Ich sagte Ed, ich würde ihn später auf dem Gipfel sehen; dann machte er sich an die Überquerung der Traverse.

Ich setzte mich eine Weile neben Rob; er blickte nach Osten, im Schutz einer Senke im Grat, den Rücken zum Wind. Kopf und Schultern waren unter einer Schneewehe vergraben. Es war offensichtlich, dass er in seinem Bemühen zu überleben genau das Richtige getan hatte. Er hatte sich einige Sauerstoffflaschen in Reichweite gestellt und seine Steigeisen abgelegt, damit ihm die Füße nicht einfroren. Sein Eispickel war senkrecht in den Schnee gerammt, damit er ihn in Wind und Schnee nicht verlor. Er hatte seine ganze Erfahrung als Bergsteiger eingesetzt, um sich in dem schrecklichen Sturm einen sicheren Hafen zu schaffen, aber niemand hätte unter diesen Bedingungen überlebt. Neben seinem stand ein weiterer Eispickel.

Die Szene hatte etwas merkwürdig Friedliches: Der Morgen war sonnig und ruhig und Rob sah aus, als hätte er sich auf die Seite gelegt und wäre eingeschlafen. Rund um ihn funkelte unberührter Schnee in der Sonne. Ich starrte auf seine bloße linke Hand. Sie war völlig exponiert. Ich fragte mich, was ein Alpinist mit Robs Erfahrung ohne Handschuh gemacht hatte. Am beunruhigendsten jedoch waren Farbe und Textur seiner Hand. Sie wirkte warm und völlig intakt, ganz anders als die entsetzlichen schwarzen Erfrierungen, die ich an Beck und Makalu Gau gesehen hatte. Ich hätte sie am liebsten berührt.

Als ich so neben Rob saß, versuchte ich mit einer ganzen Reihe von Emotionen klar zu kommen: Trauer, Zorn, Bewunderung. Nicht dass ein überwältigendes Gefühl darunter gewesen wäre, nicht dort oben, es war mehr ein Gedankenstrom. Immer wieder fragte ich: *Was ist passiert, Rob? Du warst doch immer so vorsichtig, was ist passiert?*

Ich starrte die Traverse hinüber zum Hillary Stepp und versuchte mir jene unsägliche Nacht vorzustellen: Robs Ringen mit einem heulenden Sturm, wie er im Dunkeln verzweifelt Doug Hansen wiederzubeleben versucht, ihn anfleht, aufzustehen und über die finstere windgepeitsche Leere zu gehen. Wie er um Hilfe ruft. Nach mehr Sauerstoff. Rob hatte bei dem stechenden Schneetreiben unmöglich weiter als ein paar Schritte gesehen. Ich kann mir keine einsamere Aufgabe vorstellen: Wie Rob sich bei dem Getöse abmüht, die Funksprüche von seinem guten Freund Guy Cotter zu hören, der ihn anflehte, Doug zurückzulassen. Rob hätte sich retten können, da bin ich mir sicher, aber er hatte sich entschieden, bei Doug zu bleiben, und das lange nachdem keine Hoffnung mehr auf dessen Rettung bestand. Ich bewunderte ihn dafür.

Aber ich war auch wütend, weil Rob zugelassen hatte, dass ein Kunde viel zu spät viel zu hoch stieg, wenn er ihn nicht gar ermutigt hatte. Es war eine Heldentat, bei Doug zu bleiben. Andererseits hatte er die Verantwortung für seine Kundschaft in dem Augenblick übernommen, als er ihr Geld nahm, um sie auf diesen gefährlichen Berg zu führen. Und Rob hatte seiner Kundschaft immer versichert, bei ihm am Everest in den besten Händen zu sein.

Als ich so dasaß, wurde mir klar, wie ähnlich wir einander waren. Beide waren wir mit diesem Berg vertraut, beide benutzten wir ihn um des persönlichen Gewinns willen. Beide wollten wir die Erfahrung Everest mit anderen teilen. Rob bot ein reales Höhenerlebnis, Gipfelgarantie fast inklusive. Ich verabscheute die Massen unerfahrener Bergsteiger, die sich auf den Hängen des Everest tummelten, und dennoch hatte ich mein Berufsleben damit verbracht, den Berg auf Film und Video populär zu machen. Mein Aufstieg 1985 mit Dick Bass hatte die Fantasie einer ganzen Schar unvorbereiteter Träumer beflügelt. Und jetzt war ich wieder hier, einer aus der Menge, fest entschlossen, die Erfahrung Everest auf dem größten Filmformat zu verewigen, das es gibt.

Einige der anderen Bergsteiger trafen ein, mit ihnen die Sherpas, und rissen mich aus meiner Träumerei. Jangbu rief herab und ich kletterte zurück auf den Südgipfel. Ich hatte, bevor ich vom Balkon aufgebrochen war, Anweisung gegeben, die Kamera einem anderen Sherpa zu geben. Als ich den Südostgrat hinabspähte, sah ich, dass die Sherpas die Kamera wieder dem langsamen Gombu aufgehalst hatten. Ich wandte mich an Jangbu, der bereits auf dem Südgipfel war, und sagte mit Reibeisenstimme: »Ich brauche die Kamera.« In seiner zweiten herkulischen Anstrengung des Tages stieg Jangbu wieder ab, um die Kamera zu holen.

Inzwischen versuchten Robert und ich die Situation zu diskutieren. Abgesehen von Balkon und Gipfel, darauf hatten wir uns geeinigt, war der Südgipfel die wichtigste Einstellung des Tages. Man hat von dort aus einen sensationellen Blick über die außerordentlich exponierte Traverse, einen messerscharfen Grat zum Hillary Stepp, über dem sich der Gipfelaufbau erhob. Zu beiden Seiten fällt der Grat über zweitausend Meter ab. Um mir über meine schlimmsten Augenblicke nach der Tragödie hinwegzuhelfen, hatte ich mir die Szene ausgemalt, in der Robert und ich schließlich zu dieser atemberaubenden Einstellung kämen. Diese Vision hielt mir das Heulen des Winds und meine Selbstzweifel vom Leib. Es war die Einstellung, die mir an jenem Tag am teuersten war.

Inzwischen hatte ich meine Stimme völlig verloren. Mein Hals war so ausgetrocknet und voll fest gewordenen Schleims, dass ich Mühe mit dem Atmen hatte. Jedes Mal wenn ich zu schlucken oder zu sprechen versuchte, fuhr mir ein sengender Schmerz durch den Hals. Nie in meinem Leben hatte ich meine Stimme nötiger als in diesem Augenblick und alles, was ich hervorbrachte, war ein leises Krächzen. Ich sagte Robert nichts davon, aber ich hatte weder den Willen noch den Mut, mit Rob kaum fünf Meter unter mir die Kamera zusammenzusetzen und zu drehen. Robs Tod hatte diesen Fleck zur geweihten Erde gemacht. Wenn aus seinem Tod etwas zu lernen war, dann war dies: weiterzuklettern, nicht zu spät auf den Gipfel zu gehen. Ich sagte Robert, ich würde ihn auf dem Gipfel sehen, wir könnten die Traverse auf dem Rückweg aufnehmen. Die Kamera war noch nicht da, als ich mich auf den Weg über die Traverse machte.

Es war eine Enttäuschung, hier auf Fixseile zu stoßen; der Aufstieg war so keine Herausforderung mehr. Aber das ist nun mal Sinn und Zweck geführter Expeditionen, die größten Probleme zu eliminieren und den Everest so auf das Können des Durchschnittskunden zu reduzieren. Nur die Auswirkungen dünner Luft lassen sich nicht eliminieren – ebenso wenig wie der törichte Gedanke, das Schicksal anderer Menschen auch dann noch bestimmen zu können, wenn dort oben die Hölle los ist.

Als ich so nach oben stieg, vorbei an dem Spinnennetz verrottender Seile, die den Hillary Stepp heute zieren, warf ich immer wieder Blicke um Ecken, in Nischen im Fels, ob nicht irgendwo eine Spur von Andy zu sehen war. Nichts. Ich stapfte dem Gipfel entgegen, während die kalte, viel zu trockene Luft aus meiner Sauerstoffflasche mir bei jedem Atemzug den Hals versengte. Am 23. Mai um 10 Uhr 55 tat ich die letzten drei Schritte und umarmte Ed auf dem Gipfel. Er nahm das Funkgerät aus meinem Packen und rief Paula im Basislager, um ihr zu sagen, dass wir es geschafft hatten. Ich konnte nicht sprechen, noch nicht einmal, um meine ungeheure Erleichterung auszudrücken, dass dieser Augenblick endlich gekommen war. Und er war wunderbar. Ed und ich wussten, was er bedeutete, wir brauchten es nicht auszusprechen. Bei allem, was wir in dieser Saison durchgemacht hatten, waren wir dennoch hier. Er zog die Handschuhe aus und reichte mir seine Kamera und ich schoss ein Foto von ihm. Wie schon mehrere Male weiter unten, während seiner unfassbaren Leistung, ohne Sauerstoffflasche zu spuren, hatte Ed auch auf dem Gipfel auf mich gewartet. Jetzt mussten wir wieder absteigen. Ed und ich hatten einander ein Versprechen gemacht: Da Paula unten im Basislager wartete, würde er an diesem Tag nicht auf die Kamera warten, sondern auf der Stelle zu ihr zurückgehen. Ich umarmte ihn noch mal und er machte sich an den Abstieg über den Gipfelgrat. Damit war ich allein auf dem Gipfel, starrte die Gebetsfahnen an, die verbogenen Vermessungsstative aus Alu, die nun den Gipfel des Everest zierten.

Araceli, Robert und Jamling trafen ein, mit ihnen die Sherpas. Während wir auf die Kamera warteten, stellte man Araceli per Funk nach Katalonien durch. Jamling sprach mit seiner Frau in Katmandu, die schon nervös auf Nachricht von unserem Aufstieg gewartet hatte. Ganz offensichtlich teilte sie Jamlings Begeisterung für hohe Gipfel keineswegs. Als sie hörte, dass wir auf dem Gipfel waren, sagte sie: »Jetzt ist aber Schluss!«, und wies ihn an, beim Abstieg vorsichtig zu sein.

Schließlich traf auch das Kameragehäuse ein. Wir hatten nur die eine einzige 150-Meter-Rolle Film für Einstellungen auf dem Gipfel. Robert und ich setzten die Kamera auf dem harten Schnee direkt unter dem Gipfel zusammen. Wie schon in den letzten sechzig Tagen arbeiteten wir langsam und methodisch. Wenn wir auch nur ein einziges Teil der Kameraausrüstung fallen ließen, dann gäbe es kein Material vom Gipfel – all die Jahre unserer Bemühungen, Sorgen und Planung umsonst. Mit bloßen Händen fädelte ich den Film ein. Dann gingen Robert und ich auf dem Scheitel der Welt ein letztes Mal unsere Checkliste durch:

1. Aufwickelspule des Magazins straffen, um den Schalter zur Vermeidung von Bandsalat an der Kamera zu aktivieren
2. Antriebsriemen des Magazins anlegen
3. Knopf für die Schleifengröße anziehen
4. Film manuell vorführen, bis die richtige Schleifengröße erreicht ist
5. Kamera schließen
6. Stromkabel anschließen
7. Kamera einschalten, falls nötig mit Kurbel starten
8. Bildfenster für Spiegel öffnen, um ein Sucherbild zu bekommen
9. Kamera einsatzbereit
10. Zähler zurücksetzen
11. Schärfe einstellen
12. Blende einstellen
13. Auf Bildstrich und unerwünschten Lichteinfall achten
14. Vergewissern, dass Kälteschutz den Antriebsriemen nicht behindert
15. Eine ordentliche Aufnahme machen, die der Story dient

Zu guter Letzt hievten wir die fast zwanzig Kilo schwere Kamera auf das leichte Einbein, das wir eigens für den Gipfel mithatten, und machten uns drehbereit. Robert stützte die Kamera noch zusätzlich mit der Schulter ab. Die Kamera hatte uns noch kein einziges Mal im Stich gelassen: *Bitte gib uns noch diese neunzig Sekunden*, dachte ich, als ich den Schalter umlegte. Unter Getöse kam Leben in die Kamera und

Jamling und Araceli fielen einander auf dem Gipfel in die Arme. Ich schaltete die Kamera ab, nachdem Robert fünfundzwanzig Sekunden abgezählt hatte. Einige Minuten später machte ich sie wieder an, als Jamling seine Opfergaben auf den Gipfel legte: einen ausgestopften Spielzeugelefanten seiner kleinen Tochter, Bilder von Mutter und Vater sowie Seiner Heiligkeit, dem Dalai Lama. Dann nahm ich die Kamera herum für eine Einstellung den Gipfelgrat hinab und einen Schwenk über die sich aufbauschenden Wolken. Ich hörte zu, wie die letzten Meter Film durch die Kamera liefen, dann schaltete sie sich von selbst ab. Das war es – wir waren fertig; jetzt konnten wir nach Hause.

Es war 12 Uhr 30. Wir packten rasch zusammen, und das Team machte sich an den Abstieg. Bevor ich den Gipfel verließ, traf noch Ang Rita ein, dreizehn Jahre nachdem wir dort nebeneinander gestanden hatten, beide zum erstenmal. Ang Rita war es gewesen, der 1983 den Hochfrequenzsender auf das Mount Everest View Hotel gehalten hatte. Auf einer schneefreien Felsplatte fünfzehn Meter unter dem Gipfel sammelte ich eine Faustvoll kieselgroßer Souvenirs ein. Nach einem letzten Blick auf den Gipfel drehte ich mich um und eilte hinab.

Direkt über dem Hillary Stepp begegnete ich dem schwedischen Alpinisten Göran Kropp, der ohne Sauerstoffmaske aufstieg. Er war nicht annähernd so kräftig wie Ed und es beunruhigte mich, als er, über seinen Eispickel gebeugt, aufsah und kaum verständlich nuschelte: »Ich habe solche Angst vor dem Tod.« Ich mahnte ihn zur Vorsicht und setzte meinen Abstieg fort. Bei Robs Leiche machte ich noch einmal halt, da ich seinem ungeborenen Kind etwas mitbringen wollte. Sein Eispickel stand in Reichweite, aber ich brachte es nicht über mich, ihn mitzunehmen. Zwei Stunden weiter unten blieb ich allein vor Scotts Leiche stehen. Ich sah unsere Zelte unten am Südsattel. Es war windstill; ich konnte mich entspannen. Mein einziger Gedanke war: *Scott, was machst du hier? Du warst so stark. Es ist gerade mal eine Stunde zum Lager.*

Als ich auf unsere Zelte am Südsattel zuwankte, kam Sumiyo heraus, um mich mit einer Tasse heißem Tee zu begrüßen. Es war ein peinlicher Augenblick. Der Tag war windlos gewesen und klar; ich wusste, sie war verstimmt. Ich wartete, bis auch der letzte im Lager war, dann kroch ich ins Zelt und sank in meinen Schlafsack. Wir waren seit zweiundfünfzig Stunden unterwegs, hatten kaum mehr als drei Stunden geschlafen und kaum gegessen und getrunken.

Am nächsten Morgen erwachte Jamling schneeblind und musste mit einer Sherpa-Eskorte absteigen. Das übrige Team schlich wankend in Lager IV herum. Wir schafften es gerade noch, die Kamera aufzubauen. Minutenlang saßen Robert und ich einfach auf einem Fels und starrten die IMAX-Kamera an. Sie sah absurd riesig und unhandlich aus auf dem Stativ. Wir nahmen es auf und wankten damit fünfzehn Meter über den Sattel, mussten sie dann aber absetzen und uns ausruhen, bevor wir sie wieder aufnahmen.

Schließlich waren sämtliche Pflichten am Südsattel erfüllt und wir machten uns auf den Weg über den Genfer Sporn. Während wir an den Fixseilen am oberen Rand des Gelben Bands abstiegen, begegnete ich einem einzelnen Mann. Er drückte mir kräftig die Hand und beglückwünschte mich. Es war Bruce Herrod, ein angenehmer, umgänglicher Mann mit schwarzem Struwwelbart und breitem Lächeln. Er war Fotojournalist und gehörte zum südafrikanischen Team, das zu einem weiteren Gipfelversuch unterwegs zum Südsattel war. Ich unterhielt mich kurz mit ihm. Er schien fit und war ganz aus dem Häuschen. Seine Begeisterung beeindruckte mich – vor allem vor dem Hintergrund meiner eigenen Müdigkeit. Da ich noch immer die Leichen von Rob und Scott vor Augen hatte, ließ ich es mir nicht nehmen, Bruce daran zu erinnern, wie gefährlich ein zu später Aufstieg war und dass es so spät in der Saison am Nachmittag wahrscheinlich zu

394

starker Wolkenbildung kam. Wir drückten uns noch mal die Hand und ich wünschte ihm viel Glück. Weiter unten kam ich am Expeditionsleiter der Südafrikaner, Ian Woodall, vorbei, der an einem Felsen lehnte. Er wirkte schwach, völlig verausgabt – eine absolute Jammergestalt. Ich brauchte ihn nur anzusehen und dachte: *Der Mann sollte wieder nach unten gehen. Auf der Stelle.* Aber wie unfähig er auch sein mochte, er war der Leiter und hatte wohl kaum die Absicht, auf meinen Rat zu hören, ob ich ihm den nun gab oder nicht.

Am frühen Nachmittag erreichten wir Lager II. Wir hatten uns in Lager III nur lange genug aufgehalten, um alles zusammenzupacken und die Lasten für die Sherpas bereitzustellen, die tags darauf kommen sollten, um das Lager zu räumen. Am folgenden Tag drehten wir noch einige Szenen, die wir des schlechten Wetters und der Tragödie wegen noch nicht gedreht hatten. Am Abend informierte uns das Basislager, dass Ian Woodall, Cathy O'Dowd und drei Sherpas um zehn Uhr vormittag den Gipfel erreicht hatten. Auf ihrem Abstieg kam ihnen Bruce Herrod entgegen, der allein und ausgesprochen langsam aufstieg. Am 25. Mai um 17 Uhr 15 rief Bruce über Funk das Basislager. Er sei auf dem Gipfel und mache sich gerade wieder an den Abstieg. Er hatte siebzehn harte Stunden gebraucht, um vom Südsattel auf den Gipfel zu kommen. Am nächsten Morgen, wir waren gerade dabei, Lager II abzubauen, und bereiteten uns auf unsere letzte Durchquerung des Western Cwm und des Gletscherbruchs vor, erfuhren wir, dass Bruce nicht ins Hochlager zurückgekehrt war. Eine Tragödie, ein Triumph, und jetzt wieder eine Tragödie.

Später am Tag, bevor wir den Gletscherbruch verließen und den sicheren Hafen des Basislagers erreichten, überredete ich meine Gruppe, eine letzte Einstellung zu drehen. Wir waren alle beisammen, das Filmteam, das Kamerateam der Sherpas und das Kletterteam, genauso wie bei unserem ersten Ausfall in den Gletscherbruch, fast zwei Monate zuvor.

Ich bat sie, kehrtzumachen und aufzusteigen, als wären sie auf dem Weg nach oben wie am Anfang der Saison, voller Erwartung, die Augen auf den Everest gerichtet, als wäre nicht das Geringste passiert. Als wir fertig waren, dankte ich allen, dann machten wir kehrt und ließen den Gletscherbruch hinter uns.

Epilog

EVEREST 1997

Bruce Herrods letztes Foto, ein Selbstporträt auf dem Gipfel des Mount Everest am 25. Mai 1996.

ICH KEHRTE IM FOLGENDEN Jahr wieder an den Everest zurück. Diesmal sollte ich einen Dokumentarfilm für *NOVA*, die Wissenschaftsserie des amerikanischen öffentlichen Rundfunks, drehen. Dass ich den Auftrag annahm, hatte nicht nur mit Filmemachen zu tun, sondern auch mit der Bewältigung der Katastrophe von 1996. Viele der Überlebenden hatten sich geschworen, nie wieder an den Everest zurückzukehren. Aber für mich blieb die Frage offen: War auch ich mit dem Everest fertig?

Um ganz ehrlich zu sein, ich hatte meine Bedenken, aber mit Bergsteigen hatten sie nichts zu tun. Der Medienzirkus um die Tragödie im Lauf des vergangenen Jahres hatte mich deprimiert und ich war es gründlich müde, Kameras und Kolumnen mit schaurigen Details oder kritischen Anmerkungen zu bedienen. Ich sehnte mich nach dem Augenblick, in dem ich den Everest friedlich verlassen könnte – ohne die Belastung einer Tragödie, mit einem Gefühl für meine besondere Beziehung zu diesem Berg und denjenigen seiner Bezwinger, die ich selbst gekannt hatte. Aber im Frühjahr 1997 hatte ich noch immer nicht meinen Frieden mit den Ereignissen jener entsetzlichen Saison gemacht.

Ich brachte einige der Bergsteiger mit, die im Mai 1996 mit mir auf dem Gipfel gewesen waren, darunter Ed Viesturs, und zwei der Sherpas, Jangbu und Dorje. Außerdem wählte ich Pete Athans, der den Everest viermal bestiegen und bei der Bergung Beck Weathers' im Vorjahr geholfen hatte. In dem Dokumentarfilm, der den Titel *Everest: The Death Zone* trug, ging es um die schädlichen Auswirkungen extremer Höhen auf den menschlichen Körper, vor allem auf das Gehirn. Ich sollte dabei nicht nur Filmemacher, sondern auch Versuchskaninchen für eine Reihe medizinischer und erkenntnispsychologischer Tests in verschiedenen Höhen sein.

Der Aufstieg in jenem Jahr fiel mir schwerer. Ich hatte meinen Hunger nach dem Gipfel verloren, ich musste einen völlig anderen Teil meiner Psyche bemühen, um nach oben zu kommen. Meine Anwesenheit war weder natürlich noch instinktiv. Es war nicht, als versuche ich wieder auf ein Pferd zu steigen, wie ich das in meiner Jugend getan hatte, wann immer ich beim Felsklettern in Colorado abgestürzt war. 1996 war ich nicht abgestürzt. Mir ging es um die Rettung meines Bildes von diesem Berg.

Ich war mit meinem Zwiespalt nicht allein. Wir alle schienen uns zu fragen, was wir – von unserem Auftrag abgesehen – dort machten. Keinem von uns war die Tragödie von 1996 als bleibender letzter Eindruck vom Everest recht. Und doch konnte keiner von uns sich vorstellen, wie er mit dieser Erinnerung fertig werden sollte.

Schlimmer noch, uns schien ein weiteres Jahr voll Katastrophen ins Haus zu stehen. Erneut belagerte unsere Gruppe den Everest, erneut gab es zu viele internationale Expeditionen und zu viel Verkehr. Wieder starben Menschen. Mal Duff, ein Expeditionsleiter, der schon im Vorjahr am Everest gewesen war, starb im Basislager an einem Herzanfall. Mehr Stürme und mehr Tote gab es auf der anderen, der Nordseite in Tibet. Am Fuß des Berges stürzte ein Hubschrauber ab. Der Pilot, Oberstleutnant Madan K. C., derselbe Mann, der so heldenhaft Beck Weathers und Makalu Gau gerettet hatte, überlebte den Absturz mit viel Glück. Dann stürzte ein Sherpa die Lhotse-Flanke hinab.

So lagen wir also erneut in unseren Zelten und lauschten auf den Jetstream, der mit tiefem, bedrohlichem Summen um den Gipfel strich. Wir waren seit der ersten Maiwoche für unseren Gipfelversuch bereit und am 18. Mai waren wir

400

so weit, wieder nach Hause zu gehen. Vielleicht war es von vornherein ein Fehler gewesen, noch einmal hierher zu kommen.

Um unsere finstere Stimmung zu vertreiben, dachten wir uns eine Art 12-Schritt-Programm für Höhensüchtige, die Anonymen Everestianer, aus. Ed war neunmal am Everest gewesen. Pete war bereits das dreizehnte Mal hier, ich das elfte Mal. Die Erklärung war einfach. Der menschliche Verstand neigt dazu, negative oder schmerzliche Erlebnisse zu verdrängen, vielleicht schwört man sich sogar, nie wieder zu kommen. Aber wenn man vor einem behaglichen Kaminfeuer in Boston oder London sitzt, dann ist es eben verlockend zu sagen: *Aber klar doch gehe ich wieder auf den Everest*. Die Mitglieder der Anonymen Everestianer versprachen, einander hin und wieder anzurufen, um die anderen an das Gelöbnis zu erinnern, nie wieder an diesen Berg zurückzugehen.

Tags darauf zog der Jetstream nach Norden weiter. Am 22. Mai machten Ed und ich uns wieder auf den Weg zum Gipfel. Im Jahr zuvor waren wir lieber umgekehrt, anstatt zu riskieren, unter die Scharen von Bergsteigern zu geraten, die den Berg hinaufschwärmten. Und wieder sahen wir uns am Gipfeltag einem mächtigem Gedränge ausgesetzt. Wir gingen im Schatten zweier unerfahrener Gruppen, einer kanadischen und einer malaysischen. Um möglichen Komplikationen aus dem Wege zu gehen, entschlossen wir uns, noch früher aufzubrechen als üblich, also schon um zehn Uhr abends.

Der Berg schimmerte unter dem Licht eines Vollmonds. Ich brauchte meine Stirnlampe nicht. Ich folgte beim Klettern meinem eigenen Schatten im Schnee. Während der Saison nach dem Monsun, die auf die Katastrophe von 1996 folgte, hatte das schlechte Wetter weitere Expeditionen daran gehindert, über den Südsattel hinauszugehen. Dies bedeutete, dass wir eines der ersten Teams waren, die 1997 die obersten Hänge sahen.

Von Scotts Leiche abgesehen, die noch immer, ganz so wie Anatoli sie zurückgelassen hatte, mit Rucksack und Seil verschnürt war, war den Hängen die Tragödie barmherzigerweise nicht anzusehen. Rob war, als wir den Südsattel erreichten, verschwunden. Der Wind hatte eine hohe Wächte um seinen Körper geweht. Andy Harris und Doug Hansen mochten in seiner Nähe liegen oder nicht; wir werden es wahrscheinlich nie erfahren.

Als wir den Südgipfel erreichten, war die Sonne aufgegangen. Kurz über dem Fuße des Hillary Stepp fanden wir die letzten Spuren der Katastrophe von 1996, die Leiche von Bruce Herrod, dem Fotojournalisten, der mit dem südafrikanischen Team gekommen war.

Bruce hing kopfüber am unteren Ende des Hillary Stepp – wie Kapitän Ahab an seinen Weißen Wal geschnürt. Offensichtlich war er beim Abseilen im letzten Abschnitt ausgerutscht. Er hatte zwar vorsichtshalber seinen Abseilachter, also die Seilbremse, ins Fixseil geklinkt, aber irgendetwas war schief gelaufen. Wir hofften nur, dass er mit dem Kopf aufgeschlagen und ihm ein langes Ringen mit dem Tod erspart geblieben war. Seine Arme hingen nach unten, und sein Mund stand offen. Seine Haut war durch die Erfrierungen völlig schwarz. Ich sah ihn mir nicht lange an. Wie schon die ganze grausige Saison, in die wir im Vorjahr geraten waren, hatte auch diese Leiche etwas von einem grotesken öffentlichen Schauspiel.

Angeschlagen kletterte ich um Bruce herum und ließ ihn fürs Erste einfach im Seil hängen. Bald hatten wir den Gipfel erreicht, auf den Tag genau ein Jahr nachdem Ed und ich ihn zum letzten Mal bestiegen hatten, und machten uns auf der Stelle an die Videoaufnahmen und die psychologischen Tests. Wir verbrachten gut vierzig Minuten auf dem höchsten Gipfel der Welt, inmitten des Winds und der bitteren Kälte. Für mich waren unsere Tests mehr als nur wissenschaftlicher Natur. Ich suchte Hinweise auf das Verhalten, das den Män-

402

nern, die hier in der Nähe lagen, das Leben gekostet hatte. Ich musste diese Dinge wissen – auch wenn mir klar war, dass ich sie nie völlig verstehen würde.

Etwas war auf unserem Abstieg noch zu erledigen. Bevor wir auf den Gipfel gegangen waren, hatten wir mit Sue Thompson, Herrods Freundin in England, gesprochen. Sie hatte uns gebeten, nach seiner Kamera zu suchen oder wenigstens sonst ein Andenken an ihn mitzubringen, falls wir seine Leiche fänden. Ein Jahr zuvor hatte ich es nicht über mich gebracht, Rob Halls Eispickel als Andenken für seine ungeborene Tochter mitzunehmen, und ich hatte das schwer bereut. Im Fall von Sue war ich entschlossen, etwas zu finden.

Als ich über den Hillary Stepp abstieg, erfuhr ich von Pete, dass er auf dem Weg nach oben die persönlichen Dinge in Herrods Rucksack durchgegangen war. Angesichts des Winds auf dieser Höhe war es ein kleines Wunder, dass der Rucksack überhaupt noch an seinem Körper hing. Noch bemerkenswerter war, dass in einer seiner Taschen eine kleine Kamera zum Vorschein gekommen war.

Pete hatte darauf das Seil, an dem Bruce hing, mit seinem Schweizer Offiziersmesser durchgeschnitten und Bruce war auf Nimmerwiedersehen in die Tiefe gestürzt. Ein Schnitt mit der Klinge, und das letzte Opfer der Katastrophe von 1996 verschwand im Abgrund.

Wir brachten unseren Abstieg zu Ende und verabschiedeten uns.

Ich war noch nicht zufrieden; etwas fehlte mir noch. Einige Monate später schickte Sue mir den Abzug eines Fotos, das Bruce am letzten Tag seines Lebens geschossen hatte. Es war ein Selbstporträt, auf dem Gipfel aufgenommen, und ist vielleicht das treffendste Gipfelfoto, das je gemacht wurde. Bruce beugt sich darauf vornüber und blickt in die Kamera, die er auf Armeslänge vor sich hält. Man sieht, dass er beträchtliche Mühe auf die Aufnahme verwendet hat. Er bringt sein eigenes Gesicht ins Bild, fängt aber auch noch die letzten Meter des Gipfelaufbaus mitsamt den Vermessungsprismen und Gebetsfahnen hinter ihm ein. Die Sonne steht tief, der Himmel ist unheimlich blau; es ist die Stunde des goldenen Lichts. Er hat die Sauerstoffmaske abgenommen und seine Zähne blitzen weiß durch den schwarzen Bart.

Die Müdigkeit steht ihm ins Gesicht geschrieben. Aber hinter der Müdigkeit ist ganz deutlich der Triumph, ja die Freude zu sehen. Und darin liegt das Geheimnis der ewigen Anziehungskraft des Everest, ein Abenteuer nicht von dieser Welt, das nüchterne Männer und Frauen um die halbe Welt reisen lässt, um durch mitternächtlichen Schnee auf seinen majestätischen Gipfel zu gehen.

Ich sah in der Szene etwas sehr Vertrautes, meinte aber darüber hinaus eine Verschiebung der Perspektive zu spüren. Ich habe selbst ein Leben lang Himmel, Schnee und Wolken nach diesem Licht abgesucht. Ich bin auf die höchsten Gipfel der Erde gestiegen auf der Suche danach. Aber als ich mir Bruce Herrods Augen näher ansah, wie er so in die Linse seiner eigenen Kamera blickt, da sah ich etwas, was ich mir längst hätte denken können: Das Risiko, das mit dem Besteigen solcher Berge einhergeht, birgt seinen eigenen tiefen, nachhaltigen Lohn, weil es zu einer so tiefen Selbsterkenntnis führt wie nur irgendetwas auf dieser Welt. Ein Berg ist gefährlich, sicher, aber er erlöst und befreit einen auch. Vielleicht hatte ich das vage verstanden, als ich – noch ein wurzelloser Junge – bewusst den steinigen Weg des Außenseiters eingeschlagen hatte und klettern gegangen war. Aber in diesem Augenblick absoluter Klarheit verstand ich auch, dass die Besteigung des Everest, für mich jedenfalls, sowohl meine persönliche Unabhängigkeitserklärung als auch eine

404

trotzige Flucht gewesen war. Jetzt verspürte ich, ganz plötzlich, eine unbeschreibliche Gelassenheit, eine leidenschaft-
liche Bekräftigung des Lebens auf den eisigen Graten des
Everest.

Endlich war ich in der Lage, von diesem Berg zu steigen
und nach Hause zu gehen.

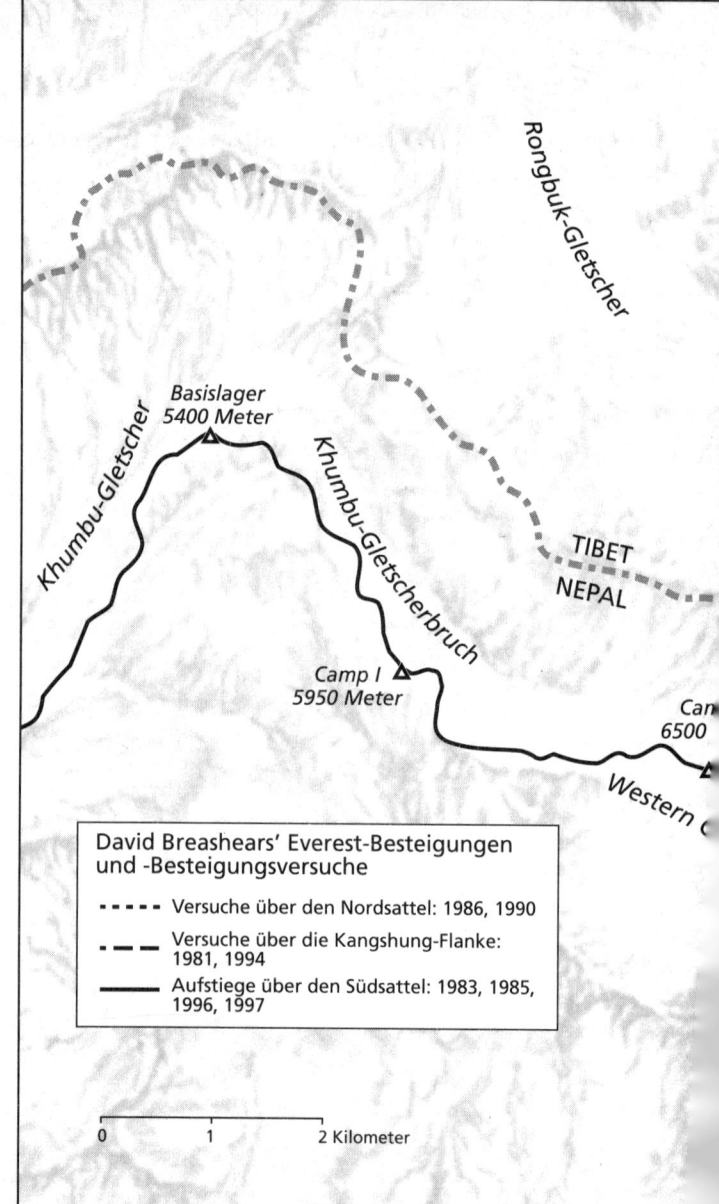

Rongbuk-Gletscher

Khumbu-Gletscher

Basislager
5400 Meter

Khumbu-Gletscherbruch

TIBET
NEPAL

Camp I
5950 Meter

Cam
6500

Western

David Breashears' Everest-Besteigungen
und -Besteigungsversuche

• • • • • Versuche über den Nordsattel: 1986, 1990

– – – Versuche über die Kangshung-Flanke:
1981, 1994

——— Aufstiege über den Südsattel: 1983, 1985,
1996, 1997

0   1   2 Kilometer

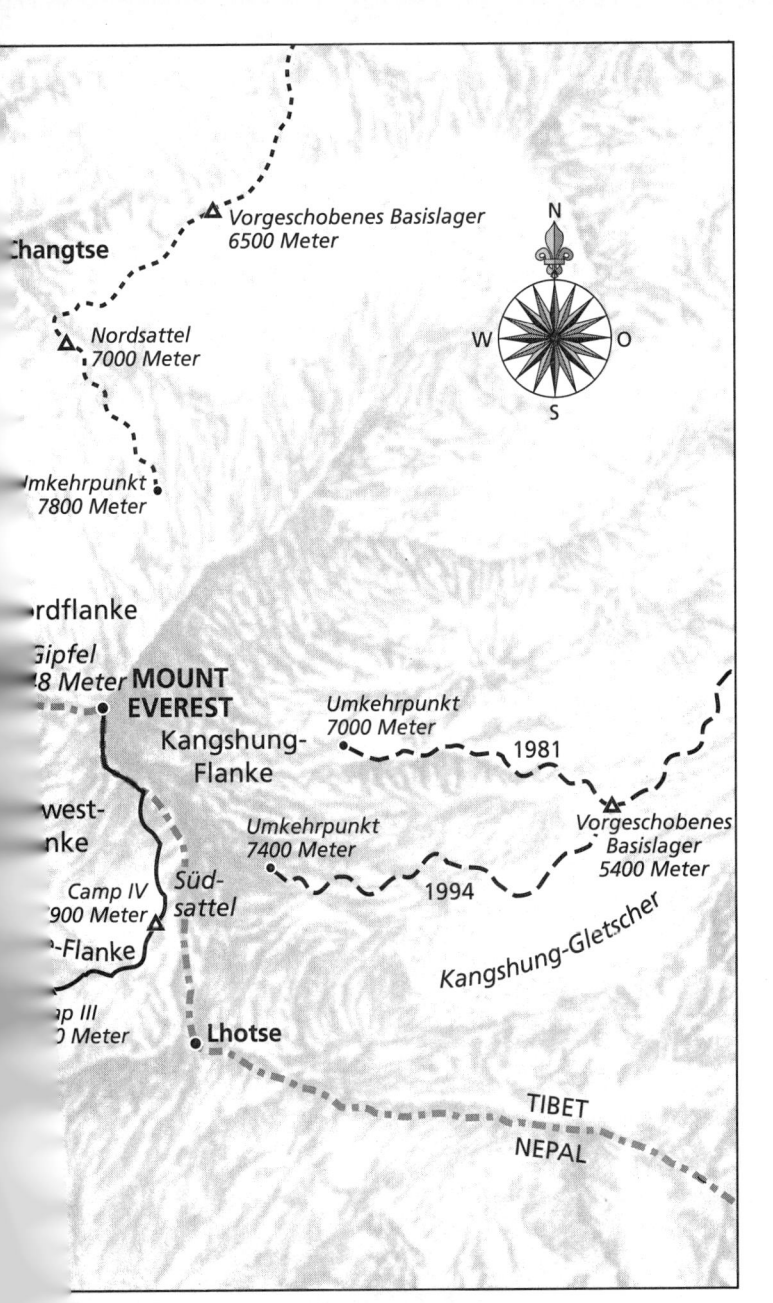

Changtse

△ Vorgeschobenes Basislager
6500 Meter

N
W — O
S

△ Nordsattel
7000 Meter

Umkehrpunkt
7800 Meter

rdflanke

Gipfel
8 Meter MOUNT
EVEREST
Kangshung-
Flanke

Umkehrpunkt
7000 Meter   1981

west-
nke

Umkehrpunkt
7400 Meter

△ Vorgeschobenes
Basislager
5400 Meter

Camp IV
900 Meter

Süd-
sattel

1994

-Flanke

Kangshung-Gletscher

ip III
0 Meter

Lhotse

TIBET
NEPAL

DANKSAGUNG

ICH HATTE MIR, als ich mich an die Arbeit an diesem Buch machte, nicht vorgestellt, dass sie so mühsam und dankbar würde wie eine Besteigung des Everest selbst. Für mich war die Niederschrift wie eine Expedition in eine unbekannte Welt und ich verließ mich dabei auf Leute, die das Handwerk des Schreibens weitaus besser beherrschen als ich. Was mir die größte Freude machte, war die Kameradschaft, die mich mit all den talentierten Leuten verband, die so hart daran gearbeitet haben, dieses Buch lesbar und dem Auge gefällig zu machen. Die Worte und Bilder zwischen diesen Buchdeckeln sind das Ergebnis einer Zusammenarbeit und ich habe vielen zu danken.

Vor allem stehe ich tief in der Schuld meines alten Freundes Jeff Long, der mich dazu drängte, dieses Buch zu schreiben, und der der Erzählung in ihren ersten Stadien Struktur gab. Wir verbrachten viele Stunden miteinander, während der er mir den Dialog abrang, der aufgezeichnet das Fundament dieses Buchs ist. Meine Agentin Susan Colomb war einer der ersten Befürworter des Buchs und hat mich mit bemerkenswertem Takt und Eifer durch die Haken und Ösen der Verlagswelt geführt.

Besonders dankbar bin ich meinem Lektor bei Simon & Schuster, David Rosenthal, der glaubte, mein Leben als Bergsteiger und Filmemacher sei ein Buch wert, sowie für die beispiellose Unterstützung und unermüdliche Anleitung von Marysue Rucci und Lydia Buechler. Das Gleiche gilt für Jeanne Marie Gilbert, Pam Novotny, Fred Chase, Katy Riegel, Roberta Spivak, Nicole Graev, Leslie Friedall, Ernestine

Gamble, Tracey Guest und Jackie Seow, die den Schutzumschlag des amerikanischen Originals entworfen hat. Beträchtlich verbessert wurde das Buch durch Mark Goodmans wertvolle Änderungen am Text.

Allen, die zum Erfolg der *Everest* IMAX Filming Expedition beigetragen haben, versichere ich meiner Dankbarkeit. Besonders gilt das für Robert Schauer, Ed Viesturs, Araceli Segarra, Jamling Tensing Norgay, Sumiyo Tsuzuki, Wongchu, Jangbu, Audrey Salkeld, Paula Viesturs, Liz Cohen, Brad Ohlund, Dorje, Thilen, Muktu Lhakpa, Lhakpa Dorje, Rinji, Gombu, Karsang, Roger Bilham, Jenny Dubin, Jyoti Rana, Chyangba, Lhakpa Gelje, Liesl Clark, Janine Duncan, Kevin Kowalchuk, Gord Harris, Lhakpa Norbu, Stuart Cody, Oberstleutnant Madan K.C., Oberst Vishnu Basnet sowie Mountain Hardware and Gregory Packs. Ein besonderes Dankeschön an Lisa Choegyal von Tiger Mountain, Mahadev Sharma bei Peak Promotion und Peter Bodde von der amerikanischen Botschaft in Katmandu, ohne deren Bemühungen unsere Expedition keine Genehmigung bekommen hätte.

Für geduldigen Rat und Inspiration danke ich Andrew Harvard, Broughton Coburn, Charlie Woodworth, Jon Krakauer, Audrey Salkeld, Tom Hornbein, David Fanning, Orville Schell, Norbu Tensing Norgay, Dick Blum, Erica Stone, Kevin Mulroy, Peter Miller, Michael Weis, Pamela Peters, Julia Collins, Jeff Brewer, Joan Faber, John Ackerley, Peter Hackett, David Schlim, Al Read, Veronique Choa, Beck Weathers, Paige Boucher, Greg Lowe, Danny Oaks, Van van Way, Jim Erickson, Sandy Hill Pittman, Tom Holzel, Brad und Barbara Washburn, Pat Ament, Tom Frost, Pete Athans, David Roberts, Rick Silverman, Elizabeth Hawley, John Wilcox, Tim Cahill und Charlie Houston.

Für ihre unschätzbare Unterstützung bei der Organisation der *Everest* IMAX Filming Expedition stehe ich in der Schuld von Greg MacGillivray bei MacGillivray Freeman Films und

412

seinen Mitarbeitern Steve Judson, Debbie Fogel, Myles Connolly, Chris Blum, Robert Walker, Matthew Muller, Linda Marcopulos, Bill Bennett, Janna Emmel, Teresa Ferreira, Alice Casbara. Besonderen Dank schulde ich Kathy Almon und Alec Lorimore, ohne deren Hilfe ich mich nie und nimmer mit einer IMAX-Kamera auf den Weg zum Everest gemacht hätte. Es darf hier nicht vergessen werden, dass, auch wenn ich für die Aufnahmen in Nepal und am Mount Everest selbst verantwortlich zeichne, der Großformatfilm *Everest* unter den kreativen Händen dieser Leute entstand.

Ich möchte mich darüber hinaus bei Richard Gelfond und Brad Wechsler von der Imax Corporation bedanken, die mir gestattet haben, das Warenzeichen IMAX® im Namen meiner Filmexpedition zu verwenden, und bei Mary Ruby bei Imax dafür, dass sie mir dabei half.

Die Großteil der Fotos in diesem Buch stammen von alten Bergkameraden, die sich freundlicherweise die Zeit genommen haben, ihre Sammlungen durchzugehen. In diesem Sinne danke ich Dudley Chelton, Robert Schauer, Ed Viesturs, Jeff Brewer, Greg Lowe, Jeff Lowe, Ward Woolman, Peter Lewis, George Meyers und Louis Reichardt. Paul Roberts, Robert Moisan und Paul Smith bei Newtonville Camera halfen mir dabei, indem sie Abzüge zum Begutachten der Bilder machten. Außerdem danke ich Chris Curry, dem Archiv der University of Colorado, der Royal Geographic Society, der 1981er Expedition an die Kangshung-Flanke, Larry Nielsen, Severine Blanchet, Sumiyo Tsuzuki, Galen Rowell und ganz besonders Sue Thompson für die Erlaubnis, Bruce Herrods Selbstporträt vom Gipfel zu verwenden.

Für ihre Freundschaft und Unterstützung danke ich Kathy Harvard, Jason und Lisa Densmore, John-Paul Davidson, Brian Blessed, Graham Hoyland, Bart Lewis, Ann und Ad Carter, George Bell, Paula Apsell, Gary Neptune, Richard Palmer, David Rose, Dick Derry, Johnathon Derry, Eve Minkoff, Posang Kami, Pertemba, Diane Doucette, Judi

Wineland, Jim Morrissey, Todd Burleson, James Brundige, Dana Welch, Phil Axten, Rodney Corich, Steve Mammen, Robert Godfrey und Rick Wilcox. Dann stehe ich noch in der Schuld von Alexander Mah, der mir gleich mehrere Male half, mein Manuskript aus den Eingeweiden meines Computers zu bergen, und Chloe Johnson, deren tägliche Besuche meinen Bürotrott auflockerten.

Vor allem aber danke ich Liesl Clark. Ohne ihre ständige Ermutigung, ihre aufschlussreichen Kommentare und die endlosen Stunden, die sie mit mir über der Redaktion des Manuskripts zubrachte, hätte ich dieses Buch nie zu Ende gebracht. Ich kann gar nicht sagen, wie dankbar ich ihr dafür bin.

414

REGISTER

420

421

422

BILDNACHWEIS

Fotos und Karten im Text

Seite 2	© Royal Geographical Society
17	© Ed Viesturs
31, 247	© Sammlung Breashears
59, 87	© Dudley Chelton
109	© Galen Rowall
131, 153	© David Breashears
183	© Jeff Lowe
227	© Paul Sharpe
279, 299	© Robert Schauer
303	© Chris Curry
367	© Sammlung Jamling Tensing Norgay
397	© Bruce Herrod

Fotos im Bildteil

© Sammlung Breashears 1-3, 4, 6, 7, 17, 18, 30, 31, 35, 39, 40, 50
© David Breashears 26-29, 32-34, 38, 41, 42, 46, 48, 49, 52, 61
© Ward Woolman 5
© Dudley Chelton 8-10
© Audio-Video-Sammlung Robert Godfrey, Archiv der Bibliothek
  der University of Colorado in Boulder 11
© George Meyers 12
© Greg Lowe 13-16
© Louis F. Reichardt 20
© Kangshung-Expedition 1981 19, 21-23
© Jeff Lowe 24, 25
© S. Peter Lewis 36
© Jeff Brewer 37

Das Motto auf Seite 7 wurde folgendem Band entnommen:
Des Alexander Pope Esq. sämmtliche Werke mit Wilh. Warburtons Commentar und Anmerkungen. Neue verbesserte Auflage. Erster Band. Mannheim 1783, Seite 197 f.